法・制度・権利の
今日的変容

植野 妙実子 編著

日本比較法研究所
研究叢書
87

中央大学出版部

装幀　道吉　剛

はしがき

　グローバリゼーションということばがとりあげられるようになって久しい。しかしいまだに，このことばが何を意味しているのか明確とはいえない。確かにいえることは，交通や通信の発達，流通の拡大，技術の発展などによって越境的な活動が増大していることであり，ここから従来のナショナルな枠組をこえて，トランスナショナルな機構や装置や制度の存在が重要になってきているということである。したがって，トランスナショナルな機構や装置や制度を動かすアクターの意図やガバナンスも重要となるが，同時に，個性や特性や差異化が注視されてきたはずなのに，中央とマージナルに分化し，格差の拡大がみられることもグローバリゼーションの特徴となっている。
　ヨーロッパでは，グローバリゼーションあるいはグローバル化ということばよりもむしろヨーロッパ化 européanisation が直近の問題である。ヨーロッパ化とは，国内の政治や政策に対する EU の影響をさす。このことばは，公式であれ，非公式であれ，ヨーロッパの原則，手続，公共政策，パラダイム，スタイル，やり方，あるいは共有の認識または規範の，建設，普及，制度化へ向けてのプロセスについて言及するものであり，最初はヨーロッパレベルで定義づけされ，固められ，ついで国内レベルでアイデンティティの確立，政治構造，公共政策などの中で論理化がはかられていく。ヨーロッパ化は，一致や調和と混同されてはならないといわれる。一致や調和は単一の働きをするフィールドを提供して，調整の形態の多様性を縮減するものであるが，ヨーロッパ化はむしろ多様性については議論に委ねるものだからである（Cf., Sous la direction de Laurie BOUSSAGUET et alii, *Dictionnaire des politiques publiques*, Sciences po. 2004, p. 191)。いずれにしても今日の社会は，従来の国家の枠組だけでは物事を決められないことが多くなっている。法的決断を下すにしてもグローバルな視点が欠

かせない時代となっている。

　このようなグローバルな影響を受けて，法や制度の変容がみられる一方で，民主主義の深化による法や制度の変容もみられる。たとえば古典的な代表概念から半代表概念の採用へ，また間接民主主義から半直接民主主義の採用への移行がみられる。水平的権力分立に加えて垂直的権力分立の採用によって地方自治の強化をはかることもその例としてあげることができる。より民意に近い政治の確立が模索されている。

　本著では，どのような分野の法律や制度が，国際的な動きの影響を受けて，あるいは社会のあり方の変化を受けて，変わってきたのかを探った。日本比較法研究所の我々の研究グループ「現代議会制の比較法的研究」では，これまで権力分立や議会制民主主義など制度の比較法的研究を専ら行ってきたが，本著においては，制度や機関のみならず関連する権利もとりあげて変容のあり方を検討した。

　研究グループの成果としては，その一部を 2011 年 11 月 27 日，後楽園キャンパス 3 号館において「法・制度・権利の今日的変容」のテーマの下でシンポジウムを行い，発表している。当日の内容は次のようであった。

　　「フランス国内法における EU 法の影響―ワーク・ライフ・バランスをめぐって」植野妙実子（中央大学）
　　「『司法権の独立』にもたらされた変容」佐藤修一郎（東洋大学法科大学院）
　　「生命倫理分野の法的規制の変容」藤野美都子（福島県立医科大学）
　　「地方自治のグローバル化は可能か？」妹尾克敏（松山大学）

本著における第 1 部は，その報告をさらに深化させたものに 2 本の政治構造面，高等教育面での変容の一端をみるものが加わっている。なお，藤野美都子嘱託所員の論文は長文にわたったため，別途，比較法雑誌での掲載となった。

　第 2 部は，第 8 回日仏公法セミナーの「基本権の現代的変容」のシンポジウムの成果をとりあげている。日仏公法セミナーのシンポジウムには，研究グループ「現代議会制の比較法的研究」の代表者植野と数名の嘱託研究員が関わっている。このシンポジウムの詳細については巻末にプログラムを載せているの

でごらんいただきたい。準備に十分な時間をとることはできなかったにもかかわらず，完成原稿を提出したフランス人報告者7名の報告を翻訳して掲載することができた。ホッシュリング教授の報告は，当時のままであるが，完成原稿は別誌にて掲載の予定である。

　本著は，著者，報告者，翻訳者の方々また日仏公法セミナーの責任者の方々（とりわけ工学院大学の長谷川憲教授）との強い連携と協力のうえに発刊にいたったものである。ここに感謝の意をあらわしたい。また，日本比較法研究所のスタッフの方々のあたたかい励ましがなければ発刊にいたることはできなかった。御礼を申しあげたい。そして出版に際し，労をとって下さった中央大学出版部の小川砂織氏，校正において協力して下さった中央大学通信教育部インストラクターの兼頭ゆみ子氏にも心より御礼を申しあげたい。

　　2013年1月17日

植野　妙実子

目　次

はしがき

第1部　法とグローバリゼーション

第1章　ワーク・ライフ・バランスの浸透
　　　　………………………………………植野妙実子… 3
第2章　地方自治の「グローバル化」に関する一考察
　　　　……………………………………妹尾　克敏… 31
第3章　政治の「大統領化」と首相のリーダーシップ
　　　　──議院内閣制の「国民内閣制」
　　　　　的運用について──………………横尾日出雄… 54
第4章　大学教育のグローバリゼーションと
　　　　教育質保証の国際的通用性
　　　　………………………………………早田　幸政… 78
第5章　「裁判官の地位に関するヨーロッパ憲章」と
　　　　フランスの司法官職高等評議会
　　　　………………………………………佐藤修一郎… 100

第2部　基本権の今日的変容
第8回日仏公法セミナー

Avant-propos pour la deuxième partie
　　　　………………………………………Mamiko UENO… 121

Introduction

Globalisation et garantie des droits fondamentaux … Mamiko UENO … *126*

第1章　基本権の一般理論の変容

基本権の移動と移入………………………コンスタンス・グレーヴ … *142*
　　　　　　　　　　　　　　　　　　　訳　稲木　　徹

La portée du principe d'égalité ou de non-discrimination
dans l'ordre juridique japonais………………………Noriko OFUJI … *159*

公の自由から基本権へ
　――その変容の検討――…………………アレクサンドル・ヴィアラ … *183*
　　　　　　　　　　　　　　　　　　　訳　石川裕一郎

第2章　人間の尊厳

Le droit au respect de la dignité et le droit de
la personnalité dans la Constitution japonaise :
Qu'est-ce que le noyau dur de la personnalité? …… Hiroko TATEISHI … *194*

フランス法への尊厳の原則の導入
　――批判的総括――………………………オリヴィエ・ジュアンジャン … *204*
　　　　　　　　　　　　　　　　　　　訳　佐々木くみ・兼頭ゆみ子

第3章　行政，裁判そして基本権

Le droit administratif en tant que protecteur des
droits fondamentaux…………………………… Takumaro KIMURA … *237*

Carence législative et contentieux constitutionnels
pour la garantie effective des droits fondamentaux … Hiroshi OTSU … *250*

Les mesures anti-terroristes et les droits
fondamentaux au Japon ………………………… Hajime YAMAMOTO … *275*

地方自治体におけるデモクラシーと
　人権保障……………………………………　クリストフ・シャブロ
　　　　　　　　　　　　　　　　　　　　　　　訳　石川裕一郎 … 292

第 4 章　基本権の変容の諸相

科学の進歩と人権
　――断絶は存在するか？――………………　クリスチアン・ビュック
　　　　　　　　　　　　　　　　　　　　　　　訳　稲葉　実香 … 314

基本権に関する批判論………………………　ロベール・エルゾク
　　　　　　　　　　　　　　　　　　　　　　　訳　兼頭ゆみ子 … 338

EU における基本権保護の最近の展開と将来
　――リスボン条約によって開かれた展望――…　ジョエル・リドー
　　　　　　　　　　　　　　　　　　　　　　　訳　菅原　真 … 363

Activités économiques et droits
fondamentaux …………………………………　Kensuke EBIHARA … 405

フランスのイスラム問題における
ライシテ概念の展開…………………………　リュック・ホッシュリング
　　　　　　　　　　　　　　　　　　　　　　　訳　中島　宏 … 416

Liberté religieuse et globalisation …………………　Yoichi KOIZUMI … 445

Les frontières constitutionnelles et juridiques du
droit au respect de la vie familiale des
étrangers au Japon …………………………　Yoshinobu MIZUTORI … 461

Programme
　VIIIème séminaire franco-japonais de droit public …………………… 471
　第 8 回日仏公法セミナー

第1部　法とグローバリゼーション

第1章　ワーク・ライフ・バランスの浸透

I　はじめに

　ワーク・ライフ・バランス（本文中ではWLBとも表記）[1]は，最近日本でも注目されている概念で，内閣府，経産省を中心として取組みが始まっている。「仕事，家庭生活，地域生活，個人の自己啓発など，さまざまな活動について，自らが希望するバランスで展開できる状態」[2]とも定義される。2010年には経産省の仕事と生活の調和推進官民トップ会議で「仕事と生活の調和（ワーク・ライフ・バランス）憲章」も作られ，その前文にはなぜWLBが必要なのかについて次のように述べられている。

　　「我が国の社会は，人々の働き方に関する意識や環境が社会経済構造の変化に必ずしも適応しきれず，仕事と生活が両立しにくい現実に直面している。
　　誰もがやりがいや充実感を感じながら働き，仕事上の責任を果たす一方で，子育て・介護の時間や，家庭，地域，自己啓発等にかかる個人の時間を持てる健康で豊かな生活ができるよう，今こそ，社会全体で仕事と生活の双方の調和の実現を希求していかなければならない。
　　仕事と生活の調和と経済成長は車の両輪であり，若者が経済的に自立し，性や年齢などに関わらず誰もが意欲と能力を発揮して労働市場に参加することは，我が国の活力と成長力を高め，ひいては，少子化の流れを変え，持続可能な社会の実現にも資することとなる。
　　そのような社会の現実に向けて，国民一人ひとりが積極的に取り組めるよう，ここに，仕事と生活の調和の必要性，目指すべき社会の姿を示し，新た

な決意の下，官民一体となって取り組んでいくため，政労使の合意により本憲章を策定する。」

ここで注目されるのは，「仕事と生活の調和と経済成長は車の両輪」とされていて，性や年齢にかかわらず誰もが労働市場に参加することが日本の活力や成長力を高め，ひいては少子化の流れをかえるとしている点である。またWLBに関するいくつかの著作においてもWLBを「少子化を乗り越えるための処方箋」と位置づけているものが目立つ[3]。

はたしてWLBとはそのようなものなのか。WLBを経済成長の観点からだけ捉えることでは，そもそもWLBのめざす社会のあり方との整合性に疑問が生じると思われる。確かに示されている施策をみるとそのような効果（例えば少子化の回避）が期待できるであろう。しかし基本がどこにあるのかをしっかりと認識することがないと誤った方向に走ったり，見当違いの政策を打ち出したりすることにもなりかねない。

ところでヨーロッパでは，グローバリゼーションを国際標準化と捉えるなら，EUの動向や欧州司法裁判所，欧州人権裁判所の判決の国内法への影響をみすごすことはできない。EUでは，男女機会均等政策の中心に「ジェンダー主流化」をすえ，その具体的な政策として男女間の賃金格差の解消や意思決定における男女の関与のバランス，WLBなどをとりあげている。ジェンダー主流化とはあらゆる政策，施策，事業等にジェンダー格差解消の視点をいれることである[4]。WLBに関しては，2006年に男女平等計画文書（いわゆるロードマップ）が採択され，そのなかでWLBが重点課題となっている[5]。男女平等とWLBの関係を明らかにし，さらにEUにおけるWLBの具体化を探り，WBLの各国への浸透を知ることから，日本のあり方を検証してみたい。

II　男女平等とワーク・ライフ・バランス

1979年12月国連で女性差別撤廃条約（女子に対するあらゆる形態の差別の撤廃に関する条約）が採択され，これ以降女性差別の解決に向けて世界が大きく動

き出した。女性差別撤廃条約の意義はさまざまある[6]が、なかでも前文で「社会及び家庭における男性の伝統的役割を女性の役割とともに変更することが男女の完全な平等の達成に必要である」と述べ、男女の伝統的・固定的役割分担の払拭が男女平等には不可欠であるとの認識を示したことである[7]。さらに5条には役割分担の否定を具体化した規定もおかれている[8]。そこから男女双方が社会的・家族的責任を担うということが導き出され、待遇の平等も含む雇用における差別撤廃、家族関係における差別撤廃、子の養育や発育における男女の共同責任などが重要だと考えられるようになった。ILO156号条約は家族的責任を定める[9]。

他方で女性差別撤廃条約は、4条で男女差別解消のためのアファーマティブ・アクション（差別とはならない特別措置、ポジティブ・アクションともいう）を認めている[10]。この条文は「男女の事実上の平等を促進することを目的とする暫定的な特別措置をとること」を定め、アファーマティブ・アクションの定義づけをしているが、同時にここから「男女の事実上の平等」が目的とする地点であることもわかる。アファーマティブ・アクションの容認から、女性がなかなか進出しない領域にクォータ制（割当て制）を導入することで女性の活躍を推進したり、さらに進んでフランスでは、パリテ（男女同数）の導入によって、男女平等を促進したりするということも行われている[11]。

日本では、1995年第4回世界女性会議において北京宣言及び北京共同綱領が採択されたことを受けて1999年6月に男女共同参画社会基本法が成立した。そのなかで今後は、男女共同参画社会の形成の促進に関して基本計画を策定して推進していくことが定められている。この法律については、男女平等社会ではなく男女共同参画社会ということばが使用されていて、目的とする社会が不明瞭なこと、アファーマティブ・アクションにあたる積極的改善措置をとりうることは示されたが、男女平等推進においては、直接差別のみならず間接差別の禁止の明示が不可欠と一般的にはされているが、この点については明文化されてはいない。このようなことが批判されている。

2001年にはいわゆるDV防止法も成立した[12]。この法律の意義は、その前

文に、「日本国憲法に個人の尊重と法の下の平等がうたわれ、人権の擁護と男女平等の実現に向けた取組が行われている」と明示したことである。そして「配偶者からの暴力は犯罪となる行為をも含む重大な人権侵害である」ことも定められた。この法律は元配偶者を含む配偶者を対象としており、限界はあるが家庭における暴力から女性を守ることに一定の役割を果している。

女性差別撤廃条約の批准後の1986年男女雇用機会均等法が成立する[13]。労働基準法には3条に均等待遇原則、4条に男女同一賃金原則を定めるも、3条には性別を理由とする差別的取扱いの禁止が明示されていなかった。男女雇用機会均等法は1条で「法の下の平等を保障する日本国憲法の理念にのっとり雇用の分野における男女の均等な機会及び待遇の確保を図るとともに、女性労働者の就業に関して妊娠中及び出産後の健康の確保を図る等の措置を推進することを目的とする」と定めている。この法律が雇用の分野において一定の男女平等の効果をもったことは確かであるが、「雇用の分野における男女の均等な機会及び待遇の確保」という法律の文言も示すように、均等待遇を推進するという点については物足りない面がある。1997年労基法の改正で、妊娠・出産に対する保護のみが残り、それ以外の規制は撤廃された。同時に均等法も改正され、全ステージにおける差別的取扱いが禁止の対象とされた。セクハラに対する事業主の配慮義務も入った。しかし実効性がとぼしいと批判されている[14]。

女性差別撤廃条約の影響で1991年に育児休業法が制定されたが、1995年のILO156号条約の批准により育児・介護休業法に改正されて1999年から施行され、さらに2001年の改正で子の看護休暇等も導入されて2002年から施行されている[15]。今日ではこの法律の正式名称は「育児休業、介護休業等育児又は家族介護を行う労働者の福祉に関する法律」という。1条においてはこの法律の目的につき「子の養育又は家族の介護を行う労働者等の雇用の継続及び再就職の促進を図り、もってこれらの者の職業生活と家族生活との両方に寄与することを通じて、これらの者の福祉の増進を図り、あわせて経済及び社会の発展に資する」と定め、WLBの考え方が反映しているが、ここでもこのことが「経済や社会の発展に資する」ことが謳われている。

男女の役割分担の廃止が男女平等に不可欠であり，男女双方が，社会的責任・家族的責任をともに担う社会が平等社会である。男性と女性との違いは，妊娠・出産のみであり，これに対しては女性の保護が考えられる。その他は男女は基本的に同じであり，違いは個性の違いである。これが今日の男女平等の考え方である。WLB は，男性は社会的責任を担い，女性は家族的責任を担うという社会における男女の固定的・伝統的な役割分担意識から脱却し，男女双方がともに人間らしい生活をすごせるよう，また男女双方がともに自らの個性と才能をいかして社会で活躍できるよう，社会のあり方をより自由かつ平等に近づけるものである。

WLB には，アンペイドワークの考え方も反映している[16]。アンペイドワークとは，家庭のなかの育児・家事・介護など実際に支払われない仕事をさすが，この根底には本来男も女も社会で働くべきだが，子供，病人，高齢者等がいて，家にとどまらざるをえない，しかしこれも，実際には支払われてはいないが社会に貢献しているワークであり，この働きを換算すべきだとしていた。

また WLB には，個人の尊重，人間らしい生活への志向がある。働くことだけが人間のすることではない。家族や友人と楽しんだり，趣味をもったり，仕事に没頭するだけでなく，家族生活も充実した，その意味でバランスのとれた人間らしい生活を楽しむことが含まれている。ILO は 1999 年の総会でディーセント・ワーク（人間らしい働き方）を示しており，この基本には男女平等が含まれている[17]。

日本国憲法は，13 条に個人の尊重を定め，14 条に法の下の平等（性別による差別の禁止も含まれる）を定め，さらに 24 条に家族生活における個人の尊厳と両性の平等を定める。日本国憲法の規定はすでに事実上の平等を確立する器をもっており，WLB につながる規定が存在しているといえる。

Ⅲ　EU と男女平等

EU の起源は第一次世界大戦後に遡る。リヒャルト・クーデンホーフ゠カレルギーがウィーンにおいて，欧州統一を訴える汎ヨーロッパ運動をくり広げた

ことにある。その理由は直接的には第一次世界大戦によってヨーロッパが物的・人的に甚大な被害を受けたことによる。ヨーロッパの政治的・経済的没落は，社会的・歴史的なところにも起因し，度重なる戦争が招いたものである。このように分析されて，戦争防止，平和の樹立がヨーロッパの地位の強化に必要と考えられた。この考えは漸く第二次世界大戦後に結実する。したがって，欧州統合の目的は，平和の樹立であり，またそれを支える経済発展である。エネルギー源をめぐる争いを避けるための欧州石炭・鉄鋼共同体設立条約と同時に発効した欧州経済共同体設立条約（EEC）から出発している。その後，1993年11月に発効したマーストリヒト条約により，市場統一，共通通貨，共通外交，安全保障をめざすEUとして確立した[18]。1997年アムステルダム条約で権利や自由の明確化，2000年ニース条約でガバナンスの強化へと発展し，現在はリスボン条約の下にある[19]。

A. EC／EUの発展

こうした枠組みのなかでEC／EUの男女平等は発展してきた。すなわち経済上の公平な競争の確保，労働格差の是正という観点から，まず1957年3月に6カ国が調印したローマ条約（EEC条約）119条において男女の賃金平等原則が採択された。しかし，ここでは同一労働同一賃金原則を定めたにすぎなかったので限界があった。雇用領域での男女の平等という点から条約119条が十分な規制でないことを示したのが，同一労働を遂行しながら賃金差別があったことが問題となったデフレーヌ事件である。この事件においては賃金差別は退職金支払の差別や年金差別につながること，また女性のみに適用される早期定年制の差別の問題なども明らかとなった[20]。

このような不十分性を克服するため，1970年代後半に三つの指令が出される。第一は，1975年2月10日の指令で，同一賃金は同一労働に対してだけでなく，同一価値をもつ労働に対しても支払われることを確認するものである。第二は，1976年2月9日の指令で，雇用，昇進，職業訓練，労働条件における男女差別の撤廃をめざすものである。第三は，1978年12月19日の指令で，

疾病，老齢，労働災害，職業病，失業に際しての法的保護，またはこれにかわる社会扶助に対しての男女平等を命ずるものである[21]。

1967年7月，それぞれ別個に存在していたEEC，ECSC，ユーラトムの三機関を欧州共同体（EC）として再編成する併合条約が発効した。さらに1985年6月にジャック・ドロール率いる欧州委員会が『域内市場統合白書』を発表したのを機に，1987年7月，ローマ条約を併合条約以来20年ぶりに改正する単一欧州議定書が発効する。これは決定手続を弾力化し，単一市場の実現を推進するものであった。ドロールの提唱で，社会的欧州という概念が導入され，社会的弱者にも目を向けた経済開発と社会開発の均衡ある発展をめざすこととなった[22]。

単一議定書を引き継ぐのが1992年2月に調印され，1993年11月に発効したマーストリヒト条約である。マーストリヒト条約は三つの枠組み—単一通貨ユーロ導入の経済通貨同盟（EMS）を含む欧州共同体（EC）条約，政治同盟（EPU）を形づくる共通外交安全保障政策（CFSP），さらに司法内務協力（CJHA）からなる。マーストリヒト条約には補完性の原則も盛り込まれた[23]。

1989年ベルリンの壁が崩壊し，いわゆる冷戦が終結する。こうした政治情勢の変化に対応するため1997年6月にアムステルダム条約が調印された。この条約の第一の特色は既述したように権利や自由の明確化である。基本的自由の確保を厳格化し，性の差別の禁止も含む非差別条項も新設された。またシェンゲン協定を取り込み，司法内務協力についても明確化した。柔軟性の原則も定められた[24]。

2000年12月，ガバナンスの整備にともなう機構改革をめざすニース条約が調印された。この条約において先行統合が規定された。これにより先行統合，柔軟性の原則，補完性の原則そして比例性の原則がEUの深化と拡大を均衡をとりながら発展させていく柱となった[25]。2000年には欧州委員会・閣僚理事会・欧州議会の共同宣言としてEU基本権憲章が採択された。

2001年12月ベルギーのラーケンでの欧州理事会（首脳会議）で「EUの将来についてのラーケン宣言」が採択され，EUの基本権を定める欧州憲法条約制

定を検討する諮問委員会を設置した。2004年12月ローマで憲法条約は調印された。憲法条約はEUの理念，目的，各EU機関の位置づけ，EUと各加盟国との権限，共通外交安全保障条約（CFSP），経済通貨同盟（EMU），財政・税制政策，雇用・社会政策，司法内務協力（CJHA）などEUの基本政策を網羅するものであった。またEUの組織改革も含んでいた[26]。しかし，2005年5月フランス，6月オランダで実施された国民投票で否決され，暗礁に乗りあげる。そこで，憲法条約よりも簡素化された実務的な内容となった改革条約が2007年12月リスボンで調印された。これがリスボン条約である。「憲法」ではなくなったが，EUの政策決定の仕組みの修正，常任の議長・外相の設置，基本権憲章の位置づけ，EUの排他的権限，EUと加盟国の共有権限などの領域の明確化などが盛り込まれている[27]。2009年12月リスボン条約は発効し，今日EUはこの体制の下にあり，加盟国は27カ国となっている。

B. 男女平等の進展

すでにみたようにEUでは雇用領域における男女差別の解決から男女平等の推進が始まった。1975年（男女同一賃金原則についての指令）や1976年（男女均等待遇原則の実施についての指令）の雇用領域における男女平等の確保をはかる指令は，実効性をもつものではないが，EC／EUにおいては派生法（第二次法源）と呼ばれている。法的効力を有する第一次法源はあくまでも先に掲げた条約である。

リスボン条約発効後のEU条約は，第1編に「共通規定」として1条から8条を定める[28]。2条はEUの価値を定め，すべての加盟国が享有する次の価値の下にEUは設立されるとしている。その価値とは，「人間の尊厳，自由，民主主義，平等，法治国家の尊重並びに少数者に属する人々の権利を含めた人権の尊重」である。さらに「これらの諸価値は多様性，非差別，寛容，正義，連帯及び男女平等が広く受けいれられた社会をもつ加盟国に共通のもの」と定める。3条には，EUの目的が平和，EUの諸価値，EUの人々の福祉の促進することにあることが明らかにされている。その3項では，連合が社会的阻害及び

差別と闘い，社会的正義と保護，男女平等，世代間の連帯と子どもの権利を促進することも定めている。6条は，基本権の保障について定める。すなわちEU基本権憲章が定める権利，自由及び原則を認めるとともに（1項），欧州人権条約への加入を認めている（2項）。また欧州人権条約及び加盟国に共通の憲法的伝統から生じる基本権はEU法の一般原則として承認される（3項）とした。

EU条約は，基本権カタログを組み入れてはいない。6条1項のEU基本権憲章とは，世界人権宣言50周年（1998年12月）を機に，欧州理事会が1999年6月にEU独自の基本権憲章を制定することを決定したことに由来する。2000年には，欧州委員会・閣僚理事会・欧州議会の共同宣言としてEU基本権憲章が承認された。6条1項によりEU基本権憲章は基本諸条約と同等の価値をもつ法源であると認められることとなった[29]。

その内容はEU基本権憲章前文も述べるように，「連合の権限及び任務並びに補完性の原則に適切な考慮を払いつつ，とりわけ，加盟国に共通の憲法上の伝統及び国際的義務から導かれる権利，欧州人権条約，連合及び欧州評議会が採択した社会的諸憲章から導かれる権利，並びに欧州司法裁判所及び欧州人権裁判所の判例から導かれる権利を再確認する」ものとなっている。EU基本権憲章では男女平等について，第3編「平等」23条で「女性及び男性の間の平等は雇用，労働，賃金を含むすべての分野で確保されなければならない」（1項）とし，アファーマティブ・アクション（ポジティブ・アクション）も認められている（2項）[30]。

遡れば，1961年欧州社会憲章では，その前文で，社会的権利の享有が「人種，皮膚の色，性，宗教，政治的意見，国家的あるいは社会的出身による差別なしに保障されるべきである」ことを明らかにしていた。2部4条3項は男女の同一価値労働同一賃金についての権利を認め，16条には家族生活についての社会的保護の促進も認めている。

さらに欧州単一議定書を受けて，1989年労働者の基本的社会権に関する共同体憲章が採択され，このなかに加盟国が自国の労働者に保障すべき12の権

利が明示された。そのうちの一つは「男女の待遇の平等」であり，そこには「男女の待遇の平等は保障されなければならない。男女の機会の平等は発展させなければならない」と述べ，そのためにとくに「雇用へのアクセス，給与，労働条件，社会的保護，教育，職業訓練及びキャリアの発展のために男女間の平等の実施を保障する活動が必要とされるいたる所で強化されることが望まれる」としている。また，「同様に職業上の義務と家庭の義務とを調整することを男女に許す措置が発展することが望まれる」としていた。これら二つの憲章については，EU条約は前文で愛着を確認している。

マーストリヒト条約によりEUが誕生し，欧州市民権という概念が明らかにされたが，この条約以降，「日常生活そのものがますます『EUレベル』で営まれるようになった」といわれている[31]。付属文書の一つとして，社会政策議定書が付加され，社会労働政策の重視が明記された。

さらに1997年のアムステルダム条約ではマーストリヒト条約で定められたEUの三つの柱である「経済分野に関する共同体事項」，「共通外交安全保障政策」，「司法・内務協力」が強化され，公衆衛生，男女平等，移住など社会的分野が新たに条約に入れられた[32]。ここでマーストリヒト条約の付属文書「社会政策議定書」の内容が条約のなかに取り込まれたことになる。ローマ条約から存在していた男女機会均等と職場における均等待遇という二大原則実現のためのポジティブ・アクションの採用も認められた[33]。

1995年北京での第4回世界女性会議で採択された北京行動綱領で「ジェンダー主流化（ジェンダーメインストリーミング）」の考え方が明らかにされた。ジェンダー主流化とはあらゆる政策及び計画に男女平等の視点が反映されるよう保障することをさす。EUにおいても1996年にジェンダー主流化に関する通達を採択した[34]。

欧州委員会は2000年6月「機会均等に関する共同体枠組み戦略（2001-2005年）」を提出し，理事会はその策定の決定を採択した。これは第五次アクションプログラム（行動計画）として位置づけられている。男女平等について女性の意思決定過程へのアクセスの促進やさまざまな生活分野での平等をめざし，

ステレオタイプな性に対する見方の変革をめざすものである[35]。なお，これに先立つ第四次男女機会均等アクションプログラム（1996-2000年）のなかでWLBの考え方はすでに示されている[36]。

　欧州委員会は2006年に「男女平等へ向けてのロードマップ（2006-2010年）」を決定している。これは，ジェンダー主流化を通じた男女平等の実現をいっそう進めることを意図している。さらに欧州委員会は2010年3月女性憲章を採択した[37]。ここでは次の五つの分野で男女平等を促進することを明らかにした。それらは①労働市場における平等と男女の平等な経済的自立，②男女の賃金格差を5年以内に減ずるための同一労働同一賃金原則，③EUの支援による意思決定過程における平等，④個人の尊厳，保護及び性に基づく暴力の撤廃，⑤対外関係や国際機関を通じての両性の平等，である。また欧州委員会は「男女平等へ向けての戦略2010-2015」を決定した。このなかには雇用率の上昇や女性役員の登用の推進とともにWLBの奨励も含まれている。

　EU理事会は，2011年3月，「2011年から2020年をカバーする男女平等のための欧州新協定」を策定している。これはEUが，雇用，教育，社会保護の分野における男女の格差を埋め，職業生活と私的生活とにおける女性と男性のより良い平等を促進し，女性に対する暴力のあらゆる形態に対して闘うことを決定したことを再確認するものである。

　EUの各機関が加盟国の男女平等確立に果たす役割も大きいが，とりわけ欧州司法裁判所の果たす役割も見すごせない。EU法には条約以外にいわゆる規則（法規に相当），指令，決定そして勧告や意見がある。規則は加盟各国が国内法の成立を待たずして従う義務があるもの，指令は目的は決められてはいるが実施方法については加盟各国の自主性が重んじられているもの，決定は指定される国・企業・個人にのみ有効なもので，勧告及び意見は拘束力をともなわない。重要な点は規則や指令について義務不履行の加盟国があった場合，欧州委員会が加盟国を対象として欧州司法裁判所に提訴するシステムが存在するということである[38]。これによりEU法の履行が担保されている。フランスでもこのシステムによって男女平等の不十分なところが指摘されたりした。なお，

2006年12月にはジェンダー主流化をサポートする欧州男女平等研究所も設立されている。

Ⅳ　EUとワーク・ライフ・バランス

今日ではEU法は，男女の労働上の権利の平等についても，職業生活と私的・家族的生活の調和についても，加盟国に影響を及ぼしている。この領域について多くの指令が出され，また多くの欧州司法裁判所の判例も下されて，加盟国の国内法に波及している。とりわけ2009年12月以降は，既述したように，EU条約第1編「共通規定」の2条がEUが基礎とする価値を述べ，3条がEUの目的を掲げるが，その3項には男女平等の促進もあげられている。またEU運営条約第2編8条には，EUが男女間の不平等の除去と平等の促進をめざすことが定められている。

EU条約によってEU条約と同等の価値をもつことが認められたEU基本権憲章は，第3編を「平等」と題して，20条法の前の平等，21条非差別，22条文化，宗教及び言語の多様性，23条女性及び男性の間の平等を定める。さらに第4編は「連帯」と題して，その33条1項は家族の保護，2項は「家族生活と職業生活を調和させるため，すべての者は出産に関連する理由による解雇からの保護に対する権利，並びに有給の出産休暇及び出産または養子縁組後の両親休暇に対する権利を有する」とWLBについての規定をおいている。またそれに先立つ31条には，公正かつ適正な労働条件についての規定があり，その2項は「すべての労働者は最長労働時間の制限，日及び週単位の休暇期間，並びに年次有給休暇に対する権利を有する」と定めている。

スザンヌ・ブリはオランダの大学教授でEU法の平等についての専門家であるが，フランソワーズ・ミルヴルスキ他編の『女性と男性の間の差別』という著作のなかで「職業生活，私的生活，家族生活の調和—EUの法的アプローチ」と題する論文を書いている[39]。そのなかで彼女は，女性と男性の間で賃金労働だけでなく家庭の仕事や家族的責任においても，より均衡のとれた分担を促進するためにEU法がいかに潜在的な協力をしているか，について分析を試みて

いる。加盟国の国内法に対するEU法の優位性を示し，EU指令を国内法へ波及させる義務を果たすことが求められている。EUのこれらの規範は最小限の保障であり，加盟国には各国の労働者により適した規定を採用する自由がある。家族生活と職業生活の調和にかかわる問題は多岐にわたるが，EU法の可能性と限界を，賃金労働とそうでない労働との女性と男性との間での不平等な分担，WLBに関するEUのアプローチと目標，EU法と国内法という三つの点から検討を加えている。ブリの論述にそって，EU法と加盟国内法におけるWLBの浸透をみていく。

A. 不平等な責任分担

2000年の「リスボン戦略」のなかで，2010年にはEU 27カ国の平均女性就業率を60％まで引きあげることが目的として掲げられていた。2007年においては，男性72.5％に対して女性58.3％となっている。したがって数値のうえではこの就業率の目標は達成できたかにみえる。しかしEUのなかでは就業率の男女格差は北欧や東欧に比べ，南欧（イタリア，スペイン，ギリシャ，マルタ）やアイルランドにおいてより強くあるという地域格差が指摘できる。また，短時間就労（以下パートタイム労働）ではない完全時間就労（以下フルタイム労働）の男性が70.4％に対し，女性は48.9％である。この数字は女性労働者がいかにパートタイム労働に集中しているかを物語っている。男性労働者の7.7％がパートタイム労働に従事しているのに対し，女性労働者の30％以上がパートタイム労働に従事している[40]。

保育については，2002年にバルセロナにおいて，2010年までに3歳から小学校就学年齢の子どもの90％が保育サービスを受けており，3歳以下では33％とするという目標が欧州理事会によって掲げられた。2006年には3歳以下の子どもの26％が保育所のような公的措置の枠組みのなかで保育を受けており，26％のなかの12％が30時間以上の受け入れの子どもたちとなっている。バルセロナで掲げられた目標には程遠く，多くの両親が保育の欠如に直面していると報告されている。さらに保育はしばしばパートタイム労働者にしか活用

できない。保育時間が短く，保育所や学校の開始時刻とフルタイム労働の開始時刻とが連動していない，あるいは非典型労働にも適合していない。同時に，学校の休み（夏休み等）と労働者の休みとが連動していないことも，職業生活と家族生活との共存を妨げている[41]。

女性は子どもを預ける場所がないということの影響をまともに受けている。こうした状況に女性の方が合わせて職業生活を送っており，このような影響は男性にはみられない。子どものいない女性と6歳以下の子どもをもっている女性とでは就業率に12.4ポイントも違いがある。これに対して男性の方は父親になることによって就業率が高まるという傾向もみられる[42]。

ヨーロッパ女性は家事など家族のための仕事に男性よりも週約17時間も多く費やしている。他方で賃金労働の時間は男性よりも週7.4時間も少ない。このような数字は多くの欧州諸国における男女の不平等な役割分担という状況を示している。家族的責任を有する人々を不利にするあらゆる措置が男性よりも女性に影響していることを示している。また性に基づく間接差別を惹き起こしていることを物語っている。雇用主によって要求されている労働の柔軟な形態は，WLBをかえって難しくさせ，待遇の平等原則に反することが明らかとなっている[43]。

また多くの国において，育児や介護の外注にかかる費用が性の不平等を強めている。というのもこうした費用が多くなれば男性はフルタイムで働き続けるが，育児や介護を引き受けるために家族休暇などをとったりして女性はキャリアを中断したり，労働時間を短縮したりするようになる。不均衡は，女性が犠牲にする賃金とキャリアの不平等からもたらされる。賃金格差や性差別は，男性よりも女性の方が休暇をとっていることからも説明できる。休暇期間中は支払われないことが多いので，休暇の条件が不利であるなら，結果的に女性にいっそうしわよせがいくことになる[44]。

ポルトガルのようなフルタイムで働いている女性が多い国でさえ，育児や介護を担当するのは女性だと考えられている。ブルガリアやギリシャ，ハンガリーのようなわずかな国がWLBの政策を明らかに女性，若い母親に向けて講じ

ている。男女間の就業率の格差は WLB を容易にするためにさまざまな国で提供されている制度があるかどうかによっている。しかも歴史的，社会・経済的，文化的，イデオロギー的な要素が同時に重要な役割を果たしている。ジェンダー平等の領域におけるネットワークの法律専門家によって示された主要な問題は，国によってさまざまな段階にあることがナショナル・レポートから散見される。北欧国家と南欧国家とでは対極を示している。いずれにしても子どもや障害者や高齢者の保育・看護・介護の制度が十分にないことが指摘されている[45]。

B. EU のアプローチと目標

リスボン戦略についての理事会決議によるガイドライン18は，労働についてライフサイクルに基づいたアプローチを奨励しなければならないと定める。それらは次のようなアクションを含んでいる[46]。

—若者に対する雇用を導く流れの創出や，若者の失業の削減をめざす努力をくり返し行う。

—女性の職業活動の増加が見込まれるよう行動をおこす。雇用，失業，報酬に関して男女の不均衡をなくす。

—職業生活と私生活とのより良い調和をめざす。誰でも利用できる手頃な子どものための保育方法やその他の扶養すべき人々のための受入れ態勢をつくる。

—雇用条件を柔軟にしながら健康状態に見合った高齢者雇用を維持する。早期退職を思いとどまらせる。

—職業活動や労働市場への参入，職業生活の延長を維持できるような方法で，社会への適合性や経済力，需要に見合った適応力を確保するための社会保護のシステム，そこには退職年金や看護へのアクセスも含まれるが，そうしたシステムの改善をはかる。

最近では EU 理事会は，リスボン後の戦略のなかでジェンダーに関する問題を強化することの重要性をくり返し述べている。それはすなわち WLB であり，

保育やその他の扶養すべき人々の看護・介護サービスの重要性であり，家族責任のより平等な分担を進めることである。

　経済再建計画の枠組みのなかでのリスボン戦略の適用についての報告書は，欧州委員会がライフサイクルに基づくグローバルなアプローチをわずかな国しか発展させていないことを指摘している。多くの加盟国はいまだに保育の問題に努力を集中させている[47]。

　他方で研究論文においては，ライフサイクルからのアプローチは，労働市場，失業，職業訓練，養育や世話などの生活の変化を容易にしながら，労働者の必要に見合ったライフサイクルにおける労働時間を適合することができる多くの可能性を創り出すとしている[48]。一般的に女性は男性よりも多くの生活の変化を経験している。とくに家庭での子どもの養育や世話と賃金労働の間の生活の変化を知っている。ライフサイクルからのアプローチがヨーロッパ共同体レベルあるいは国家レベルでまだ発展していないとしても，それは，主たる目標の一つが実際に夫婦の間の家庭的任務のより平等な調和や分担を容易にするなら魅力的な展望を提供するといえる[49]。

　欧州理事会は2006年3月に「男女平等のための欧州協定 Pacte européen pour l'égalité entre les hommes et les femmes」に賛成した。そのなかでは，職業生活と私的生活のよりよい調和を容易にするという観点からの措置をとる必要性を強調している。ヨーロッパ共同体の両性の平等のためのロードマップ（2006-2010）も同様にこの目標について言及している。しかし2008年に更新された社会アジェンダにおいてはこの目標は明示されてはいない。人口の高齢化にともなって労働力人口を欠くという，人口学上の進展のネガティブな影響を制限するために雇用数を増す必要がある。したがって共同体レベルで優先目標となっているのは，労働市場への女性の参加の増大である。しかしながら興味深い多くの立法措置が差別に対する戦いのなかで2008年に更新された社会アジェンダに続いてとられている。まず，両親休暇についての社会的パートナーの枠組み合意の改正のあと，EUは1996年34号指令を廃止する2010年18号指令を採択した。つぎに，妊娠した労働者の健康及び出産休暇についての指令

の改正並びに自営業を営む男女の待遇の平等についての指令の改正がある。政治的合意がこの最後の提案について結ばれ，理事会は，2010年3月に共通の立場を採択した[50]。現在，共同体レベルでは職業生活と家庭生活，私的生活の調和についての重要な法規定が存在する。さらに司法裁判所の判例は加盟国のなかに適用されるので，とくに注意を必要とする。

C. 立法の動向

　WLBというテーマは，いわゆる家族休暇congés familiauxよりも広い問題を提示する。ここでいう家族休暇には，出産休暇，両親休暇，父親休暇，養子休暇，介護休暇などが含まれる。それは同時に保育のさまざまな可能性や介護すべき人の世話，家庭での世話などと関連する社会医療的活動も含む。またそこには，労働時間との適合性，パートタイム労働の労働条件，フレックスタイムやキャリアの一時的中断とその結果などにかかわる問題もある。WLBを容易にすることはライフサイクルのアプローチや商業的労働とそうでない労働の分配についての財政システムへの影響や民間レベルの社会的パートナーへの影響を考慮にいれることを含む。

　EU法は明らかにこれらのテーマのいくつかにしかかかわらない。それらは，出産休暇と出産休暇中の給与，妊娠中の女性の解雇に対する保護，両親休暇そしてやむをえないばあいの短期休暇の場合である。

　国家レベルでは立法は多岐にわたり，EU法よりも広い範囲でしばしば適用されている。子どもの存在に結びつく財政的利益（たとえば子ども手当）や労働期間を（場合によっては臨時で雇うような形をとって）合わせるというようなこともある。企業の団体協約や規則も同様にさまざまな可能性を含んでいる。たとえばフランスの場合，セクターや企業のレベルでの合意は統一されてはいない[51]。

　加盟国のなかにはWLBを容易にする義務を憲法上の原則として掲げている国もある。たとえばポルトガルでは，憲法でWLBは奨励されなければならない労働者の権利であり，国家によって家族政策において承認される労働者の権

利でもある，と定められている[52]。ギリシャでは，行政最高裁判所において WLB の原則が拘束的な法的枠組みであるとして適用されている。ギリシャの裁判所は欧州司法裁判所の判決を基礎にすえて判断を下したが，欧州司法裁判所は次のように判断していた。

「共同体の政策は，家族的責任を果たせるよう労働条件を合わせることを推奨する。家族生活においても職業活動の展開においても女性の保護は男性の保護とまったく同様に，加盟国の法的秩序において，男女平等の当然の結果として考慮される一つの原則であり，それは共同体法によって承認されている」[53]。

ブリはこの判決について，「女性の保護」ということばを使っている点が問題ではあるが，「男女平等の当然の結果」として認めていることを評価している。この判決の適用範囲は広く，特別法を必要としないが，労働者にとっては明確に定義された法律や権利の方が好まれる。しかもポルトガルのように憲法で労働者の権利として WLB を承認していることは，労働者の権利の強化に役立つ。欧州司法裁判所の判例も同様に性に基づく直接差別及び間接差別と闘うための道具を提供している，とブリは述べている[54]。

EU レベルにおいても多くの WLB にかかわる規定が存在している。EU 運営条約の 157 条の男女の賃金の平等原則の規定の他にも，男女平等や妊娠・出産，両親休暇などに関するさまざまな指令が存在する。それらは，雇用・労働に関する男女の機会と待遇の平等原則の実施についての指令（2006/54），社会保障の法制度に関する男女の待遇の平等についての指令（79/7），農業を含む自営業を営む男女の待遇の平等についての指令（86/613），サービスと利益へのアクセス及びそれらの供給における女性と男性の平等についての指令（2004/113）である。WLB に関しては，とりわけ妊娠労働者についての指令（92/85），両親休暇（2010/8）が関係する。さらに待遇の平等原則はパートタイム労働についての指令（97/81）にも適用され，1992 年には保育の推奨についての勧告（92/241）が採択され，2000 年には職業生活と家族生活の女性と男性のバランスのとれた参加についての決議が採択されている[55]。

他方で既述したように，EU 基本権憲章 33 条 2 項で基本的権利として WLB

への権利が認められた。この最も大きな意義は，有給の出産休暇を認めたことである。2006年の指令では，妊娠や出産休暇について女性に不利をもたらすすべての取扱いは差別となる (2006/54)，としている。妊娠・出産における女性の保護（健康と安全）については指令 (92/85) も存在し，現行EU運営条約153条にも言及されている。こうした女性労働者を化学物質や生物学的物質を扱うような業務につかせたり，夜間労働に従事させたりすることは禁じられている。出産休暇は少なくとも引続き14週間とることが定められており，そのうち2週間は義務とされている。加盟国は，妊娠中から出産休暇の終わるまで，女性労働者の解雇を禁止しなければならない。この条文は直接効力をもつ[56]。出産休暇中，労働契約にかかわる権利は保持され，給与の額の維持の権利も手当をえる権利ももっている。欧州司法裁判所は妊娠を理由に解雇することや，妊娠から出産休暇の終わるまで解雇することが禁止されるだけでなく，解雇決定の準備となるための措置をすることも禁止されるとする。

　出産休暇中の給与保証は重要であるが，出産休暇が長いことはそれ自体，家族的任務のより均衡のとれた分配には結びつかない，とブリは指摘する。子どもは両親二人で育てるものである。したがって両親の権利という観点から休暇も捉える必要がある。女性の方が男性よりも休暇をとる傾向にあることが，賃金格差をうみ，果ては年金等においても男性よりも不利な状況となることを考える必要がある[57]。

　EUは最近，両親休暇について変更する枠組協定の実施を義務づける指令 (2010/18) を採択した。この協定は労働者である両親のWLBを容易にする目的をもつものである。出産，養子，8歳までの子どもの世話を理由として，4カ月の両親休暇が認められ，平等を促進するために少なくとも1カ月は父親がとることになっており，これを母親には譲れない。両親休暇をとることでそれを理由として不利な取扱いをされたり，解雇されたりしないよう労働者は守られなければならない。また労働者は家族の急病等，不可抗力を理由とする欠勤が認められる権利ももっている。

　欧州司法裁判所は1984年にホフマン事件において，女性の保護を強調する

判決を出していて，女性と男性の間の家族的責任の分配を妨げかねないとして批判されていた[58]。その 13 年後，欧州司法裁判所はすでにみたように WLB は「男女平等の当然の結果として考慮される一つの原則」とする判断を下した[59]。さらに欧州司法裁判所は，雇用へのアクセス，職業訓練，昇進，労働条件にかかわる男女間の待遇の平等原則の実施についての指令（76/207）は，形式的ではなく実質的な平等に通じることを目標とするものと解釈した[60]。

今日では直接差別のみならず間接差別も禁じられているが，その違いはわかりにくい。直接差別とは「性を理由とする他者よりも不利な取扱いを受けること」をさし，間接差別とは次のようなことをさす。「一見中立にみえる規定や基準や実践が，この規定や基準や実践が正当な目的から客観的に正当化されず，目的達成のための手段が適合的でも必要されるものでもないときに，とくに一方の性をもつ人間に他方の性をもつ人間と比較して不利に働くこと」[61]。

直接差別はあらかじめ定められた特別な例外という制限がある以外は全体的に禁止されている。とりわけ男女同一賃金原則には，職業生活における完全な男女平等を確立するための必要な措置以外はいかなる例外も認められない。この完全な男女平等を確立するために過少代表になっている性の職業活動の行使を容易にするための特別な優遇措置をとることはポジティブ・アクションとして EU 運営条約 157 条 4 項で認められている。このようにしてポジティブ・アクション（アファーマティブ・アクション）をとることが認められてきているが，直接差別とポジティブ・アクションとの区別をすることは容易ではない。

子どもをもつ母親に対して特別な権利を認めている場合があるが，それは差別として作用する場合がある。たとえば，ブルガリアでは 3 歳以下の子どもをもつ母親には当人の合意なしに出張させないとか，エストニアでは 1 歳以下の子どもの母親にしかパートタイムで働く権利を認めないとかということがある。このような規定は共同体法に反するものである[62]。

他方で多くの間接差別はパートタイム労働にかかわる。たとえばマルタでは週 20 時間以上働くパートタイム労働者でも限られた権利しか認められていない。欧州司法裁判所はビルカ判決のなかで，企業の退職年金の制度からパート

タイム労働者をはずすことは男女の同一賃金原則を定める共同体法199条（現在EU運営条約157条）に反するとした。というのもこの制度は男性よりも多くの女性に課せられる制度であり，企業はこのような排除が客観的に正当化されるファクターをもち，性に基づくあらゆる差別とは無関係であるとして説明することができなければならない，という[63]。同様に欧州司法裁判所は家族的責任の不平等な分配を考慮にいれないことが性に基づく間接差別を形成するという判決も出している[64]。

WLBすなわち女性と男性との間での家庭の任務や家族的責任の平等な（均衡のとれた）分配には，必要以上に女性の保護を強化するアプローチではなく，男女双方にとって中立な権利を確立することを前提としている。この意味では出産休暇の延長を認めることよりも両親休暇の条件を改善する方が望ましい。EU法における規定よりもさらに進んださまざまな休暇の制度などを採用している国もあるが統一的ではなく，EU法が求めるようなライフサイクルにそったアプローチをしている国は少ない。女性の雇用をふやすことをめざす政策をとると同様に，家庭の任務と家族的責任のより平等な分配を容易にすることを目的とするアプローチが必要である[65]。

V　まとめにかえて

フランスにおいてもWLBの充実は大きな課題である。たとえば労働・連帯省の男女職業平等に関するレポートにおいても「バランスに欠ける親業の配分」がとりあげられ，出産と女性の労働力率の関係，男女の生活時間のアンバランスなどが取りあげられている[66]。前者については子どもの数によって女性の有職率が異なること，すなわち12歳以下の子ども一人の場合は73％の女性が働いているが，二人の場合は64％，三人以上の場合は40％となっている（p. 41）。後者については，1986年から1999年で男性の家事労働32％から35％に微増したにとどまることが指摘されている（p. 46）。しかし他方でフランスでは，労働人口の約半数が女性（2007年47％）であり，25歳から49歳の83％が就労している。フランスはEUのなかでも女性の労働力率が高く，出生率も高

い国である。2006年男女賃金平等法 Loi du 23 mars 2006 が成立し，労使交渉による賃金格差是正が求められている。企業の長は賃金のみならず職業生活と家族生活の両立にかかわる事柄も含めて労使交渉の場に報告書を提出しなければならない。要となる男女同一賃金原則，男女同一待遇原則の徹底をはかることで職場における男女平等を確立し，WLB の充実をめざそうとしている。このことは女性の社会保障の確立，とくに年金の問題とも結びつく[67]。

フランスでは 1930 年代にすでにバカンス法 Loi sur les congés payés du 26 juin 1936 が成立し，休暇をとることが権利として早くから定着している。今日では残業を休暇にふりかえる制度もあり，長期休暇をとることに職場におけるためらいはない[68]。年次有給休暇の他に出産休暇（法定 16 週間），養育親休暇（いわゆる育児休暇），子の看護休暇，付添親休暇，父親休暇（親休暇を父親がとらないため，父親向けに設定）などが認められている。さらに 35 時間労働法制 Loi du 13 juin 1998 et Loi du 19 janvier 2000（Lois Aubry）はワークシェアをめざすものであったが，WLB を推進する目的ももっていた[69]。この法律は WLB についてはあまり効果がなかったとされている。というのも，女性労働者の間では家事や育児に当てる時間が増え大いに役立ったとする声が大きいが，男性が減った労働時間の代わりに家事・育児・介護への時間にあてたかは疑問が残るからである。

育児・看護・介護に関しては，フランスでは 1990 年代半ばですでに病児保育（熱が 38 度以下の子どもを預かる，保育園が医師・看護士と連携をはかるなど）にとりくんでおり，単なる保育をこえて労働者の状況にあった保育態勢を考えているように見受けられた。また 2000 年に入ると寝たきりの老人を夜中にみてくれるシステムもでき，いわゆる寝たきりの高齢者をかかえても仕事を継続できるようになったといわれている[70]。何よりも憲法におけるパリテの観念の導入で政策決定過程に多くの女性を輩出することができ，女性問題の解決も期待できる。2008 年 7 月の憲法改正で，選挙によって選ばれる議員職や公職に対してのみならず，「職業的及び社会的要職に対しても男女の平等なアクセスを促進する」（第五共和制憲法 1 条 2 項）ことも保障されるようになり，企業にお

いてもWLBのいっそうの推進が必要となっている[71]。フランスではこうした動きからWLBの充実はそう遠くないようにみえる。

これに対し日本の状況は，WLBの実現ははるか彼方である。男女平等の根本をなす男女の同一価値同一賃金原則の確立，法律による明示がまず必要である。この点はすでにILOから勧告も受けている。これは男女の賃金格差が男性100に対し，女性が65から68程度にすぎないこと，女性労働者の4割がパートタイム労働に従事しており安い賃金に甘んじていること，こうした女性労働者の非正規雇用の急増が女性労働者の貧困を生み，女性労働者の43.7％が年収200万円以下であること，これらの事実から是正を求められている。このような女性労働者の状況は彼女らが高齢者となったときにさらに貧困の問題を提起することになろう。

また労働現場ではいまだに育休明けに不当降格・減給が行われたり，遠い場所への転勤が行われたり，妊娠・出産をめぐる女性差別が存在していて，働きながら安心して子どもを産み，育てることができる環境にない[72]。また高齢者などの介護の問題が家族内ででてくると女性が働くことをやめざるをえない現状である[73]。男女がともに社会的責任・家族的責任を担うという社会の形成が最初の一歩でつまずいている。

さらに日本はもともと残業をさせることを当然と考える社会，権利である休暇をとることですら怠け者と思われる社会であり，企業への滅私奉公的従属を強いる社会である。個人の生活が基本であり大切だという根本的な意識改革がなければWLBは成立しない。そしてその個人の生活の充実は，女性だけでなく男性にとっても重要なのである。したがって「子育て・介護の時間や家庭，地域，自己啓発等にかかる個人の時間を持てる健康で豊かな生活」の確立はすべての者にとって大切で，これによって，人々は精神的な病にかかることや自殺に追いやられることを防ぐことができる。

日本のように伝統的な役割分担意識が強い[74]と，WLBの重要性を強調しても，家族的責任，すなわち家事・育児・看護・介護などを担うのはおもに女性になってしまい，このことがかえって女性の社会進出を阻む原因となってしま

う。つまり女性に二重の負担がかかる。男女平等をWLBの基本にすえることで，男女双方がWLBを充実させ，人間らしい真に心豊かな生活をすごすことができる。

　ところでWLBと経済成長は本当に「車の両輪」となるのか。WLBは経済成長を目的とするものではない。あくまでも個人の生活の充実，人間らしい生活をすごすためのものである。したがって日本の労働状況に必須なのは，労働時間をへらし，残業をなくすことである。またWLBは少子化の流れを必然的に変えるものではない。仕事と家族生活の両立が可能なら，女性も社会進出を果すだろう，働きながら子どもを産み，育てることができるだろう，と期待されているが，そこにはまず職場での平等の確立，育児休暇や子どもの看護休暇等をたとえ急にとっても，またたとえそれを男性がとっても非難されることなく，フォローする体制ができている必要がある。経済成長や少子化への歯止めは期待される効果であって目的ではない。家庭においても平等の確立，母親と同様に父親も家庭の事情に合わせて休暇をとったりフレックスタイムを活用したりして互いに助け合う体制ができていることが必要である。

　子どもを産むか産まないか，どのようなライフスタイルをとるのかは，あくまでも個人の選択である。少子化をくいとめることにはむしろ自由を認め，家族の観念を変えることが必要だと思われる。すなわち，男も当然，家事・育児・介護を担当し，企業などの協力の下，担当することがあたり前の社会をつくる，シングルでも子どもを産み育てられる社会をつくる，養子をとることがもっとできやすい（たとえばシングルでも養子をとれる）社会をつくる。家族の観念を変えることは，家族のなかの役割分担意識を変えることをさす。それがなければ男女平等もWLBの確立も危ういし，ましてや少子化の流れを変えるということには至らない。

　その意味では当面日本において必要なのは，職場での男女平等の確立と同時に，男性に家族責任を積極的に担わせる政策が必要である。男性に出産立ち会い休暇，育児休暇等，家族のための休暇を率先してとらせるとか（この点では両親休暇という言葉を用い，さらに父親休暇を設けたフランスの仕組は参考になる），

男性にも家庭の状況に合わせてパートタイム労働やフレックスタイム労働に移行しやすい仕組みをつくるとか，義務的なノー残業デーを設けるとか，このような方策が必要であろう。WLBの政策が新たな女性へのしわ寄せとなることがないようにすることが日本においては重要である。

1) ワーク・ライフ・バランスということばはあたかも仕事と生活（家族生活）のバランスをとることをさしているように思える。しかし「EUとワーク・ライフ・バランス」のところで述べるようにEUにおいては，WLBの中心課題を「女性と男性との間の家庭的任務と家族的責任のより平等な équitable 分配」としており，男女間で家族責任を平等に負担することを主眼としている。
2) 山口一男・樋口美雄編『論争 日本のワーク・ライフ・バランス』日本経済新聞出版社2008年289頁以下（坂東眞理子）。なお，WLBにかかわるキーワードを多様性，柔軟性，時間の質とする考え方もある。山口一男『ワークライフバランス』日本経済新聞出版社2009年13頁以下。
3) たとえば樋口美雄・府川哲夫編『ワーク・ライフ・バランスと家族形成』東京大学出版会2011年。
4) 村上直久編『EU情報事典』大修館書店2009年270-271頁。
5) 同書272-273頁。
6) さしあたり大石眞・石川健治編『憲法の争点』ジュリスト増刊（2008年）106頁（植野妙実子）。
7) 国際女性の地位協会編『コンメンタール女性差別撤廃条約』尚学社2010年65頁以下（阿部浩己）。
8) 同書152頁以下（若尾典子）。
9) 国際女性の地位協会編『女性関連法データブック』有斐閣1998年328頁以下。
10) 国際女性の地位協会編 前掲コンメンタール137頁以下（有澤知子）。
11) 辻村みよ子編『世界のポジティヴ・アクションと男女共同参画』東北大学出版会2004年。
12) 戒能民江『ドメスティック・バイオレンス』不磨書房2002年，辻村みよ子『ジェンダーと法〔第二版〕』不磨書房2010年210頁以下。
13) 労働法における男女差別については，次のものを参照。浅倉むつ子『労働法とジェンダー』勁草書房2004年，水谷英夫『ジェンダーと雇用の法』信山社2008年。
14) 水谷英夫 前掲書220頁。
15) 国際女性の地位協会編 前掲データブック251頁以下（浅倉むつ子）。
16) 同書254頁（浅倉むつ子）。なお，1994年の東京女性財団からの助成によるフラ

ンスでの訪問調査研究において，アンペイドワークの意義についても学んだ。植野妙実子編『21世紀の女性政策』中央大学出版部 2001 年。
17) 水谷英夫　前掲書 159-160 頁。
18) 金丸輝男編『EC から EU へ』創元社 1995 年 6 頁以下。
19) EU の仕組み等については村上直久編　前掲書の他，次のものを参照。佐藤幸雄監修『拡大 EU 辞典』小学館 2006 年。
20) 金丸輝男編　前掲書 330 頁。
21) 同書 231 頁。
22) 水谷英夫　前掲書 164-165 頁及び村上直久編　前掲書 72-73 頁。
23) 村上直久編　前掲書 74-75 頁。
24) 同書 76-77 頁。
25) 同書 78-79 頁。
26) 小林勝監訳・解題『欧州憲法条約』御茶の水書房 2005 年。
27) 村上直久編　前掲書 80-81 頁。
28) リスボン条約については次のものを参照している。*Journal officiel de l'Union européenne* du 30 mars 2010.
29) 村上直久編　前掲書 94-95 頁。
30) 柴山恵美子・中曽根佐織編『EU の男女均等政策』日本評論社 2004 年 72-73 頁。
31) 同書 58 頁。なお，次のものも参照。岡伸一『欧州統合と社会保障』ミネルヴァ書房 1999 年。
32) 柴山恵美子・中曽根佐織編　前掲書 68 頁。
33) 同書 69 頁。次のものも参照。黒岩容子「EU 法におけるポジティブ・アクション法理の展開と意義 (1)」早稲田大学法研論集 141 号（2012 年）113 頁以下。
34) 柴山恵美子・中曽根佐織編　前掲書 113 頁。村上直久編　前掲書 270 頁。
35) 村上直久編　前掲書 271 頁。関根由紀「EU ジェンダー政策の発展と展望」嵩さやか・田中重人編『雇用・社会保障とジェンダー』東北大学出版会 2007 年 303 頁。
36) 関根由紀　同論文 302 頁。
37) La Charte de femmes, du 5 mars 2010. ロードマップの成果をふまえ，女性憲章で掲げた優先目標を実現するため，「男女平等へ向けての戦略 2010-2015」がある。
38) 柴山恵美子・中曽根佐織編　前掲書 98 頁。
39) Susanne BURRI, La conciliation de la vie professionnelle, privée et familiale, in, sous la direction de Françoise MILEWSKI et Hélène PÉRIVIER, *Les discriminations entre les femmes et les hommes*, Presse de la fondation nationale de Sciences politiques, 2011, Paris, pp. 253 et s. なお，WLB に関する EU の指令等について言及するものとして，山口一男　前掲書 18 頁以下。
40) Susanne BURRI *op. cit.*, pp. 255-256.

41) *Ibid.*, p. 256.
42) *Ibid.*, p. 256.
43) *Ibid.*, pp. 256-257.
44) *Ibid.*, p. 257.
45) *Ibid.*, p. 257.
46) Décision 2005/600 CE, *JO* 2005, L205/21.
47) Susanne BURRI, *op. cit.*, p.258.
48) この分野においてはシュミッドの論文が有名である。Par ex., G. SCHMID, Employment Insurance for Managing Critical Transitions during the Life cycle, in sous la direction de Peter AUER et Bernard GAZIER, *The future of work : Employment and social protection*, International Institute for Labour Studies, Genève, 2002.
49) Susanne BURRI, *op. cit.*, p. 259.
50) *Ibid.*, p. 260.
51) *Ibid.*, pp. 260-261.
52) ポルトガル共和国憲法59条労働者の権利1項bでは労働における「職業生活と家族生活との調和」について述べており，67条家族2項hでは，家族を保護するために国のすべきことの一つとして「職業生活と家族生活との調和」のための諸政策への考慮があげられている。鈴木弥栄男・大迫文志訳『対訳ポルトガル憲法』丸善2008年。
53) Arrêt du 2 octobre 1997, affaire C-1/95, Recueil 1997, p. I-05253 (Gerster) et arrêt du 17 juin 1998, affaire C-243/95, Recueil 1998, p. I-03739 (Hill). なおギリシャの社会権については次のものを参照。Julia ILIOPOULOS-STRANGAS et Georges LEVENTIS, La protection des droits sociaux fondamentaux dans l'ordre juridique de la Grèce, in sous la direction de Julia ILIOPOULOS-STRANGAS, *La protection des droits sociaux fondamentaux dans les Etats membres de l'Union européenne*, Ant. N. Sakkoulas, 2000, pp. 395 et s.
54) Susanne BURRI, *op. cit.*, p. 261.
55) *Ibid.*, pp. 264-265.
56) Arrêt du 4 octobre 2001, affaire C-438/99, Recueil p. I-06915, point 34 (Melgar).
57) Susanne BURRI, *op. cit.*, p. 268.
58) Arrêt du 12 juillet 1984, affaire 184/83, Recueil p. 3047, point 25 (Hofmann).
59) Arrêt du 2 octobre 1997, affaire C-1/95, Recueil p. I-05253, point 38 (Gerster) et arrêt du 17 juin 1998, affaire C-243/95, Recueil 1998, p. I-03739, point 42 (Hill).
60) Arrêt du 30 avril 1998, affaire C-136/95, Recueil p. I-2011, point 26 (Thibault).
61) Susanne BURRI, *op. cit.*, pp. 272-273.
62) *Ibid.*, p. 273.

63) Arrêt du 13 mai 1986, affaire 170/84, Recueil p. 1607, point 36 (Bilka).
64) Arrêt du 17 octobre 1989, affaire 109/88, Recueil p. 3199, point 25 (Danfoss).
65) Susanne BURRI, *op. cit.*, pp. 277-278.
66) ① Brigitte GRESY, *Rapport préparatoire à la concertation avec les partenaires sociaux sur l'égalité professionnelle entre les femmes et les hommes*, juillet 2009. 簡便には次のものを参照。女性情報ファイル 99 号（2009 年 9 月）12 頁（中島公子）。頁数はこの①のレポートを示した。② Brigitte GRESY et Philippe DOLE, *L'égale accès des femmes et des hommes aux responsabilités professionnelles et familiales dans le monde du travail*, La documentation française, 2011.
67) マルガレット・マルアニ＝柴田洋二郎訳「フランスにおける労働市場とジェンダー」，柴田洋二郎「家庭生活と職業生活の両立」，嵩さやか「フランスの年金制度と女性」，いずれも嵩さやか・田中重人編『雇用・社会保障とジェンダー』東北大学出版会 2007 年参照。
68) Service-Public.fr のサイトには休暇の種類に応じて原則，期間，給与等について細かく案内がある。
69) Susanne BURRI, *op. cit.*, p. 262. ブリは最近の超過勤務を一定の時間数まで免税とする措置は WLB を危うくすると警告している。Loi 2007-1223 du 21 août 2007.
70) 植野妙実子編　前掲書。なお原田康美「フランスにおける介護休業制度」『諸外国における介護・看護休暇制度』財団法人婦人少年協会 1995 年も参照。
71) Cf. Thierry RENOUX et Michel de VILLIERS, *Code constitutionnel*, Litec, 2011, pp. 438 et s.
72) たとえばコナミデジタルエンタテイメント事件では育休取得後の降格が問題となった。東京地裁平成 23 年 3 月 17 日判決労判 1027 号 37 頁，東京高裁平成 23 年 12 月 27 日労判 1042 号 15 頁参照。
73) 内閣府では 2007 年 9 月地方公共団体に対して WLB に対する取組みの調査を行っている。また 2009 年から WLB に関する報告書も毎年出しており，2011 年版が 2012 年 2 月に出された。そのなかで介護の問題が WLB にとって障害となっていることが指摘されている。
74) 相変らず地方においては強いことが市民の意識調査などからうかがえる。たとえば掛川市。

　　　　　　　　　　　　　　　　　　　　　　　　　　　　　　（植野妙実子）

第2章 地方自治の「グローバル化」に関する一考察

I　はじめに

　グローバリゼーションという言葉が独り歩きしはじめてからどのくらいの時日が経過したのかさえ明らかではなく，そのうえにとくに金融及び貿易分野ないし経済領域において，とくに「グローバル化」という言葉が喧伝され実現されるようになってからもかなりの時間が経過しているはずであるが，実質的には，「グローバル化」とは何かという根源的疑念がいまなお完全に払拭されたとは思えないところである。それどころか，近年の日本における地方分権改革の潮流のなかにおいても，地方自治のグローバルスタンダードもしくは地方自治のグローバル化という言説が流布されるに至っては，その文脈の多様性とも相俟って，ますますその実態を把握することが困難となっている[1]。

　こうした傾向は，あらゆる分野や領域における行政権による関与のあり方が，「事前規制」の緩和ないし撤廃，それは換言すれば事後評価の導入ないし強化という手法による政策実現のための新たな潮流が国際的なうねりとなって顕在化しはじめたころから顕著となりはじめたものといえる。それは，かつてのイギリスの"サッチャーリズム"やアメリカの"レーガノミクス"等という一連の新自由主義的な政治手法と歩調を合わせながら，国際社会においてまさしく「名誉ある地位」を占めたいと考えていたと思われる中曽根康弘によって牽引されていた政権によって推進されたものであり，いわゆる三公社五現業の解体ないし民営化が行われ，『小さな政府』を志向することがあたかも所与の前提とされていた時代状況であり，国際的傾向であった。とりわけ，ヨーロッパ諸国における国際協調主義の進展は経済や貿易の分野のみに留まらず，いわ

ば「国家主権」の流動化ないし共同化とでもいうべき状況すら現出させはじめ，一国国内に限局された政治的ないし行政的正当性が喪失しはじめ，全体として国家のもつ制御能力が限界に直面することとなり，ひとつの可視的「現象」ないし誰にでも認識することのできる紛れもない「事実」としてのグローバリゼーションが加速度的に進展していったのも記憶に新しいところであろう[2]。

　なお，地方自治のグローバル化ないしグローバルスタンダードという問題を検討する場合には，こうしたヨーロッパ地域における国際協調の動向が同時に「地域統合」の動きを加速させたことも極めて重要なファクターとなっており，本来は，一見非常に矛盾するかにみえる国際的な地方自治「標準」が模索されなければならない必然性が看過されてはならないはずである。それについては，もっぱら1980年代の半ば以降に再び活性化したヨーロッパ統合の結果としてもたらされた1992年のヨーロッパ連合EUの誕生とその法的表現としてのマーストリヒト条約に集約されている「補完性の原理」によって説明されてきたところであるが，この原理に関してもやはりわからないままに多様な局面で用いられ，まるでこれからの地方自治の基本原理を解釈する際の万能な「打ち出の小槌」のような位置づけであるが，その検証それ自体は本章の射程から除外しているので，別稿を期したい[3]。

　本章においては今日，さまざまな文脈で用いられるグローバリゼーションあるいはグローバルスタンダードないしグローバルガバナンス等と呼ばれるものの一端を考察し，はたして地方自治というおよそ個々の主権国家に固有の質量が存在することが元来は許されるはずの国家の構成要素にとって，「補完性の原理」等のような，いわばその差異を捨象して通用させるような国際的な規準ないし尺度が存在するのか，あるいは存在するとしても有効に機能するのか等という問題を検討するものである。

II 『地方自治』の国際標準

A. 古典的ないし伝統的ローカルガバメントの変質

　近代以降の国家の成り立ちがそれぞれその歴史的背景を異にし，その権力構造と軍隊や治安組織等の実力装置をはじめとする立法権や行政権あるいは司法権という各次元の内部的なしくみとしての国家機構をどのように設計し，それらの各機構にいかほどの権力を分与するか等という課題こそ，一個の独立した主権国家内部において自己完結的に決定するはずのものであろう。ところが，時代の進行にともなって，次第に主権国家の枠組み，換言すれば国境の壁が，とりわけ地理的のみならず産業や情報通信あるいは交通ないし通商の分野においても低くなりつつあるという実感は，東洋の島国たる日本という小国の一国民においても確固たる現象として誰しももつことができることとなっているはずである。

　しかしながら，一体，地方自治ないし地方政府にとっての「グローバリゼーション」とは何か，あるいは巷間，よく耳にするようになった地方自治のガバメントからガバナンスへという「流れ」とは，そもそも何を意味するのか，いまなお明確にはわからないままなのである。もちろん，国際社会のなかにあっても，古くは情報通信事業あるいは郵便事業等の分野における国際的協同性の確保という観点から国際的統一法の制定の必然性が説かれたり，最近においても国際的なレベルの協調性が強調されればされるほど，自国の基準を国際標準にしようとするアメリカ合衆国に代表されるように政治行政領域における世界単一市場化を要請するという傾向があらわれたりしたということは受け入れざるをえないところである。つまり，そのような次元では，アメリカンスタンダードがグローバルスタンダードに他ならないということなのである。ところが，周知のように，日本型地方自治の構造と機能は，原理的にも実態的にもアメリカ型地方自治のそれとは大きく異なるところが少なくないのであり，少なくともアメリカ型地方自治を無修正のまま日本に投影することができないのはいうまでもなく，その点については，1945年という主権国家としての日本の

敗戦を歴史的契機として，当時の連合国の一員とはいえ，間接統治方式と呼ばれる占領政策を実施した当事国であるアメリカ合衆国という国自身が冷徹な事実として受容していたもののはずである[4]。

それにもかかわらず，いまなぜ，グローバル化なのか，それもなぜ「地方自治の」グローバル化なのか。おそらく，近代市民革命によって確認的に各国の憲法に明記され，各々の主権国家が独自の統治構造を形づくってきたところ，本質的な原因はアメリカ型の資本主義が日本を含む東アジア諸国等のアメリカ以外の国々に事実上強制的に受容させられた結果，次第に「通用力」を帯びてきたのであろう。ここに至って，前述のヨーロッパ連合の誕生が，少なくともヨーロッパ空間における政治経済秩序の大きな影響を与えたヨーロッパ統合は，ヨーロッパ内部における勝者と敗者とを生み出し，ヨーロッパという地域がさらに中心地域と周辺地域とに分けられ，各国政府とヨーロッパ連合閣僚理事会との間における政府間関係が構築されていったのである。この政府間関係の観点からすると，「地域」は，国家とは異なった一つの政府として認知されることとなるが，この時点において地域政府はかつての古典的主権国家とは決定的に相違する政策領域横断的経営者団体や労働組合，あるいは自発的結社等の外観を呈する市民社会の新たな枠組みを統治することができることとされたのである[5]。もとより近代市民革命を契機として登場した資本主義経済体制を採る国々を類型化することの積極的な意味合いはそれほどないとはいうものの，とりわけ西欧民主主義諸国家の政治行政システムの在りようは，今日に至るまで我が国をはじめとするアジア，より厳密には東アジア諸国にとっては文字どおりの「モデル」であり，「お手本」であり，多面的に参考とされ，多角的観点から自国の政治システムに取り入れられてきたところである。したがって，そのかぎりにおいてお手本となった当該主権国家における地方政治行政に関する一連の理念やシステムもほぼ同時に「移植」されることとなるのである。たとえば，第一に19世紀のフランスをはじめイタリアやスペイン等の国々にも伝播していったといわれる単一集権型として国民国家建設の必要性が強調される地方政府システム，また，第二にドイツのように中央政府と連邦構

成体たる州の間で両者の統一的行動を前提として権限の分配が行われるシステム，さらに第三には，北欧のスカンジナビア諸国のように都市計画や土地使用あるいは福祉関連事項に関する広範な機能的権限を有する地方政府が相応の課税権を行使し，地方相互間における格差の拡大を招かぬように全国的合意の枠内における自立性が担保されているシステム，加えて，第四にはイギリスに代表されるように，大半の福祉サービスを地方政府自身が提供し，全体として緩やかな全国標準の範囲内において高度に自立性を担保されているシステム，という理念型として類型化することが可能である[6]。

しかしながら，こうした理念型の提供こそはあくまでも「国境」，つまり主権国家の存在を大前提とする発想に他ならず，local から national，あるいは regional から national，さらには national から international という方向で規模と範囲とを拡大させながら，あらかじめ設定された枠組みのなかでの正当性を損なわないかぎりにおける一体的発展ないし効率的処理をめざそうとするものということもできよう。したがって，それらは既存の理論的枠組みのなかにおける古典的なローカルガバメント local government と呼びうるものであって，その根底には例外なく伝統的なナショナルガバメント national government という対立概念と実態とが胚胎しているということを物語っているのである。こうした考え方が単独の主権によって成立している国民国家における地方自治の構造と機能の基底に共通して存在し稼働しているのが認められるということはすぐれて 20 世紀的であるといえよう。その主たる原因の一つは，米ソの東西冷戦構造の下で，それぞれが覇権争いを繰り返し，政治や行政はもとより経済や財政ないし会計や金融あるいは情報通信技術や医療技術等の先端科学，さらには宇宙開発等々の分野に至るまで誰の目にもみえ，疑いようもなく我々の日常生活に直接的関連を有する形であらわれている極めて熾烈な競争が展開され，優勝劣敗が繰り返されたところからも見て取ることができよう。これ以外にもほぼ何らの客観的検証を経ることなくそれぞれの国自らが開発した水準の科学技術や概念装置等を「国際標準」であるという主張が，あらゆる手段を用いながら政治的または経済的もしくは社会的権力の争奪を巡って展開されてい

ったのがまさしく20世紀の最大の特徴ともいえよう。

B. 『ガバナンス』の諸相

ところが，20世紀における以上のように価値志向的に大いなる発達や成長を遂げた科学技術の諸成果や社会開発技術の諸相が光の部分のみならず影とでもいうべき負の成果をももたらした状況は，21世紀に入って大幅な軌道修正を迫られることとなる。要するに，政治行政領域においては，旧来の「大きな政府」による『揺り籠から墓場まで』という指標による政治運営が一種の限界ないし矛盾を顕現させ，政府自身の「グッドガバナンス」が追求されはじめることとなるし，経済財政ないし会計金融領域においても普遍的妥当性以上に社会正義を実現すべき公正性担保の観点から公共的正当性が問われるようになりはじめるということなのである。そのうえ，近年においてはとくに遺伝子治療等に際して求められる倫理的ないし道徳的規準の存否や意味合いについて考えなければならなくなった先端科学等は総じてその発展経路の点検ないし開発方法そのものの転換に着手しなければならない厳しい局面を迎えることとなったわけである。

固定的な構造で誰しもそれが永続するものとも捉えていた「東西冷戦」は，一つにはアメリカの圧倒的な軍事力と資本主義及び民主主義がいずれも原因して終焉したといわれているが，この事実の意味するところは文字どおりの「終焉」とは異なり，ソ連邦の崩壊といわゆる東側諸国の崩壊ないし分離あるいは独立に象徴されるように，いわゆる西側諸国の筆頭であるアメリカが軍事及び経済並びに政治とりわけ国際政治のあらゆる局面において主導権を勝ち取ったということである。つまり，軍事力においても経済力においても世界の国々に対する卓越した指導力を発揮させることができ，それゆえに少なくとも政治的に国民国家の基盤を有する国々に通底する強烈な共通「意識」を醸成させえたということなのであろう[7]。

以上のように，主権国家相互の関係を規律しようとする国際化状況が，主権国家の成立時には捨象されていたはずのそれぞれの国家権力あるいは広義の公

権力の横暴ないし破綻を契機に，秩序を失い混乱を極めるようになると，なによりも「国境」という存在を前提としながら築かれていた国際社会が，必ずしも公権力を備えているとはかぎらないNPOやボランティアグループに代表される市民組織や民間団体等によって新たに運営されはじめたり，かつては市民社会ないし市場社会の構成員とみられていたNGOを代表とする非権力的国際機関等のいわば「政府外組織」または「任意団体」の自律的秩序形成機能の発揮によって成り立つようになる。そういう事態に直面した既存の各次元の政府の存在意義はいっそう薄れ，「国境」はかぎりなく低くなり，政府によってその区域が画されていた地球上の「地域社会」相互の交流が不可欠と考えられるようになり，いうなれば，リージョナルガバナンス regional governance からインターナショナルガバナンス international governance とでもいうべきものが考案され，実現していくこととなったわけである[8]。

　しかしながら，ここではひとまず，そのようなガバナンスの必然性を認めるとしても，はたして主権国家を超えるガバナンスが国家権力ないし公権力の参画なしに実現可能なのであろうかという根源的疑問が湧き出すこととなる。あるいは，その疑問はさらに，国家主権を超えて妥当する普遍的地方自治というものの存立可能性にも連続していくこととなる。別言すれば，単独の主権によって維持されている国民国家におけるナショナルミニマムの達成という究極の目的と上記のようなグローバル化の要請に対応した地方自治のグローバルスタンダードを満足させることは両立可能なのであろうか。中央集権主義の対極に位置づけられる地方分権主義という考え方に立脚した場合には，おそらくナショナルミニマムと地方自治のグローバルスタンダードの両者は二律背反の関係となるところから，共存することは理論上は不可能であろう。ただ，少なくともかつての中華人民共和国政府と香港政府の実例をみるまでもなく，いわゆる一国二制度または一国多制度という実態の存立する可能性は，主権国家の中央政府と地方自治次元の諸形態にわたる地方政府にも認められるはずである。したがって，理論的には，何も中央政府の統治構造と地方政府のそれとが「合同」している必要もないし，両政府の立法権や司法権あるいは行政権の質量が

相対的に異なるものである以上，中央政府の「相似」すら求められているとはかぎらないと考えることができる。要するに，日本国憲法第8章の92条ないし95条においては当初から，国の国会と内閣と裁判所とによって分立されている国家権力と同等の権力総体が自治体政府によって分任されることが許容されていると考えられるわけである。そして，その自治体政府そのものの階層性さえ中央政府構造をはじめ何物にも縛られることなく一層制ないしそれ以上の多層性もしくは多段階性のいずれを採用するかについても当初から地方政府に対して広範な裁量が与えられているものと考えられる余地も残されているところである[9]。

このような状況は，あくまでも強大な国家権力の下に地方政府がおかれる「縦型権力構造」のなかで，国家権力の一部を分与された地方政府は中央政府のめざすベクトルと同じ指向性を追求し，国民福祉の増進はとりもなおさず地域住民の福祉の増進と合致するかぎりにおいて協力し協同するという20世紀的な「国際化」が進められた環境から脱皮し，中央政府も如何なる大きさの地域社会であるかを問わずその運営を委ねられている地方政府もともに並列的な権力装置を備えた「横型権力ネットワーク」のなかで，相応の守備範囲が割り当てられて相互に連携していくことが求められるようになった21世紀的な「グローバル化」の進行が顕著になったことを物語るものである。このことは，旧来の地方自治論が日本的な執行機関たる「長」と議事機関たる「議会」との機関対立主義等を主柱とする，いわば地方自治の統治機構に関する理論と実践とに集約されたものであったのと比較すると，ガバナンス論等の新たなパラダイムの登場は，地方政府によって提供され実現されるはずの「(公共) サービス」の地方自治機能の質量やそのための手段の開発等に集約される地方自治機能論ないし地方自治統治論へと変質していったことを意味するものである。その一つの根拠となるのは，今や4億6千万を超える人口を擁するヨーロッパ連合EUの主要構成国のフランスやドイツにおける地方自治の構造と機能の普遍性と今日的変容であろう。

たとえば，フランス共和国という決定的に中央集権的な大統領を元首とする

共和制国家では，基本的には基礎自治体として，ほぼ日本の市町村にあたるといわれている commune が 3 万 6,000 団体を超えて全国土に及び，それよりも広域の，日本の県にあたる département という組織が 100 団体ほど存在し，さらにそれよりも広域の région（日本語では「州」と翻訳されることが多い）と呼ばれるものが 26 団体置かれるという重層的な構造となっている[10]。このようなフランスの地方政府のシステムは，19 世紀以降の世界各国に拡がり，国民統合及び国家建設の必要性と密接に結びついて発展し，commune が地方民主主義の基本単位とされ，中央政府からのサービスを分配し組織する単位として département や région が位置づけられるという二層からなる分権構造を呈している。近年では，これらに加えて，経済計画や投資事業等のような特定の事務の遂行ないしサービスの提供だけを任される機能的地域主義の制度として地域政府 regional government も看過しえないところとなっている。これは単一集権型モデルと呼ばれ，その単一の国民に唯一の正統な権威の根拠を求めるものである[11]。

また，中央と連邦構成体との間での統一的行動を前提として権限が分配されるドイツ型は，有機的連邦主義に基づいているため，ドイツ連邦制の主たる特徴は，連邦と州との間の権限の分離ではなく，連邦レベルが一般法を制定し，州がそれを施行するという機能上の分担となるといわれている。そして，州政府を代表するのは，連邦政府第二院の連邦参議院であり，立法及び財政のうえで広範な権限を有し，統合が強化されるともいわれている。このシステムは，多層を形成している諸政府が多様な領域において相互に連結する協働的連邦主義または政策的結合という特徴をもち，地方自治体のシステムは各州が独自に定めることができるのである[12]。

さらに，北欧諸国等にみられるスカンジナビア型と呼ばれるシステムは，都市計画や土地使用あるいは福祉関係事項についてとくに広範な機能的権限を有し，相応の課税権を行使しうるものであるといわれている。公共生活の重要な一部をなす地方政治は，機能的に高度に自立しているが，サービスの提供や政策面における地方格差が広がらないように福祉に関する大まかな全国的合意の

枠内での自立性にとどめられているともいわれている[13]。

　加えて，前述の三つのモデルとは歴史的にも伝統的にも決定的に異なったイギリス型と呼ばれるものの最大の特徴は，タウン town やカウンティ county という基礎的な地方政府が古来から重要な地位を占め，福祉サービスの大半は地方で運営され，緩やかな全国標準の範囲内において高度に自立的な地方自治体が存在意義を有してきたという評価がこれまでは一般的であった。しかしながら，『連合王国』たるイギリスという国では，イングランドとウエールズ，スコットランドと北アイルランドでは，それぞれに異なる発展過程を示しており，とくにスコットランドとウエールズでは，常に固有の法と地方自治体の制度が存在し，1999 年以降は公選のスコットランド議会と執行府，公選のウエールズ国民議会が設けられ，最近 30 年の間にイギリスの地方政府自身は地方自治体としての自立性や権限や財政上の裁量の大幅な縮小をともなう急進的確に直面し，特殊イギリス的地方自治システムはイギリスそのものから次第に消失しつつあるのが実情でもあるといわれている[14]。

　ともあれ，EU の主要国のひとつでもあるフランスやドイツあるいはイギリス等は，以上のような地方自治制度の下において，長い時間をかけて独自の政治文化あるいは経済環境を整えてきたところである。したがって，あらかじめ「補完性（近接性）原理 the principle of subsidiarity」とは何か，という規範的命題に対する答を導くことは本章の目的ではないと断っておいたところではあるが，1992 年に締結されたヨーロッパ連合設立条約たるマーストリヒト条約の 3b 条項が「EU は補完性原理に基づき，ある目標が加盟国によっては十分に実現できない場合にのみ，また実現できない程度においてのみ行動をとる」と明記しているところから，原則的には可能なかぎり下位のレベルで行われるべき政治的決定が，あくまでも EU という国家連合組織全体の利益のために一体誰がそれをなすべきかという観点から法的にではなく政治的に判断され下されるべきであるという指針が示されていることが解る。この条項は，地域の権限に関する事項が問題となるときには，ある特定の「地域」が国家を代表することができるという定めとともに，EU 内部における代表的意思決定としてこれら

の原理が援用されることがあったとしても，厳密に法的な意味における権限配分の問題ではなく，達成されるべき目的についての合意が形成された次元から出発する方法であるといわれているところである[15]。また，統合されたヨーロッパを一個の統治団体としてそれぞれの国家と並列する存在として捉え，それらの団体に政府間組織的性質を認めたとしても，現代ヨーロッパ各国の中央政府と地方政府の中間的な存在つまり，国家の区域内に在って既存の地方政府の区域よりも広い「地域」という，いわば「第三のレベルの政府」として機能させることを展望することもすでに視野にいれられているようである。

以上のとおり，昨今多様な場面において喧伝され一様に高い評価を与えられている『補完性原理』は本来ヨーロッパ型地方自治の指導理念ではあっても決してそのまま日本型地方自治の原理に馴染むものとはいえないということは留意を要するところであり，それゆえにこそ日本においてこの原理がもっぱら議論されてきたのは日本に定着させ受容するためには，如何なるアレンジを施せばよいのかが主たる争点となっていたはずなのである。

Ⅲ　グローバリゼーションと地方自治

A. ヨーロッパにおける地域統合と地方自治

1985年7月27日に欧州評議会 the Council of Europe：CE 閣僚委員会 the Committee of Ministers によって採択され，1988年9月1日に発効した『ヨーロッパ地方自治憲章 European Charter of Local Self – Government』の当初の批准国は4カ国にすぎなかったが，発行当初に13カ国の署名で6カ国の批准となり1997年9月時点では，欧州評議会加盟国40カ国のうち32カ国の署名で24カ国の批准をえている。このヨーロッパにおける地方自治の国際的保障の試みは，1953年の「第一回ヨーロッパ市町村会議 Rat der Gemeinden Eupropas：RGE」において，『市町村の自由に関する憲章』を採択したことが嚆矢であり，地方自治体の権利と自由を国家の集権主義と全体主義から守る目的をもった宣言であるといわれているが，地方自治体側からの宣言だけでは不十分であり，国家側の宣言が必要であるといわれていたために，1957年に欧

州評議会内部に設置されたヨーロッパ自治体協議会 Conference of Local Authorities of Europe : CLAE によってヨーロッパ各国の国家政府が拘束されることとなっていくのである。その後，1968 年には，このヨーロッパ自治体協議会は，「地方自治の原則に関する宣言 a Declaration of Principles on Local Autonomy」を提案し，欧州評議会閣僚委員会にその採択を求め，1970 年には，欧州評議会諮問会議 the Consultative Assembly の支持を受け，ヨーロッパ自治体協議会との共同作成による宣言案を閣僚委員会に提出したのである。ただ，この宣言は何か具体的行動を求めるには一般的で全体的すぎていたために，加盟各国間の憲法的構造あるいは行政的構造の差異を考慮して採択には至らなかったのである。そして，その後のヨーロッパ自治体協議会の後継組織として 1975 年に設立された「常設ヨーロッパ自治体・地域協議会 the Standing Conference of Regional Authorities of Europe : CLRAE」が，1981 年に提出した「ヨーロッパ地方自治憲章草案 a Draft European Charter of Local Self-Government」が，単に地方自治の原則の宣言に留まらず，各国を拘束するものとして，ヨーロッパ各国の国際協定 a European convention として採択することが求められたのである。その後，この草案が閣僚委員会から地域・自治体問題運営委員会 The Steering Committee for Regional and Municipal Matters : CDRM に送致され，1982 年 10 月に開催された第五回ヨーロッパ地方自治担当閣僚会議の議論に付され，然るべき修正が加えられたのちに，1984 年 11 月の第六回ヨーロッパ地方自治担当閣僚会議において，草案内容そのものは全会一致で，国際協定形式については多数決による賛成意思が表明されたのである。こうした動きを受けて，1985 年 6 月に国際協定としてのこの憲章を閣僚委員会として採択し，署名を求めるための公表は，常設ヨーロッパ自治体・地域協議会の第二〇回総会の開催される 1985 年 10 月 15 日に行われている[16]。

　この憲章の採択の最大の特徴は，1990 年代に入ってからの中欧及び東欧諸国の 12 カ国が加盟した事実と 1997 年 6 月には労働党のブレア政権によって担われながら，固有の伝統的な議会主権主義や権限踰越の原則 doctrine of ultra vires 等という原理に立脚した特殊イギリス的な歴史に裏打ちされた地方自治

運営を誇っていたイギリスも遂に加盟するに至った点であろう。とりわけ，東欧諸国は，かつてのソビエト社会主義の影響を直接受けて社会主義体制を維持していたところソ連邦崩壊を契機に，元来は「民主集中制」の名の下に地方自治そのものが存立する余地が認められていなかったはずの国家体制が著しく変容したことの意義は極めて大きいということができよう[17]。なお，2003年12月の時点で，欧州評議会には45カ国が加盟し，4カ国を除く加盟国の大半がこのヨーロッパ地方自治憲章に署名しているが，少なくともヨーロッパという「地域」における地方自治の標準となりえており，このヨーロッパ「地域」の国々にまたがる多国間協定として法的拘束力を有する点でははじめてのものであり，そのかぎりにおいては画期的であるといえよう。

　このヨーロッパ地方自治憲章の考え方は1985年9月のブラジルのリオデジャネイロで開かれた国際自治体連合 International Union of Local Authorities：IULA第二七回世界大会における「世界地方自治宣言 World Wide Declaration of Local Self-Government」に継承され，当初の理念や原則についてヨーロッパにかぎらず，世界各国で実現されるべきものであるとされたのである。国際自治体連合はこの宣言を各国が受け容れるようにキャンペーンを展開し，国連総会における採択を求めて国連にも送付され，1987年の国連経済社会理事会で審議されたものの，社会主義体制の崩壊等国際情勢の変化にともなって国連での討議は停止されたのである。その後，1993年になって，カナダのトロントで開催された第三一回世界大会において，再び新「世界地方自治宣言」を採択したうえで，キャンペーンも再開した。新宣言は，「前文」を設け，1985年以降の国際情勢の変化を受けて書き換えられているが，本文は当初のままとなっており，やはり同様に国連に送付され経済社会理事会の審議を経て加盟理事国に配布され，14カ国から意見の提出をみたものの国連における採択には至らなかったところである。つまり，この時点ではあくまでも自治体関係者側の組織である国際自治体連合という局部的な組織のヨーロッパという地域のみに限定的な効果しかもたらさなかったということになる。ただ，この宣言に意味を見出すとすれば，わずかに国連自体やその加盟国に対して地方自治の国際的保

障という考え方についての認識を植えつけ，世界的規模で地方自治の原則を広める試みが実行できたのではないかという程度であろう[18]。

B. 日本型地方自治への影響と今後の課題

地方自治をめぐる世界の動きが 20 世紀の最後の四半世紀あたりから振幅の激しさを増しはじめ，それまで固有の歴史的ないし伝統的な背景と前提に裏づけられていた各国の地方自治制度は一様に地方自治のしくみやはたらきに関する「青い鳥」を追い求めるようになっていった。とりわけ，東西冷戦の終焉によって次々と崩壊していった旧ソ連邦を中心とする社会主義陣営に属していた国々においては，1990 年代以降にあらためて制定された新体制の基盤たる憲法のなかに，地方自治に関する条項を盛り込む際には前述のヨーロッパ地方自治憲章や世界地方自治宣言の影響を少なからず受けていることが見て取れたところである。

こうした状況は，日本にも影響し，とくに，明治維新以後に諸外国の制度を移入し，先の第二次世界大戦の後にもまた税制に関係する使節団として派遣されたシャウプ使節団が，占領中の日本に対して然るべき質量の地方自治制度改革に関する勧告等を行い，ようやく国際社会のなかで評価に耐えうる日本型地方自治の法制度が整備され定着した点等とも決して無関係とはいえない変化をもたらすこととなっていったのである。つまり，日本国憲法 92 条以下で制度的に保障されている日本の地方自治の指導理念は，前文第 1 段第 2 文の「そもそも国政は，国民の厳粛な信託によるものであって，その権威は国民に由来し，その権力は国民の代表者がこれを行使し，その福利は国民がこれを享受する」と明記しているところから，一般的に「地方自治の本旨」に含まれていると解されている「住民自治」と「団体自治」は，国家規模ではなく，それぞれの地方自治体固有の区域内において完結すべきことが憲法上は想定されているということを意味していると捉えられるであろう。そうであればこそ，日本の都道府県と市町村という既存の二層制自治体構造の一層制ないし三層制以上への変動の可能性をはじめ，機能的にも市町村合併等にともなう統合のみならず

分担ないし分任の可能性が憲法制定当初から内包されていたということもできよう[19]。

　日本の地方分権改革は，明治維新以来の中央集権的地方自治制度の制度疲労を克服して新たな分権型社会の実現を目標とするものであったところ，あくまでも日本型地方自治の制度改革に終始するものであり，その行く末は，本稿においてもっぱら考察の指標としてきたグローバリゼーションの一般的理解から直接導き出されるものとは必ずしもいえない。それというのも，日本国憲法の第8章は，主権国家としての日本にとって，地方自治制度は国家機構たる国会及び内閣並びに裁判所相応のものである必要もなく，現行地方公共団体として認知されている市町村と都道府県がいわゆる完全自治体として総合行政サービス提供者であり，しかも横並びの存在であることは不可欠であるという要請が前提とされているわけではなかったという認識が可能だからである。すなわち，少なくとも日本国憲法自身の要請する地方自治制度は，国の統治機構とは次元を異にする質量の「しくみとはたらき」を市町村レベルと都道府県レベル，あるいはそれ以外のレベルで特定地域の国民，つまり「住民」の意思によって設けることまでもが許容されていたと考えられるのではないかということである[20]。

　したがって，おそらく1982年の第二次臨時行政調査会が「国と地方の機能分担」と題する基本答申を公表した頃から始まり，今日まで間断なく持続されていると思われる日本型地方分権改革の軌跡は，第一次ないし第三次臨時行政改革推進審議会（『行革審』）の歩みや第二四次ないし第二九次地方制度調査会（『地制調』）の足跡あるいは1995年の地方分権推進法の施行をはじめ2000年の地方分権一括法の施行及び2007年の地方分権改革推進法の施行をそれぞれ契機として如何なる展開があったかを検証することで一定の特徴を把握することは可能であろう。

　日本の今般の地方分権改革の具体的な作業は，国際社会のほか，国家社会や国内の地域社会それぞれの次元のガバメント改革論議に留まらず，ガバナンスのあり方論とでもいうべきものを内包しながら，1995年5月の「地方分権推

進法」の制定を契機に始まっていったのは周知のとおりであろう[21]。この法律は，5年間の時限立法として制定され，これを根拠に1995年7月には「地方分権推進委員会」が設置され，地域づくり部会とくらしづくり部会という部会構造を採用し，各部会はそれぞれ『中間報告』の提出された1996年3月29日に至るまで17～18回の会合がもたれている。この『中間報告』はその副題を『分権型社会の創造』とした，その後の議論の「たたき台」となる提案の盛り込まれた文書であり，国から地方への権限委譲をはじめ，機関委任事務の廃止，国の関与等の整理縮小とルール化等のテーマについて勧告されたものであった[22]。

　こうした短期間における日本型地方自治の構造と機能の転換ないし改革の原動力は，我が国の政治的指導者が，平成時代を迎えてから低成長経済に直面し，それまでの右肩上がりの社会環境を大きく見直すべき時期が到来したと考えたこととそこから脱却すべきであると考えたことが一つの要因である。そのために，明治以来の地方自治のあり方を総点検し，資本主義体制を採る諸外国ひいては国際社会に眼を転じ，成熟した社会のなかで，国民がゆとりと豊かさを実感できるような個性的で多様な「まちづくり」を進めることが求められているという認識に立って，地方分権を実現することが指向されたものといえる。したがって，その成果は既存の地方自治制度の具体的な部分改良に留まらず，根本的な制度改革であり，制度の法的根拠とされてきた地方自治法等の既存の関係法令の抜本的改正を促すものとなったのである[23]。そして，いまなおこの地方分権改革の潮流は動きつつあり，21世紀に入ってからの「第2期地方分権改革」は極めて重要な制度改変が行われ，いまもなお行われつつあり，国家間の垣根が低くなった国際社会にも通用力を有する地方自治制度のあり方が模索されているところである[24]。

Ⅳ　まとめにかえて

　本章が直接，検討対象としたのは，最近の地方自治の進展ないし地方分権推進という観点からのグローバル化の動向，換言すれば，地方自治のグローバル

化ということの「意味」を考察することであった。この「グローバル化」という用語ないし概念そのものがそもそも「地方自治」という主題に親和性を有するものか否かが極めて疑わしいところである。ただ，現実の国際社会を構成する諸外国の地方自治をめぐる法制度のあり方は国境のボーダーレス化にともなって，確かにその正当性が相対的なものになりつつあることは間違いない。つまり，アメリカ型地方自治制度だけが，唯一絶対の標準では決してなく，むしろアメリカ合衆国が連邦制を採用している点を捉えて，単一主権国家の参考にはなりえないことが喧伝され，この国の淵源ともいえるイギリスの地方自治制度のほか，フランス及びドイツというヨーロッパ大陸型地方自治制度やスウェーデン等の北欧諸国型との比較を行うことも無意味ではないと考えられるようにもなっている。それぞれの制度的特徴や課題が多様に紹介され指摘されはじめているのはその一つのあらわれといえよう。しかしながら，はたしていずれの地方自治制度が「正解」であるか，ということについては今なお的確には答えられないままである。したがって，たとえば，「グローバル化時代の地方ガバナンスのあり方」について然るべき回答なり方向性なりを見出そうとしたはずの本章も，その意味においては何らみるべきものを提起することはできなかったというほかない。わずかにいえるとすれば，少なくとも，現在の国際社会における地方自治の存在理由を再認識する場合に看過することのできない制度設計もしくは制度改変に際しての幾つかの留意点や古典的ないし伝統的な制度運用に際しての課題等も厳然と存在するという事実，あるいは現在進行中の日本型地方分権改革の方向性が参考すべき要素は諸外国の地方自治制度にも少なくないが，それらをまったく修正せず原形のまま移入することはおよそ意味のないことであるということぐらいは言及することができたかもしれない。

　いずれにしても，現今の地方自治制度のあり方が地方自治の統治構造を変えることのみで改善され，主権者たる住民のゆとりや豊かさをいっそう実感させることに直結するものではなく，広く国民国家観の下における「グローバリゼーション」の正体を探求し，日本国憲法の許容する日本型地方自治の望ましい「しくみとはたらき」について画一的でなく多角的に多様に模索することが何

よりも求められているものと思われるのである。

1) あらゆる分野におけるアメリカ主導が顕著になってすでに久しいが,「グローバルスタンダード」という言葉は,とくにコンピューター関連の仕様や概念に代表されるように,新しい分野や領域の技術的仕様や方式設計ないし手順等のあり方をひとつの「規格」とし,それを世界に広げるための「世界基準」ないし「国際標準」を設定する際にいかなる理解をすべきか,その基準や標準をどのような組織や手順にしたがって国際社会に通用させるべきか等の諸点をめぐって検討されてきた事柄といえよう。こうした全体的な状況について,もっぱらコンピューター技術に関する内容であるが,坂村健『グローバルスタンダードと国家戦略』(日本の《現代》9) NTT出版 2005 年が参考となる。とくに,「グローバルスタンダードと国家戦略」と題する第2章 (71-105 頁) は示唆に富む。
2) これらの指摘については,遠藤乾「序章 グローバル化時代の地方ガバナンス」山口二郎・山崎幹根・遠藤乾 (編)『グローバル化時代の地方ガバナンス』岩波書店 2003 年 1-8 頁,大津浩「グローバリズム立憲主義の地方自治論の課題」憲法理論研究会編『国際化の中の分権と統合』(憲法理論叢書 6) 敬文堂 1998 年 29-41 頁等を参照。
3) 「補完性の原理」については,取り敢えず,山口・山崎・遠藤編前掲書 235-250 頁,251-274 頁 (第 9 章「下からの連邦主義―初期近代の政治理論からの示唆―」,第 10 章「日本における補完性原理の可能性―重層的ガバナンスの概念化をめぐって―」),大津前掲論文 37-40 頁等を参照。
4) 日本における行政法と国際化に関するこれまでの先行研究を紹介しながら,グローバル化と地方自治との有機的関連を考察する斎藤誠「グローバル化と地方自治」『自治研究』87 巻 12 号 19-33 頁は,もっぱら条約の国内化措置による地方公共団体への義務付け等を極めて行政法学的に限定的ないし抑制的に言及するものであるが,示唆に富むものである。
5) ヨーロッパ連合誕生までの理念や歴史の概略については,福田八寿絵「第 5 章 EU (欧州連合)」庄司真理子・宮脇昇編著『新グローバル公共政策』晃洋書房 2011 年 59-74 頁等を参照。
6) 山口・山崎・遠藤編 前掲書 123-125 頁を参照。
7) 北岡伸一「〈序章〉世界秩序の崩壊と模索」『グローバルプレイヤーとしての日本』(日本の《現代》1) NTT出版 2010 年 8-16 頁等を参照。とくに,同書 15 頁において,「民主主義の勝利」が,軍事力の卓越や市場原理の勝利ともども語られる文脈のなかで,第二次世界大戦後に F. ルーズベルトが考えていた米英ソ中の四者 (「四人の警察官」) による政界統治という『万能の幻想』が実現しなかったところから,それぞれの成果について本来は慎重な「留保」が必要であったところ,それを欠い

たままグローバリゼイションの名においてアメリカの一人勝ちという現状を自ら受け容れたうえで，経済面におけるアメリカ一国による手動を象徴的に表現する「アメリカナイゼイション」を進めた点が問題であると指摘している。また，中国やインド等のように人口が多く，良質な労働力をもつ国々であっても経済面においては，低所得であったとしても，逆に，低廉で優れた労働力があって政治的に安定していれば，巨大な陣内のわずかな位置部分のみが富裕化するだけで，巨大な購買力が生み出され，その購買力をもった中産階級は世界のなかで大きな発言権をもつようになると言及している。極めて至当な見方であろう。

8) 要するに，少なくともグローバルスタンダードという新たな「モノサシ」が個々の国家的規準を超えて local から regional へ，そして regional から national，さらには national から international へというベクトルで広義の「公共性」が展開していくことが政治経済活動ないし社会活動が成長し充実する際の必然であるとすれば，それらの活動の大前提とされている「国境」を撤廃ないし変動させることよりも，既存の国境を可能なかぎり低くし，国内外ひいてはエリアの広狭を問わず通用する規準（スタンダード）を樹立すべく共通項の発見や新しいパラダイムの構築をめざすことの方が容易であるし，世紀を超えた普遍的な持続可能性が高いと判断されたのであろう。たとえば，「ユニバーサルデザイン」という名の国際標準が人件費の高騰を抑制するために極めて短期間に導入され整備された各種自動販売機の仕様，とりわけ貨幣投入口の設計変更や医療現場において急速に整備されはじめた各種疾病に関する重症化基準の国際的統一（国内基準の緩和ないし厳密化）の動きをはじめ，デジタル携帯電話やデジタルビデオあるいは DVD 等の情報通信技術に関する技術開発等に代表される，いわゆるユビキタス・コンピューティング分野における国際標準規格等の登場等日常生活に直接的な関連を有する現象等はそれを雄弁に物語る根拠のひとつとなりうるものでもある。以上の点については，坂村前掲『グローバルスタンダードと国家戦略』3-15 頁等を参照。

9) これまでの日本における憲法学の通説的理解では，「地方自治の本旨」には住民自治と団体自治の二つの要素がある。住民自治とは，地方自治が住民の意思に基づいて行われるという民主主義的要素であり，団体自治とは，地方自治が国から独立した団体に委ねられ，団体自らの意思と責任の下でなされるという自由主義的・地方分権的要素である。」（芦部信喜・高橋和之補訂『憲法第 5 版』岩波書店 2011 年 3 月 356 頁）とされているのは周知のとおりである。さらに，同書においては，憲法が住民自治の原則を具体化するため，住民自治の諸制度として「地方公共団体の長，議会の議員を住民が直接選挙すること（93 条 2 項）」，「一の地方公共団体のみに適用される特別法」（政府は「特定の地方公共団体の組織，運営，権能，権利，義務についての特例を定める法律」を意味する，という）は住民投票に付されること（95 条）を定めているといい，さらに地方自治法が，直接請求の諸制度（条例の

制定・改廃請求につき74条～74条の4，監査請求につき76条～79条，議員・長の解職請求につき80条～88条）を設け，そのうちの解散請求と解職請求に対して住民投票を認めている」と説明している（357頁）。

　　このことは，少なくとも，日本の憲法学ないし地方自治法学における一般的理解が，地方公共団体の廃止や自治体議会の諮問機関化のように，地方自治の本旨に反し違憲となる措置でない以上，民主主義的ないし自由主義的あるいは地方分権的な要素を含む何らかの質量の地方自治制度を国の諸制度とは別次元で，つまり国の制度にとって必ずしも適合的でなくても，都道府県や市町村等それぞれの次元の地方公共団体が独自に設置し，管理し，運営することができるということを意味していると考えて差し支えないものと思われる。そのうえ，日本国憲法の92から95条までの地方自治条項に関しては，「地方公共団体の組織及び運営」を『法律』で定めるというだけであるのであって，地方公共団体の二段階の階層性や都道府県と市町村という七種類のバリエーションが決して憲法自身の要請する固定的なものではなく，それぞれの可塑性ないし変動可能性は決して否定されているわけではないということも同時に理解することができるのである。なお，現行地方公共団体の構造の可塑性に関しては，妹尾克敏『合併の論理と情動―検証「平成の大合併」―』ぎょうせい2009年，とくに第2章「自治体構造の変動―現行「二層制」自治体構造の可塑性と硬直性―」71-92頁等を参照。

10）　フランスの地方自治の概要並びに近年の地方分権化の推移については，久邇良子『フランスの地方制度改革』早稲田大学出版部2004年，自治・分権ジャーナリストの会編『フランスの地方分権改革』日本評論社2005年，山崎栄一「フランスにおける地方分権の動向（1～6）」『地方自治』646-661号，下條美智彦『フランスの地方行政〔新装版〕』早稲田大学出版部1999年等を参照のこと。なお，フランスでは，県 département の下に，340を超える arrondissement という行政区画がおかれており，副知事が管轄することとされ，さらにその下に3,900弱の伝統的に県議会議員の選出基盤たる canton がおかれているが，いずれも固有の自治権を有する団体ではない。これらの点については，岡村茂『フランス分権化改革の政治社会学』法律文化社2010年1-13頁（プロローグ）等を参照。

11）　マイケル・キーティング（津田由美子訳）「（第5章）ヨーロッパ民主主義諸国における分権化傾向」山口・山崎・遠藤編　前掲書123-125頁，138-139頁等を参照。なお，同書では，「集権化が教育や警察などの主要サービスの国家による直接供給や地方自治体の働きを監督し政府のサービスを地元で調達する官吏たる知事の任命という行為によって，強固なものとなるが，機能的自立性を大幅に剥奪された地方政治のエリートが国家機構に浸透して影響力を行使しようとするので，集権と同質性の追求は，常にそれとの均衡をはかる新しい形態の地方権力を生み出す結果となる」という P. Grémion の "Le pouvoir périphérique. Bureaucrates et notable dans le *système politique français*", Seuil における指摘を紹介している。そこでは，地方統制の意図をもつ地方官僚制が，地方の有力者と協力しなければならなくなる一方，地方の有力者は，中央と地方の両方の職を兼ねるので，地方官僚を迂回して影響力を行使できる。そこから，集権化は，歴史的には伝統的な地方有力者の権力削減を目的にしながら地方と国家とのネットワークを築き，恩恵を分配する能力を権力基盤とする新しい地方名望家階級が生み出される可能性についても言及している。

12) マイケル・キーティング同論文 124-125 頁等を参照。なお，これらヨーロッパにおける分権化傾向が認められる一方，EU という 27 カ国からなる主権国家の連合組織が東西ヨーロッパ全域をほぼ覆う巨大な組織が誕生したために，これまで以上に一国家を担う中央政府と国家内の特定の一地域を担う地方政府のあり方は大きく変化させられる運命を辿っているということも忘れることのできない明らかな事実である。そして，フランスやドイツという国々にとっては，ドーヴァー海峡の彼方に厳然と存在するイギリスはこの主権国家連合たる EU には加盟したが，かつての EEC から EC へと発展する過程においても，いわゆるパンヨーロッパ（汎欧州）の一員に加えられていなかったところ，1973 年になって加盟したものの，今なお統一貨幣のユーロが採用されていないという事実も決して看過することができないところであろう。

13) 前掲注 12) 参照。

14) 前掲注 12) 参照。

15) 繰り返して断っているように，本章は「補完性原理」の概念それ自体に考察を加えることを目的とするものではないが，この原理については，取り敢えず，新川達郎「第 6 章　日本における分権改革の成果と限界」山口・山崎・遠藤編　前掲書 149-183 頁，T. O. ヒューグリン（辻康夫訳）「第 9 章　下からの連邦主義―初期近代の政治理論からの示唆―」同書 235-250 頁，遠藤乾「第 10 章　日本における補完性原理の可能性―重層的ガバナンスの概念化をめぐって―」同書 251-274 頁のほか，全国知事会『地方自治の保障のグランドデザイン―自治制度研究会報告書―』36-50 頁（「第 1 部　地方自治に関する国際的・普遍的な原則について」「第 4 章『補完性の原理』について」），大津前掲論文 37-40 頁，廣田全男「ヨーロッパ地方自治憲章の 10 年―その発展と課題―」憲法理論研究会編　前掲叢書 113-124 頁等を参照。

16) 全国知事会前掲『地方自治の保障のグランドデザイン』1-2 頁等を参照。

17) 廣田前掲論文 113-114 頁，「地方自治のグローバル・スタンダードと補完性原理」『自治総研』282 号 3-4 頁等を参照。

18) 山口・山崎・遠藤編　前掲書「第 5 章　ヨーロッパ民主主義諸国における分権化傾向」129-139 頁他，廣田前掲論文 114 頁では，「多国間条約による自治保障を『地方自治体』(local authorities) だけでなく，『地域』(region) にも拡大するという問

題」という表現をもって，如何にして地方自治憲章の実効性を確保するかという課題とともに，ヨーロッパ地方自治憲章の発展可能性に言及している．

19) 杉原泰雄「憲法と地方自治―連続する『危機』の中で考える―」『自治総研』通395号16-18頁（2011年9月号1-21頁）等を参照．

20) 杉原前掲論文17頁では，憲法の地方自治を，どこまでも全国民のためのものでなくてはならないとする見解に立てば，「第8章　地方自治」という独立の章は無用の長物となり，本来設けてはならないものとなるはずであるといったうえで，「『地方自治の本旨』に含まれていると一般的に解されている『団体自治』・『住民自治』も合理的には説明しがたくなります．」といい，さらに，「『人民による，人民のための政治』を求める国民主権の下においては，『地方自治の本旨』のうちに，『団体自治』と『住民自治』が含まれ，それらをこのように解釈することが求められています．」と論じ，「『地方自治は，どこまでも全国民のためのものである』」とすれば，『地方自治の本旨』のうちに『団体自治』と『住民自治』が含まれるとすることさえも理解しがたく」なるとして，地方自治の必要性を逆説的に説明している．ただし，この記述から直ちに地方自治制度の憲法的保障の正当性を導き出すことができるのではなく，地方自治権を「権利」として制度的に保障するという文脈において，ひとまずは行政上の権能その他の国家権力の一部分たる「権限」（限られた権力）ではないものと理解しておくことが求められよう．また，新川達郎「第6章　日本における分権改革の成果と限界」山口・山崎・遠藤編前掲書149-183頁のうち，とくに今回の地方分権改革を日本の構造改革として，行政改革や規制緩和とともに位置づけ，その主たる論点を第一に事務再配分論や権限移譲論，第二に自治体に対する国の関与のあり方論，第三に税源論や税財政論，第四に地方分権の受け皿論，第五に地方分権の進め方，に集約する168-172頁にわたる指摘は説得的である．

21) 山口・山崎・遠藤編　前掲書（新川論文）170頁等を参照．

22) その後，同（1996）年12月には「第一次勧告」，翌1997年7月に「第二次勧告」，9月に「第三次勧告」，10月に「第四次勧告」，さらに1998年11月に「第五次勧告」と続き，1993年6月の衆参両議院における「地方分権推進決議」をもって，明治維新以来三度目の日本の近代化「改革」がスタートし，一方で明治と昭和の大規模な市町村合併に続く「平成の大合併」等のような団体自治的側面の改革をともないながら，2001年6月には「最終報告」を提出してその任務を終えている．そして，その後継組織として2000年5月に制定された「改正地方分権推進法」を根拠とする「地方分権改革推進会議」が2001年7月に発足し，これまでにも「事務事業のあり方に関する意見」（2002年10月）や「三位一体改革についての意見」（2003年6月）等を公表した後さらに「最終意見」（2004年5月）を経て，さらに「地方分権改革推進法（新推進法）」を公布（2006年12月）施行（2007年4月）し「地方分権改

革推進委員会」が発足し，翌月 5 月には「地方分権改革推進にあたっての基本的考え方」が公表され，2008 年 5 月に「第一次勧告」，12 月に「第二次勧告」，2009 年10 月に「第三次勧告」と続き，いまや第二期地方分権改革が幕を開け，地方分権改革の新たな段階が展開しているところである。

23) 既存の 475 本の法律を一括改正し，475 カ条の本則と 252 カ条の附則からなる 2000 年の地方分権一括法の施行によって，①国と地方の役割分担の明確化，②機関委任事務の廃止と新たな事務区分の法定化，③国の関与の原則の法定化，④地方債制度の改革，等の重要な制度改革が断行され，それまでの日本の地方自治制度の理解や運用に関する「常識」はまったく通用しなくなった。また，この画期的な法律の施行前後においても，懸案とされていた制度改正が多数行われており，いまや，日本の地方自治の全体状況が変転極まりないものと評価して差し支えないほどである。これについては，たとえば，松本英昭『要説地方自治法―新地方自治制度の全容―』（第六次改訂版）「第 2 章　諸外国の地方自治制度と我が国の地方自治制度の変遷」「第 4 節　地方分権改革と地方自治制度の見直し」42-69 頁等を参照。

24) たとえば，昨今の名古屋市長による減税宣言や大阪市長による『大阪都』構想の公表等に象徴される極端な自治体構造改革ないし地方自治の統治機構改革の「成果」として何か具体的に示されているのであれば説得的ともいえるが，現時点では，そのような実例は残念ながら示されないままである。これらはあくまでも政治的修辞法に基づく一過性の主張といわざるをえないところである。

(妹尾　克敏)

第3章　政治の「大統領化」と首相のリーダーシップ
——議院内閣制の「国民内閣制」的運用について——

I　はじめに

　2009年に起きた「政権交代」劇は，1990年代から取り組まれた一連の政治改革や行政改革の諸成果の一つとみることができるが，これらの改革は，選挙における国民の「政権選択」や「政治主導」による政治の実現をめざすものとして着手され，首相のリーダーシップに基づく「強い」内閣の実現が求められていた。確かに，2001年4月に成立した小泉内閣は，2006年9月までの5年5カ月にわたる長期政権を打ち立て，その間に行われた二度の総選挙を経るごとに，首相の強力な「リーダーシップ」が発揮されたといえるであろう。しかし，その後に続く内閣は，諸事さまざまな事情があるとはいえ，「1年交代」で入れ代わり，2009年の「政権交代」で誕生した鳩山内閣も含めて，首相のリーダーシップのあり方があらためて問われる状況となっている。

　東西冷戦終結後の国際社会において「グローバル化」が進展し，それにともなってさまざまな法的・政治的諸問題が提起され，従来の主権国家における統治のあり方に揺らぎが生じているなかで，統治における強い正当性と責任をもった政府が主導する政治が要請されている。わが国の一連の政治改革や行政改革も，こうした「グローバル化」の下での対応ということができるが，内閣とりわけ首相の政治的なリーダーシップが強く求められているにもかかわらず，それが十分に発揮されているとはいえない現実がある。

　しかしながら，そもそも日本国憲法の位置づけからするならば，内閣や首相の権限が弱いわけではなく，憲法規定上はむしろ，首相の権限は強大なもので

あり,「他の国務大臣に対する首相の優位」は,その首長としての地位からも明確であり,また,内閣は行政権の主体として,行政活動全体を統括し,行政組織の頂点にあって行政諸機関をコントロールする役割を負わされていることから,「行政各部に対する内閣の優位」についても自明のものということができる[1]。したがって,「政治主導」による政治の実現という問題や内閣・首相による強いリーダーシップの発揮という問題は,憲法規定上はこれを実現できる土台が整えられているにもかかわらず,これまでの運用において,必ずしもこれを十分に実現することができていなかったということになる。

　本章では,一連の政治改革や行政改革の状況を垣間見ながら,グローバル化の下で政治の「大統領化」という現象が顕著になるなかで,日本国憲法における統治構造において議院内閣制の運用と首相のリーダーシップについて考察することにする。

II　グローバル化の時代と統治構造の改革

A. グローバル化と統治構造の変容

　近代市民革命によって成立した近代立憲主義国家は,立憲政治の原則を明確にした近代立憲主義憲法を制定することによって,国家権力を制約し,市民の自由・平等の保障を最も重要な憲法原理として位置づけた。すなわち,近代市民憲法に求められたものは,まずなによりも「基本的人権」を保障するということであり,そして,第二次的に人権保障のために国家権力を制約する統治原理が必要とされ,権力の民主化をはかる「国民主権」の原理と権力の濫用阻止をはかる「権力分立」の原理が導き出されたのであった。また,20世紀に入って登場した現代市民憲法は,現代的な諸課題に対応するために,社会権の保障,経済活動の自由の制約,直接普通選挙制度の導入,違憲審査制度の導入など,新たな人権保障原理や統治制度を採用し,かくして,現代的な変容を被りながらも,「基本的人権」の保障,「国民主権」の原理,「権力分立」の原理という近代市民憲法の基本原理を維持している。日本国憲法においても,このような憲法原理は普遍的なものとして取り入れられている。

もともと，近代市民国家においては，それぞれの国家を単位として，「平等な主権国家が併存し」，「明確な国境をもち，それぞれ明確な国籍をもつ国民によって構成される」ものであったが，昨今のグローバル化の進展によって，「そういった主権，国境，国籍といったものの意義がだんだんと揺らいできている」のであり，「国家間の問題と国内の問題との区分も揺らぎつつある」状況がもたらされていると指摘されている[2]。

　そもそも「グローバル化」という場合に，この用語の意義についてさまざまなイメージで捉えることができようが，上記のような主権国家の揺らぎによるボーダーレス化の下での統治構造の特質を考察しようとする際には，山元一教授の以下のような説明が最も的確であると思われる[3]。すなわち，「グローバル化」とは，「近代主権国家が不可逆的な仕方で構造変容を強いられ，独立的自律的な統治活動主体としての性格を大幅に喪失するに至った」ので，「その結果，もはや国内における利害対立の調整と国際社会における利害対立の調整という課題を切り分けることが困難化してしまった」という事態を観念させるものであり，こうした状況に対して，「各主権国家は，……従来は専権的判断に属する国内問題の処理であると高をくくることのできていた諸事項について，種々さまざまな政治的経済的社会的文化的要求を浴びせかけられて，そのような外部圧力に対して，多かれ少なかれ旧来のガヴァナンスとは異なった仕方で，制度面を含めた然るべき内外の対応をとることが余儀なくされている」のである。

　かくして，今日の国家は，とりわけ国家の外からの圧力に対して，従来の統治のあり方では対応ができない状況がもたらされているのであり，憲法典の定めによる統治の仕組みはそのままであったとしても，法制度面において，また憲法及び法令に基づく諸制度の運用面において，統治のあり方の構造転換が求められている。

B．戦後政治の特質と政治のリーダーシップの欠如

　日本国憲法の制定・施行によって，国民主権原理の下に国民代表制と議院内

閣制を基本とする統治体制が定められ，わが国にも民主主義的な統治制度が確立するという状況が戦後政治の出発点となった。しかし，明治憲法との「連続性」という制定過程における「特殊性」にあらわれているように，旧憲法的視点に基づく解釈・運用が行われる可能性が生じた[4]。とくに，政治の運用においては，現在でも，歴代内閣総理大臣が明治憲法時代から連続して数えられたり，衆議院の総選挙の回数も戦前の衆議院選挙から継続して数えられたりしていることにみられるように，戦前の諸制度が日本国憲法施行後もそのまま継続的に維持されている場合には，憲法の基本的な原理は根本的に転換したにもかかわらず，従前と同様の運用がなされうる状況が垣間見られる[5]。

戦後政治の担い手の多くが官僚出身であったことも含めて，戦前の割拠的な官僚機構が日本国憲法下の政治の運用に適合的に温存され，戦後当初は官僚出身の政治家がこれらをある程度統率できる状況があったとはいえ，次第に官僚依存の政治の運用が定着してしまったといえる。そして，国民の選挙で選出された国会議員による指名で選定される内閣総理大臣やその任命による国務大臣は，行政のトップたる内閣の構成員となるものの，主権者国民からの「選出勢力」として，官僚組織と対峙してこれを統括するのではなく，むしろ「非選出勢力」たる官僚組織に依存した政治の運用が支配的となった[6]。

保守合同による自由民主党の誕生と革新勢力の結集としての日本社会党の登場は，日本の戦後政治の特色を決定づける「55年体制」の成立として画期をなし，1990年代の政治改革と行政改革による政治の転換に至るまで，「55年体制」の政治は，「戦後昭和」の時代を代表するものであった。そこでは，経済的には，「高度経済成長」にみられるように経済的な発展を後押ししつつも，公害対策や社会保障の充実といった課題を背負わされながら，政治的には，政権交代なき単独政党による政治の「独占」のなかで，政権政党における派閥政治の横行と政治腐敗が進行し，国民の意思に基づく政治家主導の政治が影を潜め，政権政党による大臣ポストの「たらい回し」と頻繁な首相の交代が顕在化し，政治的なリーダーシップの欠けた，そして官僚組織に依存した政治の運用がなされてきた。

このように,「55 年体制」の政治の運用において生じた問題に対して,政治改革並びに行政改革の必要性が提唱され,政権政党による派閥政治と政治腐敗の問題には,「政党本位・政策本位の選挙」の実現をめざして,選挙制度の改革を中核とした政治改革の議論がなされ,内閣の短命性や大臣交代の頻繁性という問題,さらには縦割り省庁官僚制の問題については,内閣や首相の強化という方向で行政改革の実現が求められるようになった[7]。ここには,グローバル化の進展のなかで,政治的なリーダーシップが欠如した政治状況を変えて,政治主導,そして内閣主導,さらには首相主導による政治の実現を構想したものがみられる。

C. 政治改革と政党政治の変容

1990 年代に本格化した政治改革並びに行政改革の議論は,これらの改革によって統治構造の変革を実現し,政治的リーダーシップの欠如の克服に向けた取り組みとして位置づけることができる。すなわち,政治改革から行政改革という流れのなかで,①第一院における強い政権党の創出,②強い内閣・内閣総理大臣の能動的な活動の確保,③政官関係における「政の官に対する優位」の確立によって,政治的リーダーシップを確保するための方策を整備する方向性をめざしたものであった[8]。

まず,1980 年代末から提唱された政治改革の議論の中心は,政党政治のあり方を変容させるためのものであり,そのために,候補者中心の選挙から政党中心の選挙へと転換し,政党指導部を強化しようとするものであった。この政治改革の中核には衆議院の選挙制度改革がおかれ,従来の中選挙区制に代えて,小選挙区比例代表並立制を導入することにより,政党本位・政策本位の選挙を実現して,選挙で選出された政治家が行政組織・官僚に対して主導的立場に立ち,政党指導部が所属議員に対して強力な指導力を発揮しうるような政党システムに転換することであった[9]。

そして,1988 年に発覚したリクルート事件をきっかけに政治腐敗に対する世論の批判が高まり,「政治改革」の必要性が広く認識されるようになった。

この「改革」の方向性をめぐってはさまざまな議論がなされたが，1989年6月に発足した第八次選挙制度審議会は，政治資金の規正と並んで，選挙制度の改正について検討を進めた結果，1990年4月に，衆議院議員の選挙制度について，従来のいわゆる中選挙区制を根本的に改めて，政策本位，政党本位の新たな選挙制度を採用する必要があるとして，いわゆる小選挙区比例代表並立制を導入することなどを内容とする答申を行った。その後の追加答申等もふまえて，1993年9月に召集された第128回臨時国会から内閣提出の公職選挙法改正案の審議が始まり，翌1994年に，政治改革関連法案の中心課題となっていた公職選挙法の改正が完結し，これらにより衆議院議員の選挙制度が従来の中選挙区単記投票制から小選挙区比例代表並立制に改められた。

　この新たな選挙制度の下で衆議院議員選挙が実施され，各政党がこの選挙制度や選挙に関する新たなルールに適応させるために，政党そのものの再編も含めて，政党政治のあり方に変容が生じたと指摘されている[10]。すなわち，政党指導部のもつ候補者の「公認」権が重要な要素となり，また政党助成金を管理する政党執行部が政治資金の配分において大きな役割を有することになったことから，政党指導部の権限がきわめて強化されることとなった。また，小選挙区制による選挙制度や，「マニフェスト」選挙の提唱並びに「首相候補」としての党首の位置づけなどにより，二大政党（二大ブロック）制への傾向が明確となり，総選挙が政権選択としての要素を帯びるようになってきたのである。

D. 行政改革と内閣・首相の強化

　1996年10月の総選挙は，新たに導入された小選挙区比例代表並立制によるはじめての選挙であったが，「行政改革」が最大の争点となり，単独過半数を制した自由民主党を主軸とする第二次橋本内閣が発足した。同年1月に村山内閣から政権を引き継いだ橋本内閣は，行政改革・経済構造改革・財政構造改革・社会保障構造改革・金融システム改革・教育改革の「六大改革」を掲げたが，総選挙後の取り組みとして，行政改革を目玉とし，とくに官邸機能の強化すなわち首相自身の指導性の強化を打ち出したのである[11]。

首相の直属の諮問機関として「行政改革会議」が設置され，1997年12月に公表された「最終報告」では，①内閣機能の強化，②新たな中央省庁のあり方，③行政機構の減量・効率化，④公務員制度の改革等，広範な内容が盛り込まれていたが，とりわけ「内閣機能の強化」という問題が強調されていたことが特徴である。ここには，戦後型の行政システムから21世紀型の行政システムへの転換にあたり，高度の統治・政治作用を行うべき地位にある内閣の機能を強化する必要があること，内閣の「首長」である首相がそのリーダーシップを十分に発揮できるような仕組みを整えること，さらに，国会と内閣との関係において，国会によるチェック機能のいっそうの充実のために，国会自体の改革も期待されていたこと，といった基本的な認識がみられた。そして，「内閣機能の強化」に関する内容としては，①「内閣」の機能強化，②内閣総理大臣の指導性の強化，③内閣及び内閣総理大臣の補佐・支援体制の強化，の三点にわたっていた。

1998年6月9日に成立した「中央省庁等改革基本法」は，行政改革会議最終報告の趣旨にのっとり，①内閣機能の強化，②国の行政機関の再編成，③国の行政組織等の減量・効率化，等の改革について基本的な理念・方針その他の基本事項を定め，「中央省庁等改革推進本部」を設置することなどを目的としていた。そして，同年6月23日に「中央省庁等改革推進本部」が発足し，1999年7月8日に合計17の法律からなる一連の「中央省庁等改革関連法」が成立した。これら関連法律のうち，「内閣法の一部を改正する法律」，「内閣府設置法」等において，内閣機能の強化のための措置が講じられ，①内閣法の一部改正及び関連措置，②内閣府の新設，などにより，内閣及び内閣総理大臣の国政運営におけるリーダーシップを高めるための仕組みが整備されることとなった。とくに，1)内閣総理大臣が，閣議において「内閣の重要政策に関する基本的な方針その他の案件」を発議できる点を明確にしたこと（内閣法4条2項），2)「内閣官房」を内閣総理大臣の活動を直接に補佐・支援する強力な機関と位置づけて，内閣及び内閣総理大臣を補佐する体制の整備をはかったこと（内閣法12条等），3)「内閣府」が新設され，内閣総理大臣を長とする機関とし

て，内閣官房の総合戦略機能を助け，横断的な企画・調整機能を担わせるものとしたこと（内閣府設置法）などが重要である。

以上のように，こうした一連の「行政改革」の流れにおける「内閣機能の強化」については，行政改革会議最終報告の趣旨を基本として，「行政各部に対する内閣の優位」と「他の国務大臣に対する首相の優位」をめざすものであり，そのために，「首相の権限の強化」によって「内閣の機能の強化」をはかるという図式がみられた。このような「内閣機能の強化」論の背景には，官僚機構に対して内閣が指導性を発揮できない状況や首相自らが国政上リーダーシップを取れない状況についての認識があったものであるが，そもそも，憲法上は，「行政各部に対する内閣の優位」及び「他の国務大臣に対する首相の優位」が位置づけられているものと考えられる[12]。

E. 国会改革と政策決定過程の変化

「55年体制」の下では，政府与党による「事前審査」が，立法や政策決定の基本的な仕組みとして重要な役割を果たし，法案等の実質的な審議はすでにこの段階で行われ，法案提出後の国会における委員会や本会議での審議はいわば形式的なものになりがちであった。政策の決定において，官僚主導の下に，族議員を中心に与党審査が行われ，利益団体との調整をふまえて，法案が練られた上で，事務次官会議を経て閣議で決定されるという流れである。国会における審議では，野党からの批判がなされるものの，与党側からは実質的な内容に関する主張はなされることなく，党議拘束によって多数を占める政権与党の「数」の力で決定されることになる。このような政策決定や法案作成の仕組みでは，当然のごとく，「ボトムアップ型」・「個別利益重視型」の政策決定過程となり，政治主導・内閣主導による政策の決定とはほど遠いものであった[13]。

しかし，このような立法過程・政策決定過程についても，「55年体制」が崩壊し，政治改革や行政改革が進行するにつれて，変化がもたらされることになった。小選挙区比例代表並立制の導入による衆議院の選挙制度の改革によって，候補者個人の後援会を中心とした選挙から政党を中心とした選挙へと変化

が生じ，候補者の「公認」権を有する政党指導部の権限が強くなり，政治資金の規正や政党助成の創設によって，政党助成金を管理する政党執行部がいわば政治資金を掌中に収めて，政党指導部の実質的な権限が強化されることとなった。また，中央省庁等の改革により，内閣及び首相の権限の強化がはかられたこともあわせて，政権与党の党首たる首相の権限が格段に強化されることになったといえる。このようななかで，いわば政治改革や行政改革の成果を内閣ととりわけ首相のリーダーシップの強化に結び付けることを可能としたのが小泉純一郎首相であった。小泉内閣は，世論の圧倒的な支持を背景にして，首相のリーダーシップの下に，「党」及び「官」に対して主導権を発揮し，「聖域なき構造改革」を掲げて「郵政民営化」等の積極的な改革に取り組んだのであり，政策決定過程においても，従来の与党審査からの脱却をはかり，「党」及び「官」に対して「内閣」による実質的決定の側面を強化することができた[14]。

そして，行政改革の遂行と相まって，国会における審議の活性化のために国会にかかわる改革が実施された。とくに，1999年には「国会審議活性化法」（「国会審議の活性化及び政治主導の政策決定システムの確立に関する法律」）が制定され，政治主導による政策決定と国会審議の活性化をはかることがめざされ，官僚による答弁の根拠となっていた政府委員制度の廃止や，国会両院に「国家基本政策委員会」を設置して党首間の討論を実現する「党首討論」の導入が行われた。しかし，小泉内閣の時期も含めて，国会審議が活性化したとはいいがたく，従来型の政策決定過程は揺らいでいるものの，与党による事前審査の廃止は例外的なものにとどまっているのであり，このような国会審議の改革を妨げている要因として，審議を規定する制度の改革が遅れている点が指摘されている[15]。

F. 小泉内閣と政治の「大統領化」

「55年体制」において自由民主党による単独政権が続き，この長期にわたる一党優位体制の下で，与党と内閣との間に「権力の分割」が生じ，与党と内閣の「権力の二重構造」あるいは「二重権力の存在」が指摘されてきた[16]。立法

過程や政策決定過程における政権与党による「事前審査制」は，内閣提出法案について，内閣だけで決定するのではなく，事前に与党の党内審査による了承をえることが必要とされ，事実上の慣行として成立したものである。ここでは，単に政府もしくは内閣による権限の範囲内で決定するという権力構造だけではなく，政権与党さらにこれに官僚機構や利益団体が絡んで決定するという権力構造が，重なっていたことになる。したがって，行政改革等により内閣及び首相の強化がはかられたとしても，政権与党との関係で与党による拘束を脱却できなければ，リーダーシップの発揮に縛りがかかったままとなる。

　「自民党をぶっ壊す」ことをスローガンにして国民「世論」の支持を背景に自民党総裁選を勝ち抜いて登場した小泉首相は，かつての中曽根首相と同様に，党内基盤が弱いがゆえに，「世論」の支持に最大限依拠することで，逆に政権与党をけん制することによって，自らの権力基盤を強化した。そして，小泉内閣が登場する段階では，選挙制度改革をはじめとした政治改革によって，党内に対する政党指導部の権限が強められ，また，中央省庁等の改革を基本とする行政改革によって，内閣及び首相の権限の強化がはかられ，政権与党の党首たる首相の権限が格段に強化されており，小泉内閣の下では，首相が強いリーダーシップを発揮しえる前提条件が整っていたのである。しかし，小泉首相が強いリーダーシップを発揮することができたのは，こうした前提条件の下に，政治の「大統領化」の状況のなかで，従来の二元的な権力構造を打ち破る「大統領的手法」を効果的に活用することができたことがあげられる[17]。

　高見勝利教授によれば，政治の「大統領化」とは，「政党政治」の進展により，「議院内閣制の枠組みの下において，政党を基軸とした従来の政治のあり方が，首相を中心に『より大統領的なもの』となることを意味する」。ここで，「より大統領的なもの」とは，①執行権力の優越的な資源の提供，②政党に対する政治指導の自律性，③選挙過程の人格化，といった大統領制における特徴の諸要素が，議院内閣制における首相にも顕在化し，「国政において，事実上，首相の権力資源及び自律性が増大し，国民による指導者選択の選挙過程が顕著となる」ことである[18]。

このような政治の「大統領化」の下で，首相は，法令上首相に付与された権限を保持し，選挙において国民からえた首相自身に対する個人的な信任を背景に，他の閣僚はもちろんのこと，官僚機構や政権政党からも自律的な活動領域を有することが可能となる。また，自らの個性とその独自の政策に基づいて政権党の党首となり，選挙において，その個性と政策を前面に出して選挙民の支持をえて勝利し，首相の地位に就いた場合には，政党からの縛りを抜け出て，政党からの自律性を獲得し，むしろ一般党員や国民からの支持を背景に，逆に政党を指導できるようになる。そして，選挙の際には，政党の「顔」として，その個性と指導力が強調されるのであるから，選挙民に多大な影響力を行使できる者が「党首」となり，さらには「首相」となるための条件となる。

こうした観点からみた場合に，小泉首相の一連のパフォーマンスは，まさに政治の「大統領化」に適合したものであり，首相としてのリーダーシップの強さの背景も，こうした側面からも捉えることができる。

G. 民主党政権の発足と首相のリーダーシップの問題

「マニフェスト選挙」として実施された2009年8月30日の第45回衆議院議員総選挙の結果，民主党が圧勝し，自民党・公明党の連立与党が大敗して，衆議院で過半数の議席を維持できなかったことから下野し，民主党の鳩山由紀夫代表が内閣総理大臣に指名され，社民党・国民新党との三党連立による鳩山内閣が同年9月16日に誕生し，いわゆる「政権交代」が実現した。選挙において，自民党と民主党の二大政党が，政権の基本政策を提示して，首相の候補と政権の枠組みを示しつつ，有権者の判断を求めた点で，「政権選択」に直接結びつく選挙となり，その意味では，わが国の憲政史上画期的なものとなった。

鳩山内閣は，2007年7月29日施行の第21回参議院議員通常選挙によって，すでに参議院においては連立与党三党の議席総数で過半数を上回っており，衆参両院で過半数の与党勢力を保持することができた。それゆえに，総選挙による有権者の支持を背景にして，2005年9月11日の第44回衆議院議員総選挙後に第三次小泉内閣を組閣した小泉首相と同様に，首相の強力なリーダーシッ

プに基づく「首相統治」の実現をもたらす基盤が，一見すると成立したかのような状況が生まれた。しかし，鳩山首相自身や民主党小沢幹事長らの「政治と金」の問題，沖縄普天間基地移設をめぐる問題などへの対応をめぐって支持率が急落し，首相としてのリーダーシップを発揮できないままに，鳩山内閣は2010年6月4日に総辞職した。

　鳩山首相の退陣の後，新たに民主党代表となった菅直人氏が，内閣総理大臣の指名を受け，2010年6月8日に菅内閣がスタートした。しかし，同年7月11日に施行された第22回参議院議員通常選挙で，民主党の政権運営のあり方や菅首相の「消費税10％発言」などに対する批判が強まって，民主党は改選議席を大きく下回り，国民新党とあわせた連立与党の議席は参議院で過半数を割り込み，衆参「ねじれ」現象が再び生じた。さらに2011年3月11日に発生した東日本大震災における政権の運営や首相の対応に批判が集中し，菅内閣は同年8月30日に総辞職し，新たに民主党代表となった野田佳彦氏が，同日に内閣総理大臣に指名され，9月2日に野田内閣が発足した。野田内閣は，震災復興や原発稼働の問題，消費増税に関する問題やTPPへの対応の問題，さらには領土をめぐる対中・対韓問題などを通じて，内閣支持率が低迷し，基盤となっていた民主党からの議員の離脱が相次いだほか，福田首相や麻生首相と同様に，参議院で野田首相に対する内閣総理大臣問責決議案が可決されるなど，困難な政権運営を強いられた。そして，2012年11月16日に衆議院が解散され，12月16日の総選挙では，民主党が惨敗し，野田内閣は総辞職することとなったのに対し，自民党と公明党は衆議院の3分の2を超える議席を確保して，12月26日に第二次安倍内閣が自公連立政権として成立し，ふたたび政権交代が実現した。

　このように，「政権交代」後においても，鳩山首相，菅首相さらに野田首相の在任期間はそれぞれ約1年であり，「政権交代」前の，麻生太郎首相（2008年9月24日麻生内閣成立），福田康夫首相（2007年9月26日福田内閣成立），安倍晋三首相（2006年9月26日安倍内閣成立）を含めて，小泉「後」の首相は，「1年任期」の政権トップが繰り返し誕生している。しかし，未曾有の大震災への

復興が大きな政治課題となり,グローバル化した社会において,強いリーダーシップを発揮できる首相の下で長期にわたる安定した政権が求められていることは明らかであるが,そのためには,統治における強い正当性と責任をもった政府が主導する政治が要請されているといえる。小泉内閣後の政権には,従前よりも首相及び内閣の権限の強化がはかられているにもかかわらず,鳩山内閣を除けば,「民意」による政権選択によって成立した政権とはいえず,「民意」による政権の正当化が必ずしも十分ではない点がみられる。

III 「国民内閣制」的運用と首相のリーダーシップ

A. 日本国憲法における統治の構造

日本国憲法においては,国民主権原理の下に,「国会」は,主権者たる国民を代表する「国民代表機関」とされ(前文),「国権の最高機関」・「唯一の立法機関」と位置づけられた(41条)。また,「内閣」は,行政権の主体として,憲法上の機関と位置づけられ(65条),この内閣を統率する「内閣総理大臣」(首相)も,憲法上の位置づけを与えられ(66条1項),内閣の首長として強力な権限を認められた。内閣は,国会の指名に基づいて任命される首相(67条・6条1項)とこの首相により任免される「国務大臣」(68条)とから構成され(66条1項),さらに,国会に対して連帯責任を負うものとされ(66条3項),また,衆議院は,内閣不信任決議により,いつでも内閣に対する信任を撤回できるものであることから(69条),いわゆる「議院内閣制」のシステムが憲法上明確に規定されているものといえる。しかも,「天皇」は,「象徴」として国政に関する権能は一切もたないことから(1条・4条1項),内閣が国会に対してのみ一元的に責任を負う一元主義型議院内閣制が採用されているといえる。

国会は,衆議院と参議院とから構成され(42条),両院制が採用されているが,どちらも「全国民を代表する選挙された議員」で組織され(43条),任期や解散の有無など組織上の相違が定められているものの,国民代表としての性格を有する点では同等のものである。しかし,憲法上両院の権限は対等ではなく,法律案の議決,予算の議決,条約の承認,内閣総理大臣の指名の場合に

は，衆議院の優越的な権限が認められている（59条・60条・61条・67条）。さらに，内閣との関係においては，内閣が責任を負うのは「国会」に対してである（66条3項）が，内閣の首長たる内閣総理大臣の指名にあたり，最終的には衆議院の議決が国会の議決となるかたちで，衆議院の優越が認められており（67条2項），また衆議院にのみ内閣不信任決議権が認められ（69条），そして衆議院についてのみ解散が定められている（69条・7条3号・45条）。したがって，内閣は，国民を代表する機関である国会（衆議院と参議院）に対して，連帯して責任を負うものであるが，とりわけ衆議院との間で緊密な関係を構築することが予定されているといえる。つまり，内閣の首長たる首相は最終的には衆議院の意思で選定され，この首相が大臣を任免することから，内閣は国会とりわけ衆議院の意思に基づいて組織されて，内閣と衆議院との信任関係が創設・維持されるものであり，また衆議院による内閣不信任決議や内閣による衆議院の解散によって，この信任関係が切断されることになる。そして，衆議院議員総選挙後はじめて国会が召集されたときに，内閣は総辞職しなければならない（70条）ことになっているが，これは，内閣の存立基盤がその時点で構成されている衆議院の意思と一致していなければならないことを求めるものであり，いわば内閣の存立と衆議院の構成を常に一体化させて，内閣の衆議院への依存性を徹底させているものである。このように，内閣は，国家諸機関のなかで，もっぱら国会との関係で，とりわけ衆議院との間で信任関係を取り結ぶことにより，その存立が確保されるというシステムが設けられているのである。したがって，憲法上は，内閣と国会（衆議院）との関係で統治構造が一元化されているかぎりで，内閣は，国会（衆議院）との関係を保てばよく，他の機関からはその存立を脅かされることなく，国会とくに衆議院との関係を強化してその一元的な関係を保つことができれば，その安定性も容易に実現できるものとなった。

　内閣の組織は，まず国会による首相の指名から始まる。首相は，国会議員のなかから国会の議決で指名され（67条1項），これに基づいて天皇により任命される（6条1項）が，この天皇の「任命」行為は形式的・儀礼的な国事行為

であるので，首相の実質的な選定は国会が行うことになる。また，この「指名」においては，衆議院の優越が認められている (67条2項) ので，実際上は衆議院の意思で首相が選定されることになる。そして，内閣の他の構成員となる国務大臣は，首相により任命される (68条1項) が，これは首相の専権であり，その過半数が国会議員でなければならないという要件以外には憲法上の制約がない。内閣の組織はこの時点で完了し，内閣が成立することとなる。したがって，内閣の組織に際して国会が直接関与するのは，首相の指名についてだけであり，また，その指名の際に首相候補者による具体的な政治綱領の提示といったものがなされるわけでもないので，この指名選挙には，首相選定における政策の選択という要素が直接的にはみられない。しかし，そもそも議会制民主主義が確立した後の選挙というものは，人物の選出と同時にこの人物の掲げる政策の選択という意味をもつものであるから，首相の指名の場合も，人物の選出とともにこの者が内閣を率いて遂行すべき政策の選択という二重の意味を有しているというべきであり，こうした前提で選出された首相が他の大臣を任命して組織した内閣を，国会とくに衆議院は明示の不信任の意思表明をしないかぎりは，信任しているものとみなす構造が採られている。このようにして，内閣と国会とりわけ衆議院との信任関係が創設されることになる。

　憲法上の存在として位置づけられた首相は，国会の指名に基づいて天皇により任命され (67条・6条1項)，合議制行政機関である内閣の一員ではあるが，同時にこの内閣の首長としての地位を有する (66条1項)。そして，内閣の一体性と統一性を確保するために，国務大臣の任免権 (68条)，議案の国会提出など内閣を代表して行う権限 (72条)，法律・政令の連署権 (74条)，国務大臣の訴追の同意権 (75条) などの強力な権限を有し，単に内閣を代表するのみならず，他の国務大臣に優越し，内閣全体を統率して，行政各部を指揮監督する立場にある。それゆえに，内閣の中心的な位置を占める首相が欠けた場合には，内閣は総辞職をしなければならないのである (70条)。このように，首相は，内閣を構成する一員としては，他の大臣と同等であるが，その地位は異なるものとしてあらかじめ位置づけられている。かくして，国会による首相の指

名において，首相の選出とともにこの者が内閣で遂行すべき政策の選択が暗黙裡に行われることにより，いわば国会とりわけ衆議院と首相との間で信任の関係が創設されるものと考えられる。さらに，この首相が，内閣を構成する他の大臣を選定することになるが，日本国憲法における首相は自ら大臣の任免権を有しており（68条），それだけに首相が個々の大臣との間で取り結ぶ関係は強固なものであり，これは事実上の信任の関係として理解することができる。ゆえに，大臣は，内閣においては個別的に首相の信任を保ちながら，国会に対しては首相と一体となって，内閣としての信任を維持していくことになる。

　日本国憲法の想定する議院内閣制における国会と内閣との関係は，両者の信任関係を基礎にして内閣が国会に責任を負う一元型議院内閣制の関係にあるが，ここでは，なによりも国会とりわけ衆議院と首相との信任の関係が中核となっており，首相は，その任免権を基礎にして個々に信任した大臣とともに内閣を構成し，内閣として責任を負うのである。それゆえに，内閣のなかでは，それぞれの大臣が，首相の信任を得ているかぎりで独立性をもちながらも，首相の指揮監督に従う立場にあり，他方で，首相は，個々の大臣を指揮監督できる強力な「首長」としての地位を有するのである。

　以上のように，日本国憲法においては，国民代表機関である国会を統治構造の中心に据えて，国会中心の一元型議院内閣制を採用し，内閣及びその首長たる首相は，憲法上の存在として位置づけられ，内閣と首相の地位・権限の強化がはかられると同時に，国会とりわけ衆議院と内閣との関係を一元的に強化して，その政治的な一体性を実現することにより，内閣と首相の強化と安定性を確保しようとした。内閣及び首相は，国会との関係でとくに衆議院との間で強固な信任関係を取り結ぶことで，強い立場を構築できるものとなったのであるが，実際の政治状況のなかでの運用は，内閣が，政権与党や官僚機構への依存を深め，国会との関係を希薄にして，自らの存立基盤を狭小化し，国会の地位や機能の形骸化とともに，内閣さらには首相の指導性の弱体化を招いている状況にある[19]。

B. 最近の議院内閣制論

　日本国憲法の定める議院内閣制の統治構造において，この議院内閣制の実際の運用を見通した場合に，首相のリーダーシップの弱さの問題に対応しうる運用はどのようなものであろうか。

　岡田信弘教授は，内閣と官僚制の関係すなわち政官関係を視野にいれた議院内閣制論を展開し，議院内閣制の基本的な方向として二つの方向性があると指摘している[20]。一つは，「選挙の重点を，政府形成よりも代表の正確性の確保という要件におき，政府形成なり政治指導は，議会における各政党・政派の妥協にゆだねる」というものであり，もう一つは，「選挙を通じた民意の国政への反映，すなわち統治の担い手の中心である首相及び内閣が遂行する政策体系が国民の多数派によって選択されるもの」である。そして，その上で，「国民内閣制」論にみられるような後者の方向性について，「統治活動の責任の所在を明確にする」観点から，「上昇型」と「下降型」の二つの議院内閣制のモデルを提示する山口二郎教授の議院内閣制論のうち[21]，「下降型」モデルと結びつけた議院内閣制のあり方が，「政官関係を視野にいれた議院内閣制のあるべき姿」として主張している。

　また，本秀紀教授は，議院内閣制の捉え方について，「国会中心」構想と「内閣中心」構想の二つのものに整理して，提示している[22]。すなわち，「国民内閣制」論が与えたインパクトをふまえつつ，一方では，この「国民内閣制」の構想に対して「"ようやく現実的かつ建設的な憲法論を展開してよいのだ"という歓迎の声がある」のに対して，他方では，「『国会中心』の統治構造イメージを捨て去ることなく，それを鍛え直そうとする論者も数多く出てきている」と指摘し，「『国会中心』か『内閣中心』かの分水嶺は，（各論者の主観的意図とは関わりなく）『国民主権』の理解の仕方にある」とし，「いかなる統治構造が日本国憲法の規範構造に適合的と考えられるか，という筋道になるはず」であり，「国政に反映すべき国民意思をどのようなものと考えるか，という問題でもある」とする。その上で，「『内閣中心』構想の想定する国政に反映すべき『国民意思』とは，『多数派の政策』であって，それがゆえに衆議院の『多数

派』から構成される内閣を『中心』とすることが可能となる」のに対して，「国会中心」構想の立場から，「『国民主権・国民代表』論におけるその含意を客観的に捉えると，『少数派』も含めたすべての国民意思が同時的に国政へと反映されるべきことが前提とされているはずである」と主張する。

　岡田教授も本教授も，視点の置き方は当然異なるものの，最近の議院内閣制論について，「選挙を通じた国民意思の国政への反映のあり方」をめぐって，それぞれ共通した二つの立場を提示しているといえる[23]。第一の立場は，選挙による国民意思を国会に忠実に反映し代表の正確性を確保する点を重視し，内閣の組織や政策の選択という要素は国会における協議と妥協に委ね，国民代表機関としての国会の役割を中心に位置づけるものである[24]。これに対して，第二の立場は，選挙による国民意思を国会を通して首相及び内閣にまで反映させて民意を国政に反映させる点を重視し，首相の選定や内閣の組織さらに政策の選択についても可能なかぎり民意を反映させて，統治の直接の担い手たる首相・内閣と民意の連結を強調するものである[25]。首相及び内閣が，官僚機構に対して，また所属政党に対して，独立性と自律性を保ちながら，政治的リーダーシップを発揮するには，強化された権限のみならず，その地位を支える正当性と責任負担が必要であり，現在のわが国のおかれている状況からすれば，上記の第二の立場から議院内閣制の運用を行うのが妥当といえる。

C. 議院内閣制の「国民内閣制」的運用

　第二の立場の理論的中核をなすのが，高橋和之教授の提唱した「国民内閣制」論である[26]。国民の意思に基づく統治をめざして，選挙と政権選択並びに政治プログラム選択とを結びつけることにより，国政への民意の直接的な反映をはかろうとするものであり，ここには，現代国家における国政の中心に位置づけられるのはもはや議会ではなく内閣であるという，「議会中心構想」から「内閣中心構想」への転換がみられる。そして，国民が選挙によって政権と政治プログラムの選択を直接的に行うことができるように，日本国憲法の規定する統治システムの枠組みにおいて議院内閣制を運用しようとするもので，それ

に適合的な政党制と選挙制度として二大政党（二大ブロック）制と小選挙区制度が主張された。

　この「国民内閣制」論に対しては、とくに上記の第一の立場から多くの批判がなされることとなったが、政治改革・行政改革の流れから小泉内閣の成立と郵政解散選挙の実施及び「政権交代」選挙と鳩山内閣の成立という政治過程をみるならば、実際には、この「国民内閣制」ときわめて類似した政治状況が生まれている[27]。

　山元教授は、従来型日本政治における政治主導の欠落を重大視し、政治的リーダーシップの確立の重要性について「国民内閣制」論と同様の評価を共有する見地から、以下のように「国民内閣制」論をいわば補強する検討をしている[28]。第一に、「日本の政治状況への適合性」の問題について、従来の状況では、議会における各政党・政派の妥協に委ねる媒介民主制の構想を検討すべきとする認識が一般化していたが、自民党の野党化という事態の現出、革新政党・社会党の消失、自民党統治の構造的弱体化等によって、議会レベルでの妥協を重視する「媒介民主制」型が望ましいとする状況的正当化は不可能になったとする。第二に、「現代社会構造の変容との適合性」の問題について、構造改革・規制緩和を基調とする小泉政治は徹底的なものとして実現されたとの認識から、現代社会における価値観の多様化傾向から多数派志向の民主主義は採用されるべきではないとの議論には必ずしも賛同できないとする。第三に、「政官関係論」の問題について、政官関係論の論点を重視するか否かによって「国民内閣制」に対する評価も大きく変化するが、岡田教授のように政官関係論の観点から「国民内閣制」論を明確にバックアップする議論があると指摘する。第四に、「小選挙区制の機能」をめぐる問題について、「民意の歪曲」という憲法学からの小選挙区制に対する危惧に対して、実際の選挙の状況から、選挙政治の全国化を通じて、政策決定に対するさまざまな個別的利益からの入力を効果的に遮断できるようになったとの分析を指摘する。そして、第五に、「国民内閣制」の内在的論理にかかわる問題として、高橋教授が国民による選択の対象として「内閣による遂行の対象となるべき単一の政策体系」というシ

ェーマに強い執着を示している点について，時間の経過とともにグローバル化の下で激変し続ける内外環境のなかで常に適切な政策展開を行っていかなければならない内閣が，大きな状況の変化にもかかわらず当初に示した「単一の政策体系」に固執し続けるのは，決して国民が期待するところのものではないとして，この論点については，「国民内閣制」論は修正されるべきであると主張する。

以上の山元教授の検討は，基本的に妥当であると考えられるが，選挙において国民が選択した政策の遂行が内外のさまざまな状況の変化に適合しない場合に，「国民内閣制」論の修正として，遂行すべき政策の変更をどのように行うべきであろうか。

国政選挙とくに総選挙の際に国民が投票によって選択するのは，当該選挙区における立候補者の選択により選出議員を選定することであるが，この「議員の選出」ということには，この議員の所属する政党の掲げる政治プログラムの選択，さらには，この政党の代表であり政権の「顔」となる首相候補の選択，そして，この首相候補が組織する政権の選択，という意味があることになる。したがって，総選挙には，有権者による「議員の選出」という選択行為によって，同時に有権者は「基本政策の選択」及び「首相候補の選択」・「政権の基本的枠組みの選択」という判断をすることになる。

ところで，国政選挙には，衆議院議員の総選挙のみならず，参議院議員の通常選挙も存在することから，国民は，それぞれの選挙において「議員の選出」を行うことになる。日本国憲法における参議院は，衆議院と比較すれば対等な地位と権限を有するものではないが，59条の規定により，法律案の議決において，衆議院が再可決しないかぎりは，参議院は事実上「拒否権」を行使できるわけであり，参議院の権限は強力である[29]。ゆえに，参議院は，第一院たる衆議院に対して，単に「反省院」や「再考の府」として位置づけられるものではなく，国民代表機関の一翼として積極的に国会意思の形成を担う能動的な「議院」として憲法上予定されている[30]。しかし，内閣の組織における最も重要な要素である首相の指名において衆議院の意思が優越する（67条2項）こと，

総選挙後の国会召集によって必ず内閣は総辞職して (70条) 新たな首相の指名が行われること, 衆議院のみが内閣不信任決議権を有する (69条) ことから, 内閣の存立と衆議院の構成を常に一体化させて, 内閣の衆議院への依存性を徹底させている。したがって, 「基本政策の選択」及び「首相候補の選択」・「政権の基本的枠組みの選択」の性格をもたせるべきは, 衆議院議員の総選挙に求めるものでなければならない。

衆議院議員の任期は, 解散がなければ, 4年である (45条) から, 総選挙後に召集された国会で新たに指名された首相及びその任命による国務大臣から構成される内閣は, 最大限4年間の持続期間を保持することが可能となる。したがって, 総選挙の候補者の所属政党を中心に設定される政治プログラムは, それを実施すべき主体となる政権の基本的性格や首相候補も含めて, 4年間の「政権プログラム」として有権者に提示して, その選択に委ねることを基本とすべきである。首相及び内閣は, 国民の選択した「政権プログラム」を4年間の期間をかけて履行することが原則となる。そして, この間に生じたさまざまな事情に応じて, とくに, 政権の基本政策の変更や首相の交代及び政権の基本的枠組みの変更の場合には, 有権者により選択された「政権プログラム」の変更となるので, 新たな「政権プログラム」の選択を求めて, 新たな総選挙を実施することが要請されるのであり, それは内閣が「解散」を行うことによって着手されることとなる[31]。

首相及び内閣は, 有権者により選択された「政権プログラム」を, 国会とくに衆議院との強い信任関係に基づいて, 実施することが可能であり, 「民意」を背景に首相はリーダーシープを発揮しうる条件が整うことになる。

Ⅳ　まとめにかえて

日本国憲法における首相は, その権限が弱いわけではなく, 憲法規定上は首相の権限は強大なものである。しかし, 従来の議院内閣制の運用においては, 官僚依存・政党依存の政治状況のなかで, 必ずしもそのリーダーシップが発揮されてきたとはいえない。それは, 一連の政治改革や行政改革の結果, 内閣及

び首相の強化の方向に改革がなされたとしても，同様である．しかし，首相のリーダーシップの発揮が求められる状況において，それを可能とするのは，「民意」による正当性を背景にした議院内閣制の運用であろう．

1) 横尾日出雄「『内閣・首相の強化』と議院内閣制―日本国憲法における内閣と首相の位置づけをめぐって―」『名古屋短期大学研究紀要』38 号 2000 年 73 頁以下参照．
2) 長谷部恭男・阪口正二郎・杉田敦・最上敏樹「座談会・グローバル化する世界の法と政治―ローカル・ノレッジとコスモポリタニズム」『ジュリスト』1378 号 2009 年 4 頁（長谷部教授の発言）参照．
3) 山元一「グローバル化と政治的リーダーシップ」『ジュリスト』1378 号 2009 年 92 頁．
4) 横尾日出雄「日本国憲法の普遍性と特殊性―憲法 50 年の運用とその特色―」『名古屋短期大学研究紀要』36 号 1998 年 141 頁参照．
5) 横尾日出雄「統治構造から見た日本国憲法史―旧憲法的視点に基づく解釈・運用について―」憲法理論研究会編『憲法基礎理論の再検討』敬文堂 2000 年 191-192 頁参照．
6) 岡田信弘「議院内閣制と政官関係」全国憲法研究会編『憲法問題』22 号 2011 年 72-75 頁，宮井清暢「内閣の意思決定システムの変容と『執政』論」『法律時報』79 巻 8 号 2007 年 101-102 頁参照．
7) 山元・前掲注 3) 95 頁参照．
8) 山元・前掲注 3) 94 頁参照．
9) 中井歩「内閣機能の強化と行政の役割」土井真一編『岩波講座 憲法 4 変容するシステム』岩波書店 2007 年 137-138 頁参照．
10) 中井・前掲注 9) 138-139 頁参照．
11) 中井・前掲注 9) 140 頁参照．
12) 横尾・前掲注 1) 74-76 頁参照．
13) 大山礼子「国会改革の目的―内閣主導と国会の審議権―」土井真一編『岩波講座 憲法 4 変容するシステム』岩波書店 2007 年 109 頁参照．
14) 大山・前掲注 13) 110-111 頁参照．
15) 大山・前掲注 13) 111-113 頁参照．
16) 高見勝利『現代日本の議会政と憲法』岩波書店 2008 年 179-180 頁参照．
17) 高見・前掲注 16) 182-186 頁参照．
18) 高見・前掲注 16) 167-171 頁参照．
19) 横尾日出雄「日本国憲法における『国会＝内閣』関係について―議院内閣制とそ

の『合理化』の視点から一」植野妙実子編『現代国家の憲法的考察』信山社 2000年 16 頁以下参照。

20) 岡田・前掲注 6) 75 頁参照。

21) 岡田教授は, 山口教授による「上昇型」と「下降型」の二つの議院内閣制のモデルについて, 次のように整理している（岡田・前掲注 6) 71-72 頁参照。)。

『「上昇型」モデルにおける内閣は, 「単に閣僚が寄り合いを行う場, いわば『空虚な中心』とでもいうべき存在であり, それ自体が意思形成の主体ではない」。すなわち, 「閣僚は担当省庁の利益代表として行動し, 閣議はそうした行政組織の割拠性の反映の場となる」にすぎない。結局, 「この型の内閣は統治の要というよりも, 個別の行政組織が自己利益を追求する際の下からの圧力の吹き出し口のようなもの」として位置づけられることになる。戦前日本における政官関係を特徴づける議院内閣制のあり方である。これに対して, 「下降型」モデルにおける内閣は, 「議会の多数勢力の指導者が構成する統治の最高機関となる」。そして, 「首相はそのなかの究極の責任者」として位置づけられるとともに, 「内閣は各省庁を担当する閣僚の集まるフォーラムではなく, 意思決定の主体としての合議体」となる。つまり, 内閣は「まさに主体的に政策体系を構想し, 危機や環境変動に対する対応を行う」ことによって, 「官僚機構を動かすための政治的エネルギーを蓄積する強大なダムのようなもの」として機能するのである。』

22) 本秀紀「『政治主導』と憲法─『国会中心』構想の可能性」憲法理論研究会編『政治変動と憲法理論（憲法理論叢書 19)』2011 年 47-50 頁参照。

23) 糠塚教授は, 「国民内閣制」論のような「内閣中心構想」に対する「議会中心構想」の考え方を分類・整理している。糠塚康江『現代代表制と民主主義』日本評論社 2010 年 2 頁以下参照。

24) この第一の立場は, 「国民内閣制」論には当然批判的である。高見・前掲注 16) 53 頁以下, 本・前掲注 22) 47 頁以下, 只野雅人「議院内閣制の基本構造」土井真一編『岩波講座 憲法 4 変容するシステム』岩波書店 2007 年 77 頁以下参照。

25) この第二の立場は, 「国民内閣制」論に肯定的ないし親和的である。高橋和之『国民内閣制の理念と運用』有斐閣 1994 年 17 頁以下, 同『現代立憲主義の制度構想』有斐閣 2006 年 1 頁以下, 岡田・前掲注 6) 67 頁以下, 山元・前掲注 3) 92 頁以下, 曽我部真裕「国民に開かれた統治への可能性」土井真一編『岩波講座 憲法 4 変容するシステム』岩波書店 2007 年 3 頁以下参照。

26) 高橋・前掲注 25)『国民内閣制の理念と運用』17 頁以下, 同・前掲注 25)『現代立憲主義の制度構想』1 頁以下参照。

27) 山元教授は, 「国民内閣制」と方向性を同じくする着想に基づいて, 「内閣中心構想」の政治の時代が到来したとの印象を示している（山元・前掲注 3) 97 頁）が, 糠塚教授は, 「国民内閣制」時代の到来と論ずることには躊躇いがあると指摘して

いる（糠塚・前掲注23）6頁）。
28)　山元・前掲注3）97-101頁参照。
29)　只野教授は，日本国憲法における「参議院の強さ」に基づいて，参議院をも含んだ「全体としての国会」に対する「狭義の政治責任」を考える余地があると指摘している（只野・前掲注24）83-86頁参照）。
30)　横尾日出雄「参議院の特殊性と投票価値の平等―参議院議員定数不均衡訴訟最高裁判決をめぐって―」『CHUKYO LAWYER（中京ロイヤー）』13号2010年35頁参照。
31)　将来的な課題として，基本政策の変更の場合などは，諮問的な「国民投票」による民意の確認によって，これを可能とする方法も考えられる。曽我部・前掲注25) 10-13頁参照。

(横尾日出雄)

第4章　大学教育のグローバリゼーションと教育質保証の国際的通用性

I　はじめに

　大学の価値やその存在意義を主張する上で，今日ほど，「大学」が高等教育機関であることを強調され，人材育成機能の強化が求められた時はない。その背景には，「大学全入時代」を迎え，きめ細かな教育が大学に求められてきたこと，労働市場における人材需要の変化にともない，雇用する側の視点から見た「有為な人材」育成の任が大学に要求されるようになったこと，などの事情がある。

　このように，学内外の関係者に，大学における人材育成機能強化の重要性が認識される一方，学生に対し卒時に授与される「学士」の保証する能力水準の不明確性等に起因する我が国大学教育の質に対する国際的信頼性のゆらぎへの懸念も強まっている[1]。

　2005（平17）年1月の中央教育審議会「我が国の高等教育の将来像（答申）」は，「人々の知的活動・創造力が最大の資源である我が国にとって，優れた人材の養成と科学技術の振興は今後の発展のための両輪として不可欠」であり，そこで果たすべき高等教育の重要性に鑑みると，「高等教育の危機は社会の危機」につながる旨を断言している。

　グローバル化する知識基盤社会にあって，今日，我が国大学には，高等教育にアクセスする学習者に対し，質の高い教育を提供することが強く求められている。本稿は，そうした問題意識に立脚し，大学教育の質保証に関する国際的動向と各国間の地域連携の実相，これらに対する我が国の対応，の考察を通じ，危機に瀕しているとまで言われる我が国大学教育の再生の道筋を展望した

い。

II 大学教育のグローバルな質保証

A. 大学教育の質保証の国際的枠組みの模索

　社会・経済・文化の国際化と地球規模での技術革新が飛躍的に進展する中で，人的交流や学位・単位の移転などを通して，大学教育の提供がグローバルなレベルで展開している。大学教育のグローバル化は，学術文化や産業・技術分野での「知」の共有を促進し，社会・経済システムの改革，地域間の経済格差の是正，環境破壊の抑止など国際連携を通じた課題解決の取り組みに貢献しうる限りにおいて，学習者個人の能力開発はもとより，その学習者が帰属している大学教育受入国の発展の原動力ともなる。

　1995年，世界貿易機関（WTO）の「サービス貿易に関する一般協定（GATS）」が発効し，大学教育も自由貿易の対象となる「サービス」として位置づけられ，大学教育サービスの提供は戦略的投資の目玉の一つとなった。大学教育分野におけるGATSの役割は，透明性の高い予測可能な法的枠組みの構築を図り，投資環境を改善し，大学教育への各国の投資を誘因することにあった（OECD教育研究革新センター／世界銀行編著，2008, p. 18）。

　しかしながら，世界各国の大学制度は一律ではなく，大学の設置形態，学位制度，修業年限等において多様であり，GATSの所期の目的の実現には制度上，多くの困難をともなう。のみならず，伝統的な「大学」に加え，営利目的の「大学教育サービス提供業者」による国境を越えた大学教育の拡大にともない，劣悪な教育サービスや「ディグリー・ミル（偽学位販売業者）」の横行など，グローバルなレベルで大学教育の質への懸念が高まっていった。

　こうした事態に対処するため，2005年10月のOECD理事会及び同年12月のUNESCO総会は，「国境を越えて提供される高等教育の質保証に関するガイドライン（Guidelines for Quality Provision in Cross-border Tertiary Education）」[2]を採択した。同ガイドラインは，悪質な大学教育提供者による被害から学習者その他の利害関係者を保護するとともに，適切な質の大学教育が国境を越えて進

展することを促すことを目的とするものでもあった。そして，各国における大学制度の多様性の尊重を前提に，「内部質保証」，「外部評価」の双方を含む大学教育の質保証や適格認定に係るシステムの整備・運用，学位等の同等性・互換性の承認，国境を越えた大学教育の質保証や学位の通用力の向上，職業資格に連結する教育プログラム・学位の評価基準・手続の確立，個別の大学情報や質保証機関情報のグローバル・レベルでの共有化など，多岐にわたる指針を提示した[3]。

　グローバル・レベルにおいて，大学教育の質保証の必要性が叫ばれ始めるようになる中，1991年に設立されたのが，「高等教育質保証機関国際ネットワーク (International Network for Quality Assurance Agencies in Higher Education, INQAAHE)」である。小規模で発足した同組織には，現在，世界の80を超える国・地域から200以上の機関が加盟している。高等教育質保証の理論と実践に関する情報共有を主たる活動目的とするINQAAHEは，2005年，「INQAAHEグッドプラクティスのガイドライン (INQAAHE Guidelines of Good Practice)」[4]を公にした。同ガイドラインは，多様な高等教育質保証機関 (External Quality Assurance Agencies, EQAA) に対し，共通に履行可能なグッドプラクティスを提示すべく，その組織と活動上の指針を示したもので，a) EQAAの組織とガバナンス，b) EQAAと大学の関係，c) EQAAの質保証プロセス，d) 国内外の他のEQAAとの連携，の4分野，12基準で構成されている。

　また今日，上記INQAAHEの方針との整合性を保ちつつ，地域単位で活動を進める国際的な質保証機関ネットワークの存在も見逃すことができない。その代表格として，「欧州高等教育質保証協会 (European Association for Quality Assurance in Higher Education, ENQA)」，「アジア・太平洋質保証ネットワーク (Asia-Pacific Quality Network, APQN)」の二つがあげられる。

　このうち，前者は，欧州域における高等教育の質保証のガイドラインを定め，活発な活動を展開している (この点については，後述)。また，後者のAPQNは，アジア・太平洋地域の高等教育質保証機関相互の連携を通じて，同地域の高等教育の質の向上を図ることを目的に，2001年，インドで開催の

INQAAHE 総会の決議に基づいて設立された質保証機関の地域連合である。APQN には，現在，33 の国と地域から 80 の質保証機関が加盟している。AOQN は，ユネスコと共同で，「ユネスコ／APQN ツールキット：国境を越えた教育の質の規制 (UNESCO/APQN Toolkit : Regulating the Quality of Cross-Border Education)」[5]を策定し，2006 年，中国で開催された同総会に提出した。このツールキットは，国境を越えた教育の受入国または提供国の立場から，質保証の規制枠組みを構築するための決定を行うに当り，政策担当者その他の関係者を支援するためのツールとして提案されたものである。そこには，質保証機関，大学その他の高等教育機関，学生さらには職能団体をターゲットに，高等教育質保証のための規制枠組み，質保証基準などについて，詳細な指針が示されている。そして，中国，マレーシア，香港などの国や地域では，このツールキットを活用して，海外のプロバイダーから提供される高等教育サービスの質管理の措置が講じられている (Knight, 2010, p. 84)。

このほか，国境を越えた大学教育の質保証を目的に強力な地域連携を推し進めている組織として，北欧の高等教育質保証機関等で構成される "Nordic Quality Assurance Network in Higher Education, NOQA", ラテンアメリカの高等教育質保証機関のネットワークである "Ibero-American Network for Accreditation and Quality Assurance in Higher Education (riaces)" などがある。

B. ボローニャ・プロセスと「欧州高等教育圏」

ヨーロッパは，さまざまな分野において各国間に密接なつながりがありながら，大学制度は，各々の歴史的・社会的背景によって異なり，それが学生や教育プログラムの自由な移動を妨げる大きな要因となっていた。しかしながら，欧州連合 (EU) の成立にともなう統一的な経済圏の実現，通貨統合により，巨大な労働市場が成立したことや，アメリカなどに本拠を置く大学教育サービス提供業者による欧州高等教育市場への参入等を見越し，人材育成機能の強化の視点から欧州域の大学教育の質の確保・向上を図ることが喫緊の課題となった。

こうした状況の下，1999年6月，29カ国の教育担当大臣が「ボローニャ宣言」に署名し，ヨーロッパの大学に対し，欧州域内での円滑な「ヒト」の移動が保障され，労働市場での優位性を誇りうる人材育成に向け，学位や単位の等価性・透明性を確保しその国際的競争力の強化を図るための改革を推進するよう要請した。併せて，2010年までに，ヨーロッパにおける高等教育の地域統合，すなわち「欧州高等教育圏（European Higher Education Area, EHEA）」を構築することがめざされた[6]。このEHEAの構築を目指す過程が，「ボローニャ・プロセス」と呼ばれる。ボローニャ・プロセスでは，a）雇用を念頭に，容易に理解でき比較可能な学位システムを採用，b）学士課程と大学院課程の2サイクルに基礎を据えた学位システムを採用，c）単位互換システムの確立，d）流動性の促進，e）質保証における欧州域の協働の促進，の具体化が目指された（望月，2007, p. 22）。

　そして，2003年9月の高等教育担当大臣会議合意文書「ベルリン・コミュニケ」は，関係各国に対し，「質保証」のための方策を速やかに講じるよう要請した。そこでは併せ，「大学の自治」とも整合しうる，大学自身の手で質の評価をする「内部質保証のカルチャー（internal quality culture）」を醸成させていくことの重要性も強調された（Rauhvargers, 2007, p. 112）。

　こうした中，各国間で高い互換性をもちうる質保証システムの構築を視野に入れて，大学教育を学習者中心の観点から捉えるとともに，労働市場における雇用者の需要にも十分配慮する立場から，つぎのような取組が行われた。

　まず第一に，質保証の体制整備の一環として位置づけられた「質保証の協働取組（Joint Quality Initiative）」の成果として，「学士」，「修士」の各々の学位授与に当り，汎用的に修得すべき知識・能力・スキルの文書化を見た（「ダブリン記述（Dublin Descriptors）」[7]の提示）。第二に，ヨーロッパの100を超える大学の共同作業として，五つの専門分野を対象に行った雇用者や卒業者等へのアンケート調査の結果を基に，各分野において共通的に修得すべき能力・スキルを文書化した（「同調プロジェクト（Tuning Project）」の実施）。第三に，上記「ベルリン・コミュニケ」に基づき，高等教育の透明性を高め比較可能性の向上のた

め，国毎に各学位課程を通じて修得すべき知識・能力の一覧の明示・公表が求められることとなった（川嶋，2005，pp. 136-147）。

　こうした動向なども踏まえ，当初，一人ひとりの学生が修得したアウトカムが，ヨーロッパ域内で汎用的に通用しうるものかどうかという視点から教育の質保証をすべきであるという考え方が有力になり，いわゆる「教育プログラム・アクレディテーション」の方向性が指向された。しかしながら，同域内での大学教育の量的膨張とそれに対する社会的需要のめまぐるしい変化に起因する教育プログラムの多様化という現実に直面し，評価負担の軽量化の視点から，大学の組織・活動を総体として評価する「機関アクレディテーション」の手法が現実的な選択肢と考えられるようになった。そして，後述の如く，個別教育プログラムの質保証は，各大学の「内部質保証」にその責を委ねるべきものと理解されるようになった。事実，ヨーロッパの多くの国では，「機関アクレディテーション」システムの運用を通じ，学生の修得したアウトカムの国内外での通用性の検証が行われ，各大学の教育責任の適切な履行の確保が目指されることとなった（Purser, 2007, pp. 136-137）。

　ところで，ボローニャ・プロセス推進の一環として，2000 年，質保証における欧州域各国の協働を促進することを目的に，先述の ENQA が設立された。

　ENQA もまた，上記ベルリン・コミュニケの要請を受け，2005 年 5 月，「欧州高等教育圏の質保証のための基準及びガイドライン（Standard and Guidelines for Quality Assurance in the European Higher Education Area）」[8]を採択した。同文書は，大学の「内部質保証（internal quality assurance）」，「外部質保証（external quality assurance）」及び「外部質保証機関の質保証」の 3 部構成となっており，23 の基準で構成されている。このうち，大学の「内部質保証」と「外部質保証」の関係についてみると，「内部質保証」では教育プログラムと学位授与に対する定期的なモニタリング，学生に対する評価，教員の質の確保が重要な評価項目とされるとともに，「外部質保証」の役割の力点は，「内部質保証」の機能的有効性の評価に置かれるものとされた。そこで，同文書の主眼は，教育プログラムの質保証は，外部者の手に委ねるのではなく（「プログラム・アクレデ

ィテーション」の排除),「内部質保証」を通じ各大学の責任において個別具体に行う一方で,「外部質保証」の役割は,内部質保証の実施手続の検証に充てられ,その営為を通して,個別教育プログラムの質に係る国際的通用性を付与することにある,と理解されるところとなった(Rauhvargers, 2007, p. 113)。同文書の発効を受け,ヨーロッパの国々で,大学教育の質保証体制の整備が進められるとともに,新たな質保証機関の設置が促進されたこと,既存の質保証機関も外部質保証プロセスの充実を図ったこと,内部質保証,外部質保証の双方で学生参加の促進が見られたこと,など,同文書が欧州域内の大学質保証システムの整備・充実に果たした役割には多大なものがあった(ENQA, 2011, pp. 20-21)[9]。

さて,こうした動きとは別に,2000年3月,「欧州理事会(European Coucil)」は,「リスボン戦略(Lisbon Strategy)」を採択し,2010年を目途に,ヨーロッパを世界の中で最も活力に満ちた競争的な知識基盤経済に移行させる旨の目標を掲げた(「リスボン・プロセス」の推進)。そしてこれを受けて策定された「欧州委員会(Commission of the European Communities)」政策文書「知識の欧州における大学の役割(The role of the universities in the Europe of Knowledge)」[10]は,「大学は研究,教育,技術革新が交差する場所に位置するという意味において知識基盤経済・社会の鍵を握り,更により多くの学生を教育することによって欧州経済の競争力強化に寄与」(大場,2011, p. 41)すべきことを強調した[11]。

ボローニャ・プロセスは,EU主導の域内の経済力強化をめざすリスボン戦略とは異なる目標を掲げていたにもかかわらず,両者は相俟って,大学間競争や教育の職業専門化を促し,ボローニャ・プロセスの展開過程で構築が進められてきた質保証の仕組みも,リスボン戦略がめざす大学の卓越性の追求に活用されていった(大場,2011, p. 43)。今日,ボローニャ・プロセスは,欧州委員会からの財政支援や知見の提供を受けつつその活動が進められている。そしてボローニャ・プロセスの推進に当り,EUの教育政策にも配慮が払われ,EU固有のプロジェクトなどとも連携するなど,同プロセスは,今日,EUの枠組みの中で進行していると言っても過言ではない(Garben, 2011, p. 181)。

ボローニャ・プロセスは，大学教育の地域連携の活発化，円滑化を図るうえで必要なさまざまな質保証に関わる試行を重ねてきた。そして，同プロセスは，各国の高等教育システムの比較可能性を促進することを通じ，十全に機能しうる「高等教育市場」の形成に寄与でき，学習者や雇用者の需要に適切に応える役割を果たした ((Malamud, 2010, p. 227)。また，「内部質保証体制」の中で維持されるアウトカムベースの質保証システム構築の試みは，従来の質保証の手法を抜本的に転換させる斬新な営為でもあった。ただ，そうした斬新さのゆえに，それが大学教育の現場に根付くには，相当程度の時間も必要であった。加えて，ボローニャ・プロセスが，事実上，EU の枠踏みの中で機能するようになったことにともない，EU 独自の教育政策とも整合性を図りつつ，慎重に同プロセスを進展させていくことを余議なくされた。こうした理由などから，同プロセスの期間は，さらに 10 年延長され，2020 年を目途に EHEA の完成が目指されている。

III　東アジア圏の大学間教育交流と「キャンパス・アジア」構想

A.　「キャンパス・アジア」構想の進展

　東アジア圏に目を向けると，各国間の経済交流について，現在，「日中韓自由貿易協定 (FTA)」に向けた交渉の可能性が俎上に載っている。またかねてから，この FTA の枠組みの中で，「人材とりわけ知的人材の養成システムの形成に向けた域内協力」を行うことの重要性も指摘されていた (蛯名，2004, p. 221)。人材育成という課題に対し，中国は経済発展や技術革新にともなう需要に対応すべく，質・量の両面から高等教育の整備を速いテンポで進めてきた。韓国も，堅調に推移する経済状況の中にあって，世界のトップクラスに伍する拠点大学の整備を着実に進行させてきた[12]。「商業主義」，「市場主義」，「民間投資の優先」を標榜する FTA の促進は，アジア圏の教育分野の国際化を加速させ，とりわけ中国，インド，日本，韓国の高等教育に大きな影響が及んでいくとの指摘もなされている (Kim, 2010, p. 36)。

こうした中，2009（平21）年10月の第2回日中韓サミット（於：北京）において，3カ国間で，大学間交流を促進するとともに，その前提となる教育質保証の基盤整備を行うべく，その在り方を検討する有識者会議を設置すること，等で合意が図られた。この合意を受け，2010（平22）年4月，東京で，第1回日中韓大学間交流・連携推進会議が開催され，日中韓の大学間交流の構想名称を「キャンパス・アジア（CAMPUS Asia）」とすること，大学間交流と質保証の在り方を検討するWGを設置すること，が承認された。この後，同年5月開催の第3回日中韓サミット（於：済州島）では，ASEAN等へ波及する「キャンパス・アジア構想」の早期実現についても合意が図られた。そして，「日中韓における質保証をともなった大学間交流に関するガイドライン」（案）が，同年12月開催の第2回日中韓大学間交流・連携推進会議（於：北京）において認められ，翌2011（平23）年5月の第3回日中韓大学間交流・連携推進会議（於：済州島）で同ガイドラインは最終確認された。
　以下，「日中韓における質保証をともなった大学間交流に関するガイドライン（Guidelines for Exchange and Cooperation among Universities in China, Japan and Korea with Quality Assurance）」[13]の骨子を列記する。

- 本ガイドラインは，日本，中国，韓国の大学間における質の保証をともなった交流・連携を促し，大学の国際競争力を共に向上させることを目的とする。
- 本ガイドラインにいう大学間交流・連携は，「キャンパス・アジア構想」により行う。本ガイドラインは，各国の大学制度や大学教育の在り方，各大学の教育や教育交流の内容・方法を拘束するものではなく，共通の枠組みを模索するに当り，相互利益を十分尊重する。
- 各国政府に，a）包括性，一貫性及び透明性を備えた質保証枠組み作りの構築，b）関係大学に対する交流プログラム参加の促進，c）質保証機関の活動実施に対する支援，を要請する。
- 各国の関係大学に，a）内部質保証システムの構築，b）交流プログラム

の効果的実施，c）良質の学生支援，を要請する。
・各国の質保証機関に，a）質保証プロセスの明確化と可視化の確保を図ること，b）各国の質保証機関共同で，評価指標や評価活動の在り方を検討すること，c）国際交流プログラムの質保証に効果的に従事できるよう，評価員の資質・能力を高めること，を要請する。
・産業界を含むその他の関係者に対しては，共同コースの開発，インターンシップの提供，共同研究の実施など，3カ国間の大学間交流プログラムへの必要な支援，を要請する。

　上記「ガイドライン」公表後，「キャンパス・アジア」構想の実現に向けパイロットプログラムの選定を進めることと併せ，2011（平23）年9月，東京で，東アジア域内での大学教育質保証枠組み等の課題を包括的に協議するため，文部科学省主催「東アジア高等教育質保証国際シンポジウム」が開催された。開催に当り，中国教育部（MOE），韓国教育科学技術部（MEST），中国教育部高等教育評価センター（HEEC），中国教育部学位・大学院生教育発展センター（CDGDC），韓国大学教育協議会（KCUE）及び我が国の大学評価・学位授与機構（NIAD）がこれに協力した。そして，現在も同構想の実現に向けた作業が継続している。

B.「キャンパス・アジア」構想の意義
　「キャンパス・アジア」構想への参加各国には，いずれも海外大学との大学間教育交流をいっそう活発化させ，自国の大学教育をグローバルなレベルに押しあげるとともに，優秀な外国人留学生の獲得を通じて，自国の社会・経済構造の優位性を確保しようとする戦略的な意図が垣間見られ，それらの点において各国間で利害を共有できる部分が少なくない。しかしそうした国の政策的意図に対し，各国の大学評価機関や大学の関係者の間では，それぞれの立場の違いに応じ，同構想の早期実現に懐疑的見方が強いのも事実である。
　今日，政治，経済，社会の多元的領域で生起した困難を克服し多岐に亘る課

題をグローバルな視点から探求・解決することのできる人材確保が国際的な規模で求められている。そして，いずれの国も，政治的な立場の違いを捨象しそうした人材育成を喫緊の課題と認識し，各国が連携し大学教育の質保証を行う方向で軌を一にしている。

こうした現状を直視すれば，東アジア圏の大学間交流をいっそう活発化させる視点から，「大学」を総体として評価する「機関評価」の中で汎用的に活用可能な「学習アウトカム」の共同開発を行うことや，学習アウトカムの測定・評価を軸とする教育の「内部質保証」の在り方に対する共通認識を各種ワークショップ等を通じ醸成させることが，「キャンパス・アジア」につながる現実的な選択肢であると考える（早田幸政・望月太郎・齊藤貴浩・堀井祐介・島本英樹・中村征樹・渡辺達雄・林 透，2012, p.38）。

IV 我が国における大学教育質保証の現状と課題

A. 大学教育質保証の現状

1.「学習成果」の意義と専門分野別評価

2010（平22）年6月の「学校教育法施行規則等」の一部改正省令の施行により，「授業科目，授業方法・内容，年間授業計画」，「学修の成果の評価，卒業・修了認定に当っての基準」を含む9項目に亘る教育情報の公表が，全大学に義務づけられた。

また，併せて，「教育上の目的に応じ学生が修得すべき知識・能力」の公表が努力義務とされた。具体的には，そこで「学生がどのようなカリキュラムに基づき，何を学ぶことができるのかという観点が明確になるよう留意」すべきこととされた（「学校教育法施行規則等の一部を改正する省令の施行について（通知）」(2010.6)）。こうした措置が講じられたことの意義は，大学が，各教育課程毎に設定した卒時に身につける「知識・能力」等に見合った「学習成果」をあげえた学生に対し学位が授与されるべきである，としたそれまでの中教審の考え方を法制上，具現化した点にあった[14]。

すでに，中央教育審議会は，2008（平20）年12月の「学士課程教育の構築

第4章　大学教育のグローバリゼーションと教育質保証の国際的通用性　89

に向けて（答申）」で，学士課程教育が共通してめざす「学習成果」を「学士力」の語により，同答申「参考指針」中に明示した。そして大学に対し，学士課程の修了時に学士力達成の確認ができた学生に対し，その「証し」として「学士」の学位を授与することを通じ，学習成果の測定・評価を基礎に，教育の改善・向上を図り教育機能を充実させるよう求めた。

　加えて，各分野を通じ培うことの求められる「学士力」や学習成果・到達目標の設定及び各分野毎に汎用的に修得の求められる「知識・能力」の達成度評価を，分野別質保証の枠組みの中で行う必要があること，分野別質保証の枠組みを「分野別評価」へ進化させていく中で，同評価と「第三者評価」との関係性が模索されるべきこと，将来的な分野別評価の実施を視野に入れ，分野別質保証の枠組み構築を図っていくうえで，日本学術会議と連携する必要があること，などの点を強調した。

　2．「内部質保証」の意義と特質

　ところで，「内部質保証」の語が，高等教育政策に係る公式文書中に登場したのは，中教審「学士課程答申」が最初である。そこでは，大学で「自己点検・評価などPDCAサイクルが機能し，内部質保証体制が確立」されていることの重要性の指摘がなされた。

　2009（平21）年6月の「中長期的な大学教育の在り方に関する第一次報告」は，アクレディテーションに係る法改正を通じ，学生の学力到達度や情報公開等に関する定めが新たになされたアメリカ高等教育界の動向や，欧州各国が学位制度を共通の枠組みに整理するプロセスを進行させる中で，「内部質保証」と「外部質保証」に関わる質保証の体制整備が進められていることにも言及した。そうした文脈の中で，大学教育で保証されねばならないのは「学生の学びの質と水準」であるとし，大学に対し，学生の質を保証する体制を整え，その質の向上をもたらす仕組みを機能させることを要請した。そして，以下にみる認証評価の役割が，そうした各大学における自主的・自律的な質保証の取組を実質的に機能させることにある旨を力説した。同年8月の「中長期的な大学教育の在り方に関する第二次報告」は，内部質保証の意義や，「内部質保証」と

「認証評価」の関係性等に関し，より踏み込んだ提言を行った。すなわち，そこでは，「内部質保証」体制を「自己点検・評価の結果が教育の質の向上に活用される仕組み」として意義づけるとともに，内部質保証体制の機能的有効性の確認を認証評価に委ねるべきである，とした。また，欧州各国の高等教育質保証の枠組み構築に係る動向を念頭におきつつ，各種の評価活動にも参照される基準に関し，日本学術会議の分野別質保証に係る検討状況を踏まえる必要性を強調した。

高等教育政策の方向性として，大学に対し，内部質保証を行う中で，学位の質やそのグローバルな等価性，学力到達度の評価等，学習成果の測定・評価といったアウトカム評価の実施が求められる一方，認証評価には，大学に内部質保証の「仕掛け」が構築され効果的に運用されていることの確認を，間接評価の手法を通じて行うよう要請していることが理解できる。

3．第2サイクルを迎えた認証評価機関の認証評価基準・評価項目等の特徴

教育評価を基軸とする第三者評価で，学校教育法に制度上の根拠をもつ「認証評価」は，第2サイクルを迎え，「大学基準協会（JUAA）」，「大学評価・学位授与機構（NIAD）」などの大学機関別認証評価機関は，上記中教審答申等の政策提言に留意しつつ，認証評価基準・項目の改定を行った[15),16)]。

「教育質保証のための大学の取組」について，大学機関別認証評価機関のいずれも，各受審校に対し，a）設定した「目標」に適う「成果」の検証システムの確立を要請，b）「成果」に関わる検証結果を，FD活動等と関連づけ教育改善に連結させる必要性を強調，c）学習成果の検証方法や指標の設定については，大学の自主性を尊重，d）自己点検・評価の十全な実施とそのフィードバック並びにその結果の公表を要請，d）自己点検・評価は，PDCAの循環サイクルの中で営まれる必要性を強調，などの点に関し，共通点を見出すことができる。

但し，a）に言う「成果」を，大学基準協会が「教育成果」と「学習成果」に区分して扱う一方で，大学評価・学位授与機構は，特段，両者を分けていな

いなど，両認証評価機関の扱いに差異がある．加えて，「内部質保証」の意義につき，大学基準協会が，これを「自己点検・評価」と同義のものと看做しているのに対し，大学評価・学位授与機構は，教育改善のための循環サイクルを軸とするシステムとしてその意義を限定する一方で，「自己点検・評価」を全学的な管理体制の中に位置づけている．このように，認証評価機関相互で「内部質保証」，「自己点検・評価」の意義につき，表見上，その取扱いに違いが見られる．

4．日本学術会議「分野別の教育課程編成上の参照基準」の意義，位置づけとその役割

日本学術会議は，文部科学省からの「学位の水準の維持・向上など大学教育の分野別質保証の在り方」について審議依頼を受け，「分野別の教育課程編成上の参照基準」（以下，「参照基準」と略記）についての考え方を，2010（平22）年7月の日本学術会議「大学教育の分野別質保証の在り方について（回答）」[17]（以下，「回答」と略記）として取りまとめた．

上記「回答」は，「参照基準」の有する意義，役割が，a) 専門分野の教育という側面から各分野に固有の特性と，「学士力」が求める普遍性の双方を踏まえた基準であること，b) 専門分野別の「参照基準」の基本的役割が，それぞれの分野の教育にアクセスしているすべての学生が基本的に身につけるべきことを明確化し，各大学にこれを提示することにあること，c) この「参照基準」が，学士課程における自律的な分野別質保証の枠組みとして，各大学で活用されることを目的とするものでもあること，の3点にあることを明らかにした．

また，大学の内部質保証及び認証評価に代表される外部質保証の過程での「参照基準」の位置づけ・活用方法について，上記「回答」は，つぎのように説明した．「回答」は，まず，「分野別の質保証の基本的な役割」が「すべての学生が基本的に身につけることを同定」することにあり，その目的のために「参照基準」を各大学に提示するものであるとともに，大学教育の質保証において，「学生の学習成果」を高める視点から，教育プログラムの質向上のための循環サイクルの中でその営為を行うことの重要性を指摘した．そして，認証

評価では，各大学の学習成果を直接評価するのではなく，「学習成果の向上度を目指した各大学の内部質保証が適切に機能しているかどうか」を評価するのが妥当である，とした．

B. 認証評価と内部質保証，学習成果の測定・評価に関わる当面の課題

ここで，我が国大学教育の質保証に関わる検討課題を，以下の3点に亘り摘示したい．

まず第一が，アウトカム評価の実施の困難性に関わるものである．学生に対し卒時までに修得が期待される「知識・能力・スキル・態度や志向性」などを学習到達目標として設定し，これを基に教育課程を編成・展開すること，そしてその有効性を検証した後にこれをさらなる教育改善につなげるという手法は，大学に対し，カリキュラム編成上の自律性や柔軟性を確保させることにつながる．しかし，大学のみならず，認証評価機関においても，アウトカム評価の手法の開発やそれへの理解が必ずしも十分ではない現状の下，その実施を早急に迫ることは，教育現場や評価実務の現場に混乱と戸惑いを惹起させかねない．

第二が，認証評価機関毎に「内部質保証」等に関する理解が異なる点についてである．既述の如く，認証評価機関が設定した評価項目をみるかぎり，認証評価機関毎に，「内部質保証」の意義や「内部質保証」と「自己点検・評価」の関係等につき，表見上，その記述に差異が認められる．そうした差異を前提に，それぞれの認証評価機関が，認証評価を通じ，大学の自律性に配慮したアウトカム評価を軸とする「内部質保証」体制の構築とその効果的運用をどのように後押ししていくのか，この点について不透明の感は否めない．

第三が，教育の質保証に関係する規範の役割に係るものである．大学教育の質の基本的要件は，法令の遵守を通じて充足されねばならない．一方，各大学の教育目的・目標に沿った教育の履行状況を第三者が評価する場合，認証評価機関の評価基準の果たす役割は重要である．アウトカム評価を軸とする内部質保証の効果的運用が学内でなされていることの確認は，上記の如く，認証評価

図 教育プログラムの質保証・質向上のための循環サイクルと「内部質保障」（イメージ）

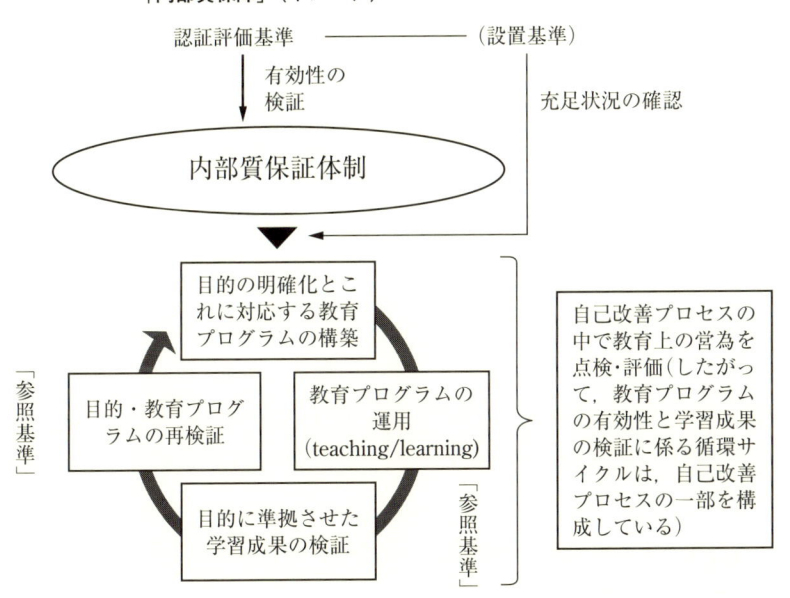

```
認証評価基準 ─────────── （設置基準）
    │有効性の
    │検証                    充足状況の確認
    ▼
  内部質保証体制
        │
        ▼
   ┌─────────────────┐
   │ 目的の明確化とこ │
   │ れに対応する教育 │        ┌──自己改善プロセスの
   │ プログラムの構築 │        │  中で教育上の営為を
   └─────────────────┘        │  点検・評価(したがっ
                               │  て、教育プログラム
 目的・教育プログ  教育プログラムの  │  の有効性と学習成果
 ラムの再検証     運用             │  の検証に係る循環サ
                 (teaching/learning)│  イクルは、自己改善
                                   │  プロセスの一部を構
   目的に準拠させた                 │  成している)
   学習成果の検証                  └──
```

「参照基準」（左側・右側）

　機関が，間接評価に対応させた評価基準に即して行う。そこで，当該大学が，日本学術会議の「参照基準」を活用しながら，学習成果の測定・評価を行っている場合，認証評価機関は，そうした参照基準の存在を前提に，内部質保証体制の機能的有効性の検証を行うことが求められる。このように，大学教育の質保証を規範に準拠して行う場合，多様な規範の輻輳や錯綜が予想されることから，大学教育の質保証に関わるすべての関係者は，学校教育法（施行令，施行規則を含む），設置基準関係法令，認証評価基準，日本学術会議「参照基準」，その他学協会の分野別評価基準など，大学教育を規律する諸規範の役割を十分吟味し，それらへの共通認識を醸成しておく必要がある。

V　まとめにかえて

　「大学のグローバル化」という言葉が，用いられるようになって久しい。当

初,「グローバル化」に対応できるのは,世界的な研究教育拠点を有する少数の研究系大学や留学生の受け入れ条件が十全に整っている大学に限定されると考えられていた。しかし状況は,一変し,労働市場において,大企業のみならず,中堅企業までもが,国籍の如何を問わず,グローバルな人材の確保を指向し,結果として,我が国大学の卒業者を取り巻く雇用環境は厳しさの度合いを増している。

　また,社会・経済のグローバル化の昂進にともない,社会的人権の保障対象の重要な一翼として位置づけられてきた「大学教育」が,自由貿易の対象となる「サービス商品」と再定義されるようになったことと相俟って,学生消費者保護の観点から最低限の質保証を図る必要性に迫られた。加えて,国境を越えた「ヒト」や教育プログラムの相互交流を活発化させるうえで,各国の大学制度の透明性や学位・単位の等価性を確保し,各国間の共同取組として,大学教育の質保証制度の構築・運用を実現することが不可避的な課題ともなった。

　こうした大学を取り巻く急激な社会的,制度的変化を背景に,我が国も,グローバル化に対応させた大学教育の質保証制度を国家レベルで構築・運用することを迫られた。大学教育に押し寄せるグローバル化の波に対処すべく,国家レベルで高等教育制度の大幅改変を余儀なくされてきたという意味において,大学のグローバリゼーションは我が国大学全体を覆い尽くしたのである。

　その大学教育の質保証は,欧州域でのボローニャ・プロセス構築への取組に端的に見られるように,学位取得の能力要件である学習アウトカムの測定・評価を軸に,大学の「内部質保証」体制の下でその検証を行うとともに,「外部質保証」機関が間接評価を通じ「内部質保証」の機能的有効性を確保する,という手法をとるのが今日の国際的趨勢である。

　従来,教育の質保証については,大学が自律的な社会的存在である以上,自身が見定めた教育上の目的・目標を評価尺度に据えてこれを行うべきものと考えられていた。しかしながら,それぞれの大学の「目的・目標」の解釈には幅があり,それを具体化した各大学の「教育活動」の内容・水準も多岐に亘ることから,その各々の質を共通の尺度で見定めることには無理をともなう。こう

した反省を踏まえ，各専門分野毎に，大学の教育プログラムを通して学生が「何を学び修得しえたのか」ということ，すなわち，「学習成果」の挙証を通じ，大学教育の質を測ることが重要と看做されるようになった。換言すれば，学習アウトカムこそが大学教育の質を直接示す指標であると考えられるに至ったのである。

こうした動向を見据え，我が国大学政策も，アウトカム評価を基本に据え，学位プログラムの評価に力点をおいた質保証を行うことを通じて，国境を越えた大学間交流の促進に向け学位や単位の等価性を確保する方向に舵を切り始めている。しかし，アウトカム評価の検証法が我が国大学界に十分根付いていないことに加え，就職率や国家試験合格率などで大学間比較をしようとするアウトプット・ベースに依拠した大学評価観に風穴をあけることが容易でないなど，大学教育の質保証に係るグローバルな評価手法の定着化には，困難な課題も山積している。

ところで，こうしたグローバル・レベルでの大学質保証の今後の動向を占ううえで，大学教育提供国として圧倒的な優位性を誇るアメリカの存在を無視するわけにはいかない。世界規模での大学教育質保証の枠組み構築のプロセスに，同国の大学政策や質保証システムが与える影響については，別稿で論じたい。

【訳者補記】　本章脱稿後，我が国と中・韓両国の間で，領土主権をめぐる政治・外交を取り巻く環境が深刻さの度合いを増してきた中，日中韓FTA交渉に再開のめどがついた旨の新聞報道がなされた（2012.11.18『朝日（朝刊）』）。また，「キャンパス・アジア」構想についても，2012年11月22日に，大学評価・学位授与機構主催国際セミナー「質保証が支える東アジアの大学間交流」が開催され，同構想に関わるこれまでの成果報告が行われるなど，大学間交流に係る同構想は，政治・外交問題と切り離し，着実な進展を見せている。

1) 2006年5月に来日したOECD高等教育調査団は，日本の大学教育にあっては「多くのOECD加盟各国に見られる教育と学習の最良の実践事例が十分にフォローされていない」とし，大学教育の質保証システムにおいて「教育と学習の質の向上の問

題」が真正面から取り扱われるべき課題であることを指摘した（OECD 編著（森利枝訳），2009，pp.117-118）。
2) http://www.oecd.org/education/educationeconomyandsociety/35779480.pdf
3) また，OECD は，現在，「学習成果の評価（Assessment of Higher Education Learning Outcome, AHELO)」を通じて，学生の学力到達度の国際間比較を行うことを目指している。具体的には，大学卒業を間近に控えた学生を対象に到達度テストを行おうとするもので，工学，経済学分野での実施を視野に，日本も含めそのための準備が進められている。
4) http://www.inqaahe.org/main/capacity-building-39/guidelines-of-good-practice-51
5) http://www2.unescobkk.org/elib/publications/087/index.htm
6) 当初，EHEA を 2010 年までに構築することは関係者の間では「義務」として理解され，かつ期限内の目標達成は容易である，と考えられていた（Neave & Maassen, 2007, p. 139）。
7) http://www.tcd.ie/vpcao/academic-development/assets/pdf/dublin_descriptors.pdf
8) http://www.enqa.eu/files/ESG_3edition%20(2).pdf
9) ボローニャ・プロセスの進行過程で，ENQA が「基準及びガイドライン」を公にするに先立ち，評価基準に即して大学としての適格性の可否を判定する「アクレディテーション」を掌る機関には，a) 教育プログラムや学位について，ボローニャ・プロセスが要請する基本的要件を充足していることを確認したうえで，教育の質保証ができること，b) 教育の質を的確に判定できるような評価基準を用いて，自律的に質保証の営みを行うことができること，c) 留学生交流とそれにともなう単位の互換や累積加算，国境を越えた大学教育の移動に対応できるよう，国別に設定されている「基準」や国毎に異なる教育プログラム・学位を，国際的な視点から比較・判断することができること，d) 教育質保証の一環として，学生や社会一般の人々に情報を公開するとともに，大学のアカウンタビリティを確実ならしめること，e) 大学の財務状況，学生への経済支援，大学や教育プログラム並びに付与する資格に対する認可の状況，高度職業人団体への資格登録状況など，大学の質を示す関連情報にも接することができること，等の活動上の要件を充たすことが期待されていた（Van Damme,Van der Hijden & Campbell, 2004, pp. 84-85）。
10) http://eur-lex.europa.eu/LexUriServ/LexUriServ.do?uri=COM:2003:0058:FIN:en:pdf
11) こうした動きと関連して，2002 年 11 月，「リスボン戦略」の趣旨を継承し，欧州 31 カ国職業教育担当大臣と欧州委員会の合意を受けて採択された「コペンハーゲン宣言」に基づき，ボローニャ・プロセスに類似の取組として，職業教育分野においても，欧州域での共通枠組みの構築をめざす「コペンハーゲン・プロセス」が始動した。そして，欧州各国の各々の資格の水準とその資格に必要な学習成果（知識・

能力，スキルの三つに類別）の一覧を「欧州資格枠組み（European Qualifications Framework, EQF）」として提示した。しかし当初，EQFの理解の仕方について，ボローニャ・プロセスが，高等教育と関連づけて「資格枠組み」の活用を指向しようとしたのに対し，「リスボン戦略」の推進をめざすEUは，そうした教育を通じてえられる「資格」の概念を拡大するなど，両者の対応に明らかな違いが見られた（Gornitzka, 2007, p. 166）。

12) アジア圏での高等教育人口の拡大に起因する相当数の大規模大学の出現にともない，"global competency"といった学習アウトカムを設定し，その達成状況を世界に通用する「ワールド・クラス」の大学指標として用いることの有用性を説く論者も存する（Wong & Wu, 2011, pp. 203-204）。

13) http://www.mext.go.jp/a_menu/koutou/shitu/1303468.htm

14) 現在，大学教育情報を国内外に分かりやすく発信する仕組み（=「大学ポートレート」）の構築が，大学団体等の参画をえながら，文部科学省の下で進められている（文教協会［大学資料］，2011, p. 7）。

15) 大学基準協会評価基準・項目：http://www.juaa.or.jp/images/accreditation/pdf/e_standard/university/u_standard.pdf

16) 大学評価・学位授与機構評価基準・項目：http://www.niad.ac.jp/n_hyouka/daigaku/__icsFiles/afieldfile/2012/06/22/no6_1_1daigaku2kijun25.pdf

17) http://www.scj.go.jp/ja/info/kohyo/pdf/kohyo-21-k100-1.pdf

参 考 文 献

・天野郁夫，2008，「認証評価の現段階」『IDE現代の高等教育』No. 504：pp. 4-11.
・大学基準協会，2008，『〈平成19年度文部科学省大学評価研究委託事業〉専門分野別評価システムの構築―学位の質保証からみた専門分野別評価のあるべき方向性について―』大学基準協会．
・大学基準協会，2009，『〈平成20年度文部科学省大学評価研究委託事業〉内部質保証システムの構築―国内外大学の内部質保証システムの実態調査―』大学基準協会．
・蛯名保彦，2004，『日中韓「自由貿易協定」構想―北東アジア共生経済圏をめざして―』明石書店．
・早田幸政・齊藤貴浩，2010，「学生の学習成果と大学における内部質保証体制の検証に係る認証評価の方向性に関する考察」『大阪大学大学教育実践センター紀要』Vol. 7：pp. 19-28.
・早田幸政，2011，「学生の『学習成果』と教育の質保証―『高等教育規範体系』の確立を視野に入れて―」『季刊教育法』No. 168：pp. 100-105.
・早田幸政・望月太郎・齊藤貴浩・堀井祐介・島本英樹・中村征樹・渡辺達雄・林透，2012，「東アジア圏の教育における大学間交流と質保証システム」『大阪大学大

学教育実践センター紀要』Vol. 8：pp. 17-39.
・金子元久，2011，「質保証の新段階」『IDE 現代の高等教育』No. 533：pp. 4-11.
・川口昭彦，2009，『大学評価文化の定着―大学が知の創造・継承基地となるために―』ぎょうせい．
・川嶋太津夫，2005，「欧州高等教育圏構想と Undergraduate 課程の再構築―日本の学士課程改革への示唆―」『高等教育研究』第 8 集：pp. 121-154.
・川嶋太津夫，2010，「高等教育の『質』保証の将来像」『全大教時報』Vol. 34 No. 3：pp. 42-63.
・望月太郎，2007「グローバリゼーションの中のボローニャプロセス―ヨーロッパにおける高等教育の地域統合と知の世界市場―」『大学と教育』No. 45：pp. 20-33.
・OECD 教育研究革新センター／世界銀行編著（斎藤里美［監訳］徳永優子／矢倉美登里［訳］），2008，『国境を越える高等教育―教育の国際化と質保証ガイドライン―』明石書店．
・OECD 編著（森利枝［訳］，米澤彰純［解説］），2009，『日本の大学改革―OECD 高等教育政策レビュー：日本』明石書店．
・大場淳，2011，「知識基盤社会と大学教育―欧州における取組から―」広島大学高等教育研究開発センター『［戦略的研究プロジェクトシリーズⅤ］知識基盤社会と大学・大学院改革：21 世紀知識基盤社会における大学・大学院改革の具体的方策に関する研究（特別教育研究経費平成 20 年度～ 24 年度）』：pp. 39-65.
・米澤彰純，2009，「ヨーロッパにおける高等教育の質保証―「アクレディテーション」をめぐる議論のゆらぎを中心に―」羽田貴史・米澤彰純・杉本和弘『高等教育質保証の国際比較』東信堂：pp. 139-153.
・Gornitzka, Ase, 2007, "The Lisbon Process: A Supranational Policy Perspective," Maassen, Peter and Olsen, Johan P. (eds), *University Dynamics and European Integration*, Dordrecht, Springer.
・Garben, Sacha, 2011, *EU Higher Education Law: The Bologna Process and Harmonization by Stealth*, Alphen aan den Rijn, Kluwer Law International.
・Knight, Jane, 2010, "Cross-Border Higher Education: Quality Assurance and Accreditation Issues and Implications," Findlay, Christopher and Tierney, William G. (eds.), *Globalization and Tertiary Education in the Asia-Pacific: The Changing Nature of a Dynamic Market*, Singapore, World Scientific.
・Kim, Young C., 2010, "The Asia-Pacific Education Market and Modes of Supply," Findlay, Christopher, and Tierney, William G. (eds.), *Globalization and Tertiary Education in the Asia-Pacific: The Changing Nature of a Dynamic Market*, Singapore: World Scientific.
・Mazza, Elena (ed.), 2011, [Final report of project Steering Group] MAPPING THE IMPLEMENTATION AND APPLICATION OF THE ESG (MAP-ESG PROJECT),

Brussels, European Association for Quality Assurance in Higher Education (ENQA).
・Malamud, Ofter, 2010, "The Structure of European Higher Education in the Wake of the Bologna Reforms", Charles, Clotfelter T. (ed.), *American Universities in a Global Market*, Chicago and London, The University of Chicago Press.
・Neave, Guy and Maassen, Peter, 2007, "The Bologna Process : An Intergovernmental Policy Perspective," Maassen, Peter and Olsen, Johan P. (eds), *University Dynamics and European Integration*, Dordrecht, Springer.
・Purser, Lewis, 2007, "The role of public authorities and institutions : towards conclusions and recommendations," Weber, Lue and Dreyer, Katia D. (eds.), *The Legitimacy of quality assurance in higher education*, Strasbourg, Council of Europe.
・Andrejs, Rauhvargers, 2007, "Quality assurance and the recognition of qualifications," Weber, Lue and Dreyer, Katia D. (eds.), *The Legitimacy of quality assurance in higher education*, Strasbourg, Council of Europe.
・Van Damme, Van der Hijden, Dirk P. and Campbell, Carolyn, 2004, "International Quality Assurance and Recognition of Qualification in Higher Education : Europe," Organisation for Economic Co-operation and Development (OECD), *Quality and Recognition in Higher Education : The Cross-border Challenge*, Paris, OECD.
・Wong, Mary S. and Wu, Shuang F., 2011, "Internationalization of Higher Education in East Asia : Issues, Implications, and Inquiries," Palmer, John D., Roberts, Amy, Cho, Young H., and Ching, Gregory S., *The Internationalization of East Asian Higher Education : Globalization's Impact*, New York, PALGRAVE MACMILLAN.

(早田　幸政)

(2012 年 2 月 21 日稿)

第5章 「裁判官の地位に関するヨーロッパ憲章」とフランスの司法官職高等評議会

I はじめに

　近時，EU 加盟国においては，司法及び裁判官の独立がますます重要な関心事となってきている。とりわけヨーロッパ評議会 conseil de l'Europe では，1980 年代末から裁判官の独立に関する議論が数多く重ねられてきているが，その背景には，東ヨーロッパ諸国が経験した体制の変革があり，さらにはそうした国々の EU 加盟という要因が伏在していると考えられる。

　ところで，ヨーロッパ評議会における議論においては，法の支配 rule of law あるいは法治国家 Etat de droit 及び民主主義 democracy, démocratie の概念が非常に強く意識されているように思われる。上記のような新たな要素を包含したヨーロッパの統合にあたっては，改めて民主主義国家における法の支配あるいは法治国家の貫徹の意義を強調し，確認する必要があるからである。こうした問題意識に支えられ，司法とりわけ裁判官の独立にかかる議論は，1998 年 7 月，「裁判官の地位に関するヨーロッパ憲章　DAJ/DOC (98) 23, Charte européenne sur le statut des juges」として結実した。そして同憲章の前文は，「民主主義的法治国家における司法を組織する」ため，ヨーロッパ評議会において裁判官の地位について議論されてきたことを強調するとともに（前文第 1 段），同憲章が裁判官はもとより「法の支配，法治国家及び民主主義にかかわる」すべての法律家や政治家に向けられたものであることを宣言するのである（同第 6 段）。

　また，ヨーロッパにおいては，司法及び裁判官の独立を確保するための機関として，特別の司法機関を設置している国も見受けられる。フランス，スペイ

ン，イタリア及びポルトガルに設置されている「司法官職高等評議会」(フランス)，「司法総評議会」(スペイン) などがこれにあたる。こうした機関は，「裁判官の地位に関するヨーロッパ憲章」と同一の指向性をもっていると考えられるが，EU 域内におけるスタンダードとしての同憲章に示された理念と，域内の一国家が具体化している制度がいかに調和的か，あるいはそこに齟齬は生じていないのか，興味深い。

以下，本章では，まず「裁判官の地位に関するヨーロッパ憲章」に示された内容を概観する（第Ⅱ節）。つづいて，同憲章の制定後に憲法を改正し，裁判官の地位について新たな定めを設けたフランスの司法官職高等評議会につき，その構成，構造，権限を素描する（第Ⅲ節）ことにより，両者の関連について検討するための視座をえたい。

Ⅱ 裁判官の地位に関するヨーロッパ憲章

A. 裁判官の地位に関するヨーロッパ憲章の制定

「裁判官の地位に関するヨーロッパ憲章」の制定の大きな原動力となったのは，すでにみたような，東ヨーロッパ諸国の民主化の進展，あるいは民主主義的国家への回帰である。そのプロセスにおいては，司法の独立性及び公正性の確保は必然であった。ヨーロッパ評議会においては，1980 年代末以降活発となった司法の独立に関する議論を「可視化」し，さらには法治国家に必須な要素としての司法制度の構築を完遂すべく，1997 年には，同憲章の制定への気運が高まりをみせた[1]。同年 7 月，ストラスブールで開催された「民主主義の安定性を発展させ，強化するための活動」，いわゆるテーミスプラン Themis plan における最初の多国間協議の場で，同憲章の展望が示されて以降，同 11 日には，裁判官の地位に関するヨーロッパ憲章を制定し，加盟国においては，裁判を受けるものの利益に鑑みた司法権の独立した行使が保障され，また，促進されるよう，努めるべきことが承認された。同様に，同憲章により，「市民のひとりひとりが，独立かつ公正な裁判官により，基本的権利が保障されるために尊重されるべき一般原則」を定めること，ヨーロッパ評議会は，同憲章の

制定に必要な環境を整えること,が確認された[2]。

この決定を受け,ヨーロッパ評議会が任命した3名の法律家によって,裁判官の地位に関するヨーロッパ憲章の草案が起草されることとなった[3]。

翌1998年春に完成した裁判官の地位に関するヨーロッパ憲章の草案は,同年7月8日から10日にかけ,同じくストラスブールで開催された2回目の多国間協議における審議に付され,若干の修正の後に全会一致で採択された。なお,同憲章には,1985年11月,国連総会において採択された「裁判官の独立に関する基本原則」,1994年10月13日の「裁判官の独立,能率及び役割に関する閣僚委員会から加盟国に対する勧告 Recommendation No. R (94) 12」及び独立かつ公正な裁判を受ける権利を保障した「欧州人権条約」の6条が,憲章を支える基本哲学を示したものとして,その影響が指摘されるところである[4]。また,憲章の前文がこれら三つの文書に言及している点も(前文第2～4段),看過できない。

裁判官の地位に関するヨーロッパ憲章は,三つの指導原理に基づいて制定されていることが指摘されている[5]。第一に,加盟各国における裁判官の地位についてのさまざまに異なる状況に鑑み,同憲章は現状を反映したものというよりも到達すべき目標というべきである。その意味で,憲章はダイナミックであり,かつ進歩とムーブメントの手段となることを期待されて書かれたものといえる。第二に,各国の伝統や選択によって示された現実を意識すること,すなわち,憲章の内容は限定的なものではなく,むしろ各国が憲章の内容を実現する道筋を発見することを可能とするものである。これは同時に,それぞれの国家の状況を顧みず,憲章の内容を実現することを否定するものである。第三に,憲章を欧州人権条約第6条に示された「独立かつ公正な裁判を受ける権利」の直系に位置づけることである。憲章の目的は,つきつめれば個人の権利及び自由を保障することにあり,裁判官は裁判においてこれらの権利,自由を保障するために存在するのである。

B. 裁判官の地位に関するヨーロッパ憲章の構造

　裁判官の地位に関するヨーロッパ憲章は,「序文（全6段）」,「前文（全8段）」,「本文（全7章）」及び本文に対応するかたちでの「注解（全7章）」から構成されている。

　「序文」には,憲章が制定されるに至った上述のような経緯が略述されている。

　「前文」においては,すでにみたように,憲章が「欧州人権条約6条」,「1985年11月採択の国連基本原則」及び「閣僚委員会勧告　No. R (94) 12」に多くを負うものであることが述べられていることに続き,その第5段では,裁判官の独立を高めることが法の優位を強化し,かつ民主主義国家における個人の自由を保障するために必要である旨,規定されている。同第6段では,裁判官の権限,独立性及び公正性を最大限に保障するための規定が,すべてのヨーロッパの国々について公式文書によって定められることの必要性が意識されていることが述べられている。そして,同第7段では,ヨーロッパ諸国における裁判官の地位が,憲章の規定に鑑みて,最高度に保障されることへの希望が明らかにされている。

　「本文」及び「注解」については,次に概観する。

C. 裁判官の地位に関するヨーロッパ憲章

1. 本章におけるアプローチ

　裁判官の地位に関するヨーロッパ憲章の本文は,以下のように七つの章からなるものである。

　　第1章　一般原則
　　第2章　選考,採用,基本的訓練
　　第3章　任命及び不可動の原則
　　第4章　昇進
　　第5章　責任
　　第6章　報酬及び社会保障

第7章　退官

　繰り返し指摘してきたように，憲章は欧州人権条約6条を強く意識して制定されたものであり，それゆえ，憲章の究極の目的が人権保障にあることはいうまでもない。憲章の第1章1.1条及び注解第1章1.1条は，憲章の目的を，裁判官に保障されるべき地位の具体的な内容，たとえば権限，独立性及び公正性を定めることにあるとともに，憲章それ自体は，個人が裁判所及び裁判官によって自らの権利を保障するための手段であると位置づけている。裁判官の地位を保障することが人権保障に連なるとの思想が体現されているともいえる。そこで，憲章に規定される裁判官の地位の保障について，以下では，とりわけ裁判官の独立性に大きくかかわる「人事」に関して，概観する。具体的には，行政権あるいは立法権から独立した機関が，裁判官の人事といかなるかかわりを有するのかが中心的な問題となる。

　2．裁判官の人事に関与する機関

　憲章の第1章1.3条は，裁判官の選考，採用，任命，昇進あるいは退官に関するあらゆる決定については，行政権及び立法権から独立し，構成員の少なくとも2分の1が，互選で決せられた裁判官である機関が関与すべきことを定めている。この規定は，裁判官の人事に関するいわば総則的な規定である。もとより，各国の国内的状況に照らせば，裁判官の任命に責任を負う政治的な機関に替えてこうした独立の機関を設置することは困難な場合もあろう。しかしながら，そうした場合においても正式な裁判官の任命に先立ち，拘束的ではないにせよ独立の機関から勧告あるいは意見が示されることになれば，それは大きなインセンティブになるはずである。もとより，こうした勧告や意見が裁判官の任命について考慮されるという保証はない。しかしながら，勧告や意見が実行されない場合には，少なくともその理由が明らかにされるべきであると考えられている（注解第1章1.3条）。

　また，こうした機関の少なくとも2分の1の構成員は，互選による裁判官でなければならないことについては，当該機関において裁判官が少数派となることも，反対に多数派を構成することも意図するものではないと説明される。そ

の意味するところは，ヨーロッパ各国における政治システムにおいて通用している原則を考慮にいれつつも，裁判官が最低でも50％を占めるということは，およそ高いレベルで裁判官の地位を保障することが可能な数字として理解されているというところである（同）。

　第1章1.4条によれば，裁判官は，自らの職務の遂行に関して憲章によって保障された権利，換言すればその独立性を侵害されたと考えた場合には，1.3条の独立機関に対して「異議申立て」を行うことが可能である。裁判官がその独立を維持するためにはかかる制度が不可欠となるであろう。そこで憲章は，独立機関自身か，あるいは権限を有する機関が，裁判官の独立を回復するしくみを用意したのである（注解第1章1.4条）。

　また，同章1.8条は，裁判官は，裁判官の代表者及び職業団体を通じて，司法行政あるいは予算の配分並びに国家レベル及び地方レベルにおけるその執行につき関与する旨，規定している。同様に，地位の変更や，報酬についての条件，さらには社会保障についての決定にも関与する。代表者とは，上述の独立機関と理解してよい。そして，裁判官がこうした意思決定プロセスから排除されることのないように配慮することが重要であると考えられている（注解第1章1.8条）。

　以上に略述した裁判官の人事に関する一般的な定めに対し，第2章以下の個別的な規定においても，人事における裁判官の独立性確保に関連する規定は多く，同様に，上記独立機関について言及する部分も多い。

　第2章においては，裁判官の選考及び採用についても独立の機関あるいは委員会によって行われることが要求されている。選考及び採用が法的な問題評価能力及び法律の適用力にのみ基づくべきであり，性別，信条，門地，哲学的・政治的思想あるいは宗教に基づくものであってはならないことはいうまでもない（同章2.1条）。また，裁判官の職業訓練についても，1.3条の独立機関がその適正さを確保すべきことが定められている（同章2.3条）。

　裁判官の任命及び不可動について定める第3章は，まず，任命及び配属の決定が1.3条の独立機関によって行われること，もしくは，同機関の勧告に基づ

くか，あるいはその同意または意見の下に行われなければならないことを明らかにする（第3章3.1条）。試用期間の後に本採用を行わない場合や，任期付きの採用で再雇用を行わない場合も同様である（同章3.3条）。また，裁判官は，他の部署への異動あるいは他の裁判所への異動は，たとえ昇進の場合であっても本人の同意なくしては行いえないことが基本である（同章3.4条）。

　裁判官の昇進について定める第4章では，年功による場合を除き，昇進の制度は，裁判官に課された職責をいかに果たしたかにつき，客観的な評価によって行われるものでなければならない。評価は裁判官によって行われ，昇進の対象となる裁判官も評価についての議論に加わるものとする。かかる評価に照らし，昇進は1.3条の独立機関により決定される。同機関の勧告に基づくか，あるいはその同意または意見の下に行われる場合もある（第4章4.1条）。

　第5章は，裁判官の責任について，換言すれば裁判官の懲戒について定めるものである。裁判官は，法令が明示的に定める職務の懈怠があった場合のみ，裁判所または構成員の少なくとも半数が選出された裁判官から構成される機関により，その提案，勧告または同意に基づいて処分を科される。処分の手続においては，聴聞の機会が十分に保障されなければならない。処分はあらかじめ法定されていなければならず，その程度は比例原則に則ったものでなければならない。処分の決定については，上級の司法機関に対する異議申立てが認められている（第5章5.1条）。

　第6章は，職業裁判官にのみ適用される。ここでは，とりわけ裁判官が受け取る報酬について，その独立性及び公正性の確保を目的として，判決あるいは裁判官の行動に影響を与えようとするあらゆる圧力から護られる金額が支払われなければならない旨，規定されている（第6章6.1条）。

　第7章は，裁判官の退官について定めている。裁判官は，辞職，身体の故障，定年，任期満了あるいは第5章5.1条に定める懲戒処分としての免職により，退官する（第7章7.1条）。なお，これらの退官事由は制限列挙であると解されている（注解第7章7.1条）。定年退官または任期満了による退官を除いては，1.3条の独立機関による承認が必要となる（第7章7.2条）。

D. 裁判官の地位に関するヨーロッパ憲章の性質

　憲章は，すべての裁判官について適用されるものと考えられている（注解第1章柱書）。すなわち，民事裁判官，刑事裁判官はもとより，行政裁判官及びその他の訴訟を担当する裁判官も，適用対象となるということである。また，昇進や退官といった性質上職業裁判官にのみあてはまる事項を除き，非職業裁判官にも憲章の効力は及ぶ。もっとも，憲章はいわば閣僚委員会の勧告という域を出るものではなく，それゆえ国際法上の法的効力を有するものではない（同第1章1.1）。しかしながら，あるいは，であるからこそ，いささか進歩的な規定を盛り込むことも可能となったのかもしれない[6]。

Ⅲ　フランスの司法官職高等評議会

A. 司法官職高等評議会の歴史

　フランスにおいては，第三共和制以降，司法及び裁判官の独立を確保するため，立法権から独立し，また，執行権とも一定の距離を保った司法官職高等評議会 Conseil supérieur de la magistrature が設置されてきた[7]。司法官職高等評議会は，裁判官を含む司法官 Magistrat の人事に関する権限を有する機関である。第五共和制における同評議会は，1999 年及び 2008 年の二度にわたる憲法改正により，その構成及び権限が変更されている。

B. 司法官職高等評議会の構成

　憲法 65 条 1 項によれば，司法官職高等評議会は，裁判官に関する権限を有する部会 Une formation compétente à l'égard des magistrats du siege と，検察官に関する権限を有する部会 Une formation compétente à l'égard des magistrats du parquet という二つの部会から構成される，二元型の組織である[8]。前者は破毀院院長が主宰し（同条2項），後者は破毀院付検事長が主宰する（同条3項）。第四共和制以来（第四共和制憲法34条）司法官職高等評議会の主宰者は共和国大統領とされてきた伝統には，2008年の憲法改正により終止符が打たれた。なお，司法大臣についても，同憲法改正以前は当然に同評議

の副議長とされていたが,懲戒事案を除き,部会の会議に参加することができるにすぎなくなっっている(憲法65条9項)[9]。

司法官職高等評議会の評議は,懲戒事案について評議を行う場合には,裁判官部会,検察官部会のいずれも議長を除く7名の評議員の出席により,また,その他の事案について評議を行う場合には,議長を除く8名の評議員の出席により,有効に議事を開催することができる(司法官職高等評議会に関する組織法律 Loi organique no 94-100 du 5 février 1994 sur le Conseii supérieur de la magistrature 14条。以下,単に「組織法律」といった場合には,本法律をさす)。評議会の提案及び意見は,多数決により決する(同法同条)。

C. 司法官職高等評議会の構造

1. 司法官職高等評議会の評議員[10]

司法官職高等評議会は,憲法65条によれば,すでに述べた破毀院院長,破毀院付検事長のほか,裁判官から選出される5名の裁判官,検察官から選出される5名の検察官,コンセイユ・デタの総会 assemblée générale du Conseil d'Etat において選出される1名のコンセイユ・デタ評定官,全国弁護士会評議会 Conseil national des barreaux の総会の意見に基づき,同評議会会長が指名する1名の弁護士,そして議会,司法組織,行政組織のいずれにも属さない6名の有資格者 six personnalités qualifiées から構成される。6名の有資格者は,共和国大統領,国民議会議長そして元老院議長がそれぞれ2名ずつ指名する(同条2項・3項)。2008年の憲法改正により,新たに弁護士が評議員として加わり,また,大統領及び両院議長によって指名される評議員が3名から6名に増員された[11]。

2. 各部会及び全体会の構成員

裁判官部会は,主宰者である破毀院院長のほか,上記評議員のうち裁判官5名,検察官1名,コンセイユ・デタ評定官,弁護士,そして有資格者6名によって構成される(憲法65条2項)。裁判官部会が裁判官の懲戒評議会 conseil de discipline des magistrats du siège(後述)として評議を行う場合には,さらに

検察幹部会に所属する裁判官も構成員となる（同6項）。

検察官部会は，主宰者が破毀院付検事長となるほか，検察官5名，裁判官1名，コンセイユ・デタ評定官，弁護士，有資格者6名という構成である（憲法65条3項）。検察官部会が検察官に対する懲戒 sanctions disciplinaires について意見を述べる場合には，さらに裁判幹部会に所属する検察官も評議に加わる（同7項）。

全体会は，主宰者である破毀院院長のほか，裁判官部会に所属する5名の裁判官から3名の裁判官，検察官部会に所属する5名の検察官から3名の検察官，コンセイユ・デタ評定官，弁護士，そして6名の有資格者によって構成される（憲法65条8項）。

D. 司法官職高等評議会の権限

1. 裁判官の任命に関する権限

司法官職高等評議会の裁判官部会は，憲法65条4項の定めにしたがい，裁判官の任命についての提案を行う。この裁判官の任命には，二つのパターンがある。まず，裁判官部会は，憲法改正前と変ることなく，破毀院の裁判官の任命，控訴院院長の任命及び大審裁判所所長の任命について共和国大統領に提案を行う（憲法65条4項前段，組織法律15条2項）。提案に際しては，裁判官部会において候補者の書類審査を行い，また，報告者に任じられた1名の評議員が提出するレポートに基づいて共和国大統領に対する提案が決定される[12]。

また，それ以外の裁判官については，裁判官部会において，司法大臣が提案する候補者についての書類審査が行われ，1名の評議員が提出するレポートに基づいて，司法大臣に対する意見が提案される（組織法律15条3項）。評議会のこの意見は，司法大臣を拘束する[13]。

2. 懲戒評議会としての司法官職高等評議会

a）司法官に対する懲戒

司法官に関する懲戒については，司法官の地位に関する組織法律についての1958年12月22日のオルドナンス Ordonnance n° 58-1270 du 22 décembre

1958 portant loi organique relative au statut de la magistrature の第 7 章「懲戒」(43条～66条) が定めるところである。まず，オルドナンス43条1項は，司法官が，自らの地位に由来する義務に違背し，信義に反し，繊細さを欠き，あるいは威厳を損なう行為を行った際には，懲戒事由に該当する旨を規定する。

　司法官に対して行われる懲戒処分は，同オルドナンス45条によれば，①個人の記録に残される戒告 blâme，②更迭，③一定の職務からの退職，③ bis 最長で5年間，単独審の裁判官として任命され，または指名されることの禁止，④職階の引き下げ，④ bis 報酬の全部または一部の支給停止をともなう最長1年間の停職，⑤降格処分，⑥退職の命令または辞職の許可（司法官には退職年金の受給権が消失する）⑦免職，である。

　また，すでにみたように，懲戒事案については司法官である評議員と，司法官以外の評議員の員数は同数である[14]。

　b）裁判官の懲戒評議会としての司法官職高等評議会

　司法官職高等評議会の裁判官部会は，裁判官の懲戒評議会としての権限を付与されている（憲法65条6項）。懲戒評議会の主宰者は，破毀院院長である。

　司法官職高等評議会に対して，裁判官の懲戒についての告発を行う権限が付与されているのは，司法大臣（1958年12月22日のオルドナンス n° 58-1270，50-1条）並びに控訴院院長及び上訴裁判所所長 présidents de tribunal supérieur d'appel（同50-2条）である。また，懲戒評議会における評議に先立ち，裁判官に懲戒事由に該当する行為が認められた場合，司法大臣または控訴院院長もしくは上訴裁判所所長は，司法官職高等評議会に対して，懲戒評議会の最終的な決定がなされるまでの間，当該裁判官の職務の遂行を停止させることを要請する（同50条1項）。懲戒評議会により，一時的な職務停止が宣告された後2カ月が経過した場合には，司法官職高等評議会は懲戒の告発を受理することはできなくなる（同条3項）。

　司法官職高等評議会に告発された裁判官は，自らの個人記録及び予審尋問調書 pieces de l'enquête préliminaire の閲覧が可能である（同51条1項）。司法官職高等評議会は，記録及び調書の閲覧前であっても，当該裁判官に対して職務

の遂行を禁止する権限を有する。その場合においても給与は支払われ，職務遂行の禁止が公表されるわけでもない（同条3項）。

破毀院院長は，懲戒評議会議長としての資格において評議員のなかから1名の報告者を選任し，尋問を実施させる（同条2項）。尋問は，報告者が自ら実施するか，あるいは最低でも告発を受けた裁判官と同等の職階の裁判官が行う。告発の原因となった当事者あるいは証人に対しても尋問が行われる場合がある。報告者は，調査に有効なあらゆる手段を駆使し，ときには専門家を依頼することも可能である（同52条1項）。告発された裁判官は，同僚の裁判官，コンセイユ・デタ付または破毀院付弁護士あるいは弁護士会に登録された弁護士を補助人として同席させることができる（同条2項）。1回の尋問に先立ち，本人や関係者，あるいは助言者のために，最低でも48時間の時間が確保されなければならない（同条3項）。

尋問は不必要であると判断された場合，あるいは尋問が完了した際には，当該裁判官は懲戒評議会へと出頭する（同53条1項）。その際，前述の補助人をともなうことができるほか，病気や障害など，正当な理由があると認められた場合には，補助人が代理人となることもできる（同54条）。告発を受けた裁判官及びその補助人は，個人の記録やすべての尋問調書，あるいは報告者の報告書の閲覧が可能である（同55条）。定められた期日には，司法監督官 directure des services judiciaires による聴聞及び報告者による報告の後，当該裁判官には，告発の原因となった事由についての弁明及び防御の機会が与えられる（同56条1項）。聴聞は原則として公開で行われるが（同57条1項），懲戒評議会での評議は非公開である（同条2項）。評議会の決定には理由が付される。決定は公表される（同条3項）。

懲戒評議会の決定に際し，懲戒事由の存在を肯定する意見と否定する意見が同数であった場合には懲戒は行われず，評議会は，告発を受けた裁判官に対して懲戒手続の終了を宣告する（同57-1条1項）。反対に，評議会が過半数の意見によって懲戒事由の存在を認めた場合には，告発を受けた裁判官に対して懲戒が宣告される。懲戒の内容について評議員の意見が同数であった場合には，

議長の意見が優越する（同条2項）。

なお，懲戒評議会の決定に不服があった場合には，コンセイユ・デタに提訴することが可能であると考えられている[15]。その理由として，端的に「司法官職高等評議会は行政裁判所である」とする見解があり[16]，コンセイユ・デタが上級審として司法官職高等評議会の決定に統制をおよぼすことが可能であると解するのである。コンセイユ・デタは，告発された裁判官が懲戒を受けるか否かを新たに審理する場ではなく，単に司法官職高等評議会の決定の正当性に統制をおよぼすにすぎないがゆえに，コンセイユ・デタへの提訴（事実上の上訴）が可能であると考えられている[17],[18]。

3．全体会

司法官職高等評議会の全体会は，2008年の憲法改正に際して憲法65条8項が追加されることによって憲法上の基礎を獲得するに至った。全体会は，憲法64条の規定にしたがって共和国大統領が行った諮問に応えるために招集される。また，司法大臣の付託により，司法官の職業倫理に関する問題及び司法に関するあらゆる問題について評議を行う（憲法65条8項，組織法律20-2条）[19]。また，全体会では司法官の職業倫理についてまとめ，公刊する（組織法律同条）。

4．訴訟当事者による懲戒申立て

2008年の憲法改正により，司法官職高等評議会に対して，従前は存在しなかった新たな権限が付与された。司法官職高等評議会が訴訟当事者からの付託を受け，司法官の懲戒を行う権限である[20]。憲法65条10項により，司法官職高等評議会は，組織法律の定める要件の下に訴訟当事者から付託を受けることができ，その詳細は1958年12月22日のオルドナンス Ordonnance n° 58-1270 50-3条が規定する[21]。かかる権限は，2006年の年次活動報告書に示された司法官職高等評議会の提案を契機に，同評議会に付与されたものである[22]。

オルドナンス50-3条1項によれば，すべての訴訟当事者は，訴訟手続における裁判官の行動が懲戒事案に該当するか否かの審査を受けるものであると判断した場合には，司法官職高等評議会に付託することができる（同前段）。評議

会への付託は裁判官の忌避の原因とはならない（同後段）。当事者からの訴えは，いわば提訴権の濫用を防ぐために，裁判官部会の評議員のうち，2名の裁判官及び2名の有資格者からなる事前審査委員会 commission d'admission des requêtes において審査される（同条2項）[23]。訴訟が継続中の場合[24]，あるいは確定判決が出され，訴訟が終了してから1年を経過した場合などには，付託は認められない（同条3項）。同委員会の委員長は，訴えが明らかに事実の基礎を欠いていたり，あるいは明らかに受理すべきではない場合には訴えを却下する。訴えを受理した場合には，当該裁判官に対してその旨を伝える（同条第4項）。事前審査委員会は，控訴院院長または上訴裁判所所長に対して，申立てを受けた裁判官についての所見をもとめる。この所見は，当該裁判官にも伝えられる。控訴院院長または上訴裁判所所長は，事前審査委員会からの要請から2カ月以内に，当該裁判官についての情報及び所見を，司法官職高等評議会及び司法大臣に示さなければならない（同条5項）。同委員会はまた，自ら当該裁判官に対して聞き取りを行うことができる（同条6項）。

　事前審査委員会において，付託された事実が懲戒事案に該当するか否かについて審査が必要であると認めた場合には，事案は懲戒評議会へと移送される（同条7項）。なお，訴えが却下された場合であっても，司法大臣，控訴院院長及び上訴裁判所所長には，当該裁判官に対する懲戒を司法官職高等評議会に付託する権限が留保される（同条8項）。

　付託が受理されたか否かは，告発された裁判官はもとより，告発を行った訴訟当事者，控訴院院長，上訴裁判所所長及び司法大臣に伝えられる（同条9項）。なお，付託が却下された場合，いかなる不服申立てにもなじまない（同条10項）。

Ⅳ　まとめにかえて

　裁判官の地位に関するヨーロッパ憲章においては，司法の独立及び裁判官の独立を確保すべく，その人事についての決定権を行政権及び立法権から独立した機関に委ねるべきことを定めている。また，かかる機関の構成は，少なくと

も2分の1が裁判官であることを要求している。他方，フランスにおいては，2008年7月23日の憲法改正により，裁判官（司法官）の人事に影響力を行使する司法官職高等評議会のうち，裁判官部会の構成員は，15名中，主宰者である破毀院院長を含め，裁判官は6名であり，2分の1には届いていない[25]。これは，有資格者の員数が3名から6名へと増加したことに起因する。フランスのこうした状況は，EUの要求を満たしていない，あるいはそれに反するものなのであろうか。

この点，裁判官の人事が裁判官によって行われることをもって司法の独立及び裁判官の独立が保障されると考えるのか，あるいは，人事について，裁判官以外の決定因子を認めつつ，その正当性を探るべきなのか，少なくとも二とおりの理解が可能であろう。前者はいうまでもなく裁判官の地位に関するヨーロッパ憲章の思考であり，後者はフランスの選択である。フランスにおいては，司法コオルにおける完結的な人事と決別し，司法官職高等評議会及び裁判官部会における有資格者枠を増員することによって，「市民化」を経由した司法及び裁判官の独立を実現したと評することが可能なのかもしれない。

換言すれば，司法コオルの内部で民主的な手続を要求することにより，司法及び裁判官の独立を担保するのか，国民の意思が反映された民主的な空間において司法及び裁判官の独立を担保するのか，フランスは後者を信頼したことになる。

もっとも，司法官職高等評議会が裁判官の懲戒評議会として活動する際は，司法官たる評議員とそれ以外の評議員は同数であり，この点はヨーロッパ憲章の要求と合致している。しかしながら，同時に2008年憲法改正により，市民（訴訟当事者）には裁判官の懲戒の端緒となる懲戒請求申立てが可能となった。この点も，司法コオルという閉じた空間ではなく，開かれた空間における人事を実現しようという誘因が働いたのかもしれない。

1) Thierry S. Renoux et Misssion de recherche «Droit et Justice», *Les Conseils supérieurs de la magistrature en Europe*, La documentation Française, 2000, p. 273.

2) *Ibid.*
3) なお，裁判官の地位に関するヨーロッパ憲章の制定に先がけ，ヨーロッパ裁判官協会 European Association of Judges が，1997年11月4日に「ヨーロッパ裁判官憲章 Judges' Charter in Europe」を制定している。同憲章は，前文と13ヶ条の本文からなっており，その概要は以下のとおりである。

まず，前文において，「ヨーロッパ統合の過程において，国際的にも国内的にも立法権及び行政権の拡大がもたらされた。さらに，新たな圧力団体も台頭してきている（前文1段）」という問題意識の下，「ヨーロッパの一部における政治の変化により，法の支配を尊重するすべての国家が適切な機能を果たすためには，真の権力分立が不可欠であることがあらためて示された。」として，民主主義国家における権力分立の原理が，「ヨーロッパ統合政策の重要な部分を構成する」ことを示す（同2段）。この文脈においては，「司法の独立は，法の支配の基礎の一部をなす」ことになる（同3段）。それゆえ，「司法の独立を支え，個人の諸権利が国家あるいはその他の圧力団体から保護されることを確固たるものとすることが必要」となる（同4段）。

「この目的を達成するために，ヨーロッパ諸国の裁判官は，協働して，共通の目的を追求する上での連帯を示さねばならない（同5段）」のである。そして，「この観点からすれば，国連が示した「司法の独立に関する基本原則（1985年）」は単なる基本枠組み」にすぎず（同6段），この国連の「基本原則」を出発点としながらも，ヨーロッパにおいては「ヨーロッパ裁判官憲章」によって共通原理を形成しなければならない（同7段）。そして，もとより，「さまざまな法の伝統及び法の実践の結果，加盟国間には差異が存在する」にもかかわらず，ヨーロッパ裁判官協会が支持することを誓言した（同8段）のが，続く13ヶ条の本文である。

1．すべての裁判官が独立であることは言を俟たない。すべての国内的，国際的機関は，その独立を保障しなければならない。
2．裁判官は法律にのみ責任を負う。裁判官は，政党あるいは圧力団体を考慮にいれることはしない。
3．裁判官は公正でなければならないのみならず，いかなるものからも公正であると思われなければならない。
4．裁判官の選考は，専門家としての能力を保証するために設けられた客観的な基準にのみ基づいて行われなければならない。選考は，裁判官を代表する独立の機関によって行われなければならない。外部からの影響，とりわけ政治的影響は，裁判官の任命から排除されなければならない。
5．裁判官の昇進は，上記の独立機関によって決定され，同様に，客観性，専門的能力及び独立性の原則に基づいて行われなければならない。
6．司法行政は，裁判官を代表し，他のすべての権力から独立の機関によって遂行

されなければならない。
7．他の国家機関は，裁判官に対して，適切な人材及び設備を含むその活動に必要なあらゆる手段を提供する義務を負う。裁判官は，かかる事項に関する決定に参画する。
8．裁判官の報酬は，裁判官の真の経済的独立に必要な適切な額でなければならず，いかなる段階にあっても減額してはならない。
9．職務上の過誤についての懲罰は，定められた手続に基づいて裁判官から構成される機関に委ねなければならない。
10．裁判官は，職業上の義務の履行に関して，直接民事訴訟による責任追及を受けない。
11．裁判官は，職務を退いた後も，他の法曹として活動する機会を有する。
12．この裁判官憲章は，立法において明示的に実現されなければならない。
13．上記の諸原則は，国内の裁判制度にしたがい，検察官にも適用される。

4) Renoux et al., *op. cit.*, p. 274.
5) Renoux et al., *op. cit.*, pp. 274-276.
6) Renoux et al., *op. cit.*, p. 276.
7) 佐藤修一郎「司法官職高等評議会小史」『白山法学』7号69頁以下。
8) 以下，第Ⅰ節，第Ⅱ節との関連ゆえに，裁判官部会を中心に論を進める。
9) voir, Comité de réflexion et de proposition sur la modernisation et le rééquilibrage des institutions de la Ve République preside par Edouard Balladur, *Une Ve République plus democratique*, Fayard, 2008, pp. 158-159.

　大統領が同評議会の主宰者としての地位を喪失したことについては，2008年の憲法改正に先だって示された，いわゆる「バラデュール報告書 Une Ve République plus democratic」における69提案の影響が大きいと考えられる。この提案によれば，政治的権力からの独立を保障するためにも，共和国大統領及び司法大臣がもはや司法官職高等評議会の当然の構成員となるべきではない，と提言している。もっとも，同提案では，司法官職高等評議会の主宰者は，裁判官集団にも属さない独立性の高い人物とすべきであるとし，憲法院院長のように議会の意見を反映させることが示されている。

　なお，同報告における憲法改正についての77の提案のうち，司法官職高等評議会の改革については以下の4点が示されている。
①共和国大統領及び司法大臣は，評議会の当然の構成員とはならない。評議会の主宰者は，大統領に代わって独立が確保された人物とする（第69提案）。
②評議会の構成を拡大し，司法官6名，コンセイユ・デタ評定官2名，弁護士1名，大学教授1名，有資格者2名とする（第70提案）。
③検察官の独立を強化すべく，検察官の任命に関して，評議会に司法大臣に対する

諮問機関としての権限を付与する（第71提案）。
　④訴訟の当事者に，評議会に対する懲戒請求を認めること（第72提案）。
10）　本章においては，司法官職高等評議会の des membres につき，適宜「評議員」「構成員」の語を互換的に用いる。
11）　6名の有資格者の指名に際しては，共和国大統領による任命については憲法13条最終項の規定が適用され，各議院の議長による任命については当該議員の常任委員会の意見にしたがわねばならない。また，組織法律5-2条により，憲法1条2項の規定にしたがって，6名の有資格者は男女同数としなければならない。
12）　報告者となった評議員は，裁判官及び検察官の候補者の書類を審査するとともに，司法大臣に対して詳細な説明を求めることができる。候補者に関する司法大臣の説明や意見はレポートに添付される（組織法律17条2項）。
13）　なお，検察官の任命に関する司法官職高等評議会の権限については，佐藤修一郎「2008年憲法改正と司法官職高等評議会」『比較法雑誌』45巻3号251-252頁。
14）　これは，懲戒事案の評議が「政治化」することを避けるためであり，これにより，司法官職高等評議会の独立性が確保されることになる。Luchaire et al., *op. cit.*, p. 1546.
15）　Renoux et Villiers, *ibid.*
16）　1958年12月22日のオルドナンス　Ordonnance n° 58-1270　58条1項は，告発された裁判官に対して，「行政の形式における en la forme administrative」決定が宣告されると規定する。
17）　Luchaire et al., *op. cit.*, p. 1549.
18）　なお，検察官の懲戒に関する司法官職高等評議会の権限については，佐藤前掲注13）255-257頁。
19）　1994年2月5日の組織法律　Loi organique n° 94-100 に20-2条を挿入する2010年7月22日の組織法律　Loi organique n° 2010-830　17条は，「司法大臣の提訴を受けることなく」司法官職高等評議会が司法官の職業倫理に関する問題について評議を行うとする点において，憲法65条8項に違反する，という憲法院の判決があったため，現行の組織法律20-2条には，司法官の職業倫理についての評議会の権限には言及していない。Décision n° 2010-611 DC.
20）　2008年の憲法改正以前は，司法官職高等評議会が自らのイニシアティブで裁判官について審査をすることはなく，司法大臣または裁判所所長からの付託を受けた場合にのみ，審査が行われていた。なお，本章においては紙幅の関係上「裁判官」に対する当事者からの付託につき，概観する。検察官については，1958年12月22日のオルドナンス　Ordonnance n° 58-1270　63条に定めがある。
21）　憲法65条10項の規定を承け，2010年7月22日の組織法律 Loi organique n° 2010-830　25条により，1958年12月22日のオルドナンス Ordonnance n° 58-1270

50-3 条が制定された。
22) 『司法官職高等評議会年次活動報告書 2006 年版』81 ページ．http://www.conseil-superieur-magistrature.fr/sites/all/themes/csm/rapports/RAPPORT_MAGISTRATURE_2006.pdf
23) それゆえ，事前審査委員会の委員は懲戒評議会の評議員になることはできない。Renoux et Villiers, *op. cit.*, p. 721.
24) 1994 年 2 月 5 日の組織法律 Loi organique n° 94-100 に 50-3 条を挿入する 2010 年 7 月 22 日の組織法律 Loi organique n° 2010-830 25 条により，当初は，オルドナンス 50-3 条 3 項の例外として，訴訟の本質及び違反の重大性を考慮して，訴訟が継続中であっても当事者からの付託を受けることができる旨，規定されていた。しかしながらこの条項は，憲法院により，意見であると判断された。Décision n° 2010-611 DC. 裁判官の独立性と公平性に対する配慮に欠けている点が問題とされたようである。Renoux et Villiers, *ibid.*
25) 同じく司法官である検察官を員数に組み入れたとしても，裁判官部会において裁判官（司法官）が少数派となったことには変りはない。なお，2008 年憲法改正前の裁判官部会の構成員は，共和国大統領，司法大臣，裁判官 5 名，検察官 1 名，コンセイユ・デタ評定官 1 名，弁護士 1 名，そして有資格者 3 名の 13 名であった。佐藤前掲注 7) 82-83 頁。

（佐藤修一郎）

第 2 部　基本権の今日的変容
第 8 回日仏公法セミナー

Avant-propos pour la deuxième partie

En tant que rapporteur responsable de la rédaction de ce livre sur le 8ème séminaire franco-japonais de droit public de 2008, je me félicite de voir enfin publier, bien qu'avec beaucoup de retard, le compte-rendu relatif aux conclusions de ce séminaire.

Vous vous souviendrez que le premier séminaire de cette série s'était tenu à l'Université de Strasbourg III en 1997, sous les auspices de l'Année du «Japon en France», sur le thème «Institutions publiques et citoyens en Europe et dans l'Asie de l'Est». L'année suivante, soit en 1998, le second séminaire avait été organisé à l'Université Kôgakuin et à l'Université de Niigata, dans le cadre du programme de l'Année de «La France au Japon», sur le thème «Droits sociaux», le troisième séminaire ayant eu lieu en 1999 de nouveau à l'Université de Strasbourg III, sur le thème «Métamorphoses de la Constitution — Le constitutionnalisme à la veille du XXIe siècle». Le 4ème séminaire eut lieu en 2001 à l'Université Kôgakuin, à l'Université Tôkai et à l'Université Kanto Gakuin, sur le thème «Les droits de l'homme dans les sociétés du XXIe siècle». À partir de 2002, il fut décidé d'organiser les séminaires une année sur deux et alternativement en France et au Japon. Le séminaire de 2002 s'étant tenu au Centre d'Etudes japonaises d'Alsace à Colmar et à l'Université de Lyon II sur le thème «La Constitution et le temps» ; celui de 2004 s'est tenu à l'Université Kôgakuin, à l'Université Kantô Gakuin, l'Université Tohoku et à l'Université Tohoku Gakuin sur le thème «Le pouvoir juridictionnel dans l'espace public». En 2006, ce fut le tour de l'Université de Montpellier I d'accueillir le séminaire sur le thème «Les mutations contemporaines de la démocratie», et en 2008 celui des Universités de Fukuoka et de Kyûshû sur le thème «Les mutations contemporaines des droits fondamentaux». Le présent document fait le point des discussions qui ont eu lieu sur ce dernier thème en 2008. Le 9ème séminaire s'est tenu en 2010 à l'Université de Lille sur le thème «La doctrine de droit constitutionnel», et il est prévu de tenir le dixième séminaire à Kyoto en 2012.

 Je voudrais rappeler pour mémoire que les « Séminaires franco-japonais de droit public » ont vu le jour à l'initiative de l'Association des Recherches sur la Constitution Française, qui est une organisation réunissant de jeunes juristes qui s'intéressent à la Constitution française et qui tient une assemblée chaque année au printemps et à l'automne pour prendre connaissance des plus récentes communications relatives à leur sujet d'étude et pour procéder à des échanges de vue sur cette matière. L'idée d'organiser cette série de séminaires a germé au printemps 1994 au cours d'un repas au Restaurant à l'ancienne douane situé au bord du canal traversant le vieux quartier de Strasbourg, auquel participaient des juristes français et japonais spécialistes du droit public qui ont convenu de poursuivre ces échanges entre les constitutionnalistes de nos deux pays. Le fait d'avoir donné suite à cette proposition au cours des années qui ont suivi la rencontre de Strasbourg a permis, à partir de cette collaboration, de faire déborder ce projet du simple cadre franco-japonais, pour l'étendre à des études et des échanges réciproques d'informations approfondies dans le domaine de la théorie et de la pratique du droit public entre les pays européens et asiatiques. L'organisation de cette série de séminaires franco-japonais de droit public visait d'une part à élargir les connaissances des jeunes constitutionnalistes et d'autre part à leur permettre de mener une réflexion sur ce que le droit doit être dans un environnement et un système social différents de ceux d'une culture juridique de type anglo-saxon, en gardant à l'esprit le souci de porter à la connaissance des juristes des pays francophones, les théories et les pratiques juridiques du Japon et des autres pays asiatiques. Tout d'abord lieu de rencontre entre les chercheurs de l'Université de Strasbourg III et des spécialistes japonais du droit public, ce séminaire est devenu une sorte de symposium international qui s'est ouvert progressivement aux jeunes constitutionnalistes de l'Université de Lyon II, de l'Université de Montpellier I, puis à ceux des Universités de Paris I et II et à des chercheurs d'autres universités y compris, aujourd'hui, à ceux de diverses universités de la zone francophone.

 L'élargissement progressif de notre audience n'est pas sans rapport avec les efforts qui ont été déployés pour assurer une large publication des résultats de nos recherches, par des contributions systématiques d'articles dans de nombreux organes académiques, notamment dans « *Coopération transfron-*

talière, 1998» de l'Université de Strasbourg, le bulletin «*Hosei riron*» (Vol. 31, No. 4, 1999) de l'Université de Niigata, le bulletin «*Jurisconsultus*» (No. 11, 2001), et encore «*Jurisconsultus*» (No. 15, 2006) de l'Université Kantô Gakuin, «*Les annales de la Faculté de droit de Strasbourg*» (No. 8, 2006), etc. À partir du 3ème séminaire, les résultats ont été publiés sous forme d'ouvrages indépendants, notamment dans «*Nouveau défi de la Constitution japonaise*» (LGDJ, Paris, 2004), «*La Constitution et le temps*» (Hèrmes, Lyon, 2003), «*Le pouvoir juridictionnel dans l'espace public*» (en japonais, Yuishindô, Tokyo, 2007), «*Les mutations contemporaines de la démocratie*» (Monéditeur.com, Montpellier, 2007), «*La doctrine de droit constitutionnel*» (Montchrestien, Paris, à paraître).

Il convient de rappeler que le symposium de 2008 a bénéficié des subsides du programme conjoint franco-japonais de recherche intitulé CHORUS adopté en 2005 pour le financement de projets de recherche dans le domaine des sciences humaines et sociales à la suite d'un accord intervenu entre le Ministère délégué à la recherche et le Ministère des Affaires Etrangères Français d'une part, et la Société Japonaise pour la Promotion de la Science (JSPS), d'autre part. Le thème de recherche «L'art de gouverner et d'administrer dans la société contemporaine - la France et le Japon» a été retenu par suite d'un accord entre le professeur Hajime YAMAMOTO (à l'époque professeur à l'Université Tohoku, actuellement professeur à l'Université Keio) responsable de l'équipe de recherche du côté japonais et le Professeur Olivier JOUANJAN (à l'époque professeur à l'Université de Strasbourg III et actuellement professeur à l'Université de Strasbourg), responsable de l'équipe de recherche du côté français. Les études entreprises sous forme de projet de recherches communes entre les équipes française et japonaise se sont poursuivies de juillet 2005 à juin 2008. L'équipe japonaise était composés des professeurs ; Hajime YAMAMOTO, Ken HASEGAWA, Hiroshi OTHU, Noriko OFUJI, Masato TADANO, Shin MINAMINO, Kensuke EBIHARA, Masahiro SOGABE, Takumaro KIMURA, et l'équipe française des professeurs ; Olivier JOUANJAN, Eric SEIZELET, Dominique ROUSSEAU, Alexandre VIALA, Robert HERTZOG, Christophe CHABROT, Constance GREWE, Eric MAULIN, Thierry RENOUX.

Le problème principal auquel s'adresse cette recherche est celui de la «gouvernance» dans le monde nouveau de la mondialisation croissante de l'économie, car les changements induits par le déclin du modèle de l'Etat souverain moderne résultant de ce phénomène nouveau est au centre des préoccupations majeures non seulement des sciences économiques et politiques mais aussi des sciences juridiques, aussi bien en France (et dans les pays de l'Union Européenne) qu'au Japon. En effet, les mutations de la société ont une incidence non-négligeable sur l'art de gouverner, et les modalités de cette nouvelle «gouvernance» doivent, dans la plupart des cas, être soumises à des règles juridiques nouvelles et appropriées. On constate, dès lors, que du fait de l'émergence d'un nouvel art de gouverner et d'administrer (nouveau déroulement de droits fondamentaux, redéfinition du pouvoir de l'Etat, instrumentalisation de la Constitution, émergence d'une démocratie participative, naissance d'un aspect contractuel et d'une transparence accrue des politiques publiques, introduction de notions de gestion dans l'administration publique, droit de régulation, émergence d'organismes d'administration autonomes, réexamen de la répartition des responsabilités entre les secteurs publics et privés, progression des normes juridiques et accroissement du rôle des tribunaux dans les relations sociales, discrimination positive et promotion du rôle des femmes dans la vie politique), le modèle traditionnel de l'exercice du pouvoir public se heurte à des limitations inévitables. Le but de la présente étude consiste à développer une vision fondamentale pour procéder, du point de vue du droit public, à un examen critique et formuler des avis à l'égard du développement d'une nouvelle «gouvernance» dans nos deux pays, tout en étant conscient de la situation telle qu'elle se présente, et en tentant de clarifier les limitations du système de gouvernement traditionnel ainsi que la portée et la problématique des formes nouvelles de gouvernement et d'administration, pour aboutir à une évaluation concrète des diverses métamorphoses qui prennent forme actuellement pour l'avancement de cette nouvelle «gouvernance».

Je voudrais signaler, qu'une partie des résultats de ce programme de recherche a déjà fait l'objet d'une publication sous forme de compte-rendu du mini-symposium «Action publique et globalisation» organisé en septembre 2005 à l'Université de Strasbourg III ; «Action publique et globalisation» réunis par Hajime YAMAMOTO et Olivier JOUANJAN dans *Les annales de la Faculté de droit de Strasbourg* (nouvelle série, n°8, 2006), ainsi que sous forme de compte-rendu du Symposium «Mutations contemporaines de la démocratie» rédigé sous la direction des professeurs Olivier JOUANJAN, Alexandre VIALA et Hajime

YAMAMOTO ; *VIIeme Séminaire franco-japonais de droit public, les mutations contemporaines de la démocratie* (Monéditeur.com, Montpellier, 2007).

Je voudrais profiter de cette occasion pour remercier le Professeur Olivier JOUANJAN de l'Université de Strasbourg, le Professeur Ken HASEGAWA de l'Université Kôgakuin et le Professeur Hajime YAMAMOTO de l'Université Keio pour leur active contribution aux préparatifs du 8ème séminaire franco-japonais de droit public de 2008, et pour leur bienveillante coopération dans la mise au point du présent ouvrage.

Enfin, le programme original du 8ème séminaire franco-japonais de droit public de 2008 est joint en annexe à la fin.

Mamiko UENO

Introduction

Globalisation et garantie des droits fondamentaux

Avant-propos

Dans les années 1990 l'écroulement des régimes socialistes et la fin de la guerre froide qui s'en suivit provoqua la propagation du capitalisme à une échelle mondiale, sous la forme d'une avancée massive de la globalisation économique. Dans ce nouveau système, ressources humaines, produits, argent et informations peuvent se déplacer en faisant fi des frontières nationales, et par suite de l'élargissement et la vitesse croissante de ces transferts, les entreprises ont acquis la possibilité de viser à l'efficacité et à l'accumulation des capitaux à l'échelle de la planète. A la suite de cette mutation, la concurrence entre les entreprises en est venue à s'exercer à l'échelle du monde, entraînant le déclin de l'indépendance des économies nationales, et la perte de pertinence des politiques économiques nationales traditionnelles[1]. En politique, également, les effets de la globalisation sont patents, et l'on voit apparaître des mutations des systèmes existants. Les mots-clefs, lorsque l'on parle de globalisation sont souvent «interconnection» et «interdépendance»[2]. Les composantes de la globalisation qui sont les plus souvent citées sont la multinationalisation des entreprises, l'élargissement du marché financier mondial, la libéralisation des échanges et des mouvements des capitaux, le développement de la transmission de l'information et des techniques de traitement de l'information.

Au-delà de cette définition de la globalisation, un débat s'engage sur la question de savoir si la globalisation doit être perçue sous l'angle d'un phénomène inéluctable et nécessaire en tant que règle économique ou sous l'angle d'un phénomène qui doit être réglementé du point de vue de la garantie des droits de l'homme. Ce qui est important dans ce débat est de bien saisir à qui profitent les techniques et la production de la globalisation, la direction dans laquelle s'opère la restructuration de la société et la manière dont les techniques de la globalisation sont mobilisées.

Quoiqu'il en soit, voici quelques uns des points identifiés qui concernent les changements au niveau de l'Etat et de la société induits par la globalisation ;

a) Tout d'abord, la globalisation signifie la fin de l'Etat-providence. La politique de la sécurité sociale qui se fondait sur la pérennité de la croissance économique devra être revue. Au Japon, le système de promotion à l'ancienneté cède la place à celui de la promotion liée aux performances, entraînant une mutation du monde typiquement japonais des entreprises.

b) En deuxième lieu, la globalisation induit un changement de l'autorité ou du rôle de l'Etat. Sur ce point, malgré une baisse de l'influence de l'Etat dans son rôle de régulateur de l'économie nationale, nous sommes en droit d'espérer l'avènement d'un nouveau rôle de l'Etat mieux adapté aux circonstances de l'ère nouvelle.

c) Enfin en troisième lieu, la globalisation nous apporte un accroissement des inégalités économiques entre les pays et aussi à l'intérieur de chaque nation qui se traduit par une fracture sociale[3].

D'autre part, il y a aussi des chercheurs qui observent le phénomène de la globalisation sous un angle différent. Selon Roland ROBERTSON, la globalisation fait avancer l'individualité de manière essentielle et immanente et fait également avancer la diversité de manière globale. Ainsi, c'est à l'intérieur même de la globalisation que la *glocalisation* attire l'attention, ce qui signifie que la globalisation mondialise en même temps qu'elle régionalise. Selon ROBERTSON, à l'âge de la globalisation, il est nécessaire d'établir l'individualité de la société et la particularité de chaque région[4].

Quant à Naoki KOBAYASHI, il estime que l'Etat dans le contexte de la globalisation, est appelé à devenir une entité visant la constitution d'un système de fédération mondiale dans le but de réaliser une symbiose du genre humain. Dans ce nouveau système mondial, KOBAYASHI préconise une réorganisation des rapports entre l'Etat et l'individu dans la perspective de l'avènement d'un système mondial stable et durable[5]. Il n'en est pas moins vrai qu'au Japon, plusieurs auteurs ont une vision pessimiste du phénomène de la globalisation.

Je me propose d'examiner ci-après les aspects négatifs et ceux positifs de ce que la globalisation a apporté au Japon. L'un des aspects négatifs a été le mouvement qui se dessine en vue d'une révision de la Constitution en raison du nouveau concept de la sécurité globale et des nouveaux droits de l'homme conformes aux circonstances de la globalisation. Un autre aspect positif a été que l'idée d'une *gouvernance* globale a induit un mouvement de pensée en faveur d'un renforcement de la garantie des droits de l'homme.

I – Globalisation et révision de la Constitution

A. Sécurité globale et révision de la Constitution

Ces derniers temps, la plupart des partis politiques en dehors du parti social démocrate et du parti communiste ont commencé à discuter de la révision de la Constitution. La raison la plus souvent invoquée pour justifier cette révision est le phénomène de la globalisation. Il s'agit en fait de réviser l'article 9 de cette Constitution qui prône le renoncement à l'usage de la force par le Japon dans le cadre d'un concept de sécurité globale garantie par les Etats-Unis.

Depuis le démantèlement de la structure de la guerre froide, à l'occasion de la Guerre du Golfe et de la crise de la péninsule coréenne notamment, des tentatives de redéfinitions de la nature du système américano-japonais de sécurité ont été entreprises, et se sont traduites par la publication de nouvelles «guide-lines». Parallèlement, sur le plan national, des aménagements ont été apportés au système législatif : il s'agit de la «Loi sur la Paix, l'Indépendance et la Sécurité du Japon en cas d'Urgence Militaire» qui a permis de réaliser l'institutionnalisation du cadre juridique afférent à une situation d'urgence, un sujet qui avait longtemps fait l'objet d'un tabou. A l'arrière-plan de cette législation, on devine la politique de sécurité globale des Etats-Unis, soit la politique militaire américaine qui lie le développement de l'économie du libre-échange et celui de la démocratie. C'est dans ce cadre qu'il a été procédé à une redéfinition des relations américano-japonaises en précisant la nature de ces relations qui visent à une alliance militaire pour le maintien d'un ordre politique et économique global sous les auspices de ces deux grandes puissances économiques mondiales.

Selon l'analyse de Ryuichi OZAWA, en remplacement de, ou en addition, à la législation japonaise traditionnelle du type «législation pour les mesures adaptées aux situations d'urgence» ou du type «législation sur les modalités de défense en cas de situation d'urgence», on élabore une nouvelle législation pour faire face à une sécurité globale et pour apporter une assistance aux Forces Armées Américaines en cas de situations de crise grave, ceci pour appuyer les opérations militaires américaines qui se développent sur l'échelle de la planète[6]. C'est à partir d'ici que l'on peut élucider l'intérêt manifeste des milieux économiques qui poussent à la révision de la Constitution, ayant en vue le développement de l'économie. Et c'est aussi à partir d'ici que l'on peut interpréter l'attente du gouvernement d'abolir l'article 9, alinéa 2 de la Constitution et de reconnaître ouvertement le droit à la légitime défense dans le cadre d'un système de défense collectif ou d'une alliance. Il est maintenant interdit par l'interprétation de l'article 9, alinéa 2.

Beaucoup de constitutionnalistes critiquent la redéfinition du système américano-japonais de sécurité, parce que cette sécurité globale prônée par les Etats-Unis n'est qu'une tentative de la part de ce pays de bâtir son hégémonie en imposant son propre système au monde entier sous prétexte d'un standard global. On peut affirmer que la guerre d'Irak est le résultat patent d'une telle politique et que la sécurité globale de l'Amérique du Président Bush n'est rien d'autre qu'une hégémonie mondiale d'un seul pays et constitue un recul évident des principes de l'Etat de droit basés sur un consensus international. Ce sont les néo-conservateurs qui apportent leur appui à l'unilatéralisme, et certains font valoir que s'aligner sur les Etats-Unis ne contribue pas à faire avancer la globalisation[7].

Enfin, je voudrais ajouter que d'aucuns proposent une théorie de la «garantie de la sécurité au niveau de l'homme», qui est une manière de faire face à la globalisation, en transformant le concept de «sécurité» par la mutation du concept de sécurité axé sur l'Etat vers un concept axé sur l'être humain. Selon certaines chercheurs, cette théorie de la «garantie de la sécurité au niveau de l'homme» présente la même essence dogmatique que les principes qui sont à la base de la Constitution japonaise, soit le strict respect du renoncement à l'usage de la force armée, le pacifisme et le développement économique[8].

Cependant, sur le plan de la sécurité, on considère en général que la globalisation est liée au développement de la sphère de libre-échange et de la démocratie ou à la volonté d'imposer l'hégémonie américaine, et qu'elle joue un rôle dans la révision de la Constitution japonaise.

B. Le PLD et sa proposition de révision de la Constitution

Le Parti Libéral Démocrate (PLD), qui est actuellement le parti au pouvoir avec le Parti Koumei, n'a cessé de proclamer dès sa formation que la Constitution actuelle avait été imposée au peuple japonais par le Grand Quartier Général des forces d'occupation et qu'elle devait faire l'objet d'une révision. Le parti a été particulièrement actif dans les années 50 à 60 pour promouvoir cette révision, mais ces efforts n'avaient pas abouti.

L'équipe de la « proposition PLD pour la révision de la Constitution » mise en place en décembre 2003, a publié le 10 juin 2004 un document intitulé *« Mise au point de l'argumentaire »*. Bien que ce document fasse référence à « une Constitution digne du nouveau Japon du 21ème siècle » et aux « droits nouveaux pour faire face à une ère nouvelle », il ne fait aucune référence à la globalisation.

Le document comporte deux parties, une première partie introductive et générale et une seconde partie comportant les exposés détaillés. Dans la première partie, l'on retrouve les particularités de la Constitution telle qu'elle est conçue par le PLD. Une première particularité est l'accent mis sur des concepts renforçant le nationalisme, tels que « histoire, tradition et les valeurs propres à la nation fondées sur la culture du pays (soit le caractère national) » ou encore « Japon et identité des Japonais ». Une seconde particularité est l'emphase mise sur le communautarisme à travers des affirmations telles que « la famille et le *public* formant la base de l'entité publique doivent occuper une place prépondérante dans la nouvelle Constitution ». Une troisième particularité est l'insistance sur les valeurs morales que l'on retrouve dans des affirmations telles que « La Constitution étant la loi la plus fondamentale du pays, doit servir de critère de conduite du citoyen, et à ce titre il doit y être tenu compte de l'incidence qu'elle peut avoir sur l'esprit de la nation (au sens de manière de penser) ». Ces concepts sont développés de la manière plus concrète dans les exposés détaillés. Parmi les points qui auraient dû être abordés dans le préambule de la nouvelle Constitution, on relève dans les exposés détaillés, en relation avec le respect des droits fondamentaux de l'homme, des sujets tels que la nécessité de freiner une propension excessive des tendances égoïstes, la nécessité de revoir les excès du pacifisme lorsque celui-ci est le fait d'un seul pays. Dans cette partie, l'accent est mis aussi sur la dignité du pays, le passé historique, la tradition, la culture de notre pays, c'est à dire le caractère national et le souhait de faire perpétuer le pays en le défendant et en transmettant les valeurs nationales aux générations futures.

De cette argumentation, on croit entrevoir le profil d'une Constitution nationaliste teintée de tendances moralisantes qui ne tient pas compte de l'épistémologie historique de la démocratie qui s'est développée dans l'Etat moderne en se fondant sur le respect de l'individu (individualisme). D'autre part, alors que le rôle de la Constitution est de prévenir la tyrannie du gouvernant et de s'assurer que les droits et la liberté de l'individu soient défendus vis-à-vis du pouvoir exécutif, et que c'est dans ce but que l'on a instauré la séparation des pouvoirs, la Constitution préconisée par le PLD nous semble contenir trop de passages normatifs dans lesquels l'Etat tente de guider l'individu.

Outre la « Mise au point de l'argumentaire », le PLD a fait paraître un autre document qui série les « *Points importants de la révision de la Constitution* ». Dans ce document, un paragraphe explique que le « *public (Koukyou)* » représente un « groupe de personnes qui se respectent mutuellement ».

Il y est écrit que ;
le point de départ du *public* est le respect d'autrui,
la famille est la plus petite et proche unité du *public*,
l'Etat constitue le grand *public* qui jouit de l'appui de tous les citoyens.

Le document poursuit en énonçant que « Si chacun se soucie de son prochain et si chacun fait preuve de respect pour l'autrui, ces relations interpersonnelles engendrent un réseau qui est le *public* par excellence. Nous devons nous efforcer d'attacher du prix à une conception du *public* qui naît du devoir de respect pour son prochain et non des revendications en matière de droits humains empreintes de suffisance ».

Effectivement, nous nous interrogeons aujourd'hui au sujet d'un nouveau concept du *public*, et des débats ont lieu sur le rôle du *public* civique. Dans le cadre de la globalisation cette question est débattue en liaison avec la manière d'être de la démocratie à l'échelle de la planète. On peut toutefois se demander si le concept du PLD qui fait de la famille, la plus petite unité du *public*, ne revient pas à refuser de reconnaître l'espace privé, libre et indépendant. En voulant tout saisir sous la forme de *public*, on finit par rendre l'individu responsable de la «*communauté*» dit *public* et de restreindre considérablement sa liberté. En faisant de l'individu ce qui étaye l'Etat, ce qui existe pour l'Etat, le rôle de l'Etat devient incertain et celui-ci en arrive à esquiver ses responsabilités. On ne peut interpréter cette manière de penser comme un aspect de la *gouvernance* globale, mais la substance de cette pensée pourrait être une interprétation déviante de cette *gouvernance* globale.

Fort heureusement, ce courant de pensée penchant pour une révision de la Constitution prenant appui sur la globalisation a disparu avec la fin du régime du Premier Ministre ABE. Il n'est pas tout à fait clair si cette réorientation de la pensée doit être saisie comme un réflexe néo-nationaliste de réaction au phénomène de la globalisation.

II – *Gouvernance* globale et garantie des droits de l'homme

A. Globalisation et *gouvernance* globale

En même temps que par la globalisation, notre attention est attirée, aujourd'hui, par le concept de la *gouvernance* globale. D'abord, qu'entend-on par *gouvernance* globale? On estime que la *gouvernance* globale est un système de *gouvernance* qui rend possible un choix collectif pour le compte de la société internationale dans son ensemble, ce système intervenant lorsque, du fait de la globalisation de l'économie et de l'information, dans le cas de certains types de problèmes à résoudre, l'Etat, en tant qu'unité, devient soit trop étendu soit trop étroit, et il devient impossible de faire face à ces problèmes de manière appropriée dans le cadre d'un seul Etat (ou gouvernement) national. De ce fait, interviennent comme acteurs du processus, non seulement les divers gouvernements concernés, mais aussi les organisations internationales, les entreprises multinationales, les ONG et mêmes les dirigeants de mouvements de citoyens[9]. A l'arrière-plan de ce phénomène, on perçoit la fin de la guerre froide, car du fait de la démocratisation du bloc soviétique et des pays de l'Est, la mise en commun des critères et des procédures de l'Occident est devenue viable, préparant ainsi le terrain pour la mise en place d'une garantie globale des droits de l'homme.

S'agissant de la *gouvernance* globale, les points qui font aujourd'hui l'objet de débats sont les suivants :

La première question qui se pose est de se mettre d'accord sur les sujets qui doivent participer à cette *gouvernance*. En admettant qu'il y ait des intervenants autres que les Etats eux-mêmes, quelles autres entités est-il possible d'y associer? Il convient aussi de s'interroger sur le rôle des Etats dans la *gouvernance* globale.

La deuxième question qu'il convient de clarifier est la différence entre «*gouvernance*» et «gouvernement». On sait que dans une société interne ou nationale, il existe une organisation qui gouverne, c'est à dire le gouvernement. Dans la société internationale, il n'existe pas de gouvernement central, mais les acteurs de cette société, y compris les gouvernements des Etats, agissent dans de nombreux domaines en se référant aux normes et aux règles de la société internationale. Dès lors, on peut dire que la *gouvernance* globale est «le processus et la réalité d'un système de respect des règles qui opèrent dans la société internationale sans ingérence d'un gouvernement»[10].

La troisième question à élucider est celle des «domaines» pouvant faire l'objet de la *gouvernance* globale. Par exemple, le système des Nations Unies est un système de *gouvernance* à l'échelle du monde, mais peut-on en dire autant du système de l'Union Européenne? Il peut aussi y avoir des *gouvernances* plus limitées à l'échelle des régions. Actuellement un débat a lieu sur la *gouvernance* considérée sous ces différents angles.

La politique de l'Union Européenne subit l'influence de la globalisation et il semble possible d'affirmer que cette politique est une forme de *gouvernance* globale. Par exemple, au mois de juin 1999, la France, par une révision de sa Constitution, y a intégré explicitement la promotion de la parité. Alors que d'une part, les mesures anti-discriminatoires en faveur des femmes faisant l'objet de la Convention sur l'Elimination de toutes les Formes de Discrimination à l'égard des Femmes adoptée aux Nations Unies, sont à l'origine de ce mouvement en faveur de la parité, on note d'autre part que ce mouvement s'articule sur celui en faveur de la mise en place d'une représentation équitable des hommes et des femmes au sein des organes de décision politique qui s'est organisée essentiellement dans le cadre de l'Europe. Les organisations de citoyens se sont mobilisées en masse pour la promotion de la parité et le débat autour de cette question s'est propagé non seulement en France mais aussi dans différents autres pays d'Europe[11]. C'est ainsi que la réflexion sur la parité est née sous l'effet d'influences globales et que le principe a été adopté pour intégration à la

Constitution. Cette tendance est nettement visible dans les récentes révisions de la Constitution française. L'on peut aussi affirmer que les révisions tenant aux collectivités territoriales et l'addition de la Charte de l'Environnement sont également nées sous les mêmes auspices.

B. Les traités internationaux et la Constitution

Au Japon, comme ailleurs, il est devenu impossible de réfléchir aux droits de l'homme en faisant abstraction des mouvements internationaux dans ce domaine.

Par exemple, comme prévu par la Constitution japonaise en son article 14, le principe de l'égalité entre les hommes et les femmes est un fait acquis au Japon. Toutefois, depuis que le Japon a adhéré à la Convention sur l'Elimination de toutes les Formes de Discrimination à l'égard des Femmes, l'intérêt des citoyens est devenu plus vif sur cette question et diverses lois ont été adoptées pour promouvoir l'égalité entre les deux sexes.

Grâce à la ratification par le Japon de la Convention sur l'Elimination de toutes les Formes de Discrimination à l'égard des Femmes, la Loi sur la Nationalité qui était basée sur le jus sanguinis déterminée uniquement par la lignée paternelle (l'enfant est japonais si le père est japonais) a été amendée pour reconnaître un jus sanguinis dont le déterminant est la nationalité de l'un ou l'autre des parents (l'enfant est japonais si le père ou la mère est de nationalité japonaise). D'autre part pour garantir l'égalité des sexes sur le lieu de travail, la Loi sur l'Egalité des Chances en matière d'Emploi entre les Hommes et les Femmes a été promulguée. Cette Loi qui a été améliorée en 1997, comporte l'obligation pour l'employeur de veiller à la répression du harcèlement sexuel. En 1999, la Loi fondamentale sur l'Emergence d'une Société à Participation Egale des Hommes et des Femmes a été promulguée, pour la réalisation de 5 idéaux fondamentaux qui sont (i) le respect des droits de l'homme pour les deux sexes, (ii) le respect de l'égalité entre les sexes en matières institutionnelles et d'habitudes sociales, (iii) la participation paritaire des hommes et des femmes à la conception et la décision des diverses politiques, (iv) l'aménagement harmonieux des tâches ménagères et des autres genres de tâches, (v) l'harmonie des relations internationales. En 2001, nous avons vu l'établissement d'une Loi sur la Prévention de la Violence Domestique.

C'est ainsi que, les dispositions de la Convention sur l'Elimination de toutes les Formes de Discrimination à l'égard des Femmes étant plus concrètes que celles contenues dans la Constitution, c'est plutôt grâce à cette Convention que l'égalité entre les hommes et les femmes a pu faire des progrès au cours des dernières années, prouvant ainsi qu'au Japon, aussi, l'aménagement des lois et des politiques se fait grâce à l'influence des conventions internationales. Cependant, la manière dont les normes mondiales ou globales sont intégrées dans les contextes nationaux est une question à laquelle il n'est pas facile de répondre[12].

S'agissant de la relation entre la Constitution et les traités internationaux, il existe deux thèses, l'une selon laquelle les traités ont priorité sur la Constitution, et une autre selon laquelle la priorité reste à la Constitution. Tout d'abord, on considère qu'en principe, un traité a force de loi dès sa promulgation sans mesures législatives spéciales. Certains traités se contentent d'énoncer des principes généraux ou des obligations politiques abstraites, et dans quelques cas pour les mettre en œuvre, des mesures législatives concrètes deviennent nécessaires. Il y existe donc des traités non-exécutoires et des traités exécutoires, et c'est dans le cas de ces derniers types de traités que leur priorité éventuelle sur la Constitution dans le contexte juridique national risque de poser problème.

Nul ne conteste que les traités internationaux ont priorité sur les lois nationales. Les tenants de la thèse de la primauté des traités mettent en avant le fait que le préambule de la Constitution japonaise souligne le devoir de respecter l'harmonie internationale, que l'article 98, alinéa 1 qui définit le caractère normatif suprême de la Constitution, n'indique pas explicitement qu'un traité contraire à la Constitution est frappé de nullité, que l'article 98, alinéa 2 souligne l'obligation de respecter les traités, que l'article 81 qui énonce limitativement la portée du pouvoir du contrôle de la constitutionnalité des Tribunaux et des Cours (toute loi, tout décret, tout règlement et toute mesure) ne fait aucune référence aux traités internationaux.

En revanche, les tenants de la thèse de la primauté de la Constitution critiquent la position des tenants de l'autre thèse en faisant valoir les arguments suivants ; En premier lieu, la procédure de ratification d'un Traité est plus facile que celle de la révision de la Constitution. En ce qui concerne le Traité, le gouvernement peut signer avec le seul aval du Parlement. La révision de la Constitution n'est possible que sous réserve d'un référendum national après l'approbation du Parlement, en considération du principe de la souveraineté de la nation. De plus, le respect de l'harmonie internationale et le respect des traités sont des obligations dictées par la Constitution elle-même. En second lieu, il est normal que l'article 98, alinéa 1 ne fasse pas référence aux traités internationaux, puisqu'il souligne que la Constitution est la norme la plus élevée dans la hiérarchie des lois internes. Le devoir de respect des engagements internationaux faisant l'objet de l'article 98, alinéa 2 spécifie l'obligation morale de respecter la règle internationale, et même si cet article rend obligatoire le respect d'un traité valablement ratifié, il ne constitue pas une raison pour fonder la primauté du traité sur la Constitution. En troisième lieu, si le pouvoir du contrôle de la constitutionnalité des Tribunaux et des Cours qui fait l'objet de l'article 81 ne porte pas sur les traités internationaux, c'est parce qu'un traité ne peut pas être ratifié avec le seul assentiment de notre pays et que l'accord d'un Etat étranger est indispensable. La portée du pouvoir du contrôle de la constitutionnalité n'a pas de rapport direct avec la question de la hiérarchie entre la Constitution et les traités internationaux. En quatrième lieu, les tenants de la primauté de la Constitution fondent leur position sur le fait que l'article 99 impose aux Ministres d'Etat qui constituent le Cabinet et ont la possibilité de conclure les traités, aussi bien qu'aux parlementaires qui ont le droit d'approuver les décisions du gouvernement, le devoir de respecter scrupuleusement la Constitution.

　　　　　Bien que la majorité des constitutionnalistes japonais penchent pour la thèse de la primauté de la Constitution pour la raison des dispositions explicites sur la suprématie de la Constitution et de la perfection du contenu de la Constitution, il existe aussi une troisième thèse minoritaire qui est celle que l'on appelle la thèse éclectique. Selon cette thèse, parmi les règles contenues dans la Constitution, on distingue les règles fondamentales telles que celles qui concernent la souveraineté de la nation ou les droits de l'homme fondamentaux et les autres règles moins essentielles. Cette partie fondamentale de la Constitution relevant de normes essentielles, les tenants de la thèse éclectique estiment qu'elle a priorité sur les traités.

　　　　　La Cour Suprême a estimé qu'une appréciation juridique de la constitutionnalité du Traité de Sécurité Américano-Japonais ne se prêtait pas, en principe, à un examen par la Justice. La Cour Suprême a considéré que le Traité faisait partie d'un acte de gouvernement, et que s'agissant d'un traité de caractère hautement politique, il dépassait la compétence de la Justice avec son pouvoir d'examen de la constitutionnalité, à moins que le grief d'inconstitutionnalité à examiner ne soit vraiment évident (Affaire Sunagawa, C. S., 16 décembre 1959).

Cette question porte donc sur l'opportunité ou non pour le Japon d'accepter d'adhérer à une convention au nom des standards globaux, mais une réflexion s'impose sur les points suivants. D'une part, il convient de s'interroger sur la portée normative des traités. Lors de l'introduction des conventions sur les droits de l'homme, on a considéré au départ que la plupart étaient des conventions déclaratives portant sur certains principes, mais aujourd'hui, ces traités imposent aux pays adhérents la mise en œuvre d'un certain nombre de mesures pour tenir compte des normes contenues dans ces documents conventionnels. C'est ainsi qu'au Japon la ratification de certains traités a fait avancer l'établissement de certaines législations. D'autre part, il convient de considérer qu'il y a plusieurs types de traités. L'un des traités qui pose souvent des problèmes est le Traité de Sécurité Américano-Japonais dont l'incidence sur la Constitution japonaise est souvent discutée. Les tenants de la primauté de la Constitution estiment que la Constitution japonaise, qui érige en dogme le pacifisme, doit avoir priorité sur le Traité de Sécurité Américano-Japonais. Se pose alors la question de savoir s'il est convenable de discuter de la même manière d'un traité bilatéral comme ce pacte et des traités internationaux comme les traités sur les droits de l'homme. Il est certes aussi vrai que, même dans le cas des traités sur les droits de l'homme, tout n'est pas simple car il y a des questions d'interprétation ou des problèmes de certaines réserves. Il est certain que la thèse de la primauté de la Constitution se trouve aujourd'hui devant un certain nombre de choix à opérer.

C. Introduction des standards globaux

En matière des normes touchant aux droits de l'homme, celles des traités internationaux et celles des articles pertinents de la Constitution japonaise sont souvent identiques. Cependant les traités internationaux sur les droits de l'homme comportent souvent des clauses plus concrètes et traitent également de droits de l'homme d'une nature nouvelle. En ce qui concerne les nouveaux droits, de nombreux constitutionnalistes japonais estiment que l'article 13 portant sur le droit à la vie, le droit à la liberté et le droit à la poursuite du bonheur répond pleinement aux conditions énoncées dans les nouveaux droits de l'homme et l'on peut dire que cet article 13 de notre Constitution contient des dispositions ouvertes sur les droits de l'homme compatibles avec les exigences de la société de demain[13].

Je me propose maintenant d'examiner les problèmes qui se posent pour l'introduction des standards globaux au Japon, en prenant pour exemple le cas des traités internationaux.

Il convient tout d'abord de se pencher sur le problème des normes juridiques des traités sur les droits de l'homme, et de voir s'il est possible de plaider l'invalidation d'une loi ou d'une mesure en prenant appui sur les dispositions des traités. Les tribunaux sont en général réticents en la matière, et ce n'est qu'au niveau des tribunaux inférieurs que l'on peut relever des cas où les traités internationaux ont été admis pour fonder une cause. Par exemple, dans l'affaire sur le refus de l'utilisation de bains publics aux étrangers, le Tribunal de Sapporo a invoqué les dispositions de Traité sur l'Elimination de toutes les Formes de Discrimination Raciale pour constater l'illégalité de cet acte (T. de Sapporo, 11 novembre 2002).

De plus au Japon, l'opinion prédominante est que les dispositions de la Constitution relatives aux droits de l'homme n'ont aucune incidence directe dans les affaires entre personnes privées (inter-personnelles ou entre individus et entreprises). On considère que, pour l'essentiel, la Constitution règle les relations entre les citoyens et l'Etat. Ainsi, les normes relatives aux droits de l'homme ne sont applicables aux affaires entre individus qu'une fois les normes concrétisées sous formes de lois. Il s'agit donc d'une application indirecte des normes et la tendance majoritaire est d'estimer qu'il en va de même pour les traités relatifs aux droits de l'homme. Dans l'exemple ci-dessus, c'est le cas où dans le tribunal inférieur le juge a admis une application indirecte du traité. Le Comité des Droits de l'Enfant commentant sur le rapport du délégué japonais a exprimé sa préoccupation sur le fait que, généralement, les tribunaux japonais n'ont pas directement recours dans leurs jugements aux traités relatifs aux droits de l'homme, et plus particulièrement à la Convention relative aux Droits de l'Enfant.

    D'autre part, le Japon n'a pas adhéré au protocole facultatif sur le dépôt de communications individuelles visant à garantir l'efficacité du traité. Par exemple il n'a pas ratifié le Premier Protocole facultatif du Pacte international relatif aux Droits Civils et Politiques, ni au Protocole facultatif relatif à la Convention sur l'Elimination de toutes les Formes de Discrimination à l'égard des Femmes. Ainsi, lorsqu'une violation des droits est signalée par un individu, le Comité des Droits de l'Homme, et les autres Comités ne peuvent pas se saisir de la plainte dans le cadre du protocole facultatif sur le dépôt de communications individuelles.

    S'agissant du régime de dépôt de communications individuelles, d'aucuns considèrent qu'un tel système n'est pas nécessaire, dans la mesure où au Japon la Constitution donne aux tribunaux le pouvoir de contrôler la constitutionnalité de tout acte de l'Etat et entendu que les traités ont la même validité ou plus valide que les lois internes, la plupart des cas de violation des droits de l'homme peuvent être jugés par les tribunaux internes. Certains pensent même que le dépôt des communications individuelles porte atteinte à l'indépendance du pouvoir judiciaire.

    Cependant, il peut arriver par exemple, qu'une interprétation juridique touchant aux droits de l'homme émise par un tribunal ne concorde pas avec les normes internationales en la matière. Il peut aussi arriver que, du fait des manques des conditions complètes, l'intéressé ne puisse pas faire appel au jugement d'un tribunal. De plus, il est arrivé qu'un procès soit intenté au motif que les actes législatifs pour la garantie des droits de l'homme étaient insuffisants, mais en raison du pouvoir discrétionnaire du Législatif, il est souvent difficile à un tribunal d'ordonner des actes législatifs. Les exemples qui précèdent illustrent des cas dans lesquels il n'est pas possible de faire appel aux compétences d'un tribunal, et démontrent que l'importance du régime de dépôt des communications individuelles est considérable et qu'une rapide ratification du Protocole par le Japon est hautement souhaitable.

    Dès lors que les gens jouissent aujourd'hui d'une grande liberté de déplacement, il est indispensable qu'ils puissent avoir accès à la même garantie fondamentale des droits de l'homme, quelque soit le lieu où ils se trouvent, et c'est à ce titre que la reconnaissance des standards globaux est hautement souhaitable. Dans la mesure où le Japon figure parmi les grands pays développés, une politique conforme aux standards globaux est un élément indispensable pour pouvoir se présenter en Etat digne de confiance, et c'est à ce titre qu'il pourra se révéler en tant que leader de la société internationale.

Il semble qu'en France aussi l'introduction des standards mondiaux ou globaux nécessite du temps[14]. Par exemple, bien que l'assimilation des jugements de la Cour Européenne des Droits de l'Homme (CEDH) dans le contexte juridique national ne soit pas sans poser de problèmes, pour ce qui est des ajustements entre les traités internationaux et la Constitution, on peut dire que le contrôle préalable du Conseil Constitutionnel avant la ratification d'un traité international permet d'opérer un ajustement en stipulation. En outre, en France quand on explique la fonction juridictionnelle, il est devenu courant de se référer simultanément à la Justice en France et à la CEDH, ce qui permet de démontrer que sur ce plan, l'introduction des standards globaux est plus avancée en France qu'au Japon[15].

Conclusion

Au Premier Chapitre, j'ai traité de la révision de la Constitution au Japon qui prend appui sur la globalisation. On observe une démarche identique en France qui a déjà débouché sur plusieurs révisions de la Constitution, alors qu'au Japon, l'argument de la globalisation pour justifier la révision de la Constitution a servi de prétexte pour renforcer les tendances conservatrices. Dans le Second Chapitre, je me suis exprimée sur l'articulation des standards globaux et de la législation interne ou de la juridiction interne.

Lorsque je me suis rendue en France pour une année d'étude en 1979, à mon expérience, il existait seulement peu de cours de droit comparé dans les facultés de droit en France. Cependant, aujourd'hui en France on étudie activement les systèmes juridiques des autres pays, et la France joue un rôle important pour la construction de l'Europe. Ceci n'est pas sans rapport avec le fait que la France soit un pays «ouvert» sur les ressortissants étrangers (même si, dernièrement, la politique relative aux immigrés soit devenue plus sévère).

Paradoxalement, au Japon, le droit comparé a toujours occupé une place importante dans le cursus des étudiants en droit. Cependant, dans la réalité, le Japon n'est pas très dynamique lorsqu'il s'agit d'intégrer les standards globaux pour contribuer à la construction d'une société multinationale. Il est aussi vrai que rien n'a été entrepris pour faire connaître les aspects progressistes de la Constitution japonaise elle-même qui se prête particulièrement bien à l'intégration des standards globaux. Je souhaite vivement que l'on puisse tirer parti de nos échanges internationaux pour que nous puissions apprendre des aspects positifs du système juridique français, et en même temps redécouvrir avec vous les aspects positifs du système juridique japonais.

1 Masaaki MIYAI, Globalisation des activités économiques et mutations (Keizai katsudô no globalization to daï-hendô), *Hô-no-kagaku*, No.31, pp. 29-30.
2 Voir par exemple, John TOMLINSON, *Globalization and Culture*, Polity Press Cambridge, 1999.
3 Masaaki MIYAI, *op. cit.*, p.34.
4 Roland ROBERTSON, *Globalization : Social Theory and Global Culture*, Sage, 1992.
5 Naoki KOBAYASHI, *Les problèmes fondamentaux de la Constitution (Kenpô-gaku no kihon mondai)*,
    Yuhikaku, 2003, pp.438 et s.
6 Ryuichi OZAWA, Historique des recherches sur le système juridique des lois sur les situations d'urgence (Yuji housei kenkyu no kiseki), in «*Constitution et les lois sur les situations d'urgence*», numéro spécial de Hôritsu-jihô, 2002, p.67.
7 *Journal Asahi*, 12 septembre 2002.
8 Shirô OKUBO, Globalisation et sécurité (Globalization to anzen hoshô), in «*Constitution et les lois sur les situations d'urgence*», *op. cit.*, pp.290 et s.
9 Sous la direction d'Akio WATANABE et Jiro TSUCHIYAMA, *Gouvernance globale (Global governance)*, Tokyo Daigaku Shuppankai, 2001, p. 2.
10 *Ibid.*, p. 7.
11 Voir, Bérengère MARQUES-PEREIRA, *La citoyenneté politique des femmes*, Armand Colin, pp.77 et s.
12 Toshio FUJII, Interférences entre les droits de l'homme en tant que normes internationales et les droits de l'homme au plan de la législation interne (Kokusai-jinken to kokunai-jinken no kousaku), *Juristes*, No.1222, p.46.
13 *Ibid.*, p.47 et 48.
14 Pierre PACTET, *Institutions politiques, droit constitutionnel*, 19e éd., Armand Colin, 2000, p.538.
15 *Ibid.*, p.530 et s.

(Mamiko UENO)

第1章　基本権の一般理論の変容

基本権の移動と移入

I　はじめに

1．規範の移動 circulation と移入 transposition は密接に関連している。前者はとりわけ動き mouvement を示し，後者はおもにこの動きの結果あるいは到達点を連想させる。本報告の目的は進行中の諸変動の力学を浮き彫りにすることであるため，移動が分析の核心となる。

本報告は「基本権の一般理論の変容 mutation de la théorie générale des droits fondamentaux」と題される項目に組み込まれているが，私にこのような一般理論を構築しようという野心や意図があるわけではない。むしろ欧州人権条約と EU を含むヨーロッパ比較法の経験を活かし，その実行及び実定法の現状に即した体系化のようなことに専念することに努める。そのため私がいわんとすることはヨーロッパにのみ当てはまり，より範囲の広い体系化は他の結果を導くかもしれない。

2．一般に基本権は社会の価値のあらわれとして理解される。この意味で基本権は法文化を代表する。しかし，一方で，基本権は相互によく類似しており（それなら移動の必要性はあるのだろうか），他方で，現在でもいくつかの法思想の潮流及び比較法学者[1]は，文化の非還元性 irréductibilité しまいには比較法を行うことの実践的不可能性まで強調する。

ここで「文化」を定義することを望まずとも，法が文化に属し，法自体が文化の一側面となっていることを考慮にいれることができる。しかしながら，法学者と人類学者[2]が法文化を同じように理解しているわけではない。伝統的に国家を考察の枠とする法学者は，宗教，道徳，さらにある住民または社会的範

疇の人々に固有の生活様式のような他の諸体系に由来する諸規範を多かれ少なかれ無視しており，このことに現代的な諸変容の諸要因の一つがあると思われる。この点において実際の社会はさまざまな地位や集団によって細分化された法を有した中世を連想させる。それは国家以外の諸規範が「公的な officiel」法による考慮を必要とするからである。おおまかにいえば，現在では国家の内部にさえ文化多元主義の意識があるということができるだろう。

　基本権の法解釈はこの文化多元主義の特権的な表現の場の一つである。女性器切除や重婚，エホバの証人の輸血拒否，あるいはまたムスリムやユダヤ人による食に関する教えや宗教的な祝祭の考慮要求をどう考えるべきだろうか。

　このような要求は法廷にまで入り込み，そこではきまって基本権の普遍主義及び文化相対主義に関する議論が白熱する[3]。

　しかし，この議論についてのこれらの言葉は不適切に出されていないだろうか。なぜなら，人類学者が示唆するように法と文化の二つの現象が密接に相互関連しているように思われるにもかかわらず，結局のところ法と文化を対立的に考える法学者の伝統的な考え方がまさしく反映されているからである。

　3．それゆえ文化と法の間の密接な相互連結という考えが本報告の背景をなしている。したがって，法と基本権は文化多元主義と関係がある（ただしどの程度だろうか）ということになる。また，すでに強調したように，基本権はおおよそどこでも同じような表現で認められていることは確かである。基本権のこのような見方は，おそらくおもにヨーロッパの法的な諸体系の大部分の基礎である理想主義的な普遍主義に由来し，現在ではグローバル化に向けたより近年の変化によって著しく強化されている。グローバル化はまずおもに経済的なものであるが，基本権を含む法に及ぼす影響がなかったわけではない。移動はグローバル化のキーワードであり，人，物品，資本の移動が EU の基本的自由のひとつであることは偶然ではない。

　移動は，基本権の一般的承認にとどまらず（これについては，移動が基本権のなかでも最も古典的なものについて既に存在していることを述べた），基本権そのものにもあてはまる。移動はとりわけ新しい権利に関係するが，同様に，さらに

一般的な形で，その保護範囲及び制限のメカニズムにも関係する。諸権利の具体的な絡み合い articulation の問題を提起するのは後者であり，それは利害の対立及び法の抵触を明るみに出し，そのことによりとくに文化多元主義を示唆する。

　グローバル化は疑いなく基本権の移動の加速に寄与し，とりわけ次のような意識を媒介するものでもあった。つまり，文化と法体系の区分が時代遅れ（または一度も存在しなかった）であるという意識，そして，このような移動が偶然的であり，段階的な法の創造という中心的な考えを軸に秩序立てられていると信じられていた法的世界にこの移動が混乱を生じさせるという意識である。ここで私が展開したいのは，これら二つの点で動きが加速しているということである (I) が，基本権に及ぼす収斂 convergence 及び発散 divergence の作用は不確かである (II)。

II　加速された動き

　共同法 droit commun[4] または基本権の共同遺産 patrimoine commun[5] の出現が喚起され，規範の収斂または相互作用が強調され，国際裁判官及びとりわけヨーロッパの裁判官が国内で始まった訴訟に決着をつけることが「当然」と考えられるのは，規範的な諸体系が相互にかなり接近しており，ますます相互連結の対象になっているからである。進行中の諸変動の力学 (B) は，法及び社会のおもに固定的な見方に基づく 19 世紀及び 20 世紀の一時期に教示された古典的諸理論と好対照をなしている (A)。

A.　古典的諸理論の固定性

　1．これらの諸理論は文化を国民国家の枠と一体化するものと考える。よって，文化は均質で比較的固定的なもの，いずれにしても相互に還元できないものとして認識される。この結果，文化の出会いは衝突を生じせしめることになる。

　2．これらの分析は徹底して法体系を閉鎖的なものとみる。つまり，一元論

と二元論の対立はこのような基本的な収斂を隠蔽する。実際に，それぞれの法秩序は自足する完全な体系，つまり，排他的なものと考えられる。このことは法がその固有の形成規則と修正規則を整えていることに由来する。この種の分析はこの主題に関してなされたあらゆる古典的な研究の下地になっている。アンチロッチ，トリーペルまたはラーバントのような二元論者，ケルゼンまたはセルのような一元論者がこれにかかわる。したがって，法体系は自らが認めない他の法体系との関係を語らないことになる。

　他方でこれに加えて，法秩序は体系 système であるため，明確な構造にしたがう。この構造はあらゆる法秩序において本質的に同一である。それは階層の構造であり，諸規範の垂直的な秩序の構造である。この構造を最も見事に描いたのはケルゼンであるが，そこではあらゆる諸規範が根本規範——しかしながら，根本規範は法秩序の源泉であり，したがって，法秩序の外部かつ上位にあるため，仮説にすぎない——に由来する。もし法秩序がその区分とその階層化された構造によって定義されるならば，それぞれを識別するのは容易である。法秩序の同一性 identité は，諸規範に基づいて，より正確には，諸規範の根拠の起源によって定義され画定される。したがって，ある法秩序のさまざまな諸規範はこの点で共通しており，諸規範は当該法秩序の最高あるいは根本の規範からその妥当性のあらゆる根拠を引き出す[6]。このようにして，多様性 multiplicité は統一性 unité に還元され，この統一性は法秩序の同一性をなし，他の法体系から区別することを可能にするのである。

　このような法秩序に共通する諸特性の分析に基づき，論者が一元論者と二元論者のいずれを表明するかに応じて，国際法と国内法の関係に関して真っ向から対立する二つの帰結が導き出される。二元論者は国際法と国内法に二つの異なる法秩序及びそれにともなう帰結をみいだす。反対に，一元論者は二つの法が単一かつ同一の法秩序に属することを確認する。諸体系の関係に関するこのような対照的な考え方は根本的な二者択一，つまり，分離または統合に行き着く。このような考え方は次第に現実及び需要の観点から現実離れしていることが明らかになっていく。そのためこのような考え方はもはや実定法理論を説明

し，または敷衍するという法理論に不可欠な役割を果たすことはない。

B. 進行中の諸変動の力学

世界的なレベルでは，この力学及びそれがもたらす規範の移動はおもにグローバル化から生じる。国際法の憲法化 constitutionnalisation du droit international の現象はその例である。しかしながら，たとえば人権に関する二大条約の国内法への影響あるいはEUによって締結される対外協定にみられ，基本権の輸出 exportation の諸要因として考えられていたコンディショナリティ条項を参照するならば，その変動の大きさは相対的である。基本権の移動の大部分は，ここでは，とりわけ需要と供給の法則にしたがう制度化されない自発的な移動として分析される。

地域的なレベル，とくにヨーロッパでは，基本権の二大保護体系の発展，つまり，欧州人権条約CEDH及び欧州連合UEに依拠することができるために，この動きはより大きな広がりを獲得する。基本権の移動はここでは部分的に法的強制の領域に属し，保護体系に統合される。したがって，文化多元主義が法体系に及ぼす衝撃及び影響はより可視的である。

1. ここでは，この発展の歴史を描写するのではなく，二つの体系における基本権の移動の特徴を示すために重要だと思われるいくつかの点を引き出すに留める。

a) EUが超国家的な統合機構の例であるとしても，基本権は統合の主要な対象でも最重要なものでもない。しかし，基本権のますます広範な承認なしに経済統合が成し遂げられることはなかったということは重要である。したがって，基本権は今日では第一次法において重要な地位を占めている[7]。それは実際にEU基本権憲章の目的であり，リスボン条約はこの憲章に第一次法の価値を与えている[8]。この体系において確立された基本権は，連合の諸機関及び加盟諸国がEU法を適用する際に，尊重されなければならない。それゆえ諸国の国内法に義務を課す意図があるわけではない。この意味で，移動と移入はここではEU法に限られる。

しかし、その場合には、統合のメカニズム、とくに優位性原則及び先決裁定の制度が、その効力を発揮する。つまり、加盟諸国はヨーロッパの諸規範に優位性を与える義務があり、付託に基づいてEUの司法裁判所によって下される決定を国内訴訟に統合することを義務づけられる。確かに、諸国は常に求められる厳格さをもって優位性原則を適用するわけではない。とくに憲法が問題となっている場合はそうである。また確かに、国内裁判所がときに付託義務を免れることもある。それでもやはりその強制が強力であり、裁判を受ける権利 le droit au juge、救済を受ける権利 le droit de recours あるいは法的安定性 sécurité juridique のようないくつもの重要な諸権利の国内における確立に貢献したことに変りはない。

同様に、加盟諸国がヨーロッパ起源の諸権利を自らとりこみ、それらの権利を移入することを誘発するEU法から発現する伝播 contagion の効果についても指摘できよう。これはたとえばイギリス法における仮差止め sursis à exécution について生じた[9]。最後に、基本権の承認が権限の分配を修正しない場合でも、EUの司法裁判所がこれらの諸権利を尊重させるために、EUの権限の寛大な解釈を試みることも大いにありえる。

b）欧州人権条約の枠内での協力はこの体系とは明らかに異なる。基本権はここでは保護の主要な対象である。欧州人権裁判所が引き出す「最低基準」は国内法において直接的に締約国を義務づける。しかし、おもに古典的国際法に属するそれらの法的メカニズムはEUのそれよりも実効性が弱い。個人による申立ては単に宣言的な決定、違反の確認に行き着くことになるが、これはその結果について当該国に義務を課すものの、方法の選択については当該国に委ねるものである。この点において、フランスの学説が「既解釈事項の権威 l' autorité de chose interprétée」[10]と呼び、判決ではなく判例の効果にかかわり、それゆえ訴訟当事国を超越することになるものに関する議論は示唆的である。この議論は、国際法に由来する強制の相対的な弱さに光をあてると同時に、超越の意思、つまり欧州人権条約法が一種のヨーロッパ憲法 droit constitutionnel européen となるという熱望を示している[11]。

ここで移動と移入がこの体系の対象そのものをなしていることに変りはない。ここでなすことができる総括がここでも同様に対照的であるとしても，それでもやはり，公正な裁判，私的及び家族的な生活の尊重のような諸権利や積極的義務または比例原則のようなメカニズムがめざましい普及を遂げ，国内法の本質的な修正を導いたことに変りはない。

それゆえ，この点に関してまとめるなら，これらの二つの体系は，程度，頻度，影響において異なれど基本権の移動と移入に関わっているということができるだろう。他方で，この二つの体系は，EUが欧州人権条約に加入する場合，さらにいっそう重なり合う適性を備えている。いずれにせよ，この二つの体系は同一の文化的な文脈のなかに統合される。それゆえ文化と法の間の作用はそれぞれにかかわる。

2．人，物品，資本，思想の移動は基本権の移動に先行する。我々の時代はコミュニケーションの迅速さ，国際取引の発展，インターネットの飛躍的発展，そして戦争，自然災害，貧困による大量の移民から深い影響を受けている。これらの変化は我々がグローバル化[12]と呼ぶ経済及び社会の相互依存によって特徴づけられる状況を導き，一方では，国家の枠組みがその力及び排他性の一部を失い，他方では，法体系がますます頻繁かつ密接に接触する。そこから，とくに契約法の領域やテロとの闘いに関して観察されるような画一化uniformalisationの圧力が生じている。

a）法領域は，第二次世界大戦の終わりから，普遍主義，人権及び民主主義の尊重といった理想主義的な考えに取り組むことでこれらの変化に備えてきた。

というのも，ナチズムや全体主義に対する反動から，いっそう膨大な国際人権のカタログによって国内の基本権を「二重にするdoubler」ことを諸国が決定したのがこの時期であった。同様に，おそらくは予想されたもの以上に発展することになった欧州人権裁判所の裁判権を生み出したのもこの時代であり，同裁判所はヨーロッパの諸国において創設される憲法裁判所に対する「重複doublon」のように感じられる。基本権の領域において類似し同一でさえある

諸規範が増加することは価値の共同体 communauté de valeurs の出現を明示する。この共同体は国際法及びヨーロッパ法への国内法秩序の段階的な開放に寄与することになるが，このことが基本権の移動及び移入を促進させ，加速させることになる。

しかしながら，法はあらゆる分野において同じ速さで進むわけではなく，体系間の交流あるいは国内法の国際法への開放の速さは明らかに事実の変化より遅れている。古典的な理論は，二元論であれ一元論であれ，立憲主義と国際化の論理の間の矛盾を克服することができず，それぞれの法秩序が自らを最高で排他的なものと考えるからである。このような理論的な行詰りは多くの裁判所によって非常に実利的な形で回避されている。その方法は多数ある。国内法国際法との合致の推定はノルウェーの裁判官が国内法にまだ編入されていなかった欧州人権条約を適用することを可能にした。さらに，とりわけ南ヨーロッパにおけるように基本権の国内的なカタログを開放的なものとみなす実行，あるいは，欧州人権条約における私生活またはドイツにおける人格権のような残存する基本権 droits fondamentaux résiduels の概念は，裁判官が体系間関係にある当該実定法が許容すると思われる範囲を超えて国内秩序を開放することを可能にし，裁判官同士の対話による相互作用から真の司法的発展を導いた。

b）このような変動に由来する基本権の保護レベルは，経済的な交換の増加及び住民の移動と相俟って，「既成の」または公式の文化，つまり，国家機関によって定められる諸規範によって承認された文化に対する国内的な論争が頻発する原因となっている。これらの論争にさらに数の多い基本権の実定法解釈に関する異議が付け加えられる。マイノリティの権利の承認，平等及び差別禁止の原則がこの点で重要な手段としてあらわれる。

このようにして，グローバル化は地域的または文化的な特殊主義の相関的な強化をともなう。ヨーロッパ諸国の市民社会はもはや国家または民主主義の諸理論の形成のモデルとなった18世紀あるいは19世紀の市民社会と同じように均質的ではないように思われる。文化多元主義は可視的になり，国家的な規範体系と他の準拠に基づく諸体系との対立あるいは国家的な規範体系に対する国

内的な諸対立を引き起こしている。

この種の対立は，文化多元主義のあらわれであるが，基本権の移動に対する直接的な影響を及ぼす。しかし，このような移動はおもに偶発的な影響を生み出す。この移動に対応する体系間の諸交流は多かれ少なかれ無秩序な法的多元主義に類似しているように思われる。そして，その結果は不確かなものに思われる。

Ⅲ 予見不可能な結果について

共同法，共同遺産及び基本権の収斂は，上部から下部への一方通行の移動を連想させる。移動が収斂を，移動の欠如が発散を引き起こすと考える古典理論の二元論はこのような考えに着想を与える。また，諸規範の階層と法のおもに垂直的な理解のパラダイムはこのような結論に駆り立てる。しかし，基本権の移入の大部分がこの道筋を辿ることが確かであるとしても，移動は下部から上部へも向かいうる (A) のであって，移動が下向きの道筋を辿るとしても，その結果が収斂及び発散に関してますます予見不可能なものとなること (B) に変りはない。

A. 上向きの移動の増加

グローバル化と地域的特殊主義の強化の同時進行は文化多様性の尊重の要請を激化させ，上向きの移動を促す。

1. 年代順でいえば，このメカニズムはまず欧州人権条約の枠内で機能した。遵守とハーモナイゼーションを一貫してもたらすどころか，欧州人権裁判所の判決はしばしば抵抗を呼び起こした。ほぼすべての当事国は裁判所の判例について難題を有していた。オーストリアは，活動行政 administration active の幅広い権限が公正な裁判の要請を規定した欧州人権条約6条に直接的に違反するとされた[13]。イギリスは，その「法廷侮辱 contempt of Court」の幅広い考え方と表現の自由に関するいくつかの困難を経験した[14]。イタリアは，期間が合理的でないよう思われる多くの裁判で有名になった。フランスでは，破棄院

の法務官 avocat général, 及びとりわけ行政裁判所の政府委員 commissaire de gouvernement をめぐって問題が集中する[15]。ドイツでは, モナコ王女事件においてストラスブールの裁判所によって擁護された私生活及び出版の自由の考え方に対して最も激しい抵抗が表明された[16]。

一般的に, これらの抵抗は国家体系の核心あるいは最も敬うべき伝統の一部と判断されるものを保護する名目で表明された。当初は, ヨーロッパの裁判所の判決に対する服従拒否は紛争を引き起こし, 移動に歯止めをかけた。たいていの場合, これらの紛争は長期的には——しばしば相互主義的な譲歩により——解決されるが, 後のハーモナイゼーションのきっかけとなる。これは努力の末に獲得されるため強化されたハーモナイゼーションと形容することができる。それゆえ国家の抵抗の第一段階はむしろ古典的な分析の確認と結論づけられる。

2. 第二段階はその効果についていっそう複雑であることが明らかになる。この場合, EU の枠内では, EU の第一次法あるいは第二次法に対していくつかの憲法裁判所によって反論された憲法適合性の留保 réserves de constitutionnalité が問題となる。この動きはドイツ及びイタリアから生じ, 両国の裁判所はいかなる共同体規範であれ優位性を認めないであろうことをほのめかした。移動としてではなく国内法へのヨーロッパ法の介入 intrusion として感じられるものにたいする限度は, 憲法的同一性 identité constitutionelle の概念として, ドイツの場合より正確には連邦共和国憲法 79 条 3 項の憲法上侵しえないものの内容として表現された。これが有名な判例であるゾーランゲ第一決定 Solange I, ゾーランゲ第二決定 Solange II, マーストリヒト判決, バナナ市場規則決定である[17]。

このような判例は一勢力をなし, EU レベルにおいて共同体が基本権承認を速めるという形で追随されたばかりでなく, そのメッセージは水平的なやり方でさらに広められた。スペイン憲法裁判所[18] 及びフランス憲法院[19] はかなり迅速にこれに賛同し, 次いでデンマークの最高裁[20] が, そしてのちにチェコ[21] 及びポーランド[22] の裁判所が続いた。もちろん, これらの判決がすべて同じ効果を有しているわけではない。たとえばドイツ及びイタリアの留保は実質的な性

格をもつ。それゆえこれらの留保は憲法改正によってさえ克服されえない。これに対して、他の諸国においては、これらの留保は手続的な効果を有し、したがって、改正で排除することができる。

このような判決の広がりは加盟諸国が優位性に対して抱いている躊躇を強調する。このような躊躇はとくに欧州司法裁判所によるシンメンタール判決[23]において最も古典的な一元論の形で表明された。憲法、とくにその核心が問題とされるため、立憲主義の諸論理とヨーロッパ法の優位性の間の対立が湧出し、移動を麻痺させる。このような判例の成功は、リスボン条約が連合の基本原則のひとつとして国家的同一性 identité nationale を承認したことと相俟って、憲法適合性の留保の承認が共同法あるいはある種の「アキ・コミュノテール」[24]となりつつあるのかどうかという問題をさらに提起する。

現在のところ、これらのいかなる留保も国内法への共同体規範の導入に対する障害とはなっていない。しかし、もしこのようなことがあれば、その帰結の問題は丸ごと残る。EUが一歩引き、頑固な加盟諸国と妥協点を探ることも当然想像できるだろう。

3. EUが加盟諸国に対して自らが一元論者であることをはっきりと示すならいっそうの問題が提起される。EUは対外関係においてむしろ二元論の態度を採用している。例外として、第一審裁判所[25]がユス・コーゲンスに照らしてしか審査できないと判断した安全保障理事会[26]の諸措置があるが、これは国際的な局面に対する直接の介入となる。このことに関するカディ事件は、共同体法の参照による審査という路線をとる欧州司法裁判所の判決[27]とマデュロ法務官の意見[28]をもたらした。この考え方は固有の法秩序の基本原則に真っ向から反する法を適用することはできないことを意味する。そういうわけで、欧州人権裁判所がボスフォラス判決[29]においても頼りとした憲法適合性の留保が再び顔を出してくるのである。

同じように、ボスニア・ヘルツェゴビナの憲法裁判所は、上級代表による個別決定の審査を組織することが国家の積極的な義務であると判断した[30]。

このような形の上向きの移動は、基本権のハーモナイゼーションの伝統的な

評価を複雑にしているが，これは法的多元主義による分析に好意的な補足的要素のひとつとなる[31]。

国内の諸文化がもはや単一的ではなく多元的であるという事実を考慮するとき，問題はさらに複雑になる。優先することになる諸価値や基本権の移動についてはたして誰がどのように決定するのであろうか。

B. 下向きの移動の不確実性

ミレイユ・デルマス‐マーティは近年，秩序あるあるいは熟慮された多元主義 pluralisme ordonné ou raisonné を提唱している[32]。ほとんど知覚されず変化の只中にあると思われる情勢をこの言葉が整理しえているかどうかは確かではない。そういうわけで，本章では伝統的な秩序を混乱させるように思われるいくつかの諸要素を素描するにとどめる。これらの諸要素は，基本権の移動の考えに関係しており，移動の存在とその移動が生じさせる移入の大きさの双方に関係する。

1．移動の存在はEUのメカニズム内よりも欧州人権条約の保護メカニズム内でより不確実であるようにみえる。実際に，欧州連合の基本権はEU法にしか関係しない。それは欧州人権条約よりも均質的な枠組みであり，文化多元主義が共同体法に及ぼす影響はより小さい。共同体法の内容はおもに経済的な文脈に浸っているため，紛争により「技術的な technique」様相を与える。しかしながら，オメガ事件[33]では，欧州司法裁判所が加盟国の基本的価値である人間の尊厳を過小評価してしまうのをためらっているように感じられた。

しかしながら，欧州人権裁判所に提起された諸事件はこの点においてより重要であるように思われる。イスラムスカーフ[34]，芸術の自由[35]，家族観[36]，性的志向[37]に関する事件をどう考えるべきだろうか。これらすべての事件において，申立て人は国とは別の価値に依拠した。つまり，ヨーロッパの裁判所に提起されたのは国内の紛争であるといえる。

おおまかにいって裁判所は二つの態度を採用できる。訴訟上の必要に応じてつくりだした，あるいはすでに存在しているヨーロッパ基準[38]を参照すること

によって国内的紛争を解決するか，国の権限である評価の余地[39]を援用することによって選択を拒むかである。後者の場合，紛争を解決するのは国である。結局のところ，ここに示されているのはヨーロッパの自律的な概念に訴えるか国家の裁量権に託すかの二者択一である。それぞれの解決法のどちらを選択するかは主として経験的なものであると思われる。このような判例は大いに決疑論的な casuistique 様相を有しており体系化することはきわめて難しい。それでもあえて仮説を立てねばならないとすれば，私はその説明を基本権の移動現象に関係づけることを試みるだろう。ヨーロッパの裁判所は，何らかの動き，変動，移動を知覚したと思う時はいつも自律的な概念または最低基準に好意的な選択をする傾向があるといえるだろう。このことはとくに家族及び性的志向（トランスセクシャリティ，ホモセクシャリティなど）に関連する事件に当てはまる。その反面，そのような動きがまったくあるいは依然知覚できない場合や真正面からの抵抗にみまわれる場合には，裁判所は評価の余地の背後に閉じこもる方を選ぶように思われる。これはとくに胎児の生命の保護及び安楽死についてみられる。

　それゆえ文化多元主義に由来する紛争がヨーロッパレベルの解釈及び決定をもたらしうるほどに十分「機が熟して mûr」いるかどうかを決定するのは欧州人権裁判所であろう。このような解釈及び決定は，まず当事国を強制し，次いで，より正確に定義づける余地が残されているが，他の諸国を強制する。移動はそのときに始まる。しかし，このような仮説においてさえ，移動が完全な収斂や統一法 droit uniforme を導くとはいえない。なぜならば，それぞれの「解決法」は国家の文化的文脈に別々に組み込まれ，この文脈に没入しているからである。

　２．移入の大きさもまた不確実性に包まれている。この不確実性は，裁判所によって引き出される解決法が，歴史，法，文化及び文化的多元主義に特徴づけられる国内の文脈に浸漬 immersion していることに起因する。この国内の文脈に加え，この不確実性の要因としてヨーロッパの決定の内容及びその紛争解決能力が付け加えられるべきである。

したがって，ヨーロッパの判例の国内的な影響はパッチワークに似たものとなる。例を示して締めくくりたい。比例性の原則は，基本権に対してもたらされる国家による諸制約の評価における重要性が大きいが，この原則は加盟諸国によって最も多様な形で実施されている。ここでは上向きであり下向きでもある移動を対象とするが，ドイツはこの審査を生み出した国であり，めざす目的を達成するための措置の適性，措置の必要性（あるいはより柔軟な方法の存否），そして対立する諸利益間の衡量を区別することによって，一般的に細心綿密な形でこの原則を適用する。同じようにスイスでは，比例性の審査は明確な形でなされるが，とくにベルギーやフランスでは，この審査はしばしば明白な比例性の欠如 disproportion manifeste が存在しないことの確認にとどまっている。

ヨーロッパの判例が文化及び確固とした法的伝統に出会うとき，それはある種の国内的な順応 acclimation の影響を受ける。ヨーロッパ的な諸概念はよく利用されているがそこに実体はあるのだろうか。おそらく基本権の収斂はさらに深く分析されるべきだろう。

1) P. LEGRAND, *Le droit comparé*, PUF. Coll. Que sais-je?, n° 3478, 2ème éd., 2006.
2) N. ROULAND, *Anthropologie juridique*, PUF. Coll. Droit fondamental, 1988.
3) 例示にすぎないが以下があげられる。Conseil de l'Europe (éd.), *Universality of Human Rights in a Pluralistic World : Proceedings of the Colloquy organised by the Council of Europe in co-operation with the International Institute of Human Rights, Strasbourg, 17-19 April 1989*, N.P. Engel, 1990 ; E. BREMS, *Human Rights : Universality and Diversity*, Martinus Nijhoff Publishers, 2001 ; P. WACHSMANN, *Les droits de l'homme*, 4ème éd., Dalloz, 2002.
4) M. DELMAS-MARTY, *Pour un droit commun*, Seuil, 1994.
5) D. ROUSSEAU, «La notion de patrimoine constitutionnel européen», in Commission européenne pour la démocratie par le droit (éd.), *Le patrimoine constitutionnel européen, Actes du séminaire UniDem*, Editions du Conseil de l'Europe, 1997, pp. 16-37.
6) M. VIRALLY, «Sur un pont aux ânes : les rapports entre droit international et droits internes», Mélanges Henri Rolin, Pédone, 1964, p. 489 et M. VIRALLY, *La pensée juridique*, LGDJ, 1960.

7) J. RIDEAU, «Le rôle de l'Union européenne en matière de protection des droits de l'homme», *Recueil des cours de l'Académie de La Haye*, Volume 265 (1997), p. 9.
8) リスボン条約 6 条。
9) CJCE, 19 JUIN 1990, aff. C-213/89, *The Queen/Secretary of State for Transport, ex porte Factortame*, REC. I-2433.
10) J. ANDRIANTSIMBAZOVINA, *L'autorité des décisions de justice constitutionnelles et européennes sur le juge administratif français*, LGDJ. Bibliothèque de droit public tome 192, 1998, 3ème Partie notamment.
11) CEDH, Arrêt *Loizidou* du 23-3-1995 ; F. SUDRE, «Existe-t-il un ordre public européen?», in P. TAVERNIER (éd.), *Quelle Europe pour les droits de l'homme*, Bruylant, 1996, pp. 39-80.
12) Ph. MOREAU DEFARGES, *La Mondialisation*, PUF. Coll. Que sais-je?, n° 1687, 2008 ; I. KAUL, P. CONCEIÇÃO, K. LE GOULVEN, R. U. MENDOZA (eds.), *Providing Global Public Goods : Managing Globalization*, UNDP, OUP, 2003 ; A.-J. ARNAUD, *Critique de la raison juridique 2. Gouvernants sans frontières : Entre mondialisation et post-mondialisation*, LGDJ, Coll. Droit et société, n° 37, 2003.
13) とくに 1987 年 10 月 14 日の憲法裁判所判決（*Apothekenkammer et Miltner, EuGRZ* 1988 n° 7, p. 166）及び W. L. WEH による評釈（Der Anwendungsbereich des Art.6 EMRK–Das Ende des "cautious approach" und seine Auswirkungen in den Konventionsstaaten, *EuGRZ* 1988 n° 17/18, p. 433）を参照。
14) これらの諸問題については以下を参照。M. OETHEIMER, *L'harmonisation de la liberté d'expression en Europe : Contribution à l'étude de l'article 10 de la Convention européenne des droits de l'homme et de son application en Autriche et au Royaume-Uni*, Pédone, 2001.
15) B. GENEVOIS, «L'arrêt Kress de la Cour européenne des droits de l'homme», *RFDA* 9-10/2001 p. 997.
16) Arrêt de la CEDH (troisième chambre), affaire *von Hannover c. Allemagne*, n° 59320/00 du 24 juin 04. なお本判決は，1999 年 12 月 15 日のドイツ連邦憲法裁判所判決（BVerfG, 1 BvR 653/96）に「反する contre」ものである。
17) イタリアについては，1984 年 6 月 8 日の憲法裁判所判決（n° 170, *Granital v. Amministrazione delle Finanze, RTDE* 1985, p. 414）を参照。ドイツについては，1974 年 5 月 29 日のゾーランゲ第一決定（Solange I）は，BVerfGE 37, 271（仏語では，*RTDE,* 1975, p. 316），1986 年 10 月 22 日のゾーランゲ第二決定（Solange II）は，BVerfGE 73, 339（仏語では，*RTDE,* 1987, p. 537），1993 年 10 月 12 日のマーストリヒト判決は，BVerfGE 89, 155-213（仏語では，*RUDH*, 1993, pp. 286-292），2000 年 6 月 7 日のバナナ市場規則決定は，BVerfG, 7 juin 2000, *EuGRZ* 2000, p. 328

（仏語では，*RTDE,* 2001, p. 155）を参照。
18) スペイン憲法裁判所の 1992 年 7 月 1 日の宣言（*BJC* 135, 1992）。同宣言は，A. Castillo と J. Polakiewicz による詳細な評釈を添えて採録されている（*EuGRZ* 1993, p. 286 et 277）。また同宣言は仏語で評釈されている。F. Rubio Llorente, «La Constitution espagnole et le traité de Maastricht», *RFDC,* 1992, p. 651.
19) マーストリヒト第一判決（CC, 92-308 DC du 9 avril 1992），マーストリヒト第二判決（CC, 92-312 DC du 2 septembre 1992），マーストリヒト第三判決（CC, 92-313 DC du 23 septembre 1992），アムステルダム条約（CC, 97-394 DC du 31 décembre 1997），欧州のための憲法を制定する条約（CC, 2004-505 DC du 19 novembre 2004），欧州連合条約及び欧州共同体設立条約を修正するリスボン条約（CC, 2007-560 DC du 20 décembre 2007）。
20) マーストリヒト条約の憲法適合性に関する 1998 年 4 月 6 日の決定。抄訳は以下を参照。*EuGRZ* 1999, p. 49s. et note de R. Hofmann, p. 1.
21) US 50/04, 8 mars 2006.
22) P1/05, 27 avril 2005, OTK *ZU*, 4/A/2005/42 et K18/04, 11 mai 2005, OTK *ZU*, 5/A/2005/49.
23) CJCE du 9 mars 1978, Aff. 106/77, *Amministrazione delle Finanze dello Stato v Simmenthal SpA,* REC. 629.
24) C. GREWE, «The Relationship between the European Union and Member States in Constitutional Case Law. A Comparison between Western and Eastern Europe», in : C. BARNARD (ed.), *The Cambridge Yearbook of European Studies,* 2007-2008, Volume 10, Hart Publishing, 2008, pp. 189-198.
25) TPI, 21 sept. 2005, aff. T-306/01, *Yusuf et Al Barakaat International Foundation c/ Conseil et Commission ,* REC. 2005, II-3533 ; TPI, 21 sept. 2005, aff. T-315/01, *Kadi c/ Conseil et Commission,* REC 2005, II-3649.
26) 以下を参照。*Sécurité et Droits Fondamentaux : équilibre et déséquilibre dans l'application et le contrôle des décisions du Conseil de sécurité,* Colloque Nice, juin 2008（本研究集会に基づいて編まれた著書として，J. RIDEAU, C. GREWE, L. BALMOND, M. ARCARI (dir.), *Sanctions ciblées et protections juridictionnelles des droits fondamentaux dans l'Union européenne : Equilibres et déséquilibres de la balance,* Coll. Droit et justice, N° 92, Bruylant, 2010 がある）。
27) CJCE (Grande Chambre), 3 sept. 2008, Aff.jointes C 402/05 P et C 415/05 P, REC. I-06351.
28) Conclusions de l'Avocat Général P. Maduro, aff. C-402/05 P, *Yassin Abdullah Kadi c/ Conseil et Commission,* 16 janv. 2008, REC. I-06351.
29) CEDH, Affaire *Bosphorus Airways c. Irlande,* 30 juin 2005, requête n° 45036/98.

30) AP 953-05, 7 juillet 2006.
31) F. OST, M. van de KERCHOVE, *De la pyramide au réseau? : pour une théorie dialectique du droit,* Publications des Facultés universitaires Saint-Louis, 2002.
32) M. DELMAS-MARTY, *Le pluralisme ordonné. Les forces imaginantes du droit* (tome 2), Ed. du Seuil, 2006.
33) CJCE, du 14 octobre 2004, aff. C-36/02 *Omega Spielhallen- und Automatenaufstellungs GmbH / Oberbürgermeisterin der Bundesstadt Bonn.*, REC. I-09609.
34) とくに以下を参照。l'arrêt de la CEDH, Grande Chambre du 10 novembre 2005 dans l'affaire *Leyla Sahin c/ Turquie*, requête no 44774/98.
35) とくに以下を参照。l'arrêt de la CEDH, *Müller c/ Suisse* du 28 avril 1988, n° 25/1986/123/174.
36) たとえば, l'arrêt de la CEDH du 13 juin 1979, dans l'affaire *Marckx c/ Belgique*, série A n° 31.
37) たとえば, l'arrêt de la CEDH du 26 octobre 1988, dans l'affaire *Norris c/ Irlande*, jugée série A n° 142.
38) F. SUDRE, «Le recours aux 'notions autonomes'», in F. SUDRE (dir.), *L'interprétation de la Convention européenne des droits de l'homme,* Bruylant, 1998, p. 93.
39) F. TULKENS, L. DONNAY, «L'usage de la marge d'appréciation par la Cour européenne des droits de l'homme : Paravent juridique superflu ou mécanisme indispensable par nature?», *Rev. sc. crim. et drt. pén. comp.*, 2006, p. 3 ; P. Mahoney, "Marvellous Richness of Diversity or Invidious Cultural Relativism?", in *Human Rights Law Journal*, 1998, No. 1, p. 1.

（コンスタンス・グレーヴ＝稲木　徹）

La portée du principe d'égalité ou de non-discrimination dans l'ordre juridique japonais*

Avant-propos

À compter de l'époque moderne, le constitutionnalisme, associé à la protection des droits fondamentaux et à la démocratie, assure l'égale liberté des êtres humains. Le constitutionnalisme implique, en principe, que *tous les êtres humains ont la même valeur*, et *l'État de droit est tenu* de les traiter avec impartialité[1].

Quoique de même valeur, les droits fondamentaux varient de différentes manières. Jugeant uniquement sur les apparences, il est impossible que deux hommes soient identiques de la tête aux pieds. En effet, ils divergent tant du point de vue objectif que subjectif : selon les circonstances, selon leurs goûts, les conditions économiques et culturelles, etc. D'où il suit que, conformément au principe d'égalité, l'État ne traite pas machinalement tous les êtres humains dans tous les cas de la même manière, mais il ne leur garantit qu'un traitement *relativement* égal : la règle d'ARISTOTE reste donc en vigueur : «*que doit être traité de manière égale ce qui est considéré comme égal, et que doit être traité différemment ce qui est considéré comme différent*»[2].

Ce qui compte, ce n'est pas une notion matérielle, absolue et fixe de l'«égalité» ou de la «discrimination». Le caractère *relatif* du principe d'égalité nécessite plutôt une mise en question *individuelle* de la situation *différente* et *distincte* des individus, qui fait l'objet d'une *comparaison*, et permet (conformément au principe d'égalité) ou ne permet pas (non-conforme au principe et jugée discriminatoire) un traitement impartial de ces individus : l'égalité (poursuivie) ou la discrimination (interdite) est ainsi déterminée au cas par cas, en tenant compte de la *relation* entre des individus[3].

Tout en présupposant qu'il est, en principe, interdit, le principe d'égalité permet un traitement inégal, à la condition qu'il soit bien fondé et précis.

Il exige qu'un fondement suffisamment juste et clair soit démontré chaque fois qu'un traitement impartial est mis en œuvre[4], et que ce traitement inégal doit être mis en œuvre « également » dans chaque cas équivalent.

Égalité et inégalité (=discrimination) constituent *toujours*, en effet, les deux faces d'une même médaille. L'acte juridique de l'État est donc un acte déterminant un traitement égal, *en même temps* qu'il détermine une mesure inégale=discriminatoire. Un tel acte de « différentiation » s'impose chaque fois que le traitement égal (=généralisation) est allé trop loin. Ce qui est le cas, par exemple, de la protection d'un droit subjectif comme le droit à la liberté. En revanche, dans le cas où une mesure discriminatoire (=différentiation) se révèle injuste, on peut utiliser une procédure juridictionnelle, en invoquant le principe d'égalité (ou le droit à l'égalité), et demander à l'Etat de prendre une mesure convenable. La distinction entre égalité/discrimination est donc en même temps une distinction entre généralisation/différentiation concernant une décision étatique.

Or, le principe d'égalité présuppose un acte ou un système quelconque. Il se distingue sur ce point du droit à la liberté : il présuppose une application concrète de cet acte ou ce système aux individus. Contrairement au droit à la liberté, le principe d'égalité ne garantit pas aux individus l'accomplissement/ l'inaccomplissement d'une certaine activité, mais il ne prend en considération que le moyen d'application des décisions, actes ou certains systèmes étatiques. Un individu, traité inégalement, peut recourir à la justice pour faire modifier cet acte ou le système, en arguant de la violation du principe d'égalité. En ce sens, le principe d'égalité se montre comme un « droit » à l'égalité[5].

J'aimerais aborder également, ci-dessous, l'interprétation et la jurisprudence relative au principe d'égalité dans la Constitution japonaise (I), et la relation entre « égalité formelle » et « égalité substantielle » en saisissant le principe d'égalité dans le contexte temporel (II).

I – Principe d'égalité et « différentiation »

A. L'interprétation du 1er alinéa de l'article 14 de la Constitution japonaise de 1946

Le premier alinéa de l'article 14[6] de la Constitution japonaise postule que « *tous les nationaux sont égaux devant la loi. Ils ne sont pas discriminés par leur race, leur croyance, leur sexe, leur statut social ou par leur origine familiale, dans les relations politiques, économiques ou sociales».*

Selon la doctrine généralement admise, le principe d'«égalité» énoncé par cet article est avant tout relatif[7]. La doctrine relève ainsi que, tout en interdisant une discrimination arbitraire, la différence de traitement juridique ne constitue pas une violation du principe d'égalité, tant qu'il y a une relation *raisonnable, du point de vue commun de la société,* entre la différence de traitement accordée par la loi (par exemple, les différences de taxe et de sanction pénale) et la différence réelle et substantielle (par exemple, la distance qui sépare les riches des pauvres, et le caractère des coupables)[8].

La Cour Suprême adopte aussi ce critère dit «de rationalité» et constate, du point de vue de l'égalité relative, qu' «une différence de traitement fondée sur un motif raisonnable ne constitue pas une violation de l'article 14 de la Constitution». Le premier alinéa de l'article 14 «n'interdit qu'une discrimination sans motif raisonnable», étant admis qu'une distinction juridique, motivée par l'existence d'une différence réelle du point de vue de la situation économique, sociale, etc. de chaque individu, est admissible tant que ce motif est raisonnable[9]. Citant cette jurisprudence de la Cour Suprême[10], la doctrine explique aussi que l'article 14 n'interdit, «à la lumière des idées démocratiques et individualistes, qu'une discrimination déraisonnable»[11].

La doctrine courante constate que la dernière partie du premier alinéa de l'article 14 interdisant la discrimination sur la base de cinq motifs, concrétise la première partie qui annonce le principe d'égalité, et que ces motifs sont énumérés ici pour exemple[12]. En effet, cette constatation rend le principe d'égalité théoriquement très important, puisqu'il s'applique non seulement aux cas relatifs à ces cinq motifs mais aussi aux autres cas, qui peuvent concerner enfin la totalité du système juridique japonais.

Dans les premières années après la mise en application de la Constitution, cet article a été interprété comme n'étant pas opposable au pouvoir législatif : il a été interprété que l'article 14 n'exigeait que «l'égalité d'application» de la loi, et non pas «l'égalité dans le contenu» de la loi. Aujourd'hui, la plupart des doctrines et la jurisprudence reconnaissent sa valeur contraignante à l'encontre du pouvoir législatif, car «la Constitution japonaise fixe une distinction qualitative entre la Constitution et la loi, et qu'elle reconnaît le système du contrôle de constitutionnalité des lois, et qu'elle garantit les droits humains en interdisant leur violation par n'importe quel pouvoir étatique, y compris le pouvoir législatif»[13].

B. Le critère de «rationalité»

Il est difficile de distinguer le traitement «raisonnable» de la discrimination «déraisonnable» dans un cas concret. Comme nous l'avons mentionné ci-dessus, on ne peut pas déduire une notion fixe et unique du mot «égalité» et la distinguer de l'état discriminatoire comme étant antinomique. C'est donc au jugement de la Cour que nous devons confier cette distinction entre «raisonnable» et «déraisonnable».

En ce qui concerne le critère du contrôle de constitutionnalité, la doctrine adopte le «standard double». Sur la base de ce standard, un critère plus sévère de la constitutionnalité est utilisé pour la restriction de la liberté spirituelle et le droit de vote, par rapport à la restriction de la liberté économique : pour la restriction de la liberté spirituelle, il faut, en principe, examiner si l'objet de la loi est indispensable et si le niveau de la restriction à la liberté est retenu au minimum. Par contre, en ce qui concerne les autres problèmes, notamment à propos de la loi réglant la liberté économique dans un but positif, le juge s'en rapporte au jugement du Gouvernement, et en ce qui concerne le contrôle de la constitutionnalité de cette loi, un critère peu sévère est adopté : une relation «raisonnable» est recherchée entre le but de la loi et le moyen utilisé pour obtenir ce but. Dans l'affaire dite «impôt des salariés», il a été constaté que l'ancienne loi sur un impôt sur le revenu imposait l'impôt injuste aux salariés par rapport aux exploitants. La Cour Suprême a jugé que l'établissement de cette loi est confié au jugement politique du pouvoir législatif et qu'«on ne peut pas nier sa rationalité, sauf si le moyen de la distinction adoptée par la loi est manifestement déraisonnable par rapport au but recherché par cette loi» ; comme cela n'est pas le cas en l'espèce, la loi n'est pas jugée contraire à la Constitution[14].

En ce qui concerne les motifs énumérés dans la dernière partie du premier alinéa de l'article 14, la doctrine constate que «la discrimination faite par ces motifs est, en principe, déraisonnable à la lumière de l'idée de démocratie et que, au cas où la constitutionnalité de cette discrimination se verrait mise en question, il serait alors convenable d'adopter un «critère rigoureux» exigeant d'examiner si le but de la loi est inévitable et indispensable, ou bien, un «critère de rationalité rigoureux» exigeant d'examiner l'importance du but poursuivi par la loi».

Soulignons pourtant qu'aucun de ces critères de «rationalité» n'est à l'abri d'une décision arbitraire. On peut estimer que la liberté économique n'est pas toujours inférieure à la liberté spirituelle (de conscience), et que, dans certains cas, la discrimination fondée sur des motifs autres que la race, la croyance, le sexe, le statut social et l'origine familiale, est tout aussi voire même plus grave encore que la discrimination issue de ces cinq motifs.

En jugeant la «rationalité», la Cour Suprême n'adopte pas nécessairement les mêmes critères que la doctrine. En fait, en appréciant la «rationalité» de la discrimination, la Cour laisse très souvent au législatif une grande marge d'appréciation[15]. Si la Cour continue de laisser une telle discrétion au législatif, le principe d'égalité risque de perdre toute sa valeur constitutionnelle, ne liant aucunement le pouvoir législatif.

C. Le critère de la distinction au moment de la comparaison

Comme mentionné ci-dessus, le litige relatif à l'égalité concerne une comparaison entre personnes relevant d'une certaine catégorie. Le principe d'égalité est un principe relatif qui s'applique dans le cadre de la comparaison de l'un à l'autre. Pourtant, ce critère variable concernant la similitude des choses est si complexe qu'il varie non seulement suivant le type d'objet, mais aussi à propos d'un seul type d'objet : similitude et différence cohabitent de façon complexe par rapport à chaque type d'objet[16].

Nous allons maintenant aborder les décisions de la Cour Suprême et des tribunaux inférieurs concernant le droit des étrangers et le système du mariage au Japon.

1. Le droit des étrangers

a) Selon la jurisprudence de la Cour Suprême, «les droits fondamentaux garantis par la Constitution s'appliquent également aux étrangers résidant au Japon, sauf les droits qui par leur nature,... sont destinés aux nationaux». Pourtant, la Cour laisse en même temps une «grande» marge d'appréciation au Ministre de la Justice, avançant que «les droits fondamentaux ne sont garantis aux étrangers que dans le cadre du système de contrôle d'entrée et d'immigration» et que «même si, pendant leur séjour, leurs conduites relèvent de la protection des droits fondamentaux garantie par la Constitution, on ne peut pas, de ce seul fait, considérer que ledit étranger jouit du droit de voir sa conduite non prise en compte comme un facteur négatif, au moment du renouvellement de son permis de séjour »[17].

b) Dans une affaire soulevée par une ressortissante américaine, mariée à un japonais, mère, et résidant au Japon depuis 9 ans à l'époque des faits, la Cour Suprême admit la pertinence, « du point de vue commun de la société », de la décision du Ministre de la Justice qui avait refusé sa demande de ré-entrée. Ce refus était motivé par le fait que la requérante avait refusé de laisser ses empreintes digitales, alors qu'il s'agissait d'une procédure obligatoire imposée aux étrangers résidant au Japon par l'ancienne Loi d'Enregistrement des Etrangers[18]. Observons que ces arrêts sont basés sur la « nationalité » des personnes. Pourtant, du point de vue du principe d'égalité, la Cour aurait pu sous-distinguer les étrangers. Plus précisément, parmi ces personnes qui n'ont pas la nationalité japonaise, elle aurait pu distinguer entre ceux qui s'installent au Japon et y vivent à titre principal, de ceux qui n'y restent qu'une courte période.

c) En revanche, à propos d'une affaire concernant le droit de vote aux élections municipales d'un Coréen ayant obtenu le droit de résidence permanente, la Cour Suprême jugea comme suit : « l'article 93, alinéa 2[19] de la Constitution ne garantit pas aux étrangers un droit de vote aux élections municipales. Mais il est convenable d'interpréter le texte du chapitre 8 sur l'autonomie locale comme garantissant un système politique dans lequel, en se soumettant à la volonté des habitants, il appartient à la collectivité locale elle-même, de régler les affaires publiques ayant des relations étroites avec la vie quotidienne des habitants de la région. Pour le règlement de telles affaires, la Constitution n'interdit donc pas que des mesures soient prises par la loi, reflétant la volonté de certains étrangers, soit ceux résidant au Japon, ou ayant des relations étroites avec la collectivité locale de la région qu'ils habitent comme, par exemple, les résidents permanents ». La Cour jugea cependant que « la décision de prendre de telles mesures relève de la politique législative, aucune question d'inconstitutionnalité ne se voyant soulevée, même en l'absence de telles mesures »[20]. En ce qui concerne l'objet de comparaison, cet arrêt distingue les étrangers ayant un droit de résidence permanente de ceux qui ne l'ont pas. La Cour Suprême a ainsi jugé qu'il n'est pas contraire à la Constitution d'accorder, par la loi, le droit de vote aux premiers.

2. La pertinence des mesures discriminatoires – La protection des relations familiales

a) L'article 733 du Code Civil fixe une «période d'interdiction de remariage» qui interdit uniquement aux femmes de se remarier pendant les *«6 mois après la dissolution ou l'annulation du mariage précédent»*. La Cour Suprême a admis la rationalité de ce texte, puisque son objectif est «d'éviter la superposition de paternité et de prévenir le conflit paternel». Elle a accordé de l'importance aux relations familiales et a jugé que le texte ne violait pas l'article 14 de la Constitution[21]. Pourtant la pertinence de ce texte est douteuse, d'autant plus que le texte n'étend la restriction de la liberté de remariage qu'aux femmes. Le texte peut être estimé contraire à la Constitution, puisque l'article 24 de la Constitution prévoit que *«le mariage est fondé uniquement sur le consentement mutuel des deux époux»* et ne permet pas la restriction de la liberté de mariage en dehors de la volonté des deux époux[22].

b) À propos du paragraphe 4 de l'article 900 du Code Civil, qui n'accorde à l'enfant naturel qu'une moitié de la part héréditaire, à la différence de ce qui est reconnu aux enfants légitimes, la Cour décida que cette disposition était conforme à la Constitution et que «le fondement de cet article est raisonnable». Elle a tenu compte de son objectif «de respecter, à la fois, enfant légitime et enfant illégitime pour reconnaître à ce dernier la moitié de la part héréditaire du premier, respectant l'équilibre entre le respect du système du mariage et la protection des intérêts de l'enfant illégitime». Ce faisant, la Cour a distingué les enfants dont les parents sont mariés, d'avec les enfants dont les parents ne le sont pas. En «favorisant» les premiers, elle a jugé conforme à la Constitution un système qui protège indirectement la relation familiale basée sur le mariage[23].

c) Observons que l'arrêt du 4 avril 1973 de la Cour Suprême[24] déclare contraire à la Constitution pour la première fois un texte de loi, soit l'article 200 du Code Pénal. Cet article aggravait la peine applicable au crime de parricide et imposait la réclusion criminelle à perpétuité ou la peine de mort. La Cour n'a pourtant jugé cette disposition contraire à la Constitution que parce que le choix de la peine était restreint. Elle déclara conforme à la Constitution l'objectif du texte, soit le maintien du «respect», de «l'affection naturelle» envers l'ascendant, et d'une «morale naturelle». D'après la Cour Suprême, ces objectifs méritent protection par le Code Pénal.

3. Dans le domaine de la protection du droit de vivre

a) Une veuve souffrant de troubles visuels et touchant une pension pour handicapés, réclama des allocations familiales, puisqu'elle élevait un enfant. Mais sa demande fut refusée, au motif que la Loi sur les Allocations Familiales interdisait toute double prestation. La requérante argua donc de l'irrationalité de la discrimination opérée par cette loi, disant qu'elle discriminait entre les bénéficiaires de pensions et ceux qui ne le sont pas. Pourtant, la Cour jugea que la discrimination n'était pas déraisonnable, tenant compte de la grande marge d'appréciation du législatif[25].

La Cour Suprême tend ainsi à reconnaître très largement le caractère raisonnable d'un traitement discriminatoire ayant pour objectif de protéger une relation familiale. Et, du fait qu'elle reconnaît au législatif une grande marge d'appréciation à propos du droit de vivre, elle a tendance à l'admettre aussi pour l'application du principe d'égalité dans le même domaine.

4. Les décisions des tribunaux inférieurs

Tandis que la Cour Suprême accepte largement le pouvoir d'appréciation du pouvoir législatif, les tribunaux inférieurs ont rendu un certain nombre d'arrêts en sens contraire.

a) Concernant l'article 3 de la Loi sur le Dédommagement d'Accident d'Automobile, la Cour d'Appel de Tokyo reconnut que constituait une discrimination «déraisonnable» le fait de calculer différemment selon le sexe le montant du gain perdu causé par le décès. En fait, selon les termes de la loi, le montant du gain perdu du fait du décès d'une fille est calculé sur la base du salaire moyen de toutes les salariées, tandis que pour le décès d'un garçon, le montant du salaire moyen de tous les salariés - masculins et féminins - est utilisé pour le calcul. Le montant alloué pour une fille est inférieur à celui alloué pour un garçon. La Cour jugea qu'«il est absolument déraisonnable de ne considérer que le sexe, dont les données statistiques sont relativement faciles à établir, et de négliger tous les autres attributs, pour prévoir la future possibilité d'un enfant», et qu' «il s'agit d'une discrimination par sexe sans motif»[26].

b) Dans l'affaire «foyer de jeunes», le directeur du foyer, en appliquant la règle «une chambre, un sexe», refusa l'utilisation par un groupe d'homosexuels. La Cour d'Appel de Tokyo reconnut que ce refus d'utilisation constituait une discrimination «déraisonnable». Elle précisa que «la règle 'une chambre, un sexe'est une coutume sociale présupposant l'utilisation par des hétérosexuels. En ce qui concerne la demande d'utilisation par des homosexuels, le directeur aurait dû tenir suffisamment compte de leur particularité, c'est-à-dire des désavantages graves occasionnés par l'application de cette règle aux homosexuels. En refusant totalement le logement des homosexuels, il a effectivement, et par conséquent, injustement restreint le droit d'utilisation des homosexuels»[27]. Selon cette décision, les mesures prises par le directeur étaient illégales en ce qu'il a appliqué la règle présupposant uniquement une certaine catégorie de personnes (les personnes hétérosexuelles), sans aucune adaptation au moment de loger des personnes appartenant à une autre catégorie, et qu'il a refusé totalement le logement de ces personnes. Le principe d'égalité exige donc la reconnaissance égale d'un droit aux individus, dans le respect de leurs attributs (ou particularités)[28].

c) La Loi sur la Pension Nationale, adoptée en 1959, (ancien article 80) distinguait le montant de la pension vieillesse selon qu'il s'agissait de pensionnaires mariés ou non-mariés, le montant alloué aux premiers étant moindre. S'agissant d'une mesure de suspension d'une partie de l'allocation des personnes mariées, le tribunal de la région de Tokyo jugea que le Gouvernement, en prenant cette mesure, «n'échappe pas au reproche d'avoir ignoré les conditions réelles des personnes âgées pour des raisons financières d'État. Cette mesure est contraire au premier alinéa de l'article 14 en ce qu'elle traite différemment des personnes âgées mariées sans aucun motif raisonnable de discrimination»[29].

La garantie d'égalité formelle entre personnes «socialement et économiquement faibles» doit être discutée séparément de la garantie d'égalité substantielle des faibles. Il s'agit ici d'une différence «formelle» de traitement entre les faibles, et non d'une différence tenant à l'état réel du droit social.

5. Le revirement de la jurisprudence tenant compte de l'écoulement du temps

Comme mentionné ci-dessus, l'appréciation de l'égalité peut varier selon le critère fixé pour la comparaison, et cette différence d'appréciation de l'égalité est allé jusqu'à justifier par le passé l'esclavagisme[30]. En fait, l'appréciation d'un état d'égalité, tout en étant contraire à la discrimination, peut varier selon le pays et la période historique. La distinction égalité/discrimination relève de la distinction entre ceux qui ne le sont pas. C'est justement pour cette raison que la distinction doit être juridiquement définie par des lois et des ordonnances, ou par des juges, en tenant compte des changements dans l'appréciation du critère de comparaison et de la relation entre les êtres humains.

a) Un arrêt important garantit l'égalité de vote aux ressortissants japonais résidant à l'étranger[31].

Étant donné que l'article 42 de la Loi sur l'Election Publique «limitait» l'électorat aux nationaux «enregistrés sur la liste électorale», et que cette liste électorale est établie sur la base d'une adresse domestique, les ressortissants japonais résidant à l'étranger, n'étaient pas inscrits sur la liste, et ne pouvaient donc pas exercer le droit de vote. Un dédommagement a été réclamé à l'État par des ressortissants japonais résidant à l'étranger, arguant que cette mesure violait le principe d'égalité en matière de droit de vote. La Cour Suprême, dans un arrêt du 14 septembre 2005, citant l'article 44 de la Constitution relatif au principe de non-discrimination concernant la fixation de la condition d'éligibilité[32], déclara qu' «il est convenable d'interpréter que cet article garantit l'occasion de vote aux nationaux, pour consolider» le droit de vote «garanti comme un droit propre aux nationaux» par le premier alinéa de l'article 15 de la Constitution. La Cour déclara également qu' «il est, en principe, interdit de restreindre le droit de vote des nationaux ou son exercice» et que la restriction du droit de vote, y compris l'infraction par omission d'un acte législatif, constitue une violation de la Constitution, «sauf le cas où il serait pratiquement impossible ou extrêmement difficile d'assurer l'équité de l'élection sans restreindre le droit». La Cour a ainsi admis la responsabilité de l'État, et cela au motif qu'à partir de 1998, vue l'évolution des moyens de communication, «on ne peut plus constater qu'il est extrêmement difficile de transmettre des informations sur les candidats aux élections» aux ressortissants japonais résidants à l'étranger. Cela veut dire que *la situation qui soutenait la rationalité de la mesure discriminatoire est devenue dénuée de tout fondement au cours du temps.*

Or, en ce qui concerne l'abolition jusqu'en 1975 du système du vote à domicile des handicapés graves, la Cour Suprême n'a pas admis la responsabilité de l'État dans son arrêt de 1985, en raison de la marge d'appréciation reconnue au législatif[33].

b) L'article 2, n°1 de la Loi sur la Nationalité, prescrit qu'un enfant dont «*la nationalité du père ou de la mère est japonaise au moment de sa naissance*», acquiert la nationalité japonaise. L'enfant né de parents non mariés acquerra la nationalité japonaise si le père a légitimé l'embryon. En revanche, dans le cas où la légitimation est faite après la naissance, la nationalité ne sera pas accordée, puisque la condition requise par l'article 2 de la Loi de Nationalité ne sera pas remplie[34]. D'un autre côté, le premier alinéa de l'article 3 prescrit que «*l'enfant de moins de 20 ans qui a été légitimé par le mariage de ses parents ou par la légitimation, si le père ou la mère avait été japonaise lors de sa naissance, si l'un ou l'autre l'est à présent... acquiert la nationalité japonaise*». Parmi les enfants légitimés, ce sont donc uniquement ceux légitimés après la naissance et dont les parents ne sont pas mariés, qui n'acquièrent pas la nationalité japonaise. Le Tribunal jugea qu'il y avait eu violation de l'article 14 de la Constitution. La Cour Suprême jugea le 22 novembre 2002[35] que le motif avancé par les textes était raisonnable parce qu'«il est préférable que l'acquisition de la nationalité soit réglée avant la naissance de l'enfant».

En revanche, dans l'arrêt du 4 juin 2008, en ce qui concerne l'article 3, alinéa 1 de la même Loi sur la Nationalité, la Cour Suprême reconnut que le texte violait le principe d'égalité de l'article 14, alinéa 1 de la Constitution. Elle précisa comme suit : « Bien qu'on puisse reconnaître la rationalité de l'objectif même de la distinction[36], *la connexité raisonnable a été perdue entre cette distinction et l'objectif* du fait du changement des conditions sociales à l'intérieur et à l'extérieur de notre pays, etc. Soulignons que le texte de l'article 3, alinéa 1 de la Loi sur la Nationalité impose aujourd'hui des conditions excessives et déraisonnables à l'acquisition de la nationalité. En outre, concernant ladite distinction, étant donné qu'il y a une autre distinction (fondée sur l'article 2, alinéa 1 de la Loi sur la Nationalité), la loi provoque un traitement discriminatoire extrêmement défavorable aux enfants illégitimes qui n'ont été légitimés qu'après leur naissance par le père de nationalité japonaise. On *ne* peut *plus* admettre la connexité raisonnable entre cette distinction et l'objectif susmentionné de la loi, même en tenant compte du pouvoir discrétionnaire accordé au législatif de fixer les conditions d'acquisition de la nationalité »[37].

c) Le jugement au niveau inférieur a également reconnu la responsabilité de l'État fondée sur la négligence du législatif. Conformément à la Loi sur la Pension Nationale révisée en 1980, la pension de base d'infirmité est allouée aux non-étudiants handicapés avant l'âge de vingt ans, sans distinction relative à la qualité d'assuré ou de non-assuré, tandis que les « étudiants » handicapés avant l'âge de vingt ans ne se voient pas allouer de pension s'ils n'étaient pas assurés. L'affaire fut portée devant le Tribunal de la Région de Tokyo, et la conformité avec l'article 14 de la Constitution mise en cause. Le Tribunal jugea que « la loi elle-même est contraire à la Constitution, en ne prenant aucune mesure pour allouer une pension aux étudiants non-assurés. En laissant subsister un tel état discriminatoire, une situation d'illégalité a été créée en raison de la négligence du législatif »[38]. La décision a déclaré que *les faits qui soutenaient la constitutionnalité de la loi en 1959, l'année de promulgation de la loi, avaient déjà tous disparu*, et que l'irrationalité de la loi seule a été révélée. En d'autres termes, le Tribunal a accordé de l'importance au fait que l'« idée reçue » qui fondait la loi en 1959 n'existait plus. Cette décision, comme l'arrêt précité de la Cour Suprême concernant le droit de vote des nationaux résidant à l'étranger, est digne d'attention en ce qu'elle reconnaît l'inconstitutionnalité de la négligence du législatif et la responsabilité de l'État, se fondant sur la perte de rationalité de la loi au fil du temps. C'est un bon exemple qui nous montre que la façon d'appliquer le principe d'égalité change au cours du temps.

II – Égalité formelle et égalité substantielle

A. Le devoir de traiter différemment ceux qui sont différents

Selon la doctrine généralement admise, le développement du capitalisme au 19ème et au début du 20ème siècle, « l'égalité formelle (égalité des chances), qui traite juridiquement tous les individus de la même manière et qui protège leurs activités libres a, comme résultat, paradoxalement entraîné en réalité une situation d'inégalité entre les individus ». C'est ainsi que dans l'État-providence ou l'État social du 20ème siècle, « *plus de protection* des faibles socio-économiques et *la garantie de leur liberté et de leur vie* sont devenus nécessaires ». L'égalité poursuivie ici est donc substantielle (égalité de résultat)[39].

Cette notion de l'égalité substantielle nous révèle que la « discrimination » interdite par le principe d'égalité n'est pas seulement formelle, mais toute discrimination substantielle est également interdite. En ce qui concerne le principe d'égalité, « le traitement différent des situations non comparables ne permet pas de conclure automatiquement à l'existence d'une discrimination. Une apparence de discrimination du point de vue formel peut tout aussi correspondre à une absence de discrimination du point de vue substantiel ». Par contre, l'absence de la discrimination formelle peut entraîner une discrimination substantielle. *« La discrimination substantielle aurait consisté à traiter soit de manière différente des situations similaires, soit de manière identique des situations différentes »*[40]. Le principe d'égalité formelle interdit donc non seulement une distinction arbitraire mais il condamne aussi *de ne pas distinguer* arbitrairement les situations différentes. L'aspect substantiel du principe d'égalité exige donc de « traiter de manière différente » « ceux qui sont différents », soit ceux appartenant à certaines catégories ou remplissant certaines conditions[41].

Or, se basant sur l'exigence du principe d'égalité substantielle, l'objet de la protection de l'État (les faibles socio-économiques) ne peut pas être saisi comme un objet absolu ou fixe. N'importe quel individu, dans certaines conditions, peut devenir l'objet de la protection. Certes, il est fort probable que ceux appartenant à certaines catégories, comme les handicapés, les mineurs, les personnes âgées, les malades, les indigents, etc., soient inclus parmi les « faibles socio-économiques », mais cela ne signifie pas nécessairement qu'ils le seront constamment, ou bien, au contraire, cela ne signifie pas non plus nécessairement qu'ils ne le seront que temporairement. « Le droit de vivre » est un droit qui garantit à ces personnes une protection spéciale de l'État, temporaire ou constante, jusqu'à ce qu'ils retrouvent leur capacité de participer aux systèmes socio-économiques.

Se fondant sur ces exigences de l'égalité substantielle, les trois mesures concrètes appliquées juridiquement au Japon sont les suivantes : l'interdiction de la discrimination indirecte, les mesures d'amélioration positive, la protection du droit de vivre.

1. L'interdiction de discrimination indirecte

On parle de discrimination indirecte lorsqu'on se trouve face à un résultat inégalitaire produit par l'application d'une règle ou d'une habitude dont le contenu est apparemment neutre par rapport à ce résultat inégalitaire[42]. Si, par exemple, dans une entreprise l'un des deux travaux de même valeur n'est effectué quasiment que par des femmes, et l'autre n'est effectué que par des hommes, et s'il y a une différence de rémunération entre ces deux travaux, même directement établie en dehors de toute distinction de sexe, lorsqu'une telle différence se rattache pratiquement à une discrimination fondée sur le sexe, elle constitue une discrimination indirecte.

Cette notion a été intégrée lors de la révision de «la loi pour l'égalité des chances devant l'emploi entre hommes et femmes»[43].

2. Les mesures d'«amélioration positive»

Les mesures d'amélioration positive sont des mesures «*visant à promouvoir l'égalité des chances entre hommes et femmes, en particulier en remédiant aux inégalités de fait qui affectent les chances des femmes*». Ce sont des mesures qui, «tout en étant *discriminatoires selon leurs apparences, visent effectivement à éliminer ou à réduire des inégalités de fait*»[44].

En ce qui concerne la discrimination indirecte, mentionnée ci-dessus, *il n'y a pas de discrimination du point de vue formel*. Mais puisqu'elle sous-entend un but discriminatoire, et qu'*une situation discriminatoire existe en réalité*, la mesure d'interdiction est prise pour résoudre cette situation discriminatoire dans le présent.

Par contre, l'objectif des mesures d'amélioration positive est de remédier à l'inégalité dans le futur, tout en prenant des mesures formellement discriminatoires dans le présent. Ces mesures sont prises dans le but *de parvenir à l'égalité matérielle dans le futur*, en acceptant *la discrimination formelle* (discrimination directe) *dans le présent*. L'interposition du temps, du présent au futur, caractérise ces mesures. Ces mesures seront prises au cas où la priorité est donnée à l'égalité formelle dans la situation présente, et par conséquent une discrimination substantielle ne serait pas résolue.

Ce qui les distingue des mesures de discrimination indirecte. La caractéristique essentielle des mesures d'amélioration positive est d'établir un système qui, en partant de la situation discriminatoire du présent, permet de *prévenir* le futur et de *rénover* la situation. Puisqu'un tel processus a pour but d'obtenir des résultats dans le futur, les mesures discriminatoires formelles doivent être retirées dès que le but est atteint, et que la situation discriminatoire réelle a disparu. En ce qui concerne l'évaluation du résultat, il faut bien entendu que l'effectivité des mesures soit évaluée et examinée à plusieurs reprises.

Selon la doctrine dominante, les mesures d'amélioration positive étant des mesures *dérogatoires* au principe d'égalité, « elles peuvent être interprétées de façon stricte ». La doctrine insiste sur le fait que ces mesures sont prises uniquement quand la mise en œuvre effective des droits d'une certaine catégorie d'individus est *considérablement* affectée par des conditions socio-économiques, ou quand existe une nécessité *pressante* pour la réalisation de l'égalité de résultat. Les mesures sont prises seulement quand existent un fondement et un but raisonnables d'employer des moyens raisonnables, se fondant sur l'article 14[45]. Il n'est pas question que des mesures discriminatoires du point de vue formel soient prises arbitrairement, mais en même temps il faut prendre garde qu'une interprétation trop stricte ne détourne l'objectif des mesures.

3. La protection du droit de vivre

Si les mesures d'amélioration positives sont des mesures formellement inégalitaires, appliquées temporairement pour remédier à une situation présente d'inégalité formelle, et *réaliser l'égalité formelle dans le futur*, le droit de vivre est un droit qui se rapporte aux mesures d'aide formellement inégalitaires, dans le but de sauver des personnes dont la vie est menacée par une « différence » comparativement importante, du fait de mesures formellement égalitaires.

Le point de savoir si ce droit est ou non un droit subjectif est discuté mais, selon la doctrine généralement admise, il s'agit d'un droit abstrait que la loi vient concrétiser.

Les mesures concrètes prises sont évaluées en fonction de leur utilité présente pour la protection du droit de vivre. Aussi longtemps qu'un certain degré de différence subsiste, les mesures concrètes seront renouvelées pour cette raison seule.

Le droit de vivre garantit une vie « matérielle et culturelle » (art. 25 de la Constitution japonaise). Pourtant, selon la doctrine courante, les mesures concrètes doivent être prises par le législatif. Reste à savoir si l'on peut définir les mots « vie matérielle et culturelle », si les mesures prises par la loi entreront dans le champ de la Constitution et enfin, au cas où des mesures suffisantes ne seraient pas prises, si une telle négligence pourrait théoriquement être mise en cause.

B. La signification de l'égalité substantielle accordée par la doctrine et par la jurisprudence

La signification accordée par la doctrine dominante au principe d'égalité substantielle est assez imprécise. Selon elle, l'article 14 « accorde de l'importance à l'égalité substantielle » et « donc, pour réaliser l'égalité substantielle, il y aura des cas où des lois qui restreignent l'égalité formelle seront jugées conformes à la Constitution ». Mais, ajoute la doctrine, « un devoir juridique d'État de réaliser l'égalité substantielle ne découle pas tout de suite du principe d'égalité », parce que « le principe d'égalité » est un principe essentiellement formel[46]. Par conséquent, les nationaux n'ont pas le droit de demander à l'État de rectifier l'inégalité économique actuelle, en se fondant sur l'article 14. « La réalisation de l'égalité substantielle se borne à *une obligation politique* » de l'État[47]. D'après la doctrine, c'est un problème qui concerne la protection des droits sociaux, qui se rapporte à l'article 25.

L'article 25 alinéa 1 de la Constitution stipule que « *toute personne a droit au maintien d'un niveau minimum de vie matérielle et culturelle* ». Le deuxième alinéa de l'article 25 stipule que « *dans tous les aspects de l'existence, l'État s'efforce d'encourager et d'améliorer la protection et la sécurité sociale, ainsi que la santé publique* ».

D'après la doctrine le contenu de cet article étant abstrait et imprécis, il est difficile de dégager directement de cet article un droit de demander une aide spécifique à l'État. La doctrine courante explique que c'est par l'intermédiaire de la loi que le droit de vivre devient un droit concret. C'est-à-dire, l'article 25 n'impose à l'État un devoir juridique de réaliser le droit de vivre que « par l'intermédiaire de la loi et du budget ». Pourtant, même si le législatif néglige de s'acquitter de ce devoir, il existe de nombreux problèmes procéduraux pour soulever devant le tribunal une action déclaratoire d'inconstitutionnalité du fait de négligence[48].

La Cour Suprême, adoptant une attitude plus passive, a jugé que « l'article 25 alinéa 1 se borne à déclarer le devoir politique de l'État de diriger la politique nationale pour que la nation puisse s'assurer un niveau minimum de vie matérielle et culturelle. L'article 25 n'accorde pas directement un droit concret à chaque national» et l'appréciation du contenu d'«un niveau minimum de vie matérielle et culturelle» est confiée à «la discrétion du ministre de la Santé»[49].

Dans une affaire précitée concernant la loi sur des allocations familiales, interdisant une prestation double[50], le Cour Suprême a jugé que le contenu d'«un niveau minimum de vie matérielle et culturelle» «doit être jugé en corrélation avec le niveau de la culture, des conditions économiques et sociales, des circonstances de la vie des nationaux en générale et l'état des finances publiques, etc.». Concrètement, «on ne peut pas négliger la situation financière de l'État et un jugement politique fondé sur des considérations hautement professionnelles et techniques sont nécessaires» et donc «un grand pouvoir discrétionnaire sera accordé au législatif pour décider des mesures législatives à prendre».

Le «droit de vivre», pour les nationaux, n'est donc pas un droit positif de demander à l'Etat de les faire vivre. La vie ou la mort du peuple sont plutôt laissées à la discrétion du législateur ou du ministre de la Santé publique.

Depuis ces arrêts, la protection du droit de vivre est remise à la discrétion du ministre de la Santé ou du législatif, et le droit de vivre est devenu un droit insuffisant en tant que droit constitutionnellement garanti. «Le droit de vivre» n'est ainsi pas un droit positif permettant aux nationaux de revendiquer une certaine activité pour vivre ; davantage, le choix entre la vie et la mort est laissé au jugement du ministre ou du législatif.

C. La politique néo-libérale et une garantie creuse du droit de vivre

Examinons les lois récentes, fondées sur cette position négative du droit de vivre, du point de vue de l'égalité.

D'après une analyse de l'OCDE faite en juillet 2006, le taux de pauvreté[51] enregistré au Japon place le pays juste après les États-Unis.

Néanmoins, le gouvernement japonais continue non seulement de négliger la situation, mais aussi de réduire le budget de la sécurité sociale, et de faire avancer la réforme de la sécurité sociale pour combler les finances déficitaires[52]. Les prestations de la sécurité sociale ont été ainsi réduites, alors que les primes des assurances sociales se sont vues relevées, et la contribution des usagers alourdie. Cette situation a aggravé l'inquiétude pesant sur la vie quotidienne des personnes à faibles revenus. La garantie du droit de vivre est devenue ainsi de plus en plus « creuse ».

1. La forte dégressivité des primes de couverture sociale des personnes âgées

En 2000, une nouvelle Loi sur la Couverture Sociale des Personnes Dépendantes est entrée en vigueur, la prime étant mise par ailleurs à la charge des nationaux âgés de plus de 40 ans. Or, le montant de la prime étant en principe fixé, la loi a créé une forte dégressivité de la charge, la plus lourde étant donc supportée par des plus pauvres. Le Gouvernement retient la prime même sur la pension des petits rentiers, dont le montant de la pension ne dépasse pas même 15,000 yens par mois, et sur l'épargne des personnes âgées sans revenu ni pension : c'est ce que l'on appelle la « retenue spéciale ».

Plusieurs actions ont été introduites devant les Tribunaux, à Hokkaidô et à Osaka, mais ces derniers ont rejeté la prétention d'inconstitutionnalité[53]. Dans une affaire sur la responsabilité de l'État dénonçant l'illégalité de la mesure mettant la prime de couverture sociale à la charge des personnes n'ayant que des revenus faibles, ainsi que la retenue spéciale, la Cour Suprême a jugé qu'aucune de ces mesures ne violait ni l'article 14, ni l'article 25 de la Constitution[54].

2. Le principe de la contribution selon l'usage, introduit par la loi sur l'assistance pour l'indépendance des handicapés

La réforme de la sécurité sociale a renforcé les charges des usagers de services *indépendamment du montant de leurs revenus*.

Le système d'assurances sociales et le principe de contribution selon l'usage ont été introduits, en avril 2000, par le service social des personnes âgées, par la Loi sur la Couverture Sociale des Personnes Dépendantes. L'usage du service social des handicapés a été ensuite modifié englobant le même principe. Surtout, la Loi de 2006 sur l'Assistance pour l'Indépendance des Handicapés obligea ces derniers à payer 1% des frais de certains services sociaux, quelque soit leur niveau de vie ou d'infirmité. Les handicapés qui n'ont pas les moyens de payer ces charges sont parfois même obligés de décliner l'usage de services. Les handicapés les plus pauvres et ceux se trouvant dans un état plus grave, soit ceux qui ont le plus grand besoin de services, sont les premiers à décliner.

Selon l'investigation faite par le Ministère de la Santé, de l'Emploi et de la Protection Sociale, dans les 6 mois après la mise en vigueur de la loi, presque 1,600 personnes ont cessé d'utiliser ces services, plus de 4,000 personnes se voyant contraintes de réduire la fréquence d'utilisation.

3. Contrainte de travail au nom de l'assistance pour l'«indépendance»

Dans le domaine de l'aide sociale, «l'assistance pour le travail» a été renforcée étant donné l'augmentation du nombre de ménages placés sous la protection. Dans chaque collectivité locale, le «programme d'assistance pour l'indépendance» a été mis en œuvre depuis avril 2005. Se conformant à ce programme, les collectivités locales ne fournissent l'allocation aux résidents que s'ils n'ont pas la capacité de travailler. Au Japon, depuis 2005, *l'exploitation de la capacité pour le travail est la condition de la protection*. L'aide sociale n'est donc allouée qu'aux personnes n'ayant pas la capacité de travailler. Les collectivités locales forcent les gens physiquement capables à travailler, et ce quelque soit le salaire ou la stabilité du travail. En réalité, les personnes sans domicile fixe n'intéressent pas les entreprises, et ne peuvent donc espérer sortir de l'indigence dans laquelle elles se trouvent. Circonstances individuelles de nécessité, par exemple en matière de puériculture ou de soins à un malade, ne seront pas prises en compte. De plus en plus de gens se retrouvent aux abois et parfois se donnent la mort.

En juillet 2007, un homme, alors âgé de 52 ans, qui avait été «obligé» de décliner l'aide sociale selon le conseil opiniâtre du bureau de bienfaisance, a été trouvé un mois après sa mort, seul, dans son appartement de Kokura, dans l'arrondissement Kita (au nord), à Kita-kyûshû.

La réforme de la sécurité sociale aujourd'hui oblige les personnes âgées et même les personnes handicapées à une charge ou un travail excédant leur capacité, sous le nom d'«assistance pour l'indépendance». Considérant que le droit de vivre est essentiellement un droit accordé aux personnes incapables de se rendre «indépendantes», la contradiction est évidente. La politique de la couverture sociale du Gouvernement, en fin de compte, exclut de l'allocation ceux qui ne sont pas capables de se rendre indépendants : ceux qui ont le plus besoin d'aide.

Au niveau universel, l'égalité condamne un traitement impartial = discriminatoire. Pourtant, étant donné que le principe d'égalité est un principe qui exige un traitement relativement égal, il doit être appliqué en tenant compte des attributs (ou caractéristiques) de chaque individu. Le principe d'égalité se fonde en fait sur une certaine distinction entre les êtres humains dans toute leur diversité, et il faut considérer même la possibilité de sous-distinction.

L'égalité substantielle est requise quand l'égalité formelle n'est pas substantiellement assurée, ou quand le droit de vivre de certaines personnes ne peut pas être protégé par l'égalité formelle. Or, les deux types d'égalité, substantielle et formelle, ne sont pas nécessairement antagoniques.

La politique récente du Gouvernement japonais concernant la sécurité sociale, a introduit des mesures d'égalité formelle. Ce qui a rendu nécessaire l'adoption de mesures positives d'aide vis-à-vis de certains faibles socio-économiques. Cependant, le Gouvernement n'a pris aucune mesure pour les protéger, et la vie des faibles a été encore davantage menacée par des mesures dont l'adoption tient au déficit budgétaire. Le droit de vivre est essentiellement un droit qui revendique «des mesures formellement inégales». L'objectif de ce droit de vivre, assuré par l'idée d'égalité réelle ou matérielle, est de protéger des personnes socialement ou économiquement défavorisées. Il sera donc la négation même du droit d'imposer l' «indépendance» aux plus faibles socio-économiques et d'établir un principe de contribution selon l'usage des services sociaux.

Restons conscients du fait que le principe d'égalité peut «rejeter les gens dans la mort» au lieu de les «faire vivre»[55], si l'on ne tient compte de sa figure polyédrique.

1   Ce droit est assuré aux êtres humains par nature et du seul fait d'être humain. Empruntant le mot de HART, on promet ainsi de rester fidèle au principe exigeant que tous ceux qui peuvent être regardés, à première vue, comme un homme ont qualité pour se voir traité de la même manière. Le principe d'égalité présuppose aujourd'hui non seulement des individus «naturels», comme ceux de la première période de l'époque moderne, mais aussi des êtres «sociaux», chacun ayant ses traits spécifiques, et étant donc «différent» des autres. Voir H. L. A. HART, *Hô no gainen* (Le concept de droit), traduction par Mitsukuni YAZAKI, Misuzu-shobô, 1976, p. 172-183.

2   ARISTOTE, *L'Ethnique à Nicomaque*, tome I, 2ème partie, introduction, traduction et commentaire par René Antoine GAUTHIER et Jean Yves JOLIF, Publication Universitaires, Louvain & Béatrice-Nauzelaerts, Paris, 1970, p. 129. «...Si les individus ne sont

pas égaux, ils ne recevront pas des parts égales. C'est bien de là que viennent les querelles et les récriminations, quand des individus égaux possèdent ou se voient attribuer des parts inégales, ou que des individus qui ne sont pas égaux reçoivent des parts égales» (livre V, chapitre III). Selon M. COHEN-JONATHAN, c'est justement parce que chacun est différent que l'égalité prend tout son sens. G. COHEN-JONATHAN, «Universalité et singularité des droits de l'homme», *RTDH*, 2003, vol. 53, p. 12.

3   ARISTOTE, *op. cit.*, p. 128-130. «Or, la notion d'égal ne peut se réaliser que s'il y a au moins deux termes. Mais il est nécessaire, -cela ne fait pas de doute, -que le juste soit à la fois milieu et égal, d'une part, et, d'autre part, relatif, c'est-à-dire juste *pour certains individus*... Or, la notion de juste implique elle aussi quatre termes et quatre au moins, et le rapport est le même dans chaque groupe de deux termes ; en effet, les longueurs représentant les personnes et les parts sont divisées de façon semblable».

4   Pour le Doyen VEDEL, «l'égalité ne pouvant s'entendre que» comme «toutes choses égales d'ailleurs, quelles sont ces «choses» dont il est légitime de tenir compte pour autoriser des traitements différenciés ?». G. VEDEL, «Préface» in P. DELVOLVÉ, *Le principe d'égalité devant les charges publiques*, Paris, LGDJ, 1969, p. XIII.

5   La question de savoir si l'égalité est un «droit» ou un «principe» fait débat. Nous ne développerons pas ici cette question, mais nous en tiendrons tout simplement à l'expression «droit d'égalité» telle que définie ci-dessus. V. sur ce point, Miyoko TSUJIMURA, *Josei to jinken* (Les femmes et les droits de la personne humaine), Nihon-hyôronsha, 2000, p. 188-191.

6   La Constitution contient d'autres dispositions, sur le principe d'égalité, portant sur divers domaines concrets. Il s'agit de l'article 24 sur l'égalité des deux sexes dans la vie familiale, l'article 26 sur l'égalité de l'éducation, et l'article 44 sur l'égalité en matière de conditions d'éligibilité et d'électorat.

7   Nobuyoshi ASHIBÉ, *Kenpô* (Droit constitutionnel), 4ème éd., Iwanami-shoten, 2007, p. 126.

8   *Ibid*. Le principe d'égalité, sous-entendant la «différence» existant entre des individus, touche aussi à l'article 13 de la Constitution qui énonce que *«Tous les citoyens devront être respectés comme individus»*.

9   Cour Suprême, 5 décembre 1995, *Hanrei-jihô* (Actualité de jurisprudence), no. 1563, p. 81. Cet arrêt admet la constitutionnalité de l'article 733 du Code Civil qui interdit aux femmes de se remarier dans les 6 mois suivant le divorce. Cet arrêt a été vivement critiqué par la doctrine. V. par exemple, TSUJIMURA, *op. cit.*, p. 197-199.

10 Voir aussi, Cour Suprême, Grande Chambre, 5 juillet 1995, *Minshû* (Recueil de jurisprudence civile), vol. 49, no. 7, p. 1789. Cet arrêt admet la constitutionnalité de la distinction d'héritage entre enfants légitimes et illégitimes, fondée sur l'article 900, para. 4.

11 ASHIIBÉ, *op. cit.*, p. 127.

12 *Ibid.*, p. 127.

13 *Ibid.*, p. 125.

14 Cour Suprême, Grande Chambre, 27 mars 1985, *Minshû* (Recueil de jurisprudence civile), vol. 39, no. 2, p. 247.

15 Par exemple, dans l'affaire «*Horiki*», la Cour Suprême confie une grande discrétion au pouvoir législatif à propos de droit de vivre ainsi que de principe d'égalité. V. Cour Suprême, Grande Chambre, 7 juillet 1982, *Minshû* (Recueil de jurisprudence civile), vol. 36, no. 7, p. 1235.
16 HART, *op. cit.*, p. 172-183.
17 Cour Suprême, Grande Chambre, 4 octobre 1978, *Minshû* (Recueil de jurisprudence civile), vol. 32, no. 7, p. 1223.
18 Cour Suprême, 16 novembre 1993, *Shûmin* (Recueil de jurisprudence civile), vol. 166, p. 575.
19 L'article 93, alinéa 2 : «*Les principaux administrateurs de toutes collectivités locales, les membres de leurs assemblées et tous autres agents locaux que la loi pourrait prévoir, sont élus au suffrage universel direct, dans le cadre des diverses communautés*».
20 Cour Suprême, 28 février 1995, *Minshû* (Recueil de jurisprudence civile), vol. 49, no. 2, p. 639.
21 L'arrêt précité de la Cour Suprême, 5 décembre 1995, *Hanrei-jihô* (Actualité de jurisprudence), no. 1563, p. 81 (voir supra note 9).
22 V. TSUJIMURA, *op. cit.*, p. 198.
23 La décision de la Cour Suprême, Grande Chambre, 5 juillet 1995, *Minshû* (Recueil de jurisprudence civile), vol. 49, no. 7, p. 1789.
24 Cour Suprême, Grande Chambre, 4 avril 1973, *Keishû* (Recueil de jurisprudence pénale), vol. 27, no. 3, p. 265.
25 Cour Suprême, Grande Chambre, 7 juillet 1982, *Minshû* (Recueil de jurisprudence civile), vol. 36, no. 7, p. 1235.
26 Cour d'Appel de Tokyo, 20 août 2001, *Hanrei-jihô* (Actualité de jurisprudence), no. 1757, p. 38.
27 Cour d'Appel de Tokyo, 16 septembre 1997, *Hanrei-Times* (Jurisprudence Times), no. 986, p. 206.
28 Le principe d'égalité se rapporte dans ce sens au principe du respect des individus tel que déclaré par l'article 13 de la Constitution.
29 Tribunal de la Région de Tokyo, 15 juillet 1968, *Gyôshû* (Recueil de jurisprudence administrative), vol. 19, no. 7, p. 1196.
30 HART, *op. cit.*, p. 172-183.
31 Cour Suprême, Grande Chambre, 14 septembre 2005, *Minshû* (Recueil de jurisprudence civile), vol. 59, no. 7, p. 2087.
32 L'article 44 stipule que «*les conditions d'éligibilité des deux Chambres et de leurs électeurs sont fixées par la loi*», et qu'une «*discrimination basée sur la race, la croyance, le sexe, le statut social, l'origine familiale, l'éducation, la propriété ou le revenu*» est interdite.
33 Cour Suprême, 21 novembre 1985, *Minshû* (Recueil de jurisprudence civile), vol. 39, no. 7, p. 1512.
34 Suivant les termes de l'article 784 du Code Civil, mais à la différence de l'interprétation proposée de la Loi sur la Nationalité, la légitimation rétroagit à la naissance de l'enfant.

35 Cour Suprême, 22 novembre 2002, *Saibansho jihô* (Actualité de la Cour), no. 1328, p. 1.
36 C'est-à-dire, la prévention d'une acquisition par simulation de la nationalité.
37 Cour Suprême, Grande Chambre, 4 juin 2008.
38 Tribunal de la Région de Tokyo, 24 mars 2004, *Hanrei-jihô* (Actualité de jurisprudence), no. 1852, p. 3.
39 ASHIBÉ, *op. cit.*, p. 123.
40 Voir CJCE, 13/63, *Italie v. Commission* [1963] *Recueil* p. 337, 4A. Sur le principe d'égalité dans la jurisprudence de la Cour de Justice des Communautés Européennes, voir Rémy HERNU, Principe d'égalité et principe de non-discrimination dans la jurisprudence de la Cour de Justice des Communautés européennes, LGDJ, 2003 ; Noriko OFUJI, « Byôdôgenri, sabetsukinshi gensoku no shatei –ôshûshihôsaibansho no handan wo daizaini– (La portée des principes d'égalité et d'anti-discrimination dans la jurisprudence de la Cour de Justice des Communautés Européennes) », in *Kenpôshosô to kaikenron* (Phases constitutionnelles et la théorie de la révision constitutionnelle), Keibundô, 2007, p. 141-164.
41 Selon le Conseil Constitutionnel français, le principe d'égalité consiste à ce « qu'à situations semblables, il soit fait application de solutions semblables », sachant qu' « il n'en résulte pas que des situations différentes ne puissent faire l'objet de solutions différentes » (CC, 12 juillet 1979, no. 79-207 DC, *Rec.* 31). Le Conseil Constitutionnel juge aussi que le principe d'égalité « ne s'oppose pas à ce que le législateur règle de manière différente des situations différentes » (CC, 9 janvier 1990, no. 89-266 DC, *Rec.* 15 ; CC, 16 janvier 1986, no. 85-200 DC, *Rec.* 9). Le Conseil Constitutionnel ne considère donc pas comme une obligation de traiter différemment ceux qui sont différents. Le Conseil d'État juge aussi que « le principe d'égalité n'implique pas que des entreprises se trouvant dans des situations différentes doivent être soumises à des régimes différents » (CE, 28 mars 1997, *Société Baxter, RFDA*, 1997, no. 3, p. 450). Voir F. LUCHAIRE, « Un Janus constitutionnel : l'égalité », *RDP*, 1986, p. 1243 ; Edouard DUBOUT, *L'article 13 du traité CE*, Bruylant, 2006, p. 335-340.
42 Hajimé YAMAMOTO, « Réflexion sur la notion de discrimination en droit japonais », in Miyoko TSUJIMURA et DANIÈLE LOCHAK (dir.), *Égalité des sexes : la discrimination positive en question*, Société de législation comparée, 2006, p. 100.
43 Cette loi exige des exploitants « *de donner des chances égales aux travailleurs/travailleuses quel que soit leur sexe au moment du recrutement et de l'embauche* » (art. 5). « *Les exploitants ne doivent pas prendre des mesures... de recrutement et d'embauche, en imposant des conditions qui peuvent avoir substantiellement un effet discriminatoire fondé sur le sexe, sauf s'il y a une nécessité indispensable ou une raison raisonnable* » (l'art. 8).
44 CJCE, C-450/93, *Eckhard Kalanke v. Freie Hansestadt Bremen* [1995] *Rec.* I-3051, 18. Au Japon, les mesures de discrimination positive sont adoptées par la loi-cadre dite « sur la société de participation égale des hommes et des femmes » (1999).
45 V. Miyoko TSUJIMURA, *Kenpô* (Le droit constitutionnel), 3ème édition, Nihonhyôronsha, 2008, p. 184-185.
46 ASHIBÉ, *op. cit.*, p. 124.

47　*Ibid.*
48　*Ibid.*, p. 254.
49　Cour Suprême, Grande Chambre, 24 mai 1967, *Minshû* (Recueil de jurisprudence civile), vol. 21, no. 5, p. 1043.
50　L'arrêt précité (voir supra note 25) du Cour Suprême, Grande Chambre, 7 juillet 1982, grande chambre, *Minshû* (Recueil de jurisprudence civile), vol. 36, no. 7, p. 1235.
51　Soit le taux de la population des travailleurs dont le revenu annuel disponible n'atteint pas la moitié du revenu moyen.
52　Voir, sur ce sujet, les articles dans *Gendaishisô* (Revue de la pensée d'aujourd'hui), vol. 35, no. 11, Seidosha, 2007, surtout celui de Shûhei ITO, Shakaihoshô kaikaku niyoru futan, jiritsu no kyôsei (Contrainte de charges et d'indépendance par la réforme de la sécurité sociale), p. 177-191.
53　Tribunal de la Région d'Asahikawa, 21 mai 2002, *Chingin to shakaihoshô* (Le salaire et la sécurité sociale), no. 1335, p. 58 ; Cour d'Appel de Sapporo, 28 novembre 2002, *ibid.*, no. 1336, p. 55 ; Tribunal de la Région d'Osaka, 28 juin 2005, *ibid.*, no. 1401, p. 64 ; Cour d'Appel d'Osaka, 20 juillet 2006.
54　Cour Suprême, 28 mars 2006, *Hanrei-jihô* (Actualité de jurisprudence), no. 1930, p. 80.
55　Michel FOUCAULT, *Shakai wa bôei shinakereba naranai* (Il faut défendre la société), Cours au Collège de France, 1975-1976, traduction par Hidetaka ISHIDA et Masatsugu ONO, Chikuma-shobô, 2007, p. 239-262 (cours du 17 mars 1976).

*　Cet article est une version légèrement modifiée d'un article déjà publié dans la revue de la faculté de droit d'Université Dokkyo (*Dokkyo Hôgaku*) no. 86, janvier 2012.

(Noriko OFUJI)

公の自由から基本権へ
―― その変容の検討 ――

I　はじめに

「人権 droits de l'homme」は，その着想とはいわないまでも，その促進を自然法学派に負っており，人権の哲学は，ストア哲学，キリスト教，唯名論といった崇高な遺産にそもそもの起源を有する。「人権」は啓蒙期の主観主義的な形而上学によって自然的なものとみなされ，1789年8月26日の人と市民の権利宣言によってそのように確認され，「公の自由 libertés publiques」という呼称でフランスの実定法に導入されたが，それは今日「基本権 droits fondamentaux」という呼称におき換えられている。人権の法的保障に関するこのような用語の変化は，フランスが法律国家 État légal から法治国家 État de droit に変化する際に被った変動を反映している。19世紀において，そして第二次世界大戦までは，法律が通常裁判官のサンクションをもって行政による侵害から「公の自由」を保護していたのに対して，その後は憲法裁判官と超国家レベルの裁判所の裁判官の注意深い配慮の下で憲法典といくつかの国際条約がもち出され，立法権及び憲法制定権力によってなされうる侵害から「基本権」を保護しているのである。

確かに，人権保障のレベルが引きあげられたことに起因するこうした用語の変化は，突然起こったことではない。憲法院は，憲法典前文において確認されている権利及び自由をもって立法者に対抗しうることを認めた1971年7月16日の判決からかなり経った後，1985年になってもなお「公の自由」という概念を用いて，国土全域に差別を拡大しないために，「公の自由」のうちの一つ，ここでは教育の自由の適用条件を決定する権限を立法者が地方公共団体に委任

することはできないとした[1]。フランスの判例及び学説における語彙が諸外国の専門用語に門戸を開いたのは，市民の自由に対する規制における国家という境界線を弱める欧州建設の進展のおかげであり，ようやく1990年代初頭になってからのことである。そのようなわけで，直接はドイツに由来し，1949年のドイツ基本法において明示的に登場する「基本権」という表現は，ドイツの憲法判例を専門とするミシェル・フロモン Michel Fromont によってフランスに導入された。彼は，すでに1975年に，アイゼンマン記念論文集において「ドイツ連邦共和国の法秩序における基本権」という論考を執筆している[2]。それから数年後，ルイ・ファヴォルー Louis Favoreu の提唱により，エクス・アン・プロヴァンスにおいて「ヨーロッパ諸国の憲法裁判所と基本権」というテーマの国際シンポジウムが開催されている[3]。そして，「基本権」という概念は，学界において成熟した後，外国人に関する法律に対する1990年1月22日の憲法院判決[4]において，判例用語として登場したのである。

　人権については，それをいくつかの世代に区別する習慣があり，これは，公の自由の時代から基本権の時代まで続くものである。この変化の過程は18世紀末に始まったものであるが，この変化を貫く一つの論理，一つの精神を明らかにすべきである。その起源は，西洋の民主主義国家の実定法において人権が承認されるよりはるか以前に遡る。ストア哲学者，及びそれ以上にキリスト教がもたらしたものに最初の兆候が見出されうるこの哲学的遺産は，18世紀以降，近代の中心において，全人類に対し普遍的要求という形で人間の自然権の不可侵性の宣言を可能とするすべての要素を西洋文明に提供した。この近代的契機，すなわち，フランスにおいては1789年の人権宣言が象徴する近代的契機こそ，人権の第一世代，つまり公の自由の世代に一致する（Ⅱ）。20世紀後半は，ある人々によってはポストモダンと形容される現代という時代に通じることになる。その時代においては，もはや完全に個人主義的及びリベラルとはいえない方法で，そして，形式的に規範のヒエラルキーの上位に引きあげられるような方法で，新たな世代の人権が認められる。それが基本権である（Ⅲ）。

II 近代的契機――公の自由

　公の自由に生命力を与えた人権の哲学は，古代ギリシャ・ローマと中世ヨーロッパを支配していたアリストテレス哲学の世界観とは断絶するものであった。なぜならば，古代人によって培われてきた世界観に対して，14世紀に構築された唯名論的転回以降この人権の哲学は，古代人の世界観の一番のあらわれである，人間と社会の間でつくられた優先秩序を覆したからである。それ以後人間は，社会から生じるどころか社会の基盤をつくるものとされ，法は，もっぱらというわけではないにせよ，根本的に人間に付随するものとなったのである。

A. ストア哲学の諸前提

　さらに，ギリシャ・ローマ世界のまさに中心で，ストア哲学的な思想においてこの人間中心主義の第一の痕跡を見出すことができる[5]。その思想を詳細に検討する者すべてにとって，人権の系譜は可能である。たとえば，ギリシャ起源のこの哲学のローマにおける代表的人物の一人であるキケロにおいて，自然法とは，アリストテレスがその輪郭を描いたところのそれではない。それは，コスモス＝宇宙 cosmos の観察から引き出される法ではなく，その起源が「人間の本性 nature de l'homme」，より明確にいえば人間の理性 raison に存する法なのである。『法律 De legibus』においてキケロは，「法の起源及びその性質は，人間の本性から引き出されなければならない」と述べており，また，『国家 De re publica』の有名な抜粋において彼は，「真の不変の法とは正しき理性であるが（…），それはローマとアテネとで異なるものはなく，現在と未来とで異なるものでもない」と言及している。注目すべきことに，このような法の定義の仕方は，人権と公の自由がその本質を引き出すことになる近代自然法を先取りするものである。こうした法の定義の仕方は法思想の転換を示しており，アリストテレス的な経験主義と自然観から離れて，人間にとって外在的で宇宙に由来する実在物としてではなく，人間によって人間のためにつくられ，なんらか

の理想を表現する規範 loi として法 droit を把握するという人定法観を支持したのである。このような義務論的な展望においてこそ，人権は表現される。すなわち，命令の形をとって当為の世界に属し，そのかぎりで人間の意思の介在を証明するものこそが行為規範たりうるのである。さらに，この法はローマとアテネとで異なるものではなく，現在と未来とで異なるものでもないというキケロが言及した考え方は，それ自体が人定法観に含まれる人権に関する普遍主義を表明している。なぜならば，極めて多様であることで知られる性質を有する決定論から規範的世界を力づくで引き離そうとする理論なくして，その普遍主義を公理化することはできないからである。

B. キリスト教神学がもたらしたもの

キリスト教もまた，法思想が自然界の重力に打ち勝ち，法を道徳的かつ普遍的な教理問答のレベルに引きあげるのに貢献した。なぜならば，すでにアウグスティヌスの初期の著作において，法は，法を道徳や意思に従属させることで法の自律性を著しく弱める神学者たちの影響を受けるとされているからである。アダムの堕落によって冒瀆された人間の悟性は，自然を観想的にみつめることによって正義と不正義を判別することはできない，という考え方をとる点で，原罪という神話は，部分的にこうした神学者の影響の原因である。こういった状況において，人間の社会的活動を方向づけるべき諸価値を知るためには，法律に頼る必要がある。こうして，モーゼの十戒に倣って法は命令の同義語になったのであり，後に法が非宗教化しても，宗教上の義務と法が形式において類似したものであることに変りはなかったのである。神の意思は，政治的なるものが最終的に世俗化したときに国家の意思におき換えられたが，法に対するこのような宗教の影響ゆえに，それは法的妥当性の主たる基準となる。息子を処刑する準備をすることで，内容に関係なく神の命令にしたがったアブラハムの神話は，やがて近代法の到達点かつ象徴となる法実証主義の萌芽を含んでいる。諸価値を定義する際に，オリヴィエ・ケラ Olivier Cayla も強調しているように，人間の絶対性は「非常に逆説的であるが，その本性として人間が

真 vrai に到達することには限界があり，根本的に不可能であるという基本的な想定に基づいている」[6]。このような，諸価値の決定において権威が真理にとって代わるという懐疑的態度のなかにこそ人権は位置づけられているのである。14 世紀に個人主義の基礎をつくったもう一人の神学者ウイリアム・オブ・オッカムのもたらしたものが，このことを物語っている。キリスト教の成果をアリストテレス哲学の伝統と調和させ，神は非宗教的理性と自然の因果法則によって命ぜられ制約される権力であるとした現実主義者トマス・アクィナスのドミニコ会的アプローチとは対照的に，オッカムがもち出すフランチェスコ会による大変革は，事物の自然的秩序にその意思を対置する権力を付与するという絶対的権力を神に認めた。こうした神の権力に関するフランチェスコ会の考え方は，奇跡を起こす能力を神に認めるところまでゆき，また近代的主権観念の前史以外のなにものでもなく，最終的には価値論の分野において，客観的理性に対する意思の優越性を認めるのである。いまなおウイリアム・オブ・オッカムの威光と結びついており，普遍的なるもの，種，類の実在を完全に否定する唯名論が吸収しているのはこうした考え方である。唯名論は，家族，都市，国家，あるいは市民を，人間によって恣意的に定義された主知主義的分類とみなし，唯一客観性を主張しうる個々の存在のみを確実なものとみなした。こうして，個体＝個人 individu が誕生する。

C. 社会契約の諸理論

このような唯名論による大変革の延長線上で，ホッブズとともに，それまで主として神のものであった意思が世俗化される過程において，古代人が行っていた世界の客観論的表出を決定的に脱構築するという作業を完成させるのが，社会契約の諸理論である。社会契約論者たちの述べるところでは，古代人の調和した自然はもはや存在しない。それは，近代人のカオス的な自然状態におき換えられるのである。哲学者たちは，このアノミーが支配する世界において孤立した諸個人は互いに対立関係にあると想定し，自由かつ平等なものとみなした。そこで哲学者たちは，この自然に隠されているヒエラルキーや多様性に気

づかないふりをしている。客観的自然法が存在するかどうかはもはや問題ではなく，知覚可能なのは主観的自然権のみなのである。法秩序の究極の基盤は原子論的な論理に対応しており，そこでは，いまや法 le droit ではなく権利 les droits が根本原理としての地位を占める。その結果，主観的権利こそ自然のものであり，客観的法は社会契約の人為的産物にすぎないものとなる。見かけにすぎないパラドックスにしたがい，人間を主権者の地位に就かせることによって，こうした視点の転換は，概念的土壌を育んだ。この土壌において，人権は，実定法律の全権を市民に委ねることで成長することになる。すなわち，各々が絶対的権力を与えられた諸個人を並置すると，立法者の強固な権力に頼らなければ人間の社会的結合を想像することは困難，さらには不可能になるほかはないということである。それゆえ，リヴァイアサンの著者の結論においては，無制約の主観的権利の承認と法 droit を法律 loi に限定する必要性との間には客観的かつ密接な関連性があるということが，あからさまに述べられているのである。一枚のメダルの両面のごとく，あらゆる行為を無制限に認めることと法律に服従する義務を結びつけるこの弁証法的な緊張関係こそ，1789 年に人権の母国フランスがその実験室となる法律中心主義的，主観主義的な革命を育むものである。こうして，公の自由の精神が誕生するのである。

D. 公の自由の帰結としての法律中心主義

　もっとも，こうした法律の絶対的支配は，自然，さらに宗教的思考から，それらに共通する客観的かつ超越的な規準としての機能を奪うことで世界を脱魔術化した後に，社会において追及すべき価値を定める全権を立法機関に譲ることになる近代への一般的な懐疑論を示している。「法律をつくるのは真理ではなく力である auctoritas sed non veritas facit legem」という『リヴァイアサン』から引用されるホッブズの格言は，1789 年の人権宣言が，その自明性を宣言する主観的自然権を具体的に実現するために，徹底して法律に依拠したことにおいて証明されている[7]。法律による保護の対象として，そのように宣言された自然権の運命は，長い間政治的なるものに左右される自由裁量に委ねられ，

自然権が実定法に定着する際には「公の自由」という言葉が獲得された。社会契約論の諸著作に由来するような主観的権利の無制約性によって感じられ，近代は人間を旧来の形而上学的保護から放たれた孤児にすることによって人間を相対主義に陥れたということによって増幅されたカオスに対する恐怖心ゆえに，主権者たる立法者が，不当な存在とみなされる裁判官を排除して，人権を定義するという任務を継承することができたのである。「公の自由」という概念は，このように立法者が任務を引き受けることをとくに示している。立法者が介在することは，当然に自然権の純粋性を危険にさらすことにほかならない。自然権の純粋性は，フランスが近隣諸国に倣って法律に対する裁判官を導入し，近代の克服という文脈において，最終的に立憲民主主義の諸要請に転向したときになってようやくあらわれる。立法というベールが剝がされたときに，自然権の純粋性は，基本権と呼ばれるものの形で復活することになるのである。

Ⅲ　現代——基本権

　1789年の人権宣言が十分に示しているように，人権イデオロギーに浸透した普遍主義と，人権の扱い方を組織する法律中心主義の間には明らかに親近性が存在しており，そのいずれもが法の近代における表出において人為性が支配していたことを明らかに証明するものとして示されるが，「公の自由」を囲繞する文脈を特徴づけるそのような相関性は，限定的にフランスの経験に結びつけられている。そして，このフランスの経験は，実際のところナポレオンの征服によって，大陸ヨーロッパ全体に通用するモデルに昇格することができたのである。仲介者によって諸権利を実現したこの法律という遮蔽物ゆえに，諸権利の純粋性，すなわち諸権利の基本権性 fondamentalité が剝き出しになることはなかったが，実際のところその遮蔽物は，部分的にはカペー朝の中央集権的伝統の遺産であり，その論理が大西洋を越えることはなかったのである。

A. 法律に対抗する基本権

イギリスの旧植民地における権利宣言及び1776年のアメリカ独立宣言は，各々が諸権利のリストを有する。それは，諸権利の不可侵性を謳う呪文にとどまるものでもなければ，ましてや，権利保障を組織する任務を完全に法律に委ねてしまうものでもなかった。アメリカを基礎づけるさまざまな文書は各々が，常に実効性を考え手続を重視するイギリスの法文化の影響を受けて，裁判の仕組みとそのために動員されうる保障を詳細に列挙する権利宣言をともなっている。これらの文書は，ホッブズやルソーの社会契約論と比べてより客観主義的で，それほど「法律中心主義的」ではないジョン・ロックの社会契約思想に位置づけられ，人間の自然権を認めることにあまり懐疑的でないということを示しており，諸権利の具体化について，立法者の優越的な仲介を避けることも，裁判を受ける人に裁判所での諸権利の援用を直接認めることも恐れない。アングロサクソン的な風土における人権の政治においては，人権宣言の文書とその名宛人の間に完全かつ直接的な連関が確立しているように思われる。換言すれば，そこでの人権の実効的保障には仲介物がない。というのも，アメリカの立憲主義の基本にある自然権の考え方は，フランスのそれと比べ主観主義的なものでなく，自然権の実現過程においては主観的意思よりも客観的理性に重きをおくことを認めているからである。したがって，アメリカでは，なんらかの法律による仲介を用いる必要がなく，権利の基本権性が非常に早く認められた。それどころか，1803年には法律の合憲性審査が早くも承認されたこともあり，権利の基本権性は法律による媒介から保護されることになったのである。対照的に，大陸ヨーロッパが，近代的な主観主義の危機を背景に，基本権を理解する能力，すなわち法律に依拠することなしに，そして法律に対抗すらして人権を法的に保護する能力について意識するようになるのは，それからずっと後になってからのことにすぎない。

「基本権」という表現は19世紀のドイツ諸邦の憲章において用いられていたが，そこに「基本権」登場の表徴をみることが誤りである理由はここにある。なぜならば，確かに1808年のバイエルン州憲法，1849年のドイツ連邦憲法，

そして1919年のヴァイマール憲法においても「基本権」のカタログが問題とされた[8]が、基本権の実効的保護を直接的に保障する法律の合憲性審査の仕組みが導入されるには、1949年の基本法を待たなければならないからである。すなわち、第二次世界大戦後、法律の合憲性審査がヨーロッパ規模で一般化されるに至ってようやく、「基本権」というドイツ法の表現の地位が、単なる呼称から基本権を示す実質的な概念へと変ったのである。そこでの基本権は、アメリカの司法システムが保障する権利に倣い、ある種の裁判官統治をも恐れず、立法者による再定義の試みが無意味になるように、十分に理解可能な内容を有するものとみなされている。

B. 憲法レベルにおける基本権

それゆえ、公の自由の後を継いだ基本権は、権利と法律を分離することから生じている。法律は、20世紀の前半にその恐るべき非合理性を十分に証明した。ヨーロッパを闇のなかに沈めた全体主義の惨禍は、ある論者[9]によれば、近代的理性の危機の明らかな予兆であり、それまでルソー的な一般意思の形而上学によって合理的とみなされてきた法律の権威を失墜させることで、法意思主義の信用を失わせるのに寄与した。とはいえ、法治国家の仕組みによってすべての主要な立憲民主主義国に波及していった諸権利の基本権化は、人権の糧となった近代哲学を単純に否認したものとして分析されてはならない。なぜならば、基本権は人間の主観的権利であり続けており、その前身である公の自由と同じように、基本権もまた、法の理想主義的表象に由来するからである。そこで法は常に当為という観点から、すなわち個人に能力を付与し、その代わりに第三者と公権力には一定の義務が課されるという規範的シェーマにしたがって検討される。したがって、20世紀を通してわれわれが目撃してきた変容は、実体的というより形式的なものである。なぜならば、基本権の斬新さは、主として人権保護レベルの上昇にあるからである。人権保護レベルは、法律段階から憲法段階に上昇し、その結果として人権は政治の世界の偶然性や政権交代の影響を受けないものとされる。こうして人権は、形式的にはその規範としての

安定性と持続性で知られる実定法である憲法の恩恵の下にありながらも，自然権が本来的に有するとされるもの，すなわち不変性を人為的に獲得する。この点においてもまた，人権は，基本権性と呼ばれるものに値するのである。

C. 拡張された地平における基本権

最後に実体面において，憲法レベルに引きあげられた基本権としての人権は，より広い規範的妥当性の領域と地平を与えられている。憲法典はより安定しており，周知のように往年の抽象性と厳粛性の代わりに技術性と専門特化傾向を強めている法律と比べ，より大きな一般性を有するものでもある。細分化され適用除外規定を増しているポストモダンにおける立法は，人権の法的保障というその使命を失った。というのも，人権は一般化を必要とする——そして，それは基本権の機能である——からであり，そのような一般化を保障しうるのは憲法規範だけだからである。このような人権の規範的領域の拡大は，現代における社会の急激な変化によるものである。19 世紀において人権は，「公の自由」という呼称の下，経済的自由主義の維持を保障する立法にしか帰着しなかった。このように規範領域が狭かったことは，政治代表の素朴さによって説明される。というのも，政治代表はブルジョワジーによって独占的に確保されており，ブルジョワジーは，公の自由の表明を通してあらわれる形式的かつ抽象的な普遍主義を口実にして，法律と権力をもって，1789 年に確認された自然権の曖昧な内容を固定することから利益をえていたからである。カール・マルクスの批判を繰り返すならば，そこでの公の自由に関する立法の枠組みが認めたのは形式的な権利のみであり，現実の自由は犠牲になっていたのである[10]。この枠組みは，産業革命によって生まれた労働者階級にとっては何の救いにもならなかった。労働者階級の増大，及び 20 世紀に選挙法制によって達成されることになる労働者階級の自らの政治代表への熱望，そして，ときに自らに利益をもたらさないグローバリゼーションから自らのアイデンティティを守ろうとする少数者の部門別の集団的な要求が公共空間に登場したことによって，やがて憲法典に，法律よりも人権保障にふさわしい適性と正当性が与えら

れることになるのである。新たな権利主体によって要求される人権が急激に発展した結果，現代の統治技術の偶然性に飲み込まれつつある法律より，より広範な基盤を有する憲法や国際法のみが，こうした増大する司法による保護の要求に応えられるのである[11]。各国の憲法文書や種々の国際的な権利宣言といった新たなる規範的支柱において示されるこのような人権の政治の再生の波によって，諸個人の私的自治という側面を保護し政治権力に不介入を義務づける第一世代の伝統的な自由に，連帯の名の下にすべての人が現実に伝統的な自由を享受できるように介入，保護及び再分配する仕組みを国家に要求する第二世代の債権的権利 droits-créance が加えられることになったのである。

【訳者補記】 本訳稿は，阿部智洋氏によるセミナーにおける下訳を石川が補訂し，最終的に石川の責任において完成及び公表に至ったものである。

1) （1977年11月25日の「ゲルムール法 loi Guermeur」を廃止する「シュヴェヌマン法 loi Chevènement」に関する）CC, n° 84-185 DC, 18 janvier 1985, *R.*, p. 36.
2) M. Fromont, «Les droits fondamentaux dans l'ordre juridique de la République Fédérale d'Allemagne», *Mélanges Charles Eisenmann*, Cujas, 1975, pp. 49-64.
3) L. Favoreu (sous la dir. de), *Cours constitutionnelles européennes et droits fondamentaux*, Préface d'A. Tunc, Economica-PUAM, 1982.
4) CC, n° 89-269 DC, 22 janvier 1990, *R.*, p. 42.
5) M. Villey, *La formation de la pensée juridique moderne*, PUF-Léviathan, 2003.
6) O. Cayla, Langage, in *Dictionnaire de philosophie politique*, PUF-Quadrige, 2003, p. 381.
7) P. Wachsmann, «Naturalisme et volontarisme dans la Déclaration des droits de l'homme de 1789», *Droits*, n° 2, 1985, p. 13.
8) D. Capitant, *Les effets juridiques des droits fondamentaux en Allemagne*, LGDJ, 2001.
9) B. de Jouvenel, *Du pouvoir*, Hachette, 1972.
10) K. Marx, *La question juive,* trad. Fr. M. Simon, Aubier-Montaigne, 1971.
11) M. Cappelletti, *Le pouvoir des juges,* Economica, 1990.

（アレクサンドル・ヴィアラ＝石川裕一郎）

第２章　人間の尊厳

Le droit au respect de la dignité et le droit de la personnalité dans la Constitution japonaise : Qu'est-ce que le noyau dur de la personnalité?

Avant-Propos

L'histoire de la mise en œuvre de la Constitution Japonaise de 1946 montre les spécificités nées de son origine. La Constitution japonaise a été rédigée, après la Seconde guerre mondiale par la coopération juridique des Etats-Unis. C'est, encore, l'implantation de la culture et les institutions juridiques occidentales à la société japonaise commeá l'époque de Meiji. Mais cette fois-ci c'était l'autorité occupante qui a pris l'initiative. Donc, cette implantation a eu le but de bâtir la démocratie libérale et d'introduire la notion de la dignité de l'individu au Japon pour dissoudre le gouvernement totalitaire et militaire.

Avant la Constitution japonaise de 1946, au moins dans le système juridique, la notion de la dignité de l'individu, individualisme, était faible, au Japon, par rapport à l'idée totalitaire ou communautaire. Dans cette situation, les japonais, de l'époque de Meiji, n'ont pas pu comprendre facilement la distinction entre le droit public et droit privé, lorsqu'il n'y a eu que la notion du 'sujet', non celle d l'individu[1]. On peut considérer que l'Etat-nation de Meiji a été composé de la nation -sujet par rapport à l'Etat.

En raison dece clivage de la culture entre celle d'occidentale implantée mais mal enracinée et la société japonaise, NATSUME Soseki, écrivain et professeur de la littérature anglaise à l'époque de Meiji, a été déchiré entre son identité japonaise et son connaissance occidentale, a écrit, enfin, un essai intitulé « Mon individualisme »[2] (le discours à l'Université Gakushuin, en 1914). Il a dit, dans son essai, que pendant longtemps il avait cherché son chemin de vie ou le but de sa vie, mais il n'a pas pu le trouver. Enfin, il a compris après ses études à Londres, que pour sentir et comprendre les choses de propre par soi-même, il doit exister d'abord 'le soi'. Par ce constat, il a soutenu que seulement sur la base de personnalité propre de chacun, l'individualisme, c'est à dire la liberté, qui est le fondement du bonheur individuel, peut être né. Toutefois, sa considération a eu la limite du son époque. Soseki a exprimé que la liberté, donc l'individualisme, peut exister avec l'étatisme.

Même après la Constitution de 1946, la valeur de la dignité de l'individu a été longtemps introuvable par les yeux des juristes. Cependant, le contrôle de constitutionnalité, institué par la Constitution de 1946, a fait approfondir graduellement la portée juridique de la dignité. Donc, on peut dire que l'histoire constitutionnelle de 66 ans du Japon a été le chemin de la tentation de faire enraciner la notion de la dignité de l'individu et le constitutionnalisme dans la société japonaise. Cela peut dire que la réalisation de la protection juridique de la dignité est le constat de la tentation de créer les droits communs ou universels entre les cultures différentes.

Sur la mutation de la notion juridique de la dignité, au Japon, on peut remarquer un autre aspect : c'est la question de la dignité sur le corps. En face du développement des sciences et techniques médicales, le domaine juridique de la dignité a posé la question du seuil des droits de choix sur son corps et la sexualité. La discussion sur cet aspect de la dignité vient de commencer. Ce retard montre le manque du concept de la dignité, dans la société internationale d' après la seconde guerre mondiale.

Nous allons, donc, traiter d'abord, l'apparition internationale et nationale de la notion de la dignité (I), ensuite, le développement juridique de la dignité au Japon et ses problèmes (II) en constatant la question de l'implantation de la culture juridique dans une société différente[3].

I – La dignité, valeur ignorée (voilée) dans la Constitution de 1946

A. L'apparition de la protection internationale et nationale de la dignité de l'être humain

L'idée de la dignité a une longue histoire, dans la société occidentale, mais il était toujours difficile de la définir. Sur le plan philosophique, c'est la modernité qui a inventé la dignité. Mais c'est dans le cadre de la Seconde guerre mondiale, que l'on a fait une découverte désespérante, celle d'un régime inhumain qui tentait de détruire ce qu'il y a d'humain dans l'homme. Face à cet acte de génocide, le droit était détruit. Il a donc fallu découvrir une nouvelle catégorie juridique pour le reconstruire.

Dans le droit international, face à l'inhumain événement, l'on constate que ce qui transforme de pareils actes en une atteinte à la dignité, c'est le fait qu'il ont dénié l'essence même du genre humain. Génocide d'un homme ou une collectivité en raison de la race, de la nationalité, de la religion ou d'autres opinions qui sont professés, c'est s'attaquer, par une discrimination qui exclut, du principe fondamental de la diversité qui appartient à la constitution de l'univers humain.

Ainsi, la dignité de la personne humaine va devenir le concept juridique opératoire pour désigner ce qu'il y a d'humain dans l'homme. A cet de lèse- humanité, correspond à une infraction nouvelle -le crime contre l'humanité- qui constitue la base de la compétence d'un tribunal pénal international. A la suite de la Charte des Nations Unies de 1945, est proclamée la valeur de la dignité de la personne humaine, la Charte du tribunal militaire de Nuremberg puis la Charte du tribunal militaire international pour l'Extrême- Orient, signée à Tokyo le 19 janvier 1946, qui ont concrétisé l'idée de la Charte. Dans ces deux tribunaux, on peut apercevoir les crimes contre l'humanité, dont le noyau dur de ses valeurs est la dignité, que leur domaine de criminalité est plus large que le crime de guerre. Ils recouvrent des actes matériels très divers commis à l'encontre de populations civiles, indépendamment de la période des hostilités et il peut s'agir de persécutions exercées pour trois motifs : politiques, raciaux et religieux. La notion de la dignité garantie par ses droits pénaux a devenu à couvrir deux aspects : la dignité mentale et la dignité corporelle.

A coté de cet établissement de la protection internationale, l'intégration constitutionnelle de la dignité et la personnalité a concerné d'abord le droit constitutionnel japonais (1946), italien (1947) et allemande (1949), puis, dans les années 1970, après le régime de la dictature, en l'Espagne.

B. La portée limitée de l'article 13 de la Constitution japonaise de 1946

Dans la Constitution japonaise de 1946, nous pouvons trouver deux dispositions qui concernent la dignité. Une est l'article 13 et l'autre est l'article 24. L'article 13 stipule que «Tous les citoyens devront être respectés comme individus. Leur droit à la vie, à la liberté, à la poursuite du bonheur, dans la mesure où il ne fait pas obstacle au bien-être public, demeure le souci suprême du législateur et des autres responsables du gouvernement»[4]. On interprète 'le respect de l'individu' comme 'la dignité de l'individu'. L'article 24 stipule particulièrement la dignité dans la vie familiale et le couple : « Le mariage est fondé uniquement sur le consentement mutuel des deux époux, et son maintien est assuré par coopération mutuelle, sur la base de l'égalité du droit du mari et de la femme. En ce qui concerne le choix du conjoint, les droits de propriété, de succession, le choix de domicile, le divorce et autres sujets se rapportent au mariage et à la famille, la législation doit être promulguée dans l'esprit de la dignité individuelle et de l'égalité essentielle entre les hommes et les femmes.

Cependant, « la dignité de l'individu » dans la Constitution avait été restée longtemps comme règle général ou la référence des autres droits fondamentaux. Surtout, sur l'article 13, on se questionnait son effectivité en tant que norme juridique. Parce que, d'une part, l'expression de 'respect de l'individu, droit à la vie, la liberté, la poursuite du bonheur', sont tous trop abstraits pour s'appliquer aux affaires concrètes.

D'autre part, on peut signaler que le fait que la raison historique de l'apparition de la dignité dans les idées internationales n'était pas très aperçue aux juristes japonais. C'est parce que la Cour militaire de Tokyo a jugé principalement le crime de guerre pour les personnes responsables du gouvernement, tandis que, à la Cour militaire de Nuremberg, le crime contre l'humanité avait été au centre de l'accusation dont la dignité de l'être humain était le noyau dur.

En plus, à cause de manque de législation nationale et du paradigme même de la crime contre l'humanité pour la plupart des japonais, la fin de la Cour militaire de Tokyo a signifié la perte de la possibilité d'accuser la responsabilité de la guerre du gouvernement, en contraste avec la France ayant légiféré la loi sur la crime contre l'humanité sans prescription en 1964.

II – Le développement de la nature juridique de l'article 13 en tant que le droit de la personnalité considéré comme le droit de poursuite de bonheur

Malgré cette l'ignorance de la notion juridique de la dignité, à partir des années 1960, les nouveaux droits, fondés sur l'article 13, droit à l'environnement, droit à la vie privée (Privacy), droit de la personnalité, droit de disposer de son corps etc., ont été prétendu dans les doctrines. Puis, ils ont été reconnus petit à petit dans la jurisprudence. On peut expliquer ce développement par deux éléments. D'abord, la perspective de droit comparé, ensuite les mouvements sociaux.

Le droit comparé était très utiles pour approfondir et objectiviser la notion juridique, surtout, comme au Japon, pour les pays qui ont introduit les systèmes juridiques. Par exemple, il s'agit de droit à la vie privée (privacy), le Professeur KAINOU Michitaka a présenté les doctrines des Etats-Unies sur privacy, depuis les années 1950[5]. En 1964, le tribunal de première instance de Tokyo (au dessous) a reconnu pour la première fois le droit à la vie privée (Privay) en tant que le droit garanti par la Constitution : C'était un an avant de la première décision de la Cour Suprême aux Etats-Unis, Grisword v. Conneticut, qui a admis le Privacy comme un droit constitutionnellement garanti. En ce qui concerne le droit de la personnalité, l'influence des doctrines allemandes est t nette[6]. Toutefois, les instruments internationaux et les jurisprudences internationales (les arrêts de CEDH et CJCE) restent encore comme une référence au Japon sauf quelques cas exceptionnels. Mais par rapport à la jurisprudence des Etats-Unis, bien pénétrée dans la théorie de droit japonais, il n'y a pas de raison de les rejeter.

D'autre part, c'est les mouvements sociaux qui étaient le moteur de réalisation des ces nouveaux droits. Par exemple, le droit à l'environnement a été revendiqué des années 1960 par les victimes et les citoyens. La gravité du dommage de la pollution a provoqué le mouvement très répandu et ces mouvements ont entraîné l'apparition du droit a l'environnement.

Actuellement, le droit de la personnalité couvre divers genres de droits. Son importance devient grande, surtout dans le domaine des événements surgit du développement des sciences médicales. Concernant la liberté de choix d'individu de disposer de son corps et d'utiliser les techniques médicales, par quel critère, par quel raison, on peut déterminer la limite ? Cette diversification récente de la doctrine sur le droit de la personnalité a enrichi l'interprétation de l'article 13 et a étendu le domaine de ce droit.

A. Totalité de l'article 13 garanti le droit de poursuite du bonheur y compris le droit de la personnalité

Lorsque l'expression est abstraite et la valeur juridique est ambiguë, l'interprétation de cet article devient compliquée. D'abord, il s'agit de la relation entre la première partie (respect d'individu) et la deuxième partie (le droit à la vie, la liberté ; le droit de poursuite de bonheur....), il y a deux compréhensions dans les doctrines. L'une, c'est de déduire que le respect de l'individu a le sens juridique propre indépendamment de la deuxième partie[7]. C'est à dire, « les droits considérés comme le noyau dur de l'autonomie de 'individu, doivent ne pas être limite par les intérêts publiques, donc, doivent être garanti par la première partie « le respect de l'individu ». L'autre, c'est la doctrine dominante, prétend que lorsque le contenu du respect de l'individu n'est pas très concret, on peut comprendre que la totalité de cet article garantissant le droit de poursuite de bonheur. En plus, dans cette doctrine dominante, il existe deux considérations opposées. D'abord, c'est la compréhension large du droit : la protection de la liberté générale (1). Ensuite, celle de plus limitée : la protection de l'intérêt adéquate à la personnalité (2).

1. La doctrine de la protection de la liberté générale

Comme l'article 4 de la Déclaration des droits de l'homme et du citoyen en France a dit que, « la liberté consiste à pouvoir faire tout ce qui ne nuit pas à autrui : ainsi l'exercice des droits naturels de chaque homme n'a de bornes que celles qui assurent aux autres membres de la Société la jouissance de ces même droits », le Professeur TONAMI soutient que « par les idées du constitutionnalisme moderne, la liberté des individus, qui nécessite le contrôle du pouvoir de l'Etat, doit être interprétée largement. Donc, le droit de poursuite du bonheur garantit les libertés générales »[8], faisant référence à la doctrine allemande sur l'article 2 de la Constitution. Sur ce constat, il critique que la doctrine de l'intérêt propre de la personnalité. Parce que la doctrine de l'intérêt adéquate à la personnalité limite préalablement le domaine des droits protégés au ceux de très essentiels adéquates pour la personnalité autonome.

2. La doctrine de la protection de l'intérêt propre de la personnalité

Selon le professeur ASHIBE, le droit de la poursuite du bonheur signifie « la totalité des droits qui garantit l'intérêt indispensable de l'individu pour maintenir sa vie au niveau suffisant pour garantir sa personnalité »[9]. Donc, le droit de poursuite du bonheur peut développer ce droit, s'adaptant aux changements sociaux, vers de nouveaux droits qui ont été considérés comme « les droits et libertés fondamentaux qui sont indispensables pour que les personnes autonomes peuvent vivre étant respecté dans leur personnalité ». Egalement, selon le professeur SATOU, le droit de poursuite du bonheur est « le noyau dur du droit de l'autonomie personnelle »[10]. La particularité de ce droit est de garantir les droits indispensables et importants pour la vie étant respecté sa personnalité, mais qui ne sont pas couverts par des droits propres dans la Constitution.

Dans la jurisprudence, le droit de la personnalité a été pour la première fois admis, en 1964, dans la décision de 'Utage no ato' qui est l'affaire sur un des romans d'écrivain MISHIMA Yukio, par le tribunal de première instance de Tokyo[11]. La décision a considéré que le droit de la personnalité du modèle de ce roman est supérieur que la liberté de l'expression de l'auteur, en exprimant que **la protection de la vie privée se situe dans le droit de la personnalité** et on peut considérer ce droit comme **le droit au privacy** qui nécessite la protection juridique.

Droit à son image définit que les individus doivent être protégés contre le fait d'être photographiés par les policiers au cours de la manifestation. Dans la décision de 'kyoto-fugakuren (l'association des étudiants de Kyoto)' de la Cour suprême japonaise en 1964[12], ce droit à son image a été admis pour la première fois comme suit : « en tant qu'une des libertés d'individu, toutes les personnes ont la liberté de ne pas être photographié son image et sa figure, sans permission de lui-même. Si l'on peut appeler ce droit comme le droit de son image ou pas, la prise des photos par les policiers sans motifs raisonnables, ne peut pas être admis du point de vue de cet article 13 ». Cependant, la vraie question réside dans la considération du 'motif raisonnable'. Car cette décision a autorisé, quand même les actes des policiers ayant admis que son motif est raisonnable. Même au 8 mars 2008, dans le cadre d'une manifestation paisible de la journée internationale des femmes à Tokyo, les policiers avaient pris les photos des tous les participants et 2 participants ont été arrêtés en raison de rébellion contre l'exécution d'un ordre officiel. Donc, le droit à image reste la garantie seulement dans la limite de 'bien-être public'.

Il s'agit de **la protection de la culture des minorités**, la décision du 27 mars 1997 'le barrage Nibuya à Hokkaidou' de tribunal de première instance de Sapporo[13] a garanti la culture Aînu. Selon cette décision, l'article 13 et l'article 27 du Pacte internationale des droit civils et politiques de 1966 protègent les individus apprenants à la culture des minorités Aînu, dans le droit de maintenir leur propre culture. C'est la première décision qui a reconnu la culture des minorités s'étant situé dans le domaine de l'article 13.

En ce qui concerne **le droit à l'environnement**, signalé au-dessus, depuis les années 1960, ce droit a été revendiqué par des mouvements sociaux et les doctrines. La décision sur le bruit de l'aéroport international d'Osaka[14] a admis le droit de la personnalité. La décision dit que «en tant que l'êtres humains, les hommes doivent être assuré d'une vie silencieuse, libre, garantissant la dignité de l'être humain». «On peut considérer que totalité de cet intérêt concernant la vie, le corps, la mentalité et la vie quotidienne de l'individu, est essentiel pour chaque personne et peut être appelé le droit de la personnalité».

B. Le respect (dignité) d'individu = le noyau dur de droit de la personnalité

Dans ces courants de la doctrine, récemment, quelques professeurs proposent de découvrir la valeur juridique du droit du respect de l'individu, dans la première partie de l'article 13, il n'est pas limité par «bien-être public» édicté dans la deuxième partie de cet article. Donc, le respect de l'individu peut avoir la garantie pleine par le législateur et le gouvernement, ainsi que par les citoyens, intermédiaire de l'article 1èr du droit civil garantissant le respect de l'individu.

Dans ce contexte, on peut constater le développement récent de la définition de **la dignité des femmes** par la décision sur 'la prostitution forcée pendant la guerre par les armées japonaise (jyugun Ianfu)'[15]. Selon la décision, le système du 'Jyugun Ianfu' était la représentation des idées de la discrimination des femmes (misogynie) et des ethnies, qui a foulé aux pieds la dignité de la personnalité des femmes et reste toujours le problème essentiel des droits fondamentaux à surmonter.

Egalement, la décision du 2001 du tribunal de première instance de Kumamoto sur la politique du pavillon des contagieux des léproseries, a admis que « cette politique a violé **la possibilité de l'épanouissement de la vie des léproseries,** donc, la violation de droit de la personnalité elle-même. »[16]. Après cette décision, l'ancien premier ministre Koizumi a décidé l'indemnisation pour les victimes de cette politique.

Si l'on peut admettre le corps dans le domaine de la dignité de l'individu, on peut comparer la situation juridique des transsexuels entre la jurisprudence de la Cour européenne des droits de l'homme et la législation japonaise. Dans l'arrêt « Christine Goodwin » de 2002, la Cour a reconnu le droit au développement personnel et de décider par soi-même son identité de genre, le droit à l'autonomie personnelle et l'auto-détermination sexuelle self-détermination, pour autoriser le changement de description sur le nom et le sexe de l'état civil, sur la base de l'article 8 de la Convention (la protection de la vie privée). Sur le droit au mariage des transsexuels, la Cour a autorisé le mariage en dissociant la liaison entre la définition du sexe juridique et les caractéristiques biologiques.

Par contre, au Japon, le changement du sexe et le nom, et même le mariage sont autorisés pour les transsexuels opérés, à la suite de la loi de 2003, san la définition des droits. Toutefois, cette autorisation est réalisée seulement du point de vue de la thérapeutique de la maladie. Il n'existe pas encore de discussion et de la doctrine qui revendiquent le droit à l'identité sexuelle basée sur la personnalité ou la dignité.

Conclusion

La question juridique de la dignité de l'individu, au Japon, avait été voilée ou ignorée à cause du manquement du concept de l'individu dans la société japonaise, et de la notion juridique internationale sur la dignité d'après la seconde guerre mondiale. Cela montre que le développement du droit de la personnalité, soit mentale soit corporelle, était un des constats du enracinement du constitutionnalisme moderne et la notion de la dignité propre d'après la guerre dans la société japonaise. La question sur l'individualisme, comme NATSUME

Soseki a posé est en train de résoudre?

La dignité se situe certainement dans l'esprit du constitutionnalisme et la paix. Est-ce qu'il y a quelques différences de la valeur de l'identité entre les cultures? Si on se demande sur le noyau dur des droits fondamentaux, la réponse ne devrait pas être trop variée.

1 Gustave-Emile Boissonade, le professeur de droit de Paris, venu au japon comme conseiller juridique du gouvernement japonais, a essayé de distinguer le droit privé et le droit civil, mais c'était pas facile. YAMAMOTO shinichi, le concept de public-prive, sous la direction de HIGICHI Yoichi et Christian Sauter, L'Etat et l'individu au Japon, Editions de l'Ecole des Hautes Etudes en Sciences Sociales, Paris, 1990, p. 26.
2 NATSUME Soseki, Mon individualisme, traduit par René de Ceccatty et Ryōji Nakamura, Rivages.
3 Il s'agit de la question de la réception d'un modèle constitutionnel occidental, voir YAMAMOTO Hajime, Une réception du constitutionnalisme : le cas de Japon, Textes rassemblés par Jean-Claude COLLIARD et Yves JEGOUZO, Le nouveau constitutionnalisme Mélanges en l'honneur de Gérard CONAC, Economica, 2001.
4 L'expression "le droit à la vie, à la liberté, à la poursuite du bonheur" est presque le même avec celle dans la Déclaration de l'indépendance des Etas-Unies de 1776.
5 KAINOU Michitaka et ITOU Masami, La recherche sur le Privacy (Praivacy no kenkyu), 1962.
6 Il s'agit de la notion du « privacy » et « le droit de la personnalité » est, dans un sens, proche. Cependant, on explique le droit de la personnalité par l'intermédiaire l'article 2 de la Constitution allemande. Tandis que « privacy » est développé par les doctrines américaines.
7 HASEBE Yasuo, Kénpou (La Constitution), 2008, p. 153.
8 TONAMI Kouji, Kénpou (La Constitution), 1998, p. 177.
9 ASHIBE Nobuyoshi, Kenpou (La Constitution), 3ème éd., 2002, p. 114.
10 SATOU Kouji, Kénpou (La Constitution), 1995, p. 219.
11 La décision du Tribunal de Première Instance de Tokyo, le 28 septembre 1964.
12 La décision de la Cour suprême, le 24 décembre 1964.
13 La décision du tribunal de la première instance de Sapporo, le 27 mars 1997.
14 La décision de la Cour d'Appel d'Osaka, le 27 novembre 1975.
15 La décision de la section Shimonoseki du Tribunal de la Première Instance de Yamaguchi, le 27 avril 1998.
16 La décision du Tribunal den la Première Instance de Kumamoto, le 11 mai 2001.

(Hiroko TATEISHI)

フランス法への尊厳の原則の導入
——批判的総括—— [1]

I ドイツにおける尊厳という法概念の起源

　人間の尊厳の原則は，1949年5月23日のドイツ基本法においてはじめて記された。その1条は「人間の尊厳は不可侵である。これを尊重し，かつ，保護することは，すべての国家権力の責務である」と規定する。非常に特殊な状況のなかでドイツの憲法制定権者がこの文書の1条1項にこの原則，つまり人間の尊厳は不可侵であり，それを尊重し，保護するのはすべての公的機関の役割であるという原則を挿入するに至った事情をくどくどと述べる必要はまったくない。これはもちろん，主としてこの原則を否定することで成り立っていた政治体制との決別を示している。ヘレンキームゼー草案には，国家社会主義体制が課していた優先的秩序を根本から覆す簡潔な表現があった。それは，「国家は人間のために存し，人間が国家のために存するのではない」というものである。この表現は，20世紀の「人格主義」——フランスのエマニュエル・ムーニエやガブリエル・マルセル，ロシア人でパリに亡命したニコライ・ベルジャーエフ，またドイツのマックス・シェーラーやカール・ヤスパースのそれ——を常套句にしたような命題と考えられた。もっとも，この人格主義は時として，カントの実践哲学（「自由界は自然界とは比較できない，主体の世界と客体（物体）の世界もまた比較できない」）にその一部を負っているとされている。人間は否といいうる存在であるとシェーラーは述べ，ヤスパースはそれを追求し，社会的生活と政治的生活も常に「闘争の場」[2]であると結論づけた。ヘレンキームゼー法案のこの人格主義的な表現は，まさしく，国家や政治集団に対する人間，個人の優越性——たとえ団体や政治が人間に必要な環境であるとしても——

を示している。そこからわかるのは，個人を「社会共同体のなかで自由に発展し」，「固有の責任を与えられた人格」とする「人間像」である。個人は社会に「同化する」が，共同体が個人を「吸収し」たり，「加入させる」のではない。

この人格主義が，ギュンター・デューリヒがドイツの学説にもたらした尊厳の基準となる解釈にどれほど支配的な影響を及ぼしているかについてはよく知られている。ドイツ基本法1条についての有名な彼の注釈には次のように示されている[3]。

「人間の精神は，非人間的な自然と人とを切り離し，その精神の決定によって自己を認識し，自ら決定し，自己を形成し，自らの環境を形成することを可能にする。その精神によって人間は其々，人間的なのである」

我々の尊厳は，我々自身を己の第一の「創造者 auteur」――16世紀［ママ］のピコ・デラ・ミランドラが述べたところの我々自身の「造形者であり形成者 *plastes et fictor*」――として認識することを求め，したがって自らの決定と行為の責任及び自分自身に対する責任を負うことを求める。デューリヒの解釈において尊厳は，ドイツ基本法，とりわけその基本権の部分が構成する「価値秩序 ordre de valeurs」の原則とされた。ドイツ連邦憲法裁判所の判例に基づき，尊厳の周りに諸基本権を配する制度構造がつくられ，その構造から価値秩序であることが認められた。この価値秩序から，大変著名なリュート Lüth 判決によって確立された基本権の「客観的側面」が立証されるのである。

ドイツ連邦憲法裁判所によれば，基本権としての尊厳は「基本法の構成原理」の一部をなす。これは，共同体のなかで「自分で自由に決定し発展する，精神的で道徳的な存在」という一定の「人間像」に依拠している。自由な個人とは，「目的自体 fin en soi」を有する存在，すなわち，原則として自分自身で自らの目的を定める存在である[4]。言い換えれば，尊厳とは，人における「主体」としての資質を意味する。したがって，公権力の行使によって，人間のこの主体としての資質が尊重されない，あるいは保護されない場合，つまり，国

家が用いる手段によって個人が「単なる客体」[5]にすぎないものにされる場合，尊厳の侵害となる。公権力は個人をただ単に道具化することはできないのである。この「客体定式」は確かに批判の対象とされてきたが，ドイツ連邦憲法裁判所の近時の判例には常にこの定式が見受けられることは認めざるをえない[6]。つまりこの定式は，裁判官の具体的な判断を方向づける尊厳の主要な定義となっている。本節ではこのように述べることができると示すだけで十分であろう。少なくともこの定式は，ドイツの裁判所の判決が形づくる「言葉の作用」において，尊厳という言葉に意味を与えている。

II　哲学的問題

　ドイツ連邦憲法裁判所は，とくに客体定式に依拠するにとどめる場合，カント倫理学における基本的な哲学的根拠を引用する。カント倫理学は基本的に反功利主義であり，その反功利主義的基礎は「定言命法」に見出される。定言命法の一つは次のように定式化される。「あなた自身の人格と他者の人格とを常に目的それ自体として扱い，決して単に手段としてのみ扱わないように行為しなさい」。『人倫の形而上学上の基礎付け』において，カントは明らかに，尊厳の思想を定言命法のこの定式と結びつけている。人格が自分自身と同様に他者によっても，目的自体として認識されるときにのみ，尊厳は存在する。尊厳とは至上の価値であり，つまりそれに比類するものが他になく，ゆえに交換不能であり——尊厳は交換価値ではない——，取引の対象とはならない。よって尊厳とは絶対的な価値である。価値秩序において，「尊厳」は「代価」と対置される[7]。

　しかし，尊厳とは一つの価値である。それは，他者の尊厳と同じく自身の尊厳を認めるように自らに課す倫理的命令である。それは存在論的決定ではない。つまり，尊厳という価値は存在 Sein の領域にあるのではなく，当為 Sollen の領域にある。この点は重要と思われる。というのも，もしこのようなカント的な出発点を認めるのであれば，ある個人あるいはある存在（胎児，幹細胞，動物）が存在の領域で「固有の性質」として尊厳を有するのか，あるい

は偉大なサルであれば人間以上の「尊厳」を有するのかという問題を議論することは，おそらく無駄だからである。尊厳についてのいわゆる「存在論的な」問題がより一層提起されるのは，おそらく，神学やキリスト教の系統における尊厳の思想においてである。そこでは，人は，神の「似姿」として創造されたがゆえに，生けるものとして尊厳あるものとされる。それが人間存在の存在論的決定であり，人間の「固有性」なのである。いずれにせよ，尊厳に関するのカント倫理学は，生物物理学におけるあらゆる派生的な尊厳とはまったく相容れないものである。

　少し寄り道をしてカントの考察から得られる第二の教訓は，もし尊厳が絶対的で至上の価値であるならば，それに代わるものはなく，他の価値と「比較衡量すること」はできないということである。尊厳を比較衡量することは功利主義的な倫理を前提にすると考えられる。つまり，功利的価値としての尊厳であればおそらく他の価値と結びついた功利と釣り合うことになる。一点指摘するとすれば，これは，安全保障への差し迫った脅威となりそうな旅客機の撃墜を国家は決定することができると主張する人々の議論の方向である。またこれは，「局限の」場合には拷問という手段に訴えることができると主張する人々の議論の方向でもある。尊厳についてのカント（及び／またはキリスト教）の思想と功利主義の間の乖離が，胎児の生命の保護と幹細胞の使用をめぐる議論，そしてより一般的には，生命倫理の諸問題を巡る議論全体にもあらわれている。

　第三の教訓は定言命法の丁寧な解読に基づく。定言命法は，人を手段として扱わない「だけ」ではなく，常に目的自体として扱うこと「も」要求する。人は，他者との関係と同様に国家との多様で必然的な関係のなかで「道具化されている」と単に述べるだけでは，批判としては失敗である。というのも，単に手段として扱われただけでは，尊厳が侵害されたことにはならないからである。尊厳が侵害されたといえるのは，人が道具として役立つような関係において，「もはや客体でしかない状況に自らが陥っている」と人が認識するときだけである。雇用者は被用者を道具化し（逆もまた然り），愛人はその相手を道具

化し（逆もまたしかり），売り手は買い手を道具化する（逆もまたしかり）……。しかし，一方が他方を己の満足の対象とする場合でも，尊厳の命法が命じるのは，他者を道具としての役割のみに「還元」せずに，主体として，目的自体として認識することである。このことが，道徳的な観点で，被用者と奴隷とを区別し，これによって，「尊厳に値する労働条件」という要件が正当化される。

　最後に，そしてこれこそが最も複雑な理論上の問題と思われるが，カントの定言命法は，他者を目的自体として扱うだけでなく，自分自身にも自らを主体として扱うよう命じる。自分自身が自らの尊厳の侵害者になるかもしれないのである。尊厳とは，自らの尊厳に対して自己によってさえ「自由に処分できない」ものである。法の領域への尊厳の導入にともなう原理的な問題は，まさにこの点にある。つまり，基本権とは原則として，その保持者の自由処分に任される分野であり，よって，反対に，原則として国家の不干渉を意味する。しかし，尊厳は自由とは異なる。尊厳は，個人における（生物学的意味ではなく倫理的意味での）人間性 humanité であり，「主観的」自由の前提となる「客観的」な規範である。そこから，尊厳とは，真の（主観的な）基本的「権利」なのかという問題が生じる。この問題は，自分自身の尊厳を自ら放棄することができるかという問いに関連している。カント的遺産の影響を受けたドイツの学説においては，その多くが尊厳の不可処分性を支持する。もし「のぞき見ショー peep-show」という催しが尊厳を侵害するのだとすれば——もっともドイツ連邦行政裁判所によると，ストリップショーの場合は，登場する女性と観客との間にコミュニケーションがなく，よってその女性は観客の単なる漠然とした欲望の対象でしかないため尊厳を侵害していないとされている——，その催しに対する女性の合意は，それが自由になされ明白なものであっても，まったく意味をなさないことになる。フランスの裁判官に対して（後の論述を参照のこと）も同様に，小人による合意は，「小人投げ」の催しで彼の尊厳が失われることを埋め合わせることができないだろう（その催しで小人が単なる客体にすぎない状態となっていたかという問いが残されるが，この問いはフランスのコンセイユ・デタの純理的な能力を超えるものである）。

ここで私がいいたいのは，このようなカント的系譜の理論で満足すべきであるということでも，それをフランス法の問題を解決するために意識的に取り入れるべきであるということでもない。ここで私が意図しているのはもっと控えめなことであって，これらの考察を手掛かりとして，いかにして尊厳についての問題を設定しうるか，より正確にいえば，いかにして尊厳の実践的問題と倫理的問題を認識することができるかを考えることである。しかし，また別の問題に予め少し寄り道をすることもさらに有用である。それは，尊厳についての問題設定に必要な考察をさらに深めることができる，動物の尊厳の問題である。この問題は，単に理論上のものではなく，以下にスイスの例をみるように，すでに法的に実践されている。

Ⅲ　スイスにおける動物の尊厳

　1999年の新スイス憲法は，複数の言語で起草されたことによって，「尊厳」というテーマに，わずかな，しかし奇妙なある種の変化をもたらした。その変化を手短に指摘する。

　新スイス憲法は，1992年の改正によってすでに導入されていた120条において，次のように規定している。

120条　人間以外の領域における遺伝子技術
1項　人間及びその環境は，遺伝子技術の濫用から保護されなければならない。
2項　スイス連邦は，動物，植物その他の生物の胚形質・遺伝形質の取扱いに関する法令を定める。その際に，スイス連邦は，生物有機体の完全性並びに人間，動物及び環境の安全に配慮し，動植物種の遺伝的多様性を保護する。

　少なくともこれがフランス語による正文［の訳］である。まったく驚くべきことに，他言語によるすべての正文にはみられる「尊厳」という言葉が，フラ

ンス語の正文にはない。フランス語で「生物有機体の完全性 intégrité des organismes vivants」と表記される部分が，ドイツ語では「被造物の尊厳 Würde der Kreatur」と表記され，イタリア語では「被造物の尊厳 dignità della creatura」とされている。さらにロマンシュ語では，「諸被造物の尊厳 dignitad da las creatiras」とされている。フランス語では，「尊厳」という言葉だけでなく，おそらくはあまりに聖書風であるために，「被造物 créature」という言葉も使われていないのがわかる。

　この条文のフランス語の正文では尊厳という言葉が用いられていないが，スイス連邦諸機関が，フランス語でやりとりする際に，この言葉の使用を躊躇っているわけでない。たとえば，「人間以外の領域における遺伝子技術に関する倫理についての連邦委員会」と「動物実験に関する連邦委員会」は共同見解を採択したが，それによれば，動物の尊厳という概念は次のように説明されている。

　「われわれが動物の尊厳を侵害するのは，人間の利益が当然に優越すると判断されたために，人が動物にもたらす損害がそれと対抗する利益との比較衡量の対象とならず，その損害が考慮されない場合である」[8]。

　本稿では，「生物有機体の完全性」と遠回しに表現され，――おそらく何らかの別の議論があって――植物界[9]をも含む「動物の尊厳」[10]という用語によって，スイス法が何を行い，何を意図しているのかについて敷衍しない。また，遺伝子操作や動物のクローン化，さらには異種間移植のような激しい議論のある問題に関して，動物の尊厳という概念が何をもたらすのかについても検討しない。ここではただ，先に引用したテキストが明確にしている点を強調するにとどめる。つまり，動物の身体とその生息環境への人間による介入の重大さと十分に正当な人間の利益との間の「均衡」が保たれない場合に，動物の尊厳に対する侵害が認められるという点である。したがって，このように理解された動物の「尊厳」は，評価や相対化の余地があり，比較衡量されうる。よっ

て，このような動物の尊厳は，「動物の福祉 animal welfare」論者の陣営で主張されるものであって，「動物の権利 animal rights」論者の陣営の主張ではない。つまり，前者の陣営では，動物の福祉を犠牲にする十分に正当な人間の利益がない場合にのみそれを犠牲にすることが禁じられる。ゆえに，人間と動物との間には「存在論的」あるいは「倫理的」な相違が存在し，価値としての違いが正当化される（人間の利益に対して動物を犠牲にできるが，動物の利益に対して人間を犠牲にはできない）。後者の陣営では，動物の権利は人間の権利同様「絶対的」ではないとしても，動物の尊厳は，動物の権利のあらゆる侵害に対するまさに絶対的な限界となる。

スイスの公的な立場が前者すなわち動物の福祉という概念としての尊厳[11]であるならば，おそらくその立場は，動物と人間を同視することから生じる困難を回避し，キリスト教文化に不可欠の人と動物の区別を維持している[12]。しかし，動物の尊厳に関する場合に尊厳は比較衡量されるが，人間に適用される尊厳はまさに比較衡量することも相対化することもできない。このように考える以上，スイスの立場は尊厳という概念そのものに混乱を生じさせている。つまり，根本的に異なる二つの「尊厳」があり，同一の言葉が異なる二つの「概念」を含んでいることになる（同形異義）。あるいは，その言葉が概念としての性質を失い，単なるメタファーになってしまうかである。

Ⅳ　EU 法における尊厳

2001 年 10 月 9 日のオランダ対欧州議会及び理事会事件判決[13]で，欧州司法裁判所は，人間の尊厳に関する基本権は EU 法を構成する一部であると認めた。この判例で提起されていたのは，人体から切り離された人体の一部に対する特許取得可能性の問題であり，バイオテクノロジー発明の法的保護に関する 1998 年 7 月 6 日指令 98/44/CE 5 条(2)に関連していた。この事案を欧州司法裁判所は次のように判断した。すなわち，この指令は，人体をその各形成段階において特許取得可能な発明とすることを禁じ，人体の「構成要素」それ自体に対する特許の取得は可能ではなく，自然のままの人体の一部とそれを産業へ利

用するために分離・生産する技術的方法とが組み合わされている発明だけが，特許によって保護されると定める。よって裁判所は，自然な状態で得られた人体の一部はすべて特許取得の対象とはならない，つまり，指令が想定する特許の保護は「科学的・技術的発明の成果のみに関わるものであり，自然な状態での人間の生物資料については，特殊な産業利用の実現とその開発に必要な場合にのみ特許による保護の対象となるにすぎない」と判示した。さらに，同指令6条は，人間クローン化技術と遺伝的同一性を改変する生殖技術及び産業・商業目的での胎児の使用を禁止している（しかもこの禁止リストは限定列挙ではなく例示列挙である）。ゆえに，この指令は，「人体が事実上不可譲で不可侵のままにされるように，よって人間の尊厳が守られるように，十分に厳格な方法で特許法を枠づけている」(70-77段) と欧州司法裁判所は判断した。

　欧州共同体とその構成国の義務である基本権の保護は，EU法が課している諸義務——サービス提供の自由やモノの自由移動といった基本条約に保障されている基本的自由であっても——に対する制約を，原則として，正当化する性質を有する利益である。2003年のシュミットベルガー Schmidberger 判決によって示されたこの一般原則は，欧州司法裁判所が2004年10月14日に下したオメガ Omega 判決で華々しく適用された。これは次のような事案である。軽機関銃の形をしたレーザー照準機器を用いて的を射止めるレーザー・ドローム laser-drome というゲームをある企業が開発したが，ドイツの地方警察当局は，その企業に対し，プレーヤーが着るベストに的となるセンサーを取り付けることを禁止した。端的にいえば，殺人遊びを禁じたのである。そのような行為は，ドイツにおける公の秩序の構成要素である人間の尊厳に違反するからである。この禁止とEU法の保障するサービス提供の自由との適合性に関してドイツ連邦行政裁判所から先決問題が提起された。これに対し，欧州司法裁判所は，共同体の法秩序は人間の尊厳の保護をめざしているのであるから，国家が追求する人間の尊厳の保護という目的はEU法と適合することに疑いの余地はないと答えた。そして，「この点について，ドイツにおいて，人間の尊厳の尊重という原則が，自律的な基本権として特別の地位を享受しているかどうかは

重要ではない」[14]と裁判所は明言した。

　EU基本権憲章がリスボン条約の発効にともない法的拘束力を得たことから，今後は欧州共同体秩序において，尊厳を「自律的な基本権」という形以外で法的に構成することは困難になるように思われる。実際に，この憲章は「人間の尊厳は不可侵である。人間の尊厳は尊重され保護されなければならない」という言葉で始まる。EUの基本権憲章に関する解説[15]——これはこの文書の解釈ガイドラインとしての価値を有する——によると，

　「人間の尊厳は，それ自体基本権であるだけでなく，まさに諸基本権の基礎をなしている。……2001年10月9日の判決で……欧州司法裁判所は，人間の尊厳に対する基本権がEU法を構成する一部であると認めた。ここから，とくに，この憲章に列挙されているいかなる権利も，他者の尊厳を侵害する目的で用いることはできない。また，人間の尊厳はこの憲章に列挙されている諸権利の本質をなす。それゆえ，ある権利が制限される場合であっても人間の尊厳が侵害されることはない」。

　主要な学説において支配的なドイツの尊厳概念のいくつかの本質的要素が，ここにも見受けられる。たとえば，尊厳とは，基本権であること，検討の余地のない絶対的価値であること，基本権全体に浸透し，とくにその本質をなす価値であること，また，人間の尊厳という価値は，それ自体絶対的で不可侵であることから，あらゆる干渉や制限そして比較衡量から，まさに基本権全体の本質を保護していることである。今日，EU基本権憲章が完全に効力を有することから，この憲章によって欧州司法裁判所には，これまで確立してきた単なる客観的な一般原則としての効力からさらに発展させるよう義務づけられるであろう。しかし，その場合，欧州司法裁判所は，ドイツの裁判官と同じような困難に直面するだろう。

V　フランス法に尊厳が導入された状況

　フランスへの尊厳の導入は事実,「遅かった」。フランス法秩序への尊厳の移入及びその適応は,おもに1990年代のプロセスである。ドイツでは1950年代に尊厳の法的原則について議論が始まったが,フランスでそれがなされたのは1990年代である。しかし,1950年代初頭のドイツを取り巻く世界と1990年代のフランスを取り巻く世界との世相の大きな違い,そしてそれらの間の知的・政治的・科学的そして道徳的な環境の大きな差異を無視することはできない。1990年代はもはや,人格主義が実存主義と論争していた時代でも,自動車・冷蔵庫・テレビが技術的進歩と呼ばれた時代でもなく,ファシズム期からの脱却が問題とされた時代でもない。1990年代の重要な諸相とは,ベルリンの壁の崩壊,冷戦の終結,電子的コミュニケーションの発達,思想への神経科学の影響力の増大及びバイオテクノロジーの発展である。徐々に尊厳原則が導入された時期に,フランス法学界でその導入を担ったのは法倫理学の言説ではなかった。もっとも,法倫理学の言説であれば,その豊かさから,デューリヒの注釈がドイツの学説に影響を与えたように,フランスにおける尊厳についての法解釈に影響を及ぼすことができただろうが。つまり,私の考えの要点を述べると,ドイツにおける1950年代とは違い,フランスの1990年代は,「基礎創設fondation」の年代ではなかったし,デューリヒが彼の時代になしえたように,尊厳についての学説を認めさせた人物もいなかった。つまり,この原則は,フランス法学者の言説においてそれほど重要性をもたないまま浸透し,基準となる解釈という重要性を付与されなかった。さらに,これまでも,そして現在も常に尊厳についてのドイツの教義はほとんど理解されてこなかった。今日でもなおドイツ学説が参照される際のその仕方は,後にみるように,結局のところ表面的で詳細には論じられない。確かに,このようなフランスの状況は,少し後の2003年に,マウンツ／デューリヒの基本法注釈書におけるマティアス・ヘァデゲン Matthias Herdegen による基本法1条の新しい注釈が論争を引き起こしたドイツとは,明らかに対照的である。このように,相対する二つの世界

——法の観念が「道徳的」で，創設期にあたる古典的な世界と，より実践的で実証主義的な現代的な（あるいはポストモダンの）世界——がある。尊厳がフランス法にあらわれたのは第二の世界においてであり，このことは考慮すべき重要なことである。

　しかし，また別の背景的違いも重要と考えられる。戦後のドイツ学説には，尊厳の原則を重要な主題として扱い，理論化することが求められたと同時に，もうひとつ重大な任務，つまり基本権についての一般的な教義の構築を担っていた。基本権の教義は，特別な教義を強力な一般理論に有機的に関連づけるものであり，戦後のドイツ学説の最も重要な成果の一つであることはよく知られている。憲法裁判所が漸進的に強固な教義を確立し，憲法訴願Verfassungsbeschwerde制度の重要性が次第に高められたことよって，基本権の教義は現在のレベルに達したのである。フランスのいわゆる伝統的な「公的自由」に関して，ドイツのような「建設的な」成果をフランスの学説に見出すことはできない。思うに，伝統的に「客観主義」を採るフランス法にとって未知の公法的訴訟形態，つまり欧州人権裁判所に対する個人申立てが発展したことによって，「基本権」という表現が次第にフランスに受容された。これによって，人権思想の再構成が求められ，フランスにとって新しい諸概念についての考察が始まった——もっともドイツでは「介入Eingriff」または「法律の留保Gesetzesvorbehalt」といった概念がすでに確立し明確化されていたが——と考えられる。このようなこともまた1990年代の現象である。フランスにおける基本権理論がドイツの理論——もっともどのような論争がなされているかにかかわらず——と同等の重厚さ，同レベルの洗練性を有しているかどうかは定かではない。さらに，もう一つ別のフランスとドイツの根本的な違いも強調すべきである。この違いは，適切な比較を可能にする立場や隔たりを示すものである。それは，ドイツでの基本権についての一般理論は整然と構造化された教義空間におかれたが，フランスにおける尊厳の観念は，そのような教義空間には組み込まれなかったことである。

　概念としての尊厳はフランスにおいて，基準となる解釈という重要性を与え

られなかったと先ほど述べた。よって,「より重厚でない」——フランス的な軽さを備えた——尊厳は,緻密でもなく構造的でもない空間で作用しなければならなかったことを付け加えなければならない。したがって,定かではないが,今日,その尊厳は,真の構造化を促す概念としての役割というよりむしろフランスの立法者,裁判官や学説の言説における象徴的なしるしとしての役割を果たしているのではないだろうか。このような仮定に基づき,以下,検証を試みる。

Ⅵ　フランスの法律における尊厳の承認

　dignité という言葉の通常の意味,つまり,職務に付随する性質としての意味(「職務上の威厳・尊厳 dignité des fonctions」)はここでは採りあげないが,人間本来の性質を示す意味としての尊厳は,1989 年にはじめてフランス法秩序に導入されたようである。フランスの通信の自由に関する 1986 年 9 月 30 日法は,その 1 条において,通信サービスの開発及び利用は自由であるという原則を確立し,その直後にこの自由にもたらされる制限の根拠,すなわち,国防上の必要,公役務の要請,公の秩序の保護,他者の自由及びその所有権の保護,多元的な意見表明の保護を列挙する。その 3 年後,1989 年 1 月 17 日法がこの 1 条を次のように改正した。

　「視聴覚通信は自由である。
　この自由の行使は,次の理由により必要な限度で制限される。それは,他者の自由と所有権の尊重,思想及び意見の表明における多元性の尊重,<u>人間の尊厳の尊重</u>,子どもと青少年の保護,公の秩序の保護,国防上の必要,公役務の要請,通信手段に固有の技術的な制限,視聴覚サービス会社が視聴覚製品を開発する上での必要性である」。[強調は筆者による]

　近時,デジタル経済に対する信頼のための 2004 年 6 月 21 日法によって,視聴覚通信のみに関係していたこの 1989 年の規定の適用が,すべての電子通信

に拡大された。このようにして尊厳は，それまで関連のなかった法に浸透したのである。これ以降，この種の尊厳への参照は増え続け，ある人々に尊厳がフランス法秩序を「侵略」してしまうとまでいわしめるほどである——もっともこれは誇張にすぎないと私は思うが——。しかし確かに，尊厳はいまや多様な法分野のさまざまな立法規定に導入されている。それは，立法者の意図した結果であり，1990年代半ば以降は判例がそれに追随しはじめる。そのような判例を検討する前に，まず，尊厳を導入した立法について簡単に要約する。

尊厳という言葉は刑法に，より正確には刑法典を改正した1992年7月22日の諸法律にすぐさま登場した。人間に対する侵害について定める編の第5章は，今では「人格の尊厳に対する侵害」という標題となっている。そのような侵害としてあげられているのは，差別，人身売買，売春の仲介及びそれに関連する犯罪，未成年者や極度の弱者に対する売春の強要，物乞いの悪用，人間の尊厳に反する労働条件・居住条件，いじめ，死者に払われるべき尊重に対する侵害などである。人道に対する罪（ジェノサイド等）と，人の種に対する罪（優生学と生殖クローン技術）は他の編で定められている。もっとも，ここでは，「尊厳」は分類としての機能しか果たしていなかった。

しかし尊厳は，いくつかの犯罪の定義にも導入された。たとえば1992年には，尊厳に反する労働条件・居住条件を弱者に課すという弱者濫用の罪（刑法典225-14条）が，とりわけ不法滞在外国人にも関連づけられた（2003年に導入された，外国人の入国，滞在及び庇護に関する法典622-5条）。2002年にはモラル・ハラスメント（刑法典222-33-2条）に，2007年には人身売買の罪（2003年に導入された刑法典225-4-1条）に，尊厳が導入された。また，人種あるいは出身民族の区別なく扱うという平等原則の実施に関する2000年6月29日指令に従い，尊厳がハラスメントの定義を介して，差別の定義にも導入された[16]。同様に，過剰なセクト活動に対処するための刑法の諸規定にも，尊厳の保護への準拠が示されている[17]。

尊厳は手続にも浸透し（とりわけ公開審理が「人格の尊厳あるいは第三者の利益を害する」[18]性質のものである場合，非公開審理がいい渡される），被疑者や被告に対し

て宣告される強制処分や保安処分，とくに電子自動追跡装置[19]の使用について，人格の尊厳の尊重を保障しなくてはならないとされている。

いわゆる「生命倫理」法と同じ日に審署された，人の身体の尊重に関する1994年7月29日法は，民法典16条に，「本法は人間の優越性を保障し，人間の尊厳に対するあらゆる侵害を禁止し，人間をその生命の始まりから尊重することを保障する」という原則的規定を導入した。

民法典のこの規定は，さらに，2000年に法典化された公衆衛生法典L2211-1条に引用され，この法典の人工妊娠中絶について定めた部の冒頭に尊厳が定められている。同法典L2211-2条は，この原則に反しうるのはその必要があり本編の定める条件に従うときのみであるとし，人工妊娠中絶を，人間の尊厳に対するあらゆる侵害を禁止し人間をその生命の始まりから尊重するという原則の例外と位置づけたのである。

2004年8月6日の新生命倫理法は，知的財産法典に次のような新しいL611-17条を導入した。

「商業的な活用が人格の尊厳，公の秩序，善良の風俗に反する発明については特許を取得できない。これらに対する違反は，そのような活用が単に法律または行政立法の規定により禁止されることのみから生じるわけではない」。

2002年3月4日法は，「保健衛生における民主主義」の原則を導入し，公衆衛生法典に，患者の権利憲章のようなもの，とりわけ患者の尊厳の尊重に対する権利（公衆衛生法典1110-2条）を確立した。また，そこにある末期患者に関する少し過剰なほどに繰り返されている権利，いわゆる「死にゆく者の尊厳」の尊重は，彼らを治療する医師の主要な義務となっている[20]。

尊厳は，社会福祉活動や社会医療活動にも欠かされることなく，実際には2002年1月2日法によって導入された。この法によって，すべての人の尊厳の平等が，このような活動の一般的な行動指針となった[21]。

最後の例はつい最近のものである。成年者保護制度が再編成され（2007年3月5日法），尊厳が導入された。このような保護制度は，「個人の自由，基本権及び人格の尊厳を尊重して，設置され，保障される」（民法典新415条）と定められている。

このように，尊厳は広範に「普及」していると認められるが，どこにも尊厳は定義されておらず，それにともなう思想や概念的考察もない。それがわかるのは，人工妊娠中絶の場合を，法的に，人格の尊厳の尊重に対する「例外」と定めている点である。中絶についての個人的な立場にかかわりなく，純粋に言葉の意味及び理論として，尊厳に対する「例外」あるいは「特例」を設けることは尊厳の相対化を前提とする。このことは，尊厳を絶対的なもの，不可侵の，違反しえない価値とみる最も共通した尊厳の観念に反していると思われる。またさらに，法律に尊厳が多様に用いられていることを通じて，尊厳の「概念的」な一体性を見出し，それを主張することができるのかという問題が提起される。概括すると，尊厳が「量的」に過剰なほどに言及されているこの状態が，その「質的」な内容に有利に作用するのかどうかは定かではないといえる。

つぎに判例を，より正確には，公法上の裁判所，つまり憲法院と行政裁判所の判例を検討する。

Ⅶ　裁判における尊厳原則の承認

憲法院は，「生命倫理法」に関する1994年7月27日の判決[22]で，結社の自由に関する1971年7月16日の有名な判決[23]以来憲法的価値を有する第四共和制憲法前文第1文を根拠に，「あらゆる形態の隷従と品位を傷付ける取扱いに対する人格の尊厳の保護」という憲法原則を導出した。第四共和制憲法前文第1文は次のように定められていた。

「人間の人格を隷従させ堕落させることを企図した体制に対して，自由な人民がかちえた勝利の直後に，フランス人民は，あらためて，すべての人間

が，人種，宗教，信条による差別なく，譲りわたすことのできない神聖な権利をもつことを宣言する」。

「あらためて」や「譲りわたすことのできない神聖な権利」という言葉や表現が，1789年の精神や哲学の厳粛な想起が重要であったことを十分に示している。さらに，第四共和制憲法前文は次のように続く。「フランス人民は，1789年の権利宣言により確立された人及び市民の権利と自由，並びに，共和国の諸法律により承認された諸原則を厳粛に再確認する」。「共和国の諸法律」により確立された共和国の「諸原則」は，この第2文が示唆するように1789年の権利宣言の流れをくむものであるから，フランスにおける共和国の基本原理 essence は1789年の権利宣言の精神に立脚していると述べることが重要であった。

しかし，権利宣言も，また共和国のいかなる法律も，尊厳という原則をはっきりと確立していない。フランス革命下において，《dignité》という言葉は，「階級あるいは公職に結びついた性質」つまり古典的な「威厳 dignitas」を意味し，第一のそれは市民としての「威厳」であった。それにもかかわらず，第四共和制憲法前文のこの文言によって，尊厳に与することは，必然的に1789年宣言の権利及び自由並びに革命が追求し深化させた共和制の伝統に与することとされた。つまり，その宣言には，単に職務としての威厳だけではなく，人格の尊厳が黙示的に確立されていたと解する遡及的な解釈が1946年になされたのである。

このことは，尊厳が諸権利のうちの一つにすぎないのではなく，諸権利全体の根源あるいは母胎そのものであることを意味する。しかし，このような帰結を憲法院はこの判決においても他の判決においても表明してはいない。つまり，憲法院は，この文言から，尊厳がフランス憲法の一つの原則であると──しかし，私の考えでは，憲法院の判例において原則と法規則は何ら区別されないことから──「他と同じ様な」一つの原則または法規則であると推論したにすぎない。

1995年10月27日に判断が下された「モルソン・シュル・オルグ Morsang-sur-Orge市事件」[24]において，コンセイユ・デタの判例のなかではじめて尊厳が用いられたが，その尊厳に，以上のことはまったく当てはまらない。その事件は次のような単純な事案であった。モルソン・シュル・オルグ市長は，一般警察権を行使して，その市内で，砲丸に仕立てられた背の低い小人を観客ができるだけ遠くに投げることを競う「小人投げ」というディスコのアトラクション企画を禁止し，「小人砲丸」の安全を確保した。市長が警察権によるアレテを出したのは，そのアトラクションにおける小人の身体の保全と健康に対する危険だけでなく，その人格の品位を傷付けるような扱いをも考慮したからであるが，これが行政裁判所で争われた。同様のアレテがエクス・アン・プロヴァンス Aix-en-Provence市長によっても出され，モルソン・シュル・オルグ判決に類似した判決をうけた。これら二つのアレテについて，一審の行政裁判所はその両方を違法無効としたが，控訴審であるコンセイユ・デタは，その立場を破棄した。コンセイユ・デタは，人格の尊厳の尊重を「公の秩序の構成要素」としたのである。

したがって，市長の警察権の行使は，安全，公安，公衆衛生の追求によって正当化されるように，尊厳を保護するという目的によっても正当化される。一般的な公の秩序の保護は，一般警察権の行使を法的に正当化し，とくに市内での市長の一般警察権を正当化する。したがって，この公の秩序は，安全，公衆衛生，公安といった伝統的な要素から構成されているが，これからは人格の尊厳が付け加わり，すべての警察措置によって必然的に奪われる権利と自由の行使に対する一定の制限が，人格の尊厳についても，正当化されることになる。

しかし，コンセイユ・デタは，「公の秩序の構成要素」としての尊厳を特別扱いしている。実際，伝統的に市長の一般警察権は，公の秩序の具体的な目的を実現する場合，すなわち，その地域的状況からみて蓋然性があり深刻であると判断される公の秩序に反する騒乱を防ぐ場合にしか，行使することができない。しかし，警察権の行使が客観的にその地域的状況によって正当化されなければならないというこの条件は，めざされる公の秩序の目的が人格の尊厳の保

護である場合には，あてはまらない。そこで，モルソン・シュル・オルグ判決では，決め手となった正当化理由が次のように述べられている。

　人格の尊厳を尊重することは公の秩序の構成要素である。したがって，市の警察権を付与された機関は，特別な地域的状況がなくとも，人格の尊厳の尊重を侵害する催しを禁止することができる。

　つまり，尊厳の尊重は，（安全，公安，公衆衛生といった）公の秩序の他の構成要素と同じではない。いわば，公の秩序の通常の要請は「仮言」命法であり，警察権の行使に「条件」を課すが，それに対し，尊厳の保護の要請は，警察権力の行使が無条件で正当化される，無条件の「定言」命法であるといえる。明らかにそこには，カントの『人倫の形而上学上の基礎付け』の示唆がみえる。この点については以下にも触れる。
　しかし，尊厳の尊重が「定言的」であるといっても，警察権の行使を無条件の義務に転換するほどではない。いずれにせよ，判決にはそのことを示すものは何もない。また，『行政裁判の重要判例』――この分野で最も権威ある文献である――の評釈は，警察的な措置を講じる義務が「とくに人格の尊厳への侵害の場合には課されると思われる」と指摘しているが，問題の「ア・プリオリな」無条件性，絶対性については，「とくに」という副詞によって含みをもたせている。さらに，このような指摘は，私の知るかぎり，判例上まったく確立されていない。モルソン・シュル・オルグ市の判決は「―しうる」という慎重な表現にとどめている。つまり，警察当局は，尊厳を尊重させるために適切な措置を講ずることができる，というように。
　したがって，判決の評釈者は尊厳の論理をこのような表現にまで推し進めようとしているが，この判決にしてもその後の諸判決にしても，本当に公の秩序の構成要素の間で区別を設けるという解決に基づき，すべての要素のなかで尊厳にのみ帰される特別な性質を正当化し，これらを前提として，結論が導き出されたとは私には思えない[25]。

尊厳に関する判例の想起とそれらについての基本的な分析を行った。つぎに，おもに公法上の裁判所である，憲法院と行政裁判所の諸判決における尊厳という「キーワード topos」の一貫性について検討する。

Ⅷ 憲法院判例の分析

すでに言及した憲法院が尊厳を確立した最初の判決，すなわち生命倫理法に関する 1994 年 7 月 27 日判決（344 DC du 27 juillet 1994）を，今度は，本質的な点から考察しよう。裁判官はまず「あらゆる形態の隷従と品位を傷付ける扱いに対する人格の尊厳の保護」という原則の憲法的価値を認め，つぎに，フランスの立法者が，試験管で受精された受精卵による懐胎，その着床並びにその保存に厚い保障を与えていることを確認したが，すでにつくられたすべての受精卵を無期限に保存しなければならないとは判断しなかった。つまり裁判官は，すべての人間をその生命の始まりから尊重するという議会立法の原則がこれには適用されないと判断したのである。次いで，憲法院は，自らが立法権と同一の評価権限や決定権をもたないことに注意を促し，立法者が採択した諸規定を再検討する権限は，「知見と技術の状態において」憲法院にはないと述べた。憲法院はこのように伝統的な立場を想起させたのである。

しかし，この判決が意味しているのは，「知見と技術の状態において」人間の生命の始まりである受精卵に，あらゆる人間の尊重という原則を適用すべきか否かは立法者が自由に判断しうるということだと理解するのは困難である。あるいは，憲法院自身もまた，上でみたような人工中絶に関する立法規定で作用している，尊厳に対する例外という落とし穴にかかっているのかもしれない。むしろ，「知見と技術の状態において」受精卵は人か否かという問題，つまりその尊厳と生命は尊重されるべきなのかという問題を確実に解決することはできない，そしてこのような不確実性があるため，裁判官よりもむしろ政治的権限者が引き受けるべき道徳的な評価の自由があると理解すべきであると思われる。

思うに，人間の生命はどこで，いつ誰のために始まるのかという問題を，科

学と技術すなわち自然科学の問題だと考えることがおそらく間違いであり，少なくとも非常に疑わしい。そこで作用しているのは，科学者に典型的な無意識の楽観主義か，科学者の幻想か，あるいはうわべだけの議論によって問題を回避する論法である。しかし，尊厳の観念は，自然界の哲学ではなく道徳哲学を起源とする。その観念はまさに，人間を自然から脱却させ，「固有の」人間性を形成する人間の側面の承認を示し，また，次のことを意味する。つまり，自らの（共同の）創造者としての人間を純粋な自然には還元できないこと，そして，人間は本質的に自然的でない性質を有する存在であることである。もし人間という観念を生物学上のそれではなく倫理的，道徳的なものと考えるならば——そしてそう考えることにはいくつかの理由があるのだが——，憲法院の議論は単に脆弱なだけでなく誤りであるように思われる。私としては，「自然主義に基づくという誤り」を避け，少なくとも次のように述べる方が望ましかったと考える。つまり，受精卵は人か否かについての「倫理的な」論争はまったく解決されておらず，憲法によって答えが出されてはいないとし，これに沿って具体的な余剰卵の問題を解決するのは政治的権限者，すなわち民主的に責任を有する立法者の役目であると明言することである。いずれにせよ，科学的議論よりも倫理的議論の方が望ましいものであったように思われる。

　同様の議論が，人工妊娠中絶と避妊に関する法についての2001年6月27日判決（446 DC du 27 juin 2001）にもみられる。その判決では，困窮状態にある女性に妊娠中絶が許される期間を10週から12週に延長しても尊厳原理に反しないとされた。憲法院は，憲法にしたがって判断し，中絶を原則に対する「例外」とする単なる立法規定には関連づけなかった。法律におけるこのような考え方を憲法院は根本的に問題視したのである。この期間の延長は，憲法院の言葉を引用すると「知見と科学の状態において，あらゆる形態の品位を傷付ける扱いからの人格の尊厳の保護を一方とし，人権宣言2条に由来する女性の自由を他方とする，憲法にその尊重が求めるこれらの間の均衡を破るもの」ではなかった。憲法院はさらに，問題の規定が，優生学の実践を認めるものではなく，それ自体で，公衆衛生法典L2211-1条に記され立法者自身が定めた「人

間をその生命の始まりから尊重する」という原則に対する違反や無視を許容しているものでもないと明言した。もっともこの言葉からは，受精卵，少なくとも懐胎され着床した受精卵であれば尊厳原理によって保護されるという印象を強く受ける。というのもこの場合，尊厳原則は憲法上保障される女性の自由と釣り合うからである。このように，1994年判決との一貫性は明らかではない。つまり，1994年においては，科学と技術の状態により，尊厳に関する胎児の地位そのものについて決定を下せなかったが，2001年においては，科学と技術の状態が，人工妊娠中絶が対象胎児の尊厳への不当な侵害にあたるということの確立を妨げた。しかし，先に述べたように，とりわけ，公衆衛生法典L2211-2条が，この原則に反することができるのはその必要性があり，当該編に定める条件に従うときのみであると明確に述べ，そこから人工妊娠中絶を，人格の尊厳に対するあらゆる侵害の禁止及び人間をその生命の始まりから尊重する原則の例外としている。したがって，公衆衛生法典すなわち立法者の論理によると，妊娠中絶は人間をその生命の始まりから尊重する原則の「例外」なのであり，繰り返し「科学と技術の状態」という表現の陰に逃れる憲法院とは異なる。つまり，この問題が考察の対象とさえされないまま，尊厳は比較衡量されている。繰り返すが，ここで私が重要視するのは，判例の一貫性及びその内的な性質であるが，これらは少なくともほとんど確保されていないと思われる。結局，この判決をよく理解すると，ここでの尊厳は，他の財や利益と比較衡量しうるものであり，とりわけ尊厳と自由の「合理的な調整」が可能である。憲法院が用いるこのような尊厳概念とはいかなるものであろうか？　それは，ドイツ法におけるものとも，EUの基本権憲章の解釈の基礎となっているものとも異なる。驚くべきは，憲法院の議論の脆弱さであり，その主たる原因の一つは，尊厳概念の明確化がなされていないことにあると思われる。

第四共和制憲法前文第10・11文（国は，個人と家族にその発展に必要な条件を保障し，また，健康，物質的な安全，休息及び余暇を保障し，労働しえない者には生存にふさわしい手段を共同体から受け取る権利を保障する）と関連づけられた尊厳の原則から，憲法院は，──十分な説明なしに，論理よりもむしろ直観に訴え

て——「憲法的価値のある目的」，すなわち，あらゆる人がしかるべき居住を所有する可能性を導き出した（住居の多様性に関する法についての1995年1月19日判決（359 DC 19 janvier 1995））。この「可能性」は——憲法レベルでは——権利としてではなく，単なる「目的」として保障されており，したがって，しかるべき居住を奪われた人のために一定の条件で空室を徴用するという，他の憲法上の権利とりわけ財産権との比較衡量を認める原則をもたらした。コンセイユ・デタは，——この判例は憲法院判例ではないがまたこの件にたち戻る必要がないようにここで述べる——この「可能性」が単なる目的にすぎないことから，いわゆる「住宅への権利」は自由に関する急速審理手続の規定の意味における「基本的自由」ではないと結論づけた。つまり，市民が，いわゆる住宅への「権利」に対する重大な侵害を緊急の場合に差し止めるために必要なあらゆる措置をとるように行政裁判官に要請しても，受理されないのである[26]。他方で，人間の尊厳の尊重がそれ自体として上述の意味における「基本的自由」とみなされるのか，つまり，尊厳に対する重大な侵害がある場合に自由に関する急速審理手続に訴えることが正当化されるのかという問題について，私の知るかぎり，行政裁判官は態度を明らかにしていない。

「社会的疎外対策に関する基本法」に関する1998年7月29日判決（403 DC du 29 juillet 1998）では，いわゆる「しかるべき住宅への権利」という憲法上の目的によって，立法者が必要と判断する制限を財産権に課すことが正当化された。もっとも，これらの制限には，財産権の意味や射程がゆがめられているとみなさなければならないほどの重大な性質はない。同様のことが，個人の自由，とくに住居の不可侵にもあてはまる。あらゆる人がしかるべき居住を所有する可能性という憲法的価値のある目的を実施する効果として，立法者は，宣誓を行った官吏に，徴用可能な空き部屋の視察を許可することができた。しかし，立法者は相当の保障も与えている。つまり，住居使用権の名義人は法人でなければならず，また徴用に反対の場合，司法裁判官への提訴が可能であった。したがって，住居の不可侵に対する侵害はないのである。ここでも，しかるべき住宅への権利という憲法上の目的は，それに尊厳の理念が注がれている

にもかかわらず，比較衡量され，調整されるべき諸価値のなかの一つでしかないことがわかる。

　尊厳の問題が言及された他の憲法院の判決を，雑然とではあるが紹介する。そこでは尊厳が決定的な役割をほとんど果たしていないことがわかるであろう。「国際刑事裁判所」に関する 1999 年 1 月 22 日判決 (408 DC du 22 janvier 1999) の背後にも尊厳がうかがわれる。この判決では，尊厳原則と憲法の他の条文に基づいて，次のように結論が述べられている。すなわち，「国家主権の尊重は，第四共和制憲法前文の上述の規定に基づいて，フランスが世界の平和と安全を促進し国際法の一般原則の尊重を確保するために国際協約を締結することを妨げない。こうした目的のために署名された協約は，とくに，あらゆる人が享受する基本権を保護するための常設の国際裁判所を設立し，基本権に対する最も重大な侵害を処罰し，国際共同体全体にかかわる重大犯罪の責任者を裁くための管轄権を有する」。連帯市民協約 (PACS) に関する 1999 年 11 月 9 日判決 (419 DC 9 novembre 1999) もあげておく。この判決によると，PACS は婚姻ではないため，その一方的解消は「一方的意思による離婚」にはあたらない。PACS の属するカテゴリーである無期限契約は一方的に解消することができる。パートナーの一方が婚姻した場合の PACS の解消は，婚姻の自由という憲法上の要請の尊重への配慮に応えるものであり，また一方的に解消された者は被った損害の賠償請求権を有する。よって，PACS の一方的解消は人格の尊厳の原則に反するものではない。初期雇用契約に関する 2006 年 3 月 30 日判決 (535 DC du 30 mars 2006) にも言及しておく。この判決によると，尊厳原則は雇用者が被用者に解雇事由を告げることを義務づけるものではない。また，国内の安全のための法律に関する 2003 年 3 月 13 日判決 (467 DC 13 mars 2003) では，刑法典に「（売春目的の）客引きの罪」を設けることは，いずれの憲法原則も侵害せず，よって尊厳原則も侵害しないとされたが，その理由は付されなかった。客引き罪を，売春仲介防止対策のための手段とも憲法院はみなしていた。もっとも，売春の仲介は刑法典で人格の尊厳に対する犯罪とされている。この点がおそらく判決の理由づけになったのであろう。つまり，判決は，訴追され

うる人々の尊厳を保護しているのである！　大きな論争を巻きおこした問題を扱った最近の判決として，「移民の統制，統合及び庇護に関する法」についての 2007 年 11 月 15 日判決 (577 DC 15 novembre 2007) がある。この判決で憲法院は，尊厳についての主張を簡単に退けている。付託された法律では，家族を呼び寄せる権利の行使を可能とする生物学的な親子関係の証明方法として，DNA 鑑定が認められていた。憲法院は次のように述べた。「本法は，ビザ申請者の遺伝的特徴の検査を認めるものではなく，ビザ申請者またはその法定代理人の要請に応じて，民法典 16-11 条 2 項が定める条件に近い条件での DNA 鑑定のみによる身元の確認を認めるものである。したがって，第四共和制憲法前文に確立された人格の尊厳を尊重する原則を侵害するという付託理由はその事実を欠いている」。「移民及び統合に関する法律」についての 2006 年 7 月 20 日判決 (539 DC du 20 juillet 2006) も同様である。付託された法律は，一定期間学生として滞在していた外国人に対して，フランスでの長期滞在を合法化する一時滞在許可証を自動的に付与するシステムを，廃止するものであった。この廃止は「滞在資格を当然に享受できる外国人の分類を変更するにすぎず，このことだけをもって，第四共和制憲法前文に確立された人間の人格の尊厳を尊重する原則を侵害するものではない。そのうえ，憲法価値を有するいかなる原則も，またいかなる法規則も，外国人に対し，フランス国内への入国及び滞在についての一般的で絶対的な権利を保障してはいない」と憲法院は判示した。

　2008 年 2 月 21 日の判決 (562 DC du 21 février 2008) についても簡単に言及しておこう。この判決で，憲法院は，安全のための拘留（予防拘禁）の合憲性について判断しなければならなかった。問題になったのは，とくに重大な犯罪を犯した者が，刑の終了後にも，依然として特別に危険な兆候を示し，再犯の可能性が高いと思われる場合に，「安全のための社会・医療・司法センター」に拘留し続けることを認める規定である。このような規定は人格の尊厳に対する侵害とみなされるとする付託者の申立てに，憲法院は直接答えようとさえしなかった。

　以上のように，15 年間の憲法院判例からなしえる総括が明らかにしている

のは，期待はずれであるということである。ここで私は，言及した諸判例の内容の観点に立っているのではなく，また，私が「最良」と判断するであろう解決を導き出すために私の考える尊厳概念を憲法院のそれに置き換えようとも思わない。私は常に，内的な観点——尊厳にともなう一貫性及びその作用の仕方という観点——のみにたっているのであり，そこから次のようにいわざるをえない。つまり，憲法院判例には，もう少し明確な方向性，もう少し確実な方法論，そして判例における尊厳の使用を相対的に少しばかり合理化するに十分な教義上の基準なり，概念的基準が欠けているのである。

IX 行政判例における尊厳

次の行政判例のまとめは，より簡潔に示すが，上と著しく異なる結論には至っていない。

端緒となった「小人投げ」に関する1995年の二つの判決が，上述のとおり尊厳の「定言性」の思考に立脚しているとしても，これらは，尊厳の内容に関するいかなる表明も指針も提示してはいない。まるでそのアトラクションに対して裁判官が抱いた馬鹿げているという感情だけでなく確かに「けしからん」という感覚に委ねるべきであったかのように，すべてが運んだ。概念を明確にするとまではいかないが，少なくとも主観的な判決を方向づけ，裁判官の評価についての合理的，でないとしても道理にかなった議論に道を開くものは判決には何もなかった。また，たとえばドイツの「客体」定式——もっともこれによって引き起こされた諸批判はともかくとして——に類似したようなものもなかった。

1995年から今日までの，その後の行政判例はそれ以上の説明をほとんどもたらしてはいない。まず指摘すべきことは，警察法における尊厳の不意の出現が多くの学説的反応——賛同するものであれ激しく批判するものであれ——を引き起こしたが，この警察法の新規性はほとんど成果を残さなかった。というのも，最近の論考によれば，行政裁判官は尊厳を「ほぼ忘れて」しまっており，「潜在的に制限をうけない内容」を有するこの観念について，行政判例は

「例外的な活用」しか行っていないからである。その論考はまた，以前の尊厳観念への一定の「回帰」がみられるかを確認しようとしても，そのような回帰は「とりわけひそやかなもの」[27]にすぎないと述べ，裁判官が人間の尊厳に対する侵害という起訴理由を破棄する場合，「おもにその判決の根拠をわざわざ述べたり，後学のために何かを示すこともなく，とても簡潔な表現にとどめている」[28]とも論じている。学説はやや尊厳をあらゆるところに見出す傾向にあるが，多くの場合それは「黙示的な」尊厳であって，行政裁判官によって尊厳として言明されたものではないのである。

　2008年までは次の二つの判決がとくに注目されていた。その一つは，2006年9月21日ヴェルサイユ行政控訴院判決であり，これは過去の判例である1923年のクイテア Couitéas 判決を掘り下げたものである。賃借人の強制退去を命じる司法決定の執行について，行政控訴院は，既判力を有する判決は通常必要に応じて公安の協力をえて執行されるが，「公の秩序の保護に起因する例外的状況」が認められる場合，この公安の協力は拒否されると確認し，人間の尊厳の保護は，判決執行について公安の協力拒否を正当化する状況であろうと付け加えた。このように，この判決は，特殊な分野においてではあるが，尊厳を公の秩序の構成要素としたモルソン・シュル・オルグ判決の原理と合致する。しかし，この文脈において尊厳の特徴づけるものを見出すことはできない[29]。

　もう一つの事件は，コンセイユ・デタの単なる急速審理命令を対象としている。「フランス人の連帯《Solidarité des Français》」なる団体が，彼らがいうところの連帯のために，明らかにイスラム教の人々を排除する目的で豚肉が含まれる食事の無料配給の実施を要求していた。このような意思表明行為は行政当局によって禁止された。しかし，意思表明行為の禁止が合法とされるのは，それが公の秩序に対する騒乱を未然に防ぐ性質のものである場合のみであり，本件の場合，「事実上」差別的な食事の配給が「提供されるべき援助を奪われた人々の尊厳を侵害しうる」ことが，そのような騒乱の可能性を十分に示している必要があった。そのため，本件の禁止は意思表明行為の自由に対する「明白

に違法な」侵害とはみなされなかった。このように裁判官は,「具体的な」公の秩序（安全,公安,公衆衛生など）に対する騒乱の可能性ではなく,尊厳が構成する公の秩序の「道徳的な」部分に対するそれをもっぱら模索したのである。

2008年のコンセイユ・デタの複数の判決が尊厳に関係していた。まず,いわゆる「ボワ・デ・ロージュ Bois des Loges」事件があげられる。この地は第一次世界大戦中,多くの戦闘の場となった。そこに埋まったままの遺体の数は300ほどと推定されていた。しかし,権限ある知事が,その地の一部において廃棄物処理施設の建設をある企業に許可した。この知事のアレテが,この地に遺体が埋もれたままにされている軍人の尊厳を侵害しているとして裁判に付された。コンセイユ・デタは,まずこの地が土地を保護するいかなる制度の対象にもなっていなかったことを確認し,撤去作業や埋葬作業の際に発見されたあらゆる遺骸について通知する義務をその企業に課す規定に基づき,判断を下した。したがって,人間の尊厳の尊重原則に対する侵害はないとされた。このように,尊厳は故人の人格に結びついているが,本件ではその遺体の尊重のみが課され,彼らの死後の名声の尊重は求められなかったと考えられる。しかし,残念ながらこのような見解は,尊厳原則を解釈するいかなる試みの対象ともされていない。

最後に述べるのは,尊厳への配慮が行政判例の動向の変更を求めていると解される,勾留要件についての判例である。2008年末の二つの判決において,コンセイユ・デタは公式に,尊厳の尊重が拘禁者の処遇に求めるいくつかの要請を明示した。「E.S. 氏事件」の2008年11月14日の急速審理命令において,コンセイユ・デタは,刑事訴訟法典D275条に想起されている人間の尊厳の尊重に対する要請を発展させ,勾留者の全身検査を実施するための諸条件を示した。つまり,そのような検査は,正当な嫌疑がある場合で,かつ,保安上の必要性やその制約に対して検査方法が厳密に均衡する状況においてのみ正当化される,とした。他方で,権限踰越の訴えについての2008年10月31日判決がある。これは,「国際刑務所監視局 Observatoire international des prisons フラ

ンス支部」が欧州人権条約3条（とくに非人道的あるいは品位を傷つける扱いを禁止する）と自由権規約10条（「自由を奪われたすべての者は人道的にかつ人間の固有の尊厳を尊重して取り扱われる。」）に基づき，勾留者の隔離方法を定めるデクレの規定に対して提訴した事案である。コンセイユ・デタは，そのデクレの主要部分を取り消さなかったが，今後行われる個々の隔離措置及びそれらの執行条件の厳格な審査を行うことについて，刑務所当局に向けて非常に明確な警告を発した。もっとも，デクレには未成年勾留者の特殊な状況や条件に適応した特別な隔離方法が定められていなかったため，コンセイユ・デタはデクレのこの部分は取り消した。

2008年12月17日，コンセイユ・デタはさらに，記者会見を行い，これらの判決及び他の最近の諸判決の意義を解説した。またコンセイユ・デタは，フランス刑務所への勾留条件及び勾留者に対して刑務所当局が採りうる措置についての審査を強化し，刑務所当局が犯した過失の割合に応じて国の責任要件を緩和すると述べた。

X　まとめにかえて

結論に代えて，これらの憲法院判例や行政判例に対するフランス学説の反応をかいつまんで論じることをお許しいただきたい。今日の十分に豊富な学説の現状は，つぎのように要約できると思われる。学説は根本から分裂しているが，このこと自体何ら途方もないことでも不愉快なことでもない。しかし，すでにみたように，判例が，尊厳概念の内容を決定づけるための構造的な試論をまったく学説に提供しないため，学説はそのような状態におかれているのである。よって，学説の議論は，尊厳という（実定法，法的な権利，判例には）みつけられない観念の周辺で形づくられている。

第一に，学説のある一派は，尊厳原則はいまやフランス公法を支配しているとほぼ呪文のように主張する。尊厳という「母胎的な」原則には，法秩序全体に神経を張り巡らし，基本権の解釈を促す役割がある，とする。しかし，この立場は判例と対立する。というのも判例においては尊厳に対する例外がみら

れ，この絶対的な価値が他の権利や自由，住居への権利を通して所有権とさえも調整されているからである。学説の他の一派もまた，尊厳を絶対的で指導的な原則とみるが，尊厳の領域を社会福祉の分野に拡張することや，とりわけ尊厳を根拠とした住居への「権利」の構築については批判的である。尊厳は，即自かつ対自と捉えられる人間のみをもっぱら対象とするものだというのであろう。これは，尊厳を擁護する創造者 auteur に固有の尊厳概念を前提とし，実体法にはほとんどその根拠を見出すことのできない規範的な説である。

　また，いわゆる小人投げ事件に主として焦点を絞った尊厳に対する激しい批判もある。尊厳は公の秩序の構成要素であるが，道徳秩序のトロイの木馬であるとか，尊厳は人における人間性の客観的側面であるが，主体の自決の自由と対立するとか，個人は自らの尊厳を尊重する義務を負うが，自分自身によってではなくますます法によって守られるという危険にさらされているなどと述べる。ここでは，つぎのことを確認するにとどめる。つまり，これは確かに，よく行われるように，他人だけでなく自分自身についても常に目的自体として人間を扱うように命じるカントの定言命法と尊厳が結び付けられる場合の尊厳の一側面なのである。道徳的観点からは，この要請は不可欠である。というのも，自分自身を人として感知するのでなければ，どのように他者を人間として「認識」できようか。問題は，道徳秩序の原則から任意者の「対外的」関係を律する法的な原則への移行——カントはこれを行っていないのだが——から生じている。

　2005年に，共同研究のきっかけとなった特殊ではあるが斬新な試論が出版された。最後にこれについて述べる。その結論は一様ではないが，その根底は巧妙であると思われる。この試論は，尊厳の規範的観念を公準として求めず，学説と同様に判例において尊厳という「キーワード topos の言説的な使われ方」を分析し，根本的に概念的一体性が尊厳にはないことを確認するのである。

　実のところ，多少このアプローチを，私は本章で考慮した。すぐうえに述べたばかりの試論に私は同意している。私がこれに付加するのは，多くの局面から分析された判例における尊厳の使われ方から，尊厳はむしろ象徴あるいはお

守りとしての役割を果たし，概念としてのそれを有していないことである。このことは，尊厳に何も反していないが，ただこの言葉にともなう特定の作用の仕方には反する。しかし，これで尊厳の真相が述べられたとは思わない。むしろこれは，前段階にあたる下地の整地にすぎず，これをさらに深めなくてはならない。つぎに，概念的性質についての批判的研究が行われ，さらにそのような概念が実体法のなかで提示される必要があろう。そのような提示がなされない場合，ドイツ法を含め，比較法によって判断要素がもたらされるだろう。さらには，いくつかの点で慎重を期す必要がある。たとえば，複数の論者が名高い「客体定式」に魅力を感じているが，「単純化して，この問題についての哲学的議論に立ち入らず，人間の尊厳は，人が物として手段として扱われず，主体として認められることを求めている」と述べることは，まさに誤りとなるほどの単純化である[30]。この考え方と関連づけられるカントは，すでにみたように，人的関係や社会関係において，現代的な表現を使えば，道具化があることを知らないほどのお人よしではない。我々は，他人を自身の満足のために使わずには生きられないのである。以上から，この命法の正確な定式は，人間を，他人同様に自らを，決して手段として扱わない「だけではなく」，常に目的として「も」扱いなさい，となる。したがって，多少の哲学あるいは理論上の注意が，尊厳の概念的研究に関しては必要となる。そのうえ，それは，外国法との対話という有益で実りある——そして批判的な——研究の出発点となる唯一の共通の場なのである。

1) ストラスブール大学とフライブルグ大学の博士課程に在籍し，ドイツ法における尊厳原則についての博士論文を執筆中であるヴィッキー・ヴルリ Vicky Vouleli に謝辞を述べる。この論考に有益な多くの資料を提供し，進んで第 1 稿を読み直し批判してくれた。
2) Jaspars, *La situation spirituelle de notre époque*, p. 106.
3) Maunz/Dürig/Herzog, *Grundgesetz Kommentar*, Art. 1 Abs. 1.
4) BverfGE 45, 187（227 以下），「無期懲役」判決。
5) BverfGE 30, 1（25 以下），「電話盗聴」判決。
6) 2006 年 2 月 15 日の航空の安全についての法律に関する判決（134 段）とその判

例評釈（Jouanjan, *AIJC*-2006, p. 606）参照。さらに、BverfGE 96, 375（399 以下）、1997 年 11 月 12 日の「損害としての子ども」判決〔合法な不妊手術の際の医療契約上の過失による損害賠償を認めても、生まれた子どもをモノとみなすことにはならず、個人としてのその子どもの固有の価値を否定することにも、また、その子どもを金銭上・経済上の価値に還元することにもならない。〕参照。

7) Trad. Renaut, Kant, *Métaphysique des mœurs*, t. 1, GF, p. 115*sq*.

8) *La dignité de l'animal*, prise de position conjointe de la Commission fédérale déthique pour le génie génétique dans le domaine non humain et de la Commission fédérale pour les expériences sur animaux, Berne, février 2001, p. 3.

9) Denis Müller et Hugues Poltier (dir.), *La dignité de l'animal. Quel statut pour les animaux à l'heure des technosciences?*, Labor & Fides, 2000. 参照。

10) この点は、動物保護に関する 2005 年 12 月 16 日のスイス連邦法によって、法律レベルで確立されている。

11) この点は、前掲の 2005 年法の 1 条「本法は、動物の尊厳と福祉の保護を目的とする（フランス語版 1 条）」によって裏づけられているように思われる。

12) ジャーナリストのペーター・ゼーヴァルト Peter Seewald との会談で、現在の教皇ベネディクト 16 世であるラッツィンガー枢機卿は、動物への親切と寛容という要請を、動物は「創造物のなかのわれわれの仲間である」という考えに根拠づけている。Peter Seewald , *Le sel de la terre*, Flammarion, 2005.

13) CJCE du 9 octobre 2001, Aff. C-377/98, *Royaume des Pays-Bas contre Parlement européen et Conseil de l'Union européenne*, REC. 2001, Ⅰ -7079, points70 à 77.

14) この言明は、法務官スティックス゠ハケル Stix-Hackel がその意見（81 段）において提起した疑問に応えたものである。

15) JOUE C 303/17.

16) Directive 2000/43/CE, JOCE 19/07/2000, L 180/22, art. 2. この指令は 2008 年 5 月 27 日法によって国内法化されている（1 条を参照）。

17) 2001 年 6 月 12 日法。

18) 刑事手続の均衡化強化のための 2007 年 3 月 5 日法により改正された、刑事訴訟法典の新 145 条。予審部における手続に対しても同じである（刑事訴訟法典 695-30 条、犯罪の発展に対する司法の適応に関する 2004 年 3 月 9 日第 2004-204 法）。

19) 2000 年 6 月 15 日法によって定められた、刑事訴訟法典の前文「この者を対象とする強制処分は、司法当局の決定に基づき、あるいは司法当局の実効的なコントロールの下において採られる。そのような措置は、手続上の必要に厳格に限られ、違反の重大性と釣り合うものでなければならない、かつ、その人格の尊厳を侵害してはならない」。電子腕輪 bracelet électronique については、刑犯罪再犯者の処遇に関する 2005 年 12 月 12 日法によって改正された刑事訴訟法典 763-10 条。

20) 患者の権利及び生の末期に関する 2005 年 4 月 22 日法（公衆衛生法典 1110-5 条，1111-4 条，111-10 条，1111-13 条）参照。
21) 社会福祉活動及び家族に関する法典 116-2 条参照。
22) Rec. 100 ; *Dalloz* 1995, n° 27, chron. Edelman, *Rev. fr. dr. const.* 1994, p. 799, note Favoreu ; *Rev. dr. pub.*, 1994, p. 1647, note Luchaire ; *Rev. fr. dr. adm.* 1994, p. 1019, note Mathieu.
23) Rec. 29.
24) Rec. 372, concl. Frydman.
25) この件は国連の人権委員会に持ち込まれ，そこでは差別の視点から扱われた。「本件において当事国が下した放り投げ禁止は，小人にのみ適用される（2.1 節に示すように）。しかし，この者らが他者から疎外の対象とされているとしても，それは，この者らだけが投げられるという理由からである。したがって，禁止の対象とされる者である小人と，これが適用されない者，つまり小人症に罹っていない者との区別は，客観的理由に基づき，差別的意図をもたない。本委員会は，当事国が，原告が行っていたような小人投げの禁止は行き過ぎた措置ではなく，公の秩序の保護のために必要であったことを本件について立証したことを考慮し，また，このような公の秩序には，とりわけ，国際人権規約の目的に適合する人間の尊厳についての配慮が働いていると考える。したがって，本委員会は，当事国により下された禁止の対象者と原告との間の区別は差別にあたらず，客観的で合理的な理由に基づいたものと結論する」（Comité des droits de l'homme, communication 854/1999, du 26 juillet 2002）。
26) CE, réf., 3 mai 2002, *Association de réinsertion sociale du Limousin*, rec. 168.
27) Marguerite Canedo-Paris, « La dignité humaine en tant que composante de l'ordre public : l'inattendu retour en droit administratif français d'un concept controversé », *Rev. fr. dr. adm.* 2008, p. 979.
28) *Ibid.*, p. 989.
29) CAA Versailles, 21 septembre 2006, *Consorts P. et autres*, *AJDA* 2006, p. 1947, chron. Pélissier.
30) Bertrand Mathieu, « Force et faiblesse des droits fondamentaux comme instruments du droit de la bioéthique : le principe de dignité et les interventions sur le génome humain », *Rev. dr. pub.* 1999, p. 98.

（オリヴィエ・ジュアンジャン＝佐々木くみ・兼頭ゆみ子）

第3章　行政，裁判そして基本権

Le droit administratif en tant que protecteur des droits fondamentaux

Avant-propos

Pour nous en tenir à une définition très générale, le droit administratif est une discipline relative à l'administration publique, principalement relative à ses rapports avec les administrés. Naturellement, il fait fonction de protecteur des droits fondamentaux des administrés. Encore faut-il examiner les positions doctrinales adoptées dans chaque pays. Au Japon, alors même que les théoriciens contemporains du droit administratif ne traitent pas directement les droits fondamentaux, ils les prennent en compte, soit au niveau de la théorie générale, soit au niveau du contentieux administratif. C'est plus évident chez les théoriciens traditionnels, à quelques exceptions près. Il nous faut donc examiner leur contribution aussi bien que l'effectivité du régime japonais.

Après avoir exposé les caractères généraux de la théorie du droit administratif au Japon (I), nous analyserons les moyens contentieux pour protéger les droits fondamentaux des administrés contre l'activité administrative (II), afin de proposer une petite synthèse du droit public en général (III).

I – La théorie générale du droit administratif pour la protection des droits fondamentaux

Nous abordons d'abord la théorie générale du droit administratif au Japon, surtout celle du début du XXe siècle, en suivant le développement de la doctrine jusqu'à aujourd'hui.

A. La théorie traditionnelle du droit administratif fondée sur l'idée du libéralisme classique

Traditionnellement au Japon, les libertés publiques ou les droits fondamentaux sont une partie du droit constitutionnel. En conséquence, elles sont étudiées presque exclusivement par les constitutionnalistes, ce qui est différent de la France, où les professeurs universitaires de droit administratif, en tant qu'agrégés du droit public, analysent également les libertés publiques.

En général, les théoriciens japonais du droit administratif estimaient que c'était en principe au législateur de protéger les libertés publiques. Autrement dit, ils n'étaient pas intéressés par le contrôle de constitutionnalité des lois du point de vue des libertés publiques. Mais, il ne faut pas surestimer l'importance de cette tradition. En effet, la doctrine dominante se souciait de leur protection lors de l'application des lois administratives. C'était une caractéristique de l'école de Tokyo, ayant eu pour maître Tatsukichi Minobe (1878-1948), professeur à l'Université de Tokyo.

Minobe fut l'un des fondateurs de la théorie moderne du droit administratif au Japon. Comme les autres publicistes de l'époque, il étudia aussi le droit constitutionnel de façon assez libérale en comparaison des professeurs précédents qui restaient attachés à une conception autoritaire de l'Etat. Il était donc tout à fait naturel qu'il mit l'accent sur la protection des libertés publiques. On pourrait trouver un aspect similaire dans l'école de Poitiers en France, représentée par V. Foucart et T. Ducrocq. Par opposition, son rival, Soïchi Sasaki (1878-1965), maître de l'école de Kyoto, soulignait l'interprétation littérale des textes législatifs à la différence de l'école de Tokyo, mais c'est Minobe qui influença le plus la pratique administrative.

Or, la théorie traditionnelle du droit administratif, en particulier celle de Minobe, et telle qu'influencée par la doctrine allemande, consiste dans un libéralisme classique. Elle visait donc à protéger les libertés publiques contre l'Etat. Il s'agit surtout de la police administrative dans le cadre de l'Etat-gendarme. En d'autres termes, les fonctions de l'Etat interviennent pour restreindre les libertés des administrés en raison de l'ordre public. De cette préoccupation, on déduit plusieurs conséquences :

– S'agissant du domaine de la loi et du règlement, il n'y a pas de disposition constitutionnelle au Japon qui le précise. Les dispositions législatives étaient

conçues comme nécessaires lors d'opérations violant les libertés ou les biens des administrés, par exemple, la réglementation pour la police, l'expropriation pour l'utilité publique et l'imposition fiscale.
- Ce qui est le plus caractéristique chez Minobe, c'est qu'en principe, le pouvoir discrétionnaire n'a été admis que pour les actes administratifs qui ne limitaient pas les libertés ni la propriété des administrés. A l'inverse, on ne l'admettait pas dans le domaine de la police administrative.
- Quant à la classification des actes administratifs, on soulignait la distinction entre l'autorisation de police et la concession de service public. Toutes les deux sont des actes administratifs, et non pas des contrats administratifs, ce qui est différent de la France. La concession ne concerne pas directement les libertés naturelles des administrés, alors que l'autorisation de police se fonde sur la limitation de leurs libertés. En appliquant l'idée précédente, on n'admettait pas le pouvoir discrétionnaire pour l'autorisation de police, à la différence de la concession.
- S'agissant des principes généraux du droit administratif, on a élaboré les principes d'égalité, de bonne foi, et de proportionnalité. Le dernier principe ne s'applique qu'à la police administrative.
- En ce qui concerne le contentieux administratif, le recours en annulation était le plus important, parce que normalement, il était intenté par un administré dont le droit avait été lésé par l'administration publique. Mais sa recevabilité était strictement limitée, comme on le verra.
- En ce qui concerne la procédure administrative précontentieuse, les préoccupations des administrativistes n'étaient pas évidentes. C'est assez récemment que la loi relative à la procédure administrative fut élaborée[1]. Dans ce domaine, la procédure pour les droits de la défense est considérée comme plus importante que celle pour la participation du public, telle que l'enquête publique. Car on a pensé que celle-là protège directement les droits et les intérêts des administrés.

B. La relativisation de la théorie générale dans le droit administratif contemporain

Dans la société contemporaine où l'intervention de l'Etat est de plus en plus importante, la théorie du droit administratif est en mutation ; elle doit prendre en compte non seulement la police administrative, mais aussi les autres services publics modernes, incluant la prestation de l'Etat.

Aussi en raison du changement des fonctions de l'Etat, les législations administratives sont plus compliquées en comparaison de celles de l'époque de Minobe, où la plupart des dispositions législatives touchaient la police administrative. C'est pourquoi la doctrine contemporaine donne davantage d'importance à l'interprétation littérale des textes législatifs, comme le prouve la théorie de Jiro Tanaka (1906-1982), successeur de Minobe, concernant le pouvoir discrétionnaire des actes administratifs.

En revanche, la théorie du droit administratif est relativisée. On n'a pas de théorie générale qui s'applique à tous les cas pratiques. En effet, aujourd'hui, on ne soutient plus la classification des actes administratifs présentée par Minobe et Tanaka ; on pense que cela dépend de l'interprétation des dispositions législatives ou de la volonté du législateur. En conséquence, le point de vue des libertés publiques n'est pas évident en comparaison de la doctrine de Minobe. Pour mieux les protéger, les administrativistes proposent plutôt la réforme des législations concernées, en se spécialisant dans des sous-disciplines (droit de l'urbanisme, droit de l'environnement, droit de l'informatique, etc.).

En conséquence, les professeurs de droit administratif sont intéressés par le régime contentieux, plus que par la théorie générale. Cette tendance est aussi due à la récente réforme du contentieux administratif. Nous allons donc voir maintenant le régime du contentieux administratif au Japon.

II – La protection des droits fondamentaux par voie contentieuse : l'importance du contentieux administratif

Le contentieux administratif est un sujet dont la préoccupation est partagée avec les constitutionnalistes contemporains, qui veulent mieux protéger les droits fondamentaux. Ceci tient au fait qu'au Japon, il n'y a pas de régime spécial du contentieux constitutionnel comparable au Conseil constitutionnel français, et que le contentieux administratif est utilisé pour protéger les droits fondamentaux lésés par l'administration.

Pour un aperçu du régime japonais du contentieux administratif, nous traitons de la réforme récente du contentieux administratif, aussi bien que le recours de l'habitant, qui concernent tous les deux les droits fondamentaux des administrés.

A. La réforme récente du contentieux administratif

Le droit aux recours juridictionnels est assuré par la Constitution japonaise (art. 32), comme la jurisprudence française le dégage de la Déclaration des droits de l'homme de 1789 (art. 16). Mais, au Japon, à la différence de la France, la juridiction administrative, séparée de la juridiction judiciaire, n'existe plus depuis la deuxième guerre mondiale. C'est pourquoi fut établie la loi relative au contentieux administratif (ci-après : LCA)[2], qui règle la procédure judiciaire spécialement pour le contentieux administratif.

La LCA présente quatre grandes catégories de recours administratifs :
- Le «recours de contestation», incluant le «recours en annulation» (art. 3), qui joue un rôle principal comme le recours pour excès de pouvoir en France.
- Le «recours de plein contentieux» ou contentieux de pleine juridiction (art. 4). Il ne concerne pas le contentieux pour la responsabilité administrative, ni le contentieux pour les contrats administratifs comme en France, parce que ceux-ci sont examinés en principe par les instances ordinaires comme le contentieux entre personnes privées[3].
- Le «recours entre les organes administratifs» (art. 5). Il s'agit en principe des conflits de compétences entre organes administratifs. Il ne concerne donc pas directement les droits fondamentaux des administrés.
- Le «recours populaire» (art. 6), qui ne consiste pas en une *actio plularis* proprement dite, parce que le législateur peut limiter la portée des requérants. L'exemple principal est le «recours de l'habitant»[4], que nous analyserons plus tard.

Ces deux dernières catégories ne sont admises que par les dispositions particulières du législateur. Ils constituent des recours objectifs, alors que les deux premiers sont des recours subjectifs, dont le recours en annulation, ce qui est différent de la France.

Or, le législateur japonais décida de réformer la LCA en 2004[5], une première depuis 1962. Il s'agissait en effet de mieux protéger les libertés publiques des administrés. Cette réforme apporta un changement significatif :

a) Le premier point essentiel est que le législateur a diversifié les types de recours administratifs. D'une part, il a introduit de nouveaux types de recours en tant que recours de contestation : « recours en injonction » par lequel le requérant demande le jugement de faire ou de ne pas faire à l'administration publique.

Comme nous l'avons dit, la doctrine traditionnelle du droit administratif, en se fondant sur le libéralisme classique, visait à protéger les libertés publiques contre l'Etat. C'est pourquoi on a accordé de l'importance au recours en annulation, qui empêche principalement la violation d'une liberté par l'administration, telle que la réglementation de la police et l'imposition fiscale. Par contre, dans l'Etat-providence, il n'est pas toujours efficace pour les administrés. Par exemple, pour avoir une aide financière de l'Etat, l'annulation du rejet de l'administration n'est pas un remède direct pour le demandeur. Pour cela, le législateur admet expressément la possibilité de l'injonction pour la prestation[6].

D'autre part, le législateur se montra désireux d'activer le recours de plein contentieux, en ajoutant « l'action déclaratoire » au titre de sous-catégories, le juge se limitant dans une telle hypothèse à constater la situation juridique du requérant. Juste après la réforme de 2004, la Cour suprême admit ce type de recours pour contester l'inconstitutionnalité d'une loi. Il s'agit de l'ancien régime électoral dans lequel les Japonais résidant à l'étranger ne pouvaient pas voter lors des élections nationales[7].

Ainsi, le contentieux administratif au Japon semble quantitativement plus important qu'en France aujourd'hui. Malgré tout, il ne faut pas surévaluer la diversification des recours. On dit que le recours en annulation reste toujours le principal moyen aux mains des administrés. Car, d'une part, la LCA dispose que le recours en injonction est admis de façon subsidiaire (art. 37 *bis* et *quin*). D'autre part, s'agissant de l'action déclaratoire en tant que recours de plein contentieux, la Cour suprême n'admet qu'exceptionnellement sa recevabilité, c'est-à-dire à la condition que les autres recours restent inefficaces pour résoudre un problème existant. En tout cas, on ne peut pas encore prévoir le développement de ce type de recours.

Relevons ici une lacune du recours en injonction : l'absence de sanction juridique pour l'injonction prononcée par un juge, telle que l'astreinte qui existe en France. Il se rapproche donc de l'action déclaratoire. L'effectivité de l'injonction dépend donc de la moralité de l'administration.

b) Deuxièmement, le législateur a élargi la recevabilité du recours de contestation, incluant le recours en annulation.

Se fondant sur le libéralisme classique, la doctrine traditionnelle n'a été intéressée que par le rapport direct entre l'administration et l'administré, mais pas par le rapport entre les administrés qui concernent la même activité administrative. En conséquence, il était difficile à un administré d'intenter un recours contre un acte administratif favorable à un autre administré. Dans la plupart des cas, on estimait que le requérant n'avait pas d'intérêt pour agir, et ne satisfaisait donc pas aux conditions requises par la LCA (art. 9). Il s'agit là d'une limite de la pensée traditionnelle se concentrant sur la police administrative, aussi bien que sur la nature juridique du recours en annulation, considéré comme un recours subjectif, à la différence de la France. Par exemple, la Cour suprême japonaise n'a pas admis l'intérêt pour agir d'un simple usager du chemin de fer privé, qui voulait contester l'autorisation d'augmenter le tarif donnée par le Ministre des Transports[8]. Or, grâce à la réforme législative de 2004, les administrés, incluant l'usager ci-dessus visé, pourront avoir davantage de chances de succès dans leurs recours qu'avant, ce qui protège mieux leurs droits fondamentaux. Certes, cela dépendra essentiellement de l'interprétation d'une loi donnée, fondement de l'acte administratif attaqué par le requérant[9], mais le nouvel article 9 (al. 2) de la LCA exige des juges de prendre en compte la gravité des dommages causés au requérant, et non pas seulement la lettre des textes législatifs.

B. Le recours de l'habitant en tant que contentieux constitutionnel

Mis à part les recours évoqués, le régime du contentieux administratif n'a pas changé drastiquement, même après la réforme de 2004. Cependant, il faut mentionner le recours de l'habitant, qui fait fonction d'un certain contentieux constitutionnel depuis les années 1980. Sans doute, on peut invoquer l'inconstitutionnalité des actes législatifs ou administratifs dans les recours pour dommages-intérêts ou dans les procédures criminelles, mais c'est souvent que les administrés utilisent les recours de l'habitant, parce que sa recevabilité est relativement souple. En effet, un simple habitant peut l'intenter contre toute opération financière de la collectivité locale, en invoquant de nombreux cas d'ouverture.

C'est un recours dont le modèle est le *tax payers' suite* des États-Unis, similaire au recours des contribuables de la France[10], qui protège le droit des contribuables sous les préoccupations financières. Selon le droit positif japonais, c'est un recours par lequel l'habitant attaque un « acte financier » de la collectivité locale où il réside. Il s'agit, par exemple, du paiement irrégulier des deniers publics, de la négligence de l'imposition prévue par une législation, de la passation illégale d'un marché public, et de la négligence de la gestion d'un bien immobilier public. Mais, la jurisprudence japonaise admet la possibilité que le requérant invoque l'illégalité ou l'inconstitutionnalité des activités administratives qui précède un acte financier. Elle admet ainsi sa fonction du contentieux constitutionnel.

Par exemple, la cérémonie shintoïste d'une collectivité locale peut être attaquée par un des habitants, sous le prétexte que cette cérémonie viole sa liberté de religion. Il est vrai que la cérémonie elle-même n'est pas un acte financier, mais l'habitant peut intenter un recours contre le paiement de la cérémonie, celui-ci constituant sans aucun doute un acte financier ; dans ce recours, il peut faire prévaloir l'inconstitutionnalité de la cérémonie qui précède[11]. Cela protège donc une liberté de rang constitutionnel.

Bien sûr, il y a une limite à cette contestation. En effet, si on pouvait aligner toute illégalité des opérations préalables à l'acte financier, la limitation de « l'acte financier » n'aurait pas de sens. C'est pourquoi la majorité des décisions jurisprudentielles utilise le critère de « rapport direct » entre l'acte financier et l'acte non-financier qui précède. Par exemple, l'illégalité de la décision de construire une route ne peut pas être alignée sur le recours de l'habitant contre le paiement destiné aux travaux de cette route, parce qu'il n'y a qu'une « relation indirecte » entre eux[12]. Toute de même, ce critère de « relation directe » doit être rendu plus concret par la future jurisprudence.

En tous cas, cette fonction du recours de l'habitant conduirait à une logique selon laquelle les opérations financières peuvent être un révélateur des problèmes administratifs, comme on le verra.

III – Vers une théorie générale du droit public pour la protection des droits fondamentaux des administrés

Certes, les droits fondamentaux des administrés sont protégés finalement par les juges, mais il est souhaitable qu'ils soient protégés avant les procès. C'est pourquoi on doit prendre en compte aussi le régime précontentieux, voire le régime général de droit public[13]. Cette réflexion est d'autant plus importante en particulier au Japon que le contentieux constitutionnel n'est pas bien développé dans notre pays.

A. De la protection par la voie législative à la protection par le biais de l'information

La mutation contemporaine relative à la protection des droits fondamentaux réside dans le passage d'une protection par voie législative à une protection effectuée par le biais de l'information. Bien sûr, la législation constitue toujours le principal bastion des droits fondamentaux des administrés, mais le législateur aussi bien que les administrés doivent pouvoir disposer d'informations suffisantes, que soit élaborée ou non une législation. Notre thèse pourrait être justifiée par les considérations suivantes :

a) Le rôle principal du Parlement réside dans le «contrôle» des activités administratives, par plusieurs moyens, y compris le pouvoir législatif. C'est un corollaire de la théorie traditionnelle selon laquelle c'est le législateur qui protège les libertés publiques contre l'administration publique. Mais il faudrait la moderniser : pour que son contrôle soit plus effectif, les informations nécessaires doivent lui être suffisamment fournies. Le «droit à l'information» du Parlement ou des parlementaires[14] est à cet égard essentiel, en particulier le droit de demander des informations aux autorités administratives.

b) De plus, ces informations peuvent et doivent être partagées avec les administrés. Il s'agit du «droit à l'information» des administrés. Ces informations sont essentielles pour la protection de leurs droits fondamentaux. En effet, les informations données aux administrés facilitent non seulement leur contestation informelle, mais aussi leur participation indirecte à la décision publique, ou leur dialogue avec les décideurs. Pour cela, le droit d'accès aux documents administratifs, qui est assuré au Japon[15] aussi bien qu'en France, joue un rôle important, mais il faut également que soient publiées les informations par l'administration, comme on le verra.

c) Il faudrait indiquer que c'est la même logique qui s'applique aux entreprises privées. Pour une « bonne gouvernance », soit publique soit privée, la transparence et la lisibilité des informations destinées aux personnes concernées, voire des simples consommateurs ou citoyens, sont nécessaires. Ainsi, notre thèse n'est qu'une conséquence de la gouvernance générale[16].

À ce propos, nous citerons un texte de Maurice Hauriou. Dès le début du XXᵉ siècle, Hauriou écrit que la « discussion » avec les administrés est indispensable pour le gouvernement. Même le contentieux administratif est un des moyens de discussion postérieure à certaines activités administratives[17]. Pour que la discussion entre eux soit plus efficace, les informations nécessaires doivent être suffisamment fournies aux administrés.

B. L'importance du point de vue financier pour améliorer le régime des droits fondamentaux

En dernier lieu, nous indiquons l'importance du point de vue financier pour améliorer le régime juridique de la protection des droits fondamentaux.

Traditionnellement, et comme en attestent de manière symptomatique les traités de Minobe et Tanaka, les publicistes n'étaient pas intéressés par les finances publiques, alors même que le droit financier était une partie du droit administratif au Japon. En effet, on s'interrogeait principalement sur la relation *directe* entre l'administration et les administrés. Or, les finances publiques n'influent pas directement sur leur relation, à part les impôts. Une telle indifférence aux finances contraste avec la situation en France, où l'on analyse les finances publiques au point de vue juridique depuis Gaston Jèze.

Mais, pour passer la limite de nos grands maîtres, qui était bien sûr due aux circonstances de leur temps, il faudrait souligner le rapport, soit théorique soit pratique, entre les finances publiques et les droits fondamentaux, par les considérations suivantes :

a) D'abord, au plan théorique, l'importance des informations a déjà été indiquée par les financiers. En effet, la doctrine financière avance depuis longtemps que le rôle principal du Parlement en matière financière consiste, non pas à « décider », mais à « contrôler »[18]. En se fondant sur cette idée, la loi organique de 2001 adoptée en France et relative aux lois de finances améliore les informations fournies au Parlement, avec les aides de la Cour des comptes, pour que le contrôle du Parlement soit plus efficace. On pourrait généraliser cette logique pour toutes les opérations administratives.

Aussi au Japon, la Constitution exige la « publication régulière » des informations en matière financière, au moins une fois par an (art. 91). Nous pensons que cette disposition pourrait constituer un fondement général de l'obligation de rendre compte (*accountability*), s'agissant de toutes les activités administratives, ce qui garantirait indirectement les droits fondamentaux des administrés.

Nous ajoutons que le droit d'accès aux documents administratifs s'assimilait, à l'origine, au régime visant à garantir l'accès aux documents financiers, comme le prouve la loi du 5 avril 1884 en France, qui assurait en principe le droit des habitants des communes à la communication des documents budgétaires et comptables.

b) La relation entre les finances publiques et les droits fondamentaux pourrait être justifiée aussi par le constat que toutes les opérations de l'Etat sont faites en utilisant les deniers publics. Pour ainsi dire, les finances publiques sont « le miroir de l'Etat » ; les activités administratives peuvent être trouvées et analysées par ce miroir[19]. Les finances sont donc un révélateur des problèmes administratifs qui touchent les droits fondamentaux.

En effet, d'une part, au Japon comme dans les autres pays, la discussion parlementaire dans les commissions des finances porte, non seulement sur les questions budgétaires, mais aussi sur toutes les opérations du gouvernement. D'autre part, s'agissant des administrés, ils demandent plus d'efficacité de l'administration, même si on n'admet pas le « droit à l'efficacité de l'administration » en tant que droit fondamental économique. Pour cela, les informations financières sont essentielles, comme le prouve l'évaluation des politiques publiques. En outre, les rapports publics de la Cour des comptes française concernent presque tous les aspects des activités administratives dans le cadre du « contrôle de la gestion », et ils attirent souvent l'attention du public. C'est aussi le cas, au moins théoriquement, pour la Cour des comptes japonaise, qui peut contrôler au point de vue de l'efficacité ou de l'efficience[20].

Sans doute, du point de vue juridique, il serait difficile de voir dans le «principe de l'efficacité» un principe général du droit. Car, l'efficacité est assurée principalement par le contrôle interne de l'administration ou par le contrôle non-juridictionnel de la Cour des comptes. Mais, plusieurs décisions jurisprudentielles au Japon admettent - du moins au plan théorique - la possibilité d'annuler la décision d'un service public, par exemple lorsqu'il s'avère trop coûteux par rapport aux bénéfices[21]. Certes, nous ne disposons pas encore d'exemple où les demandes sont fondées par les dispositifs des jugements, ce qui pourrait éventuellement arriver en particulier dans le cadre du recours de l'habitant.

Conclusion

Comme le dit Pierre Lalumière, les problèmes financiers doivent être analysés au point de vue de la procédure, soit juridique soit politique[22]. Cette méthode ferait également sens pour compléter l'étude de la protection des droits fondamentaux. Il s'agit d'une procédure contentieuse, précontentieuse, voire politique. Ceci implique de vastes connaissances, couvrant tout un ensemble de disciplines, et incluant bien entendu les finances publiques. C'est une conclusion très modeste, mais dont on ne saurait cependant sous-estimer l'importance.

---

1 Il s'agit de la loi n°1993-88 du 12 novembre 1993.
2 C'est la loi n°1962-139 du 16 mai 1962, qui remplace l'ancienne loi n°1948-81 du 1er juillet 1948.
3 Il existe la loi n°1947-125 du 27 octobre 1947 relative à la responsabilité administrative, mais cette procédure n'est pas du contentieux de pleine juridiction.
4 Le recours de l'habitant est prévu par la loi n°1947-67 du 17 avril 1947 relative aux collectivités locales (art. 242 *bis*).
5 La réforme a été faite par la loi n°2004-84 du 9 juin 2004.
6 En même temps, le législateur a élargi la possibilité du référé administratif (référé-injonction, référé-suspension, etc.), pour rendre plus efficace des recours disponibles, bien qu'il garde le principe de l'effet non-suspensif (art. 25 al. 2 et art. 37 *quin* de la LCA).
7 Cour Suprême, 14 septembre 2005, *Minshu*, 59. 7. 2087.
8 Cour Suprême, 4 avril 1988, *Hanreijiho*, 1313. 121.
9 Par exemple, dans le cas de l'autorisation de l'augmentation du tarif précité, il s'agit de la loi n°1986-92 du 4 décembre 1986 relative aux chemins de fer.
10 R. Chapus, *Droit du contentieux adminisratif*, 13e éd., Montchrestien, 2008, n°425.
11 Cour Suprême, 1er juin 1988, *Minshu*, 42. 5. 227.

12 Cf. Cour Suprême, 12 avril 1990, *Minshu*, 44. 3. 431.
13 Actuellement au Japon, un projet de la réforme du recours administratif (recours hiérarchique, en principe) est en cours d'examen du Parlement. Il s'agit de la loi n°1962-160 du 15 septembre 1962 relative aux recours administratifs. On pourrait voir demandée l'injonction pour l'administration publique aussi dans cette procédure précontentieuse.
14 ex. C.E. 30 octobre 1996, *Société Henri Herrmann, Rec.* p. 416 ; C.E. 1er octobre 1997, *Avrillier, AJDA* 1997, p. 815. Toutes les deux décisions concernent l'actuel article L2121-13 du Code général des collectivités territoriales en France, alors que la notion de « droit à l'information » ne soit pas bien établie au Japon.
15 La loi n°1999-42 du 14 mai 1999.
16 Voir T. Kimura, « L'évolution des prises de décision : du choix politique au choix efficace », *Annales de la Faculté de droit de Strasbourg*, n°8, 2006, p. 47 et s.
17 M. Hauriou, *Précis élémentaire de droit constitutionnel*, 1925, p. 13.
18 R. Hertzog, « L'avenir du pouvoir financier du parlement », *in* L. Philip (dir.), *L'exercice du pouvoir financier du parlement*, Economica, 1996, p. 121 et s.
19 Cf. P.-M. Gaudemet, *Finances publiques*, tome 1, 1ère éd., 1970, p. 31.
20 Voir l'art. 20, al. 3 de la loi n°1947-73 du 19 avril 1947 relative à la Cour des comptes, qui a été révisée en 1997 pour améliorer son contrôle.
21 ex. Trib. d'Urawa, 28 janvier 1977, *Gyosaishu*, 28. 11. 1235 ; Trib. de Niigata, 25 septembre 2003, *Hanreijichi*, 256. 61, à part beaucoup de décisions récentes inédites aux recueils.
22 P. Lalumière, *Les finances publiques*, 1970, p. 18-21.

(Takumaro KIMURA)

Carence législative et contentieux constitutionnels pour la garantie effective des droits fondamentaux[1]

Avant-propos

A. Carence législative et violation des droits fondamentaux

La décision de la Cour Suprême du 14 septembre 2005 relative à la loi électorale excluant les électeurs nationaux japonais résidant à l'étranger des élections nationales, est tout à fait remarquable dans l'histoire des contentieux constitutionnels au Japon, notamment du point de vue du rôle actif du pouvoir judiciaire au cas de la carence des actes législatifs (ci-après : la carence législative) nécessaires et suffisants pour la garantie effective des droits fondamentaux. Dans le système du contrôle judiciaire de constitutionnalité comme celui existant au Japon, en principe les juges peuvent annuler les actes des pouvoirs publics, y compris pris en application d'une loi, en raison de la non conformité de tels actes à la constitution. Quand il s'agit de la violation législative d'une liberté fondamentale garantie par la constitution, comme la liberté d'expression ou la liberté individuelle, on saisit un tribunal tout d'abord en demandant le prononcé judiciaire de l'annulation de l'application de la loi en question afin de protéger la liberté en affirmant la non conformité de ladite loi à la constitution. Car on peut exercer sa liberté fondamentale suffisamment à son gré s'il n'y a pas de validité de la loi régulant sa liberté à la manière non conforme à la Constitution. Mais quand il s'agit des droits fondamentaux nécessitant des actes législatifs positifs et concrets pour l'exercice de ces droits, tels que les droits sociaux, le droit de saisir un tribunal pour violation des droits subjectifs ou le droit de vote, une telle annulation de l'application de la loi n'est pas suffisante. Il faut en l'occurrence une nouvelle loi ou quelques actes législatifs concrets, nécessaires et suffisants pour assurer l'exercice de telles sortes de droits.

Bien entendu, on peut demander une indemnisation publique pour la responsabilité en cas de carence législative. En fait, on peut formuler une telle demande non seulement pour l'indemnisation des dommages relatifs aux droits fondamentaux qui nécessitent une telle législation positive et concrète, mais aussi des dommages relatifs aux libertés fondamentales[2]. Le système japonais de l'indémnisation publique comprend deux genres, d'une part les dommages-intérêts publics nécessitant l'établissement de la responsabilité publique basée sur une faute dans un acte public, et d'autre part la compensation publique sans exigence de l'établissement d'une telle faute. Dans l'hypothèse de dommages-intérêts publics, il faut satisfaire aux conditions requises de la faute de droit commun. L'article 17 de la Constitution japonaise ainsi que la loi sur les dommages-intérêts publics en tant que concrétisation de l'article 17 prescrivent toutes les deux le droit aux dommages-intérêts publics en cas d'établissement d'une faute publique commise par les fonctionnaires publics. Par contre, au cas de la compensation publique, il faut satisfaire aux conditions requises dérivant du principe général de « la rupture d'égalité devant les charges publiques » au lieu de l'établissement d'une faute publique. L'article 29 al. 3 de la Constitution japonaise prescrit une telle compensation publique au cas de l'expropriation forcée des biens privés d'utilité publique.

Quant à la compensation publique, l'établissement d'une faute publique n'est pas nécessaire pour faire admettre la responsabilité publique. Et dans la pratique, on utilise souvent l'article 17 de la Constitution au cas des dommages non seulement aux biens privés mais également à d'autres droits individuels tels que le droit à la vie ou le droit à la santé à condition de satisfaire aux conditions requises de « la rupture d'égalité devant les charges publiques »[3]. De plus, la jurisprudence a admis la possibilité d'appliquer directement l'article 29 al. 3 de la Constitution à un tel dommage indépendamment de toute loi particulière prescrivant la compensation publique en question[4]. Cependant, on doit admettre qu'il est encore très difficile pour le requérant de satisfaire aux conditions requises de « la rupture d'égalité devant les charges publiques » afin d'obtenir une compensation publique directement basée sur l'article 29 al. 3 pour carence législative. De plus, il est aussi très difficile d'accepter l'hypothèse de l'application de la clause de compensation publique des biens prescrite par l'article 29 al. 3 de la Constitution à une atteinte spéciale à la vie ou à la santé de l'être humain, ce dernier ne devant pas faire l'objet d'une expropriation forcée par le pouvoir public.

Or, une telle indemnisation pécuniaire est-elle toujours suffisante pour la garantie effective des droits fondamentaux ? On peut imaginer que la Diète ne fasse rien même après la décision judiciaire admettant une indemnité publique en raison de la non conformité d'une telle carence législative à la Constitution bien que le requérant gagnant le procès ait exigé plutôt une nouvelle législation ou une révison de la loi sanctionnée pour la véritable garantie effective des droits fondamentaux[5]. Il faut donc une décision judiciaire plus active afin d'inciter la Diète à un nouveau acte législatif nécessaire. Mais même dans ce cas, il faut aussi respecter le principe constitutionnel de la séparation des pouvoirs[6] ainsi que le principe constitutionnel de la représentation nationale basé sur la souveraineté nationale dans un acte législatif[7]. Selon ces principes, le pouvoir judiciaire ne peut ni ordonner à la Diète de produire un acte législatif ni s'ingérer dans le domaine législatif laissé au pouvoir discrétionnaire de la Diète, considéré extrêmement large. Il s'agit d'une limite au contrôle de constitutionnalité dans le cadre du pouvoir judiciaire qui ne permet aux justiciables de réclamer la non conformité à la Constitution d'un acte public que par voie d'exception. Mais avec cette limite même, est-il aussi absolument impossible de faire affirmer par le tribunal l'illégalité ou la non conformité à la Constitution d'une carence législative ?

B. Obstacles contentieux pour l'indemnisation publique et l'affirmation de l'illégalité en raison de la carence législative

Il existe plusieurs obstacles juridiques pour concrétiser des remèdes effectifs apportés par la décision judiciaire contre la carence législative. Selon la jurisprudence actuelle relative à la responsabilité publique, il faut distinguer l'illégalité dans le droit constitutionnel de l'illicité dans le droit des dommages-intérêts publics. Dans un contentieux constitutionnel normal par la voie d'exception, on peut satisfaire aux conditions requises s'il prouve une violation de ses droits fondamentaux par l'application de la loi en question. Mais s'agissant des dommages-intérêts publics, il faut de plus satisfaire aux conditions requises supplémentaires pour établir la responsabilité juridique de la Diète en vue du droit des dommages-intérêts. On doit dans ce cas prouver une faute commise par les élus nationaux, au moins par la majorité des membres de la Diète, dans leurs actes législatifs. D'autant qu'ils ont un pouvoir discrétionnaire très large dans un acte législatif en tant que représentants nationaux, leur permettant de jouir de la prérogative de l'irresponsabilité juridique dans leurs actes législatifs (art. 51 de la Conatitution), il est très difficile pour les plaignants de prouver qu'ils ont commis des erreurs évidentes et graves en manquant aux obligations de leurs fonctions.

Or, il est davantage difficile pour les juges judiciaires d'affirmer une illégalité de la carence législative dans leurs décisions[8] en raison de la structure juridique de procédures contentieuses en vigueur. Avant la révision de 2004, la loi relative aux contentieux administratifs (ci-après : LCA) prescrivait très peu de contentieux contre les exercices des pouvoirs publics autres que le contentieux pour l'annulation des dispositions des autorités administraives (LCA, art. 3, al. 2 et al. 3, en plus art. 8 et s.). À peu d'exceptions près, il s'agit du contentieux pour l'affirmation de nullité des dispositions administratives (LCA, art. 3, al. 4) et du contentieux pour l'affirmation de la carence illégale des dispositions administratives nécessaires (LCA, art. 3, al. 5). Dans l'article 3 al. 1 de la LCA, les demandes en justice étaient toutes qualifiées de «*Kokoku Sosho*», qui signifie littéralement «le recours de pourvoi», dont l'élément principal consiste dans une mesure contentieuse pour les administrés contre les exercices des pouvoirs publics en tant qu'actes unilatéraux et dominants. En plus de ces mesures de «*Kokoku Sosho*», il existait aussi dans la LCA une autre mesure contentieuse pour l'affirmation de l'existence des droits des individus intéressés à l'égard des pouvoirs publics ou pour celle des relations juridiques entre les individus intéressés et les pouvoirs publics (LCA, art. 4). Selon la doctrine dominante, la dernière était qualifiée d'une mesure contentieuse pour les conflits concernant les actes bilatéraux et non dominateurs des pouvoirs publics («*Tojisha Sosho* (=recours de plein contentieux)» dans le droit public).

En fait, jusqu'à récemment, il paraissait impensable que les plaignants utilisent les mesures contentieuses ci-dessus contre les exercices des pouvoirs publics quand ils saisissent un tribunal en lui demandant une affirmation de l'illégalité d'une carence législative. Car la mesure de l'article 3 alinéa 5 de la LCA vise uniquement la carence des autorités administratives, non pas celle de l'autorité législative. S'agissant d'une mesure contentieuse pour l'affirmation du droit ou de la relation juridique entre les administrés et le pouvoir public, prescrite par l'article 4 de la LCA, on ne l'a jamais utilisé non plus jusqu'à récemment au lieu de faire affirmer par les juges l'illégalité d'une carence législative puisque l'on ne pensait pas que l'objet de la mesure prescrite par l'article 4 de la LCA ne comprenne pas l'hypothèse d'une carence législative[9].

De même, il n'existe toujours pas de législations spéciales permettant aux plaignants de saisir un tribunal afin d'obtenir une décision affirmative de l'illégalité ou de la non conformité à la Constitution, contre une telle carence législative. Mais non seulement la doctrine juridique dominante mais aussi une volonté implicite des législateurs elle-même pourraient probablement permettre aux plaignants de recourir à des mesures contentieuses quelconques théoriquement possibles sans une base explicite de la loi (la théorie de «*Hotei Gai Kokoku Sosho* [=recours de pourvoi hors droit positif]»). Selon cette théorie, notamment dans la doctrine juridique, il est possible de saisir un tribunal non seulement contre les actes des autorités administratives par la mesure non encore statuée avant 2004 telle que l'injonction à l'égard d'un acte administratif, mais aussi contre ceux du pouvoir législatif par la mesure non encore statuée non plus même maintenant telle que l'affirmation de l'illégalité d'une carence législative si ces mesures sont forcément nécessaires pour rétablir les plaignants dans leurs droits et que les dossiers satisfont aux conditions requises[10].

La révision importante de la LCA de 2004 a ajouté au texte deux clauses qui admettent explicitement les contentieux pour l'injonction (nouvelle LCA, art. 3, al. 6 et 7). De plus, elle a aussi changé un peu le texte de l'article 4 de la LCA ayant pour but de préciser la légalité d'un recours à l'affirmation des droits des individus intéressés à l'égard des pouvoirs publics ou à celle des relations dans le droit public entre les administrés et le pouvoir public[11]. Il est aussi important que l'article 4 de la LCA ne limite pas la partie adverse aux autorités administratives au moins sur le texte même avant la révision de 2004. Ce changement textuel permettra aux plaignants de recourir à une mesure de l'affirmation des relations juridiques dans le droit public même au cas où la législation positive n'admettrait pas encore de telles relations à cause de la carence législative comme on le verra. Mais on craint que ce changement ne puisse provoquer un risque de l'ingérence par le pouvoir judiciaire dans le pouvoir législatif si ce genre de contentieux se rend très actif.

I – Jurisprudences dans le domaine de la carence législative au Japon

Voici une petite chronologie de la jurisprudence japonaise dans le domaine du contentieux constitutionnel de la carence législative. On constate quelques grandes difficultés juridiques pour faire admettre par les juges judiciaires la légalité d'un recours à l'affirmation de la non conformité à la Constitution en raison d'une carence législative.

A. Supression du système de vote à domicile pour les handicapés

Il faut évoquer d'abord et surtout la décision de la Cour Suprême du 21 novembre 1985 qui concerne l'exercice du droit de vote pour les handicapés immobilisés. Avant 1952, la loi électorale avait admis une mesure de délégation du droit de vote pour les personnes handicapées. Mais en raison des fraudes électorales, la Diète a supprimé la mesure de délégation sans aucune mesure remplaçante pour les handicapés.

Un handicapé immobilisé a saisi un tribunal pour demander des dommages-intérêts à l'Etat en raison de la violation de son exercice du droit de vote causée par une carence législative. La première instance s'est prononcée en faveur du plaignant en considérant une telle carence législative comme non conforme à la Constitution, dont l'article 15 garantit le droit de vote et le suffrage universel, l'article 44 prescrit le principe du suffrage universel et l'article 14, alinéa 1 garantit l'égalité devant la loi. Dans sa décision, elle a ainsi admis une responsabilité de l'État dans le droit des dommages-intérêts publics, étant de 100.000 yens de dommages moraux, en affirmant une grande faute commise par la Diète[12]. Mais la deuxième instance a annulé la décision de la première. Elle a rejeté la demande du plaignant en insistant sur le fait que la majorité des membres de la Diète en ce temps-là ne s'étaient pas aperçus de la non conformité à la Constitution d'une telle carence législative et qu'ils n'avaient pas ainsi commis une faute dans le droit des dommages-intérêts publics bien que cette deuxième instance ait aussi admis que la carence législative dénoncée avait violé le droit de vote du plaignant[13]. La deuxième instance a donc distingué l'illégalité (la non conformité à la Constitution dans ce cas) d'une carence législative dans le droit constitutionnel d'avec celle (l'illicité dans ce cas) dans le droit des dommages-intérêts publics.

S'agissant du pourvoi en cassation, la Cour Suprême l'a rejeté pour sa part en 1985[14]. Selon elle, il faut distinguer la non conformité de la loi à la Constitution d'avec l'illicité des actes législatifs des membres de la Diète en vue du droit des dommages-intérêts publics. En plus, afin d'admettre l'illicité des actes législatifs, le plaignant doit prouver une faute commise par la majorité des membres de la Diète dans leur fonction d'actes législatifs envers les administrés. La décision dit qu'« en raison du fonctionnement juste et efficace de la démocratie parlementaire, on doit laisser aux membres de la Diète eux-mêmes une estimation de leurs actes législatifs dans un processus de la législation, notamment s'agissant d'un aspect substantiel relatif au contenu de ces actes, et finalement on doit la laisser à l'opinion publique et aux élections du point de vue politique ». Les juges de la Cour Suprême insistent donc sur le fait que « les actes législatifs des membres de la Diète ne peuvent pas faire l'objet de l'estimation d'illicité dans l'application de l'article 1 alinéa 1 de la loi des dommages-intérêts publics, à part dans le cas exceptionnel, non pas imaginable facilement, tel que le cas où la Diète ose de légiférer exprès bien qu'ils se soient apperçus d'une violation des textes constitutionnels univoques et clairs».

Aprés la décision de 1985, le critère, « le cas exceptionnel où la Diète fait exprès un acte législatif non conforme aux textes constitutionnels univoques et clairs», nous semblait presque irrésistibles non seulement pour les juges des instances inférieures mais aussi pour ceux de la Cour Suprême eux-mêmes dans un contentieux du droit des dommages-intérêts publics jusqu'à récemment.

B. Dommages de guerre aux ex-soldats-japonais taiwannais

En ce qui concerne la compensation publique des pertes, le droit fondamental garanti par l'article 29 al. 3 de la Constitution, il me semble que ce n'est pas nécessaire pour un plaignant de prouver une telle faute commise par la majorité des membres de la Diète. C'est la raison pour laquelle quelques taiwanais survivants, qui étaient soldats japonais sous la colonisation du Taiwan par le Japon avant la Seconde Guerre Mondiale et les successeurs des morts de la guerre, ont saisi un tribunal après la Guerre et la décolonisation du Taiwan, tout en demandant au gouvernement japonais une compensation publique de leurs blessures ou des morts à la guerre. Dans ce cas, les taiwanais ont insisté sur le fait que la loi japonaise en vigueur relative à la compensation publique des blessures et des morts à la guerre consacrant uniquement les japonais était contraire au prinicipe de l'égalité devant la loi garanti par l'article 14 de la Constitution japonaise puisqu'elle excluait de l'application de la loi en question les ex-soldats taiwanais qui avaient perdu la nationalité japonaise après la Guerre. Afin de gagner le procès, ils ont ajouté à la demande contentieuse principale de la compensation publique une autre demande en tant que demande de réserve dans un procès de la Cour d'Appel. C'était l'affirmation de la non conformité à la Constitution ou celle de l'illégalité d'une telle carence législative.

En 1985, la Cour d'Appel de Tokyo a enfin rejeté l'appel au motif qu'il s'agissait des difficultés causées par les circonstances internationales telles que la mise en nullité du Traité nippo-taiwanais de paix qui avait promis une compensation spéciale par le gouvernement japonais pour ces ex-soldats taiwanais au futur, à cause de l'établissement à nouveau de la relation diplomatique entre le Japon et la Chine, qui a provoqué par contre la rupture de la relation diplomatique entre le Japon et le Taiwan. La Cour rejeta aussi la demande de l'affirmation de la non conformité à la Constitution ou de l'illégalité de la carence législative. Mais elle a remarquablement présenté trois critères pour accepter le recours à l'affirmation de l'illégalité de la carence législative sans bases explicites du droit positif en se référant à «la théorie de recours de pourvoi hors droit positif»[15].

Voici ces trois critères. En premier lieu, «que l'autorité administrative ou législative doive effectuer un certain acte est à ce point spécifié qu'on ne permet pas juridiquement l'équivoque et à tel point claire qu'il n'est pas nécessaire de respecter le jugement primaire de l'autorité administrative ou législative» ; en second lieu, «la nécessité du recours par l'autorité judiciaire précédant celui par l'autorité politique est marquable puisque sinon on subirait un dommage irrécouvrable» ; en dernier lieu, «il n'existe aucune autre mesure adéquate» parmi les mesures judiciaires. Parmi ces trois critères, le premier sera toujours nécessaire dans tous les cas de la carence législative. Les deuxième et troisième seront donc nécessaires lors de la demande du «recours de pourvoi hors droit positif».

Quoiqu'il en soit, s'agissant de cette affaire, la Cour Suprême a rejeté le pourvoi en cassation le 28 avril 1992 pour la raison qu'une telle différence de traitement entre les ex-soldats japonais et taiwanais est raisonnable du point de vue des circonstances de la relation diplomatique en ce temps-là[16].

C. Dommages causés par la loi relative à la prévention de la lèpre

Les lépreux japonais ont souffert de discrimination grave et des préjugés de contamination depuis longtemps. Le décret du gouvernement relatif à la prévention de la lèpre de 1907 a commencé la politique de leur isolement forcé et de leur stérilisation forcée. La loi relative à la prévention de la lèpre de 1931 a succédé au décret. Même après la Seconde Guerre Mondiale et l'application de la Constitution actuelle, la nouvelle loi de 1953 a continué presque la même politique jusqu'à l'abolition de la loi en 1996 bien qu'une telle politique de la violation grave des droits fondamentaux des lépreux n'ait plus été nécessaire aux environs de l'adoption de la loi de 1953 au plus tard grâce à l'invention d'un nouveau médicament efficace. Les lépreux ont donc saisi un tribunal en 1999 après l'abolition de la loi et leur émancipation, tout en demandant des dommages-intérêts publics en raison d'une retard scandaleux de l'abolition de la loi par l'autorité législative.

Le Tribunal Local de Kumamoto s'est prononcé en faveur des lépreux en 2001. La décision a admis d'abord la politique déférée comme une violation très grave des droits fondamentaux des lépreux (violation de la dignité humaine ainsi que de la liberté de l'habitation et du démémagement garanties par les articles 13 et 22 al. 1 de la Constitution). Ensuite, elle a admis une responsabilité des dommages-intérêts à l'égard de l'État en insistant sur le fait que l'ensemble des membres de la Diète avait commis une faute dans son acte législatif puisqu'ils avaient pu bien s'apercevoir d'une disparition de la nécessité de la politique depuis 1965 au plus tard à cause des pétitions du groupe des lépreux auprès du gouvernement et de la Diète pour l'abolition de la loi, faites à maintes reprises depuis environ 1963. Le juge a donc admis que l'on a pu bien prouver une satisfaction au critère important d'« une expiration du temps raisonable à attendre un acte législatif » dans le droit des dommages-intérêts publics s'agissant de la carence législative[17].

Dans ce cas, le juge du Tribunal Local de Kumamoto n'a pas utilisé l'autre critère important indiqué par la Cour Suprême dans sa décision de 1985, « le cas exceptionnel où la Diète fait exprès un acte législatif non comforme aux textes constitutionnels univoques et claires », en raison de la gravité de la violation des droits fondamentaux en question. Les bureaucrates se sont demandés s'il fallait se pourvoir en appel et puis en cassation afin de permettre la Cour Suprême de résoudre la question juridique de la responsabilité de l'État dans la carence législative. Mais finalement, c'est le Premier Ministre en ce temps-là, Jun-ichiro KOIZUMI, qui a décidé d'accepter la décision du Tribunal Local de Kumamoto en raison de la gravité du cas, cependant en remettant à la presse en même temps un communiqué officiel selon lequel la décision du gouvernement cette fois-ci était exceptionnelle et en général la responsabilité de l'État dans le droit des dommages-intérêts publics ne serait pas acceptable s'agissant d'une carence législative.

II – Décision de la Cour Suprême du 14 septembre 2005 sanctionnant la loi relative aux élections des élus publics qui exclut les nationaux japonais résidant à l'étranger des élections nationales

Dans ce contexte historique d'une jurisprudence fluide, la décision de la Cour Suprême de 2005 qui a admis une responsabilité de l'État concernant une carence législative est apparue[18]. Voici quelques points remarquables.

A. Exercice effectif du droit de vote pour les nationaux résidant à l'étranger

Avant la révision de la loi relative aux élections des élus publics en 1998, les nationaux japonais résidant à l'étranger n'ont pas pu exercer tous leurs droits de vote en l'absence d'adresse au Japon, les empêchant de s'inscrire sur une liste électorale. Dans les années 80 et 90, beaucoup de pays étrangers ont adopté un régime de vote pour les électeurs résidant à l'étranger[19]. Les débats concernant l'adoption d'un tel régime ont aussi débuté dans le milieu des hommes politiques nationaux au Japon dans les années 80 en répondant à plusieurs pétitions. Le gouvernement japonais a aussi pour sa part une fois déposé à la Diète un projet de loi relative au régime du vote des nationaux japonais résidant à l'étranger en 1984. Mais malheureusement, on n'a pas pu en délibérer à la Diète à cause des conflits politiques en ce temps-là et finalement y a renoncé à cause de la dissolution de la Chambre des députés en 1986. En 1998, la Diète a voté la révison de la loi relative aux élections des élus publics afin d'adopter le régime du vote des électeurs résidant à l'étranger, mais qui s'est limitée uniquement à la part du scrutin propotionnel des membres de deux chambres de la Diète «pendant une période raisonnable»[20].

Les plaignants ont donc saisi une première instance en 2001 en raison de la violation de leur droit de vote lors de l'élection des députés du 20 octobre 1996, causée par une carence législative. Au fur et à mesure du parcours du procès jusqu'à la saisie de la dernière instance, les plaignants ont finalement porté quatre demandes devant le tribunal. En premier lieu, ils ont demandé l'affirmation de l'illégalité de la loi relative aux élections des élus publics appliquée à l'élection des députés de 1996. Ensuite, ils ont demandé l'affirmation de l'illégalité de la loi révisée en 1998 puisque la première loi n'était pas déjà en vigueur lors de la saisine en 2001. En troisième lieu et en tant que demande de réserve, ils ont porté au tribunal une demande de l'affirmation selon laquelle ils auront le droit à l'exercice de droit de vote lors de toutes élections nationales qui viennent au futur, tant celle des députés que celle des sénateurs, malgré leur manque de l'adresse au Japon. En dernier lieu, ils ont également présenté une demande de dommages-intérêts publics causés par la carence législative lors de l'élection des députés en 1996.

La Cour Suprême a tout d'abord admis l'importance du droit à l'exercice du droit de vote garanti par l'article 15 al. 1 de la Constitution dans la démocratie parlementaire et pour la souveraineté nationale prescrite par le préambule et l'article premier de la Constitution. Selon la décision, une limitation de l'exercice du droit de vote pour les nationaux japonais est en principe interdite. C'est ainsi qu'il faut un établissement stricte de la nécessité de la limitation selon laquelle sans une telle limitation inévitable, l'on ne pourrait pas effectivement assurer la justice de l'élection ou sinon ce serait remarquablement difficile à réaliser. Elle a aussi admis que l'on ne pouvait plus trouver de raison spéciale qui empêcherait la Diète de voter la loi garantissant l'exercice du droit de vote aux nationaux japonais résidant à l'étranger, au plus tard lors de l'élection de 1996, en considérant plus de 10 ans après l'échec du projet de la loi de 1984 visant le régime du vote des nationaux résidant à l'étranger.

Ainsi la Cour Suprême a bien admis que la carence législative qui avait empêché les nationaux japonais résidant à l'étranger d'exercer leur droit de vote était contraire à plusieurs clauses constitutionnelles, la garantie de droit de vote (art. 15, al. 1), le suffrage universaire (art. 15, al. 3), le caractère des membres de la Diète en tant que représentant de la nation entière (art. 43, al. 1) et l'interdiction des discriminations dans les élections (art. 44), lors de l'élection de 1996.

B. Responsabilité des dommages causés par l'exclusion des élections nationales

Le point le plus important de la décision de 2005 concerne la dernière demande des plaignants, celle des dommages-intérêts publics pour carence législative. La décision a distingué l'illégalité d'un texte législatif dans le droit du contentieux constitutionnel d'avec l'illicité d'un acte législatif dans le droit des dommages-intérêts publics, de même que sa décision de 1985 concernant l'exercice du droit de vote pour les handicapés immobilisés. Mais la décision de 2005 a aussi insisté comme ci-dessous : « Au cas où il est clair que le teneur d'une loi ou la carence législative constitue une violation illégale d'un droit garanti aux nationaux par la Constitution, au cas où il est clairement nécessaire et indispensable de prendre une mesure législative qui peut assurer l'exercice du droit garanti aux nationaux par la Constitution tandis que la Diète l'a négligé depuis longtemps sans raison justifiable, ou bien aux cas similaires, on doit exceptionnellement considérer l'acte législatif ou la carence législative condamnée des membres de la Diète comme illégale du point de vue de l'application de l'article premier aliéna 1 de la loi des dommages-intérêts publics ».

De ce point de vue, la décision a admis qu'une telle durée trop longue de la carence législative, plus de 10 ans après l'échec du projet de la loi, s'appliquant au cas exceptionnel évoqué ci-dessus, pouvait suffisamment établir une faute commise par la Diète. Elle a ainsi admis la responsabilité des dommages-intérêts à l'État.

On peut dire qu'en fait, la décision a un peu changé les critères de la non conformité d'un acte législatif à la Constitution, indiqués par sa décision de 1985 bien que la première n'ait jamais constaté de changement de la jurisprudence. En effet, le nouveau critère de « la clarté de la violation des droits fondamentaux par un acte législatif » ou « la clarté du devoir législatif » me semble plus aisé à établir que celui de la décision de 1985, « le cas exceptionnel où la Diète fait exprès un acte législatif non comforme aux textes constitutionnels univoques et clairs». En plus du nouveau critère ci-dessus, la décision a utilisé le deuxième critère pour la responsabilité d'un acte législatif dans le droit des dommages-intérêts publics, «une expiration du temps raisonable à attendre un acte législatif» comme la décision du Tribunal Local de Kumamoto en 2001. Ce critère sera aussi plus facile à établir.

C. Affirmation de l'illégalité de la carence législative

Quant à la demande de l'affirmation de l'illégalité de la carence législative, il était encore difficile de la faire accepter par les juges même dans la décision de 2005. Les juges de la dernière instance ont d'abord rejeté la demande de l'affirmation de l'illégalité de la loi appliquée à l'élection de 1996 en raison de l'illégalité d'une telle demande dans le régime contentieux en vigueur au Japon. Selon la décision, ce type de demande «est illégal puisqu'il a pour but l'affirmation d'une relation juridique passée entre le droit et le devoir et que l'on n'admet pas qu'il soit nécessaire et adéquat à la résolution directe et foncière des conflits juridiques déférés».

Quant à la demande de l'affirmation de l'illégalité de la loi relative aux élections des élus publics en vigueur lors de la saisine de 2001, étant en vigueur lors de la décision de 2005, après sa révision de 1998, la Cour Suprême a indiqué une position assez ambiguë. Selon la décision, «il (=ce type de demande) est illégal au cas où l'on peut remplir l'objet en formant une autre demande plus adéquate et c'est les cas en l'occurence puisque la demande de réserve est plus adéquate...».

Le juge de la première instance a sur ce point insisté sur le fait que ce type de demande avait «pour objet l'affirmation de l'illégalité de la loi relative aux élections des élus publics indépendamment des conflits [des intérêts individuels] concrets» et qu'il s'agissait d'une sorte de contrôle abstrait des normes hors loi positive puisque le statut juridique des plaignants n'avait aucune différence des autres nationaux japonais résidant à l'étranger en l'occurence[21]. Dans la deuxième instance, les plaignants ont ajouté aux autres trois demandes déposées à la première instance la demande de réserve de l'affirmation du droit à l'exercice du droit de vote lors de toutes élections nationales qui viennent au futur. Mais la décision de la deuxième instance a aussi rejeté cette dernière demande en plus de deux autres demandes de l'affirmation de l'illégalité de la loi avant et après la révision de 1998 pour la raison que ces types de demande ont pour but de faire (par l'autorité judiciaire) «affirmer l'illégalité des lois d'une manière abstraite et générale ou bien prononcer la création du droit à la manière universiare»[22].

Par rapport à ces deux décisions précédentes, celle de la Cour Suprême me semble admettre une possibilité de la saisine légale du tribunal basée sur la demande de l'affirmation de l'illégalité de la loi, voire celle de l'acte législatif, au moins lorsque l'on peut retrouver les intérêts importants et plus ou moins concrets tels que l'exercice du droit de vote restreint pour une raison injustifiable. Nonobstant, elle a rejeté enfin la demande de l'affirmation de l'illégalité de la loi révisée en 1998 uniquement pour la raison que cette demande n'a pas satisfait à la condition requise pour la légalisation d'«un recours de pourvoi hors loi», que l'on appelle «le critère de subsidiarité». Autrement dit, une telle demande de l'affirmation directe de l'illégalité de l'acte législatif est considérée comme légale si l'on ne peut pas trouver d'autre mesure plus efficace et adéquate pour le rétablissement du droit violé que la demande de l'affirmation de l'illégalité de l'acte législatif. On peut dire donc qu'elle reste encore ouverte dans le futur s'agissant d'une prononciation effective par le juge d'une telle affirmation.

D. Affirmation du statut d'exercice des droits de vote

Par contre, la décision de la dernière instance a admis la légalité de la demande de réserve de l'affirmation du droit à l'exercice du droit de vote dans les élections nationales qui viennent dans le futur. La Cour suprême en a jugé comme ci-dessous ; «Le droit de vote n'a aucune valeur si l'on ne peut pas l'utiliser et il est caractérisé par l'irrecouvrabilité de l'essentiel de l'exercice du droit après sa violation. C'est la raison pour laquelle, en considérant la valeur importante du droit, il faut admettre l'existence des intérêts de l'affirmation pour les plaignants d'avoir le droit à l'exercice du droit de vote concernant les élections concrètes pourvu que l'on puisse la considérer comme une mesure efficace et adéquate. Et l'on peut trouver des intérêts de l'affirmation dans la demande de réserve en l'occurence en tant que recours de l'affirmation de plein contentieux dans le droit public. Il est indiscutable [donc] que ce type de demande appartient aux recours légaux». De ce point de vue, la décision a reconnu aux plaignants «le statut de pouvoir exercer leur droit de vote dans la prochaine élection nationale en se basant sur l'inscription sur la liste électorale des nationaux résidant à l'étranger», tout en interprétant la demande en l'occurence comme celle visant concrètement l'affirmation dudit statut dans la prochaine élection nationale.

　　Beaucoup de commentateurs du droit administratif insistent sur le fait que la décision de la Cour Suprême de 2005 a admis une possibilité large de la saisine d'un tribunal se basant sur la demande de l'affirmation tout en ignorant une différence entre l'affirmation de l'illégalité d'une loi ou d'un acte législatif et l'affirmation d'un statut légal ou de l'existence d'un droit dans le droit public. Doctrinalement, la demande de la première affirmation se catégorise comme le recours de pourvoi dans le droit public et la deuxième comme celui de plein contentieux dont l'essence appartient au droit civil bien que l'on appelle un recours de plein contentieux «dans le droit public». Selon les commentateurs, la légalité de la demande d'une telle affirmation dépend uniquement du caractère le plus efficace et adéquat d'une telle mesure pour le rétablissement du droit violé[23].

　　De ce point de vue, un commentateur, professeur de l'Université de Tokyo, Ryuji YAMAMOTO, insiste sur une possibilité selon laquelle il aurait mieux valu pour les juges de la Cour Suprême admettre l'affirmation de l'illégalité de la loi plutôt que l'affirmation de l'existence du droit à l'exercice du droit de vote dans toutes élections nationales qui viennent dans le futur pour les plaignants. Il a remarqué que la loi en vigueur lors de la décision de 2005 après la révision de 1998 prescrivait en fait le régime de l'exercice du droit de vote pour les nationaux résidant à l'étranger dans toutes les élections nationales, tout en y ajoutant cependant des règles supplémentaires qui limitaient «pour un bon moment» leur exercice du droit de vote aux élections nationales de scrutin proportionnel pour deux Chambres. Il a insisté donc sur le fait que les juges auraient pu leur reconnaître le droit à l'exercice du droit de vote dans toutes élections nationales en annulant ces règles supplémentaires. Par contre, selon lui, l'affirmation de l'existence du droit à l'exercice du droit de vote au futur était plus difficile que l'affirmation de l'illégalité de la loi puisque la première lui semeblait plutôt ressembler à une législation par l'autorité judiciaire au lieu de l'autorité législative, notamment au cas où une nouvelle loi est nécessaire pour garantir le statut juridique demandé par les plaignants, cela tout étant contraire au priniciple de division des pouvoirs. La deuxième affirmation serait donc plus facile à prononcer par les juges du point de vue du caractère le plus efficace et adéquate de la mesure destinée au rétablissement du droit violé[24].

Quoi qu'il en soit, ces commentateurs veulent tous essayer d'identifier la demande de l'affirmation de l'illégalité d'un acte législatif avec celle de l'affirmation du statut juridique ou de l'existence du droit sans base de la loi positive garantissant le droit, regardant toutes les deux comme un recours de l'affirmation dans le droit des contentieux civils. Par ailleurs, en suivant la doctrine du droit des contentieux civils, ils remarquent qu'il faudrait satisfaire en l'occurence deux conditions requises, dont l'une est l'établissement de la maturité d'une affaire en tant que contentieux concret («critère de maturité») et l'autre est l'établissement du caractère efficace et adéquat de la mesure d'une telle affirmation pour le rétablissement du droit ou de l'intérêt violé («critère de mesure efficace et adéquate»). Pour ces commentateurs, la décision de 2005 a admis d'abord une satisfaction du «critère de maturité» en raison de l'impossibilité pour les plaignants d'exercer leur droit de vote dans la prochaine élection nationale, de plus en considérant le caractère spécial du droit de vote, celui le plus important et irrécouvrable après sa violation. Puis, la décision a admis la satisfaction du «critère de mesure efficace et adéquate» d'autant qu'il s'agit de l'affirmation du statut juridique ou de l'existence du droit à l'exercice du droit de vote[25].

Mais à mon avis, la décision de 2005 n'a pas encore identifié l'affirmation de l'illégalité d'une loi ou d'un acte législatif avec l'affirmation du statut juridique ou de l'existence du droit à l'exercice du droit de vote. Car la décision de 2005 a parfaitement rejeté la demande de l'affirmation de l'illégalité de la loi qui été en vigueur dans le passé et puis elle a admis une grande difficulté d'admettre l'affirmation de l'illégalité de la loi en vigueur en ce temps-là en indiquant le «critère de subsidiarité» puisqu'elle avait encore maintenu la différence entre la mesure de l'affirmation de l'illégalité d'un acte législatif dans le recours de pourvoi et celle de l'affirmation du statut juridique ou de l'existence du droit dans la relation du droit public. Pour les juges de la dernière instance, le premier recours n'a pas encore été concrétisé explicitement même par la révision de la LCA en 2004 ou par le vote d'une nouvelle loi. Et le deuxième recours avait été déjà concrétisé avant la révision de LCA malgré sa grande négligence depuis longtemps dans la pratique. En fait, il a été précisé en tant que «recours de plein contentieux dans le droit public» prescrit par l'article 4 de la LCA après sa révision de 2004[26]. Un jeune juge chargé des enquêtes auprès de la Cour Suprême, dont le rôle est en fait important dans la décision de la Cour Suprême, N. SUGI-HARA, a aussi évoqué le « critère de subsidiarité » s'agissant de l'affirmation de l'illégalité d'un acte législatif pour la raison qu'elle appartenait au « recours de pourvoi hors droit positif »[27]. Il faut donc conclure, au moins s'agissant de la décision de 2005, que la Cour Suprême est plus favorable pour l'affirmation du statut juridique ou de l'existence du droit en raison de sa base juridique dans le droit positif.

Conclusion

A. Après la décision de 2005

Pour conclure, il vaux mieux évoquer d'abord plusieurs conséquences de la décision tant dans le domaine législatif que dans la jurisprudence au Japon. S'agissant du domaine législatif, la Diète a révisé la loi relative aux élections des élus publics le 7 juin 2006 afin de faire en sorte de permettre les nationaux résidant à l'étranger d'exercer leurs droits de vote dans toutes élections nationales et la loi révisée est en vigueur à partir du 14 juin 2006. On peut dire que la révision n'est pas trop tardive par rapport à la carence législative depuis longtemps.

Par ailleurs, il n'en était pas de même pour la responsabilité d'une autre carence législative. Il s'agissait de l'exercice effectif du droit de vote pour les personnes atteintes de maladie mentale et qui, du fait de leur maladie, ne pouvaient pas sortir pour les élections. En fait, après la décision de la Cour Suprême du 21 novembre 1985 évoquée ci-dessus, malgré le rejet de la demande des plaignants, la Diète a révisé la loi relative aux élections des élus publics afin de permettre aux handicapés physiques immobilisés d'exercer leurs droits de vote anticipé par correspondance. Mais la loi révisée n'a pas encore permis aux personnes atteintes de maladie mentale d'utiliser la mesure du vote par correspondance.

La décision de la Cour Suprême du 13 juillet 2006, juste un an après sa décision innovatrice, a cette fois-ci rejeté la demande en dommages-intérêts déposée par un malade mental qui insistait sur la carence législative. Selon la décision de 2006, s'agissant des malades mentaux pour qui il était difficile de se rendre aux urnes dans un bureau de vote, à la différence des handicapés physiques immobilisés, on ne peut pas précisément les catégoriser comme les gens difficiles à aller aux urnes, en raison de la grande différence de l'état de malade parmi les personnes atteintes de maladie mentale ainsi qu'en raison de la fluidité de l'état de malade. En plus, elle a ajouté à ces raisons le manque des faits de beaucoup de pétitions pour la législation ou des essais de la législation dans la Diète[28].

On peut y trouver le « critère de maturité » notamment du point de vue du droit des contentieux civils. On peut donc dire que la Cour Suprême a utilisé le « critère de maturité » s'agissant non seulement du critère des intérêts de l'affirmation évoqué lors de sa décision de 2005 mais également de celui de la responsabilité de l'État dans le droit des dommages-intérêts publics évoqué lors de ses décisions de 2005 et 2006[29]. Même après avoir admis la non conformité d'un acte législatif à la Constitution, il faut donc encore faire satisfaire aux critères de chaque mode de demande utilisée dans le contentieux constitutionnel, dont le « critère de maturité ».

S'agissant de la demande de l'affirmation de l'illégalité d'une loi ou d'un acte législatif, on peut dire d'un autre point de vue qu'un progrès auprès de la Cour Suprême a eu lieu après sa décision de 2005 puisque la décision de la Cour Suprême de 2008 concernant la loi relative à la nationalité a utilisé clairement « une théorie de l'annulation partielle ». La théorie permet aux juges en fait de réécrire partiellement la teneur de la loi sanctionnée de la non conformité à la Constitution en annulant seule une partie de la clause de la loi dont la substance est essentiellement contraire à la Constitution et en interprétant le reste de teneur de la clause de sorte à le faire conforme à la Constitution en devinant « la véritable intention du législateur »[30].

Ce procès a pour objet la reconnaissance de la nationalité japonaise à un enfant dont la mère est étrangère et le père est japonais mais la reconnaissance légale par ce père était après sa naissance. La loi relative à la nationalité au Japon se base sur le régime de généalogie. Elle admet la nationalité à un enfant dont un de ses parent, père ou mère, est japonais bien que ses parents ne se soient pas mariés pourvu que le père japonais l'ait reconnu avant la naissance au cas où la mère est étrangère[31]. Mais au cas de la reconnaissance après la naissance d'un enfant dont la mère étrangère, la loi ne lui reconnaît la nationalité japonaise qu'au cas où ses parents se sont mariés légalement après la naissance d'un tel enfant.

La Cour Suprême a sanctionné la loi relative à la nationalité par la prononciation de la non conformité au principe de l'égalité devant la loi garanti par l'article 14 de la Constitution, mais uniquement s'agissant de la partie de teneur de la loi qui exceptait les enfants dont les mères étaient étrangères et la reconnaissance par leurs pères japonais était faite après leur naissance, mais sans mariage même après sa reconnaissance. Elle n'a pas annulé la clause toute entière qui prescrivait le régime discriminatoire de la nationalité japonaise des enfants puisque l'on devrait priver le droit à la nationalité japonaise de tous les enfants dont les mères étaient étrangères mais qui pouvaient obtenir la nationalité japonaise au cas de la reconnaissance et au cas du marigage de leur parents après leur naissance par la clause sanctionnée si les juges annulent la clause entière ci-dessus. En fait la décision de l'annulation n'oblige pas juridiquement l'autorité législative de voter la nouvelle loi qui garantit le droit à la nationalité japonaise à tous les enfants dont les mères sont étrangères et les reconnaissances sont faites après leur naissances par les pères japonais sans mariages de leurs parents. En insistant sur la nécessité de la garantie effective des droits fondamentaux importants faite par l'autorité judiciaire, la majorité des juges de la Cour Suprême ont choisi une mesure de «l'interprétation élargie» qui permettait les juges d'admettre le droit à la nationalité japonaise au plaignant en ulitisant le reste de la clause sanctionnée de la non conformité à la Constitution excepté la partie directement sanctionnée en affirmant que laditte partie seule était y non conforme et le reste éfait encore valide[32].

On peut donc trouver dans la décision de 2008 une combinaison de l'affirmation de l'illégalité constitutionnelle d'une loi ou d'un acte législatif avec l'affirmation du statut au droit ou l'existence du droit en question pour les plaignants dans le droit public. Le critère d'adopter une telle mesure est le manque des autres choix pour la garantie effective des droits fondamantaux importants. Ce qui est important n'est pas de viser seule l'affirmation de l'illégalité constitutionnelle d'un acte législatif mais le rétablissement ou la garantie effective des droits fondamentaux importants. Si l'on peut pratiquer «une théorie de l'annulation partielle» dans les contentieux constitutionnels[33], on ne se demandera plus alors si la demande de l'affirmation de l'illégalité d'un acte législatif est légale ou non, sauf au cas où aucune loi n'existe qui garantisse même partiellement un droit fondamental violé par la carence législative dans ce domaine.

Quant à ce dernier cas, on peut encore se demander si la demande de l'affirmation de l'illégalité d'une carence législative est légale ou non pourvu que l'on puisse prouver un caractère le plus efficace et adéquat de la demande pour le rétablissement du droit violé, en tant que « critère de subsidiarité ».

B. Au regard du droit constitutionnel comparé

Alors, comment on estime ce progrès de la jurisprudence constitutionnelle concernant la carence législative ? En fait, le sanctionnement judiciaire d'une carence législative par la non conformité à la Constitution vise un effet de la réforme législative, une nouvelle législation ou une révision de la loi en vigueur, bien que juridiquement l'autorité législative, la Diète, n'ait pas d'obligation constitutionnelle de ce faire même après la décision d'un tel sanctionnement par la Cour Suprême, qui s'appliquera à un seul cas particulier déféré du point de vue juridique. Mais politiquement, dans tous cas des lois sanctionnés jusqu'à maintenant de la non conformité à la Constitution par la Cour Suprême, la Diète les a révisé ou supprimé plus ou moins rapidement.

S'agissant d'un tel effet « politique » mais général de la décision judiciaire de la non conformité d'une loi ou d'un acte législatif à la Constitution, on pourra se rappeler la *« public law litigation »* aux États-unis. La *« public law litigation »*, telle que procès pour la demande de réforme de la politique de ségrégation des écoles publiques entre les races, vise une réforme structurelle de la politique d'une violation des droits fondamentaux au futur plutôt que le rétablissement des droits particuliers violés dans le passé[34]. On utilise dans ce type de procès en général une mesure d'« *injunction* (injonction aux autorités administratives) » de la politique de la violation des droits. La mesure d'injonction se catégorise dans le droit d' « *equity* (équité) » tandis que la principale mesure du *« common law »* est un remède pécuniaire[35].

En fait, le Japon n'accepte pas de notion de *« common law »* ni celle de *« equity »*, derivant tous les deux du droit jurisprudentiel se basant sur la tradition anglo-américaine. Le Japon se conçoit comme pays de législation ou pays de loi écrite, comme la France. Mais l'attitude judiciaire active récente tant dans les décisions comme celle de 2005 favorable à la « théorie de recours hors droit positif » que dans l'usage actif de « la mesure d'annulation partielle » comme la décision de 2008 nous incitent d'imaginer que l'autorité judiciaire japonaise s'efforce maintenant d'adopter une sorte du droit d' «*equity*», au moins dans son esprit. Cela doit alors se fonder sur les clauses constitutionnelles positives à la différence de la tradition du droit jurisprudentiel aux États-Unis. De l'avis de plusieurs constitutionnalistes japonais, c'est l'article 32 qui garantit le droit aux recours judiciaires ainsi que l'article 76 aliéna 1 qui prescrit une monopolisation du pouvoir judiciaire par l'autorité judiciaire, à condition d'interpréter ces deux clauses comme une garantie du recours effectif et actif des droits fondamentaux par l'autorité judiciaire le cas véritablement échéant malgré le silence de la décision de la Cour Suprême jusqu'à maintenant[36].

Par comparaison avec la France, on doit reconnaître une grande difficulté à admettre la responsabilité juridique de la carence législative à l'État, notamment à cause de la structure de son contentieux constitutionnel en tant que celui absolument objectif, préalable et concentré dans une seul autorité juridictionnelle spécialisée pour le contentieux constitutionnel, le Conseil Constitutionnel. Mais on peut trouver cependant un exemple effectif dans lequel le juge administratif a admis une indemnisation par l'État en raison de la carence législative. C'est la décision «Gardedieu» du Conseil d'État du 8 février 2007[37]. Ce n'est pas le cas de la non conformité de la loi à la Constitution française mais celui de l'inconventionalité de la loi de validation à l'égard d'une convention européenne. Selon Mayuko FUKAWA, même dans ce cas le juge n'a pas encore admis de résponsabilité d'un acte législatif qui deverait admettere en même temps une faute du législateur, toujours extrêmement diffcile à admettre pour les juristes français. Mais le juge y a retrouvé une faute de l'autorité administrative qui ne devrait pas y appliquer la loi de validation contraire à la convention[38].

Mais il reste encore une hypothèse polémique. Car l'on se demande s'il est possible d'admettre la responsabilité de l'autorité administrative s'agissant du devoir de ne pas appliquer la loi contraire à une convention en refusant la reconnaissance de la responsabilité de l'autorité législative. On devrait dans ce cas admettre que l'autorité administrative peut juger la conventionnalité de la loi de validation avant l'application de la loi contrairement à la volonté de l'autorité législative sans le jugement de l'autorité judiciaire

Or, la France a adopté à nouveau un régime du contrôle ultérieur et concret de la constitutionnalité de la loi par la révision constitutionnelle de 2008 (nouvel article 61-1). On pourra donc désormais penser de la possibilité de censure de la constitutionnalité d'une carence législative par le Conseil Constitutionnel. Le bilan reste encore ouvert dans le futur. Mais les constitutionalistes japonais s'y intéressent beaucoup pour la raison de longue histoire des contentieux constitutionnels concernant la carence législative comme on l'a vu ci-dessus.

1   Ce texte est une version modifiée de mon texte destiné au VIIIème Séminaire franco-japonais de droit public de 2008 à Fukuoka. Dans la session d'après-midi de la 2ème journée du Séminaire, le 13 mars 2008, à l'Université de Fukuoka, j'ai fait une intervention intitulée «Contentieux constitutionnels au cas d'omission des actes législatifs nécessaires et suffisants pour la garantie effective des droits fondamentaux». Cette version modifiée se base sur les données au moment du décembre 2010.

2   On verra le cas dans un procès qui réclame une indemnité pour la responsabilité des dommages causés par la loi relative à la prévention de la lèpre. Dans ce cas, il s'agissait de la violation des libertés individuelles (les articles 13 et 22 al. 1 de la Constitution) [II. 3].

3   Par exemple, Décision du Tribunal Local de Tokyo du 18 mai 1984, *Rec. Hanrei-Jiho*, n°1118, p. 28. Cette décision a admis une compensation publique des dommages à la vie et à la santé causés par hasard par la vaccination obligatoire malgré l'absence d'une faute des fonctionnaires s'occupant de ces opérations.

4   Décision de la Cour Suprême du 27 novembre 1968, *rec. criminel*, t. 22, n°12, p. 1402.

5   Dans la doctrine juridique dominante ainsi que dan la pratique au Japon, l'effet juridique de la décision judiciaire admettant la non conformité d'une loi à la Constitution, même celle de la Cour Suprême, se limite à l'affaire individuel devant le tribunal. S'agissant de l'autorité des décisions de la Cour Suprême, v. Hiroshi OTSU, «Les jurisprudences constitutionnelles qui modifient la Constitution au Japon», in Alexandre VIALA (sous la coordination de), *La constitution et le temps*, actes de colloque du 5ème Séminaire franco-japonais de droit public du 4 au 10 septembre 2002, l'Hermès, 2003, pp. 278-279. Politiquement et en général, le pouvoir administratif arrête l'application de la loi sanctionnée de la non conformité à la Constitution après la décision sous la responsabilité du Cabinet.

6   La Constitution japonaise donne séparément et exclusivement à la Diète le pouvoir légisratif (art. 41), à la totalité des tribunaux ordinaires le pouvoir judiciaire (art. 76, al. 1) et au Cabinet le pouvoir exécutif (art. 65). Le pouvoir du contrôle de constitutionnalité sur tous les actes publics, y compris la législation, est considéré comme composant du pouvoir judiciaire (art. 81).

7   De même que tous les autres pays démocratiques contemporains, selon la doctrine dominante et la jurisprudence, le principe de souveraineté nationale dans la Constitution japonaise (préambule et art. 1) comprend une garantie du caractère des représentants de la nation entière pour tous les membres de la Diète (art. 43) et la prérogative de l'irresponsabilité juridique pour eux quand ils agissent en tant que membre de la Diète (art. 51).

8   Notre collègue, professeur Takumaro KIMURA a évoqué ce sujet en l'appélant «l'action déclaratoire» dans le colloque de 2007 à Fukuoka.

9   En fait, la Cour Suprême a une fois admis que l'on pouvait utiliser la mesure de l'article 4 pour demander l'affirmation de l'illégalité d'un acte législatif tout en refusant finalement cette demande (Décision de la Cour Suprême du 20 juillet 1966, *rec. civil.*, t.20, n°6, p. 1217). Mais il nous semble maintenant qu'elle l'a affirmé sans aucune conscience prècise d'une telle possibilité. La doctrine l'a aussi ignorée jusqu'à récemment. Sur ce point, v. Akio HASEBE, Munetaka TANAKA et Junko OBATA, «Zaigai Hojin Senkyo Ken Daihotei Hanketsu wo megutte (Débat sur la décision de la Cour Suprême relative aux droits de vote des électeurs résidants à l'etranger)» *Jurist*, n°1303, 2005, pp. 9-10 (intervention d'OBATA).

10   S'agissant des «recours de pourvoi hors drot positif», v. Yoshikazu SHIBAIKE, *Gyosei Kyusai Ho Kogi* (Eléments de la loi relative aux secours administratifs), 2ème éd., révisé pour le supplément, Yuhikaku, 2004, pp. 18-19.

11   Le nouveau texte de l'article 4 prescrit explicitement «un recours à l'affirmation des relations juridique dans le droit public».

12   Décision de la séction d'Otaru du Tribunal Local de Sapporo du 9 décembre 1974, *rec. civil*, t. 39, n°7, p. 1550.

13   Décision du Cour d'Appel de Sapporo du 24 mai 1978, *rec. civil*, t.39, n°7, p. 1590.

14   Décision de la Cour Suprême du 21 novembre 1985, *rec. civil*, t.39, n°7, p. 1512.

15   Décision de la Cour d'Appel de Tokyo du 26 août 1985, *Rec. Hamrei-Jiho*, n°1163, p. 41.

16   Décision de la Cour Suprême du 28 avril 1992, *Rec. Hanrei-Jiho*, n°1422, p.91.

17   Décision du Tribunal Local de Kumamoto du 11 mai 2001, *Rec.Hanrei-Jiho*, n°1748, p. 30.

18   Décision de la Cour Suprême du 14 septembre 2005, *rec.cviil.*, t. 59, n°7, p. 2089.

19   Voir Koji TONAMI, «Zaigai Nihon Kokumin no Senkyo Ken (Les droits du vote des nationaux japonais résidant à l'étranger)», *Hogaku Kyoshitsu*, n°162, 1994, p. 40.

20   Le régime électoral actuel au Japon a deux formules du scrutin en même temps tant lors de l'élection des députés que lors de l'élection des sénateurs. Au cas de l'élection des députés, dont le rôle est plus important que les autres élus nationaux, s'agissant de environs trois cinquième des membres, ils sont élus par le scrutin d'arrondissement et s'agissant du reste, ils sont élus au scrutin propotionnel par circonscription régionale. Au cas des sénateurs, s'agissant de environs trois cinquième des membres, on en élit plusieurs par vote uninominal dans chaque circonscription départementale et s'agissant du reste, ils sont tous élus au scrutin propotionnel dans une seule circonscription nationale toute entière.

21   Décision du Tribunal Local de Tokyo du 28 octobre 1999, *Rec. Hanrei-Jiho*, n°1705, p. 50. Cette décision a aussi évoqué l'absence de l'établissement par les plaignants d'un fait afin de faire satisfaire aux conditions requises pour les «recours de pourvoi hors droit positif» même si l'on admet une possibilité de la saisine basée sur ce type de demande du point de vue de l'existence des intérêts individuels concrets.

22   Décision de la Cour d'Appel de Tokyo de 8 novembre 2000, *Rec. Hanrei-Taimuzu*,

n° 1088, p. 133.

23   Par exemple, Kazuo KITAMURA, « Zaigai Nihonjin Senkyo Ken Hakudatsu Sosho ni okeru Gyousei Ho no Ronten ni tsuite (Sur les enjeux du droit administratif dans le contentieux relatif à la privation des droits de vote des nationaux résidant à l'étranger) », *Jurist*, n° 1303, 2005, pp. 28-30 ; Kiyoshi HAMAKAWA, « Zaigai Kokumin Senkyo Ken Saikosai Hanketsu to Koho Jo no Kakunin Sosho (La décision de la Cour Suprême relative aux droit de vote des nationaux résidant à l'étranger) », *Horitsu Jiho*, t. 78, n° 2, 2006, pp. 84-88 ; Ryuji YAMAMOTO, « Zaigai Hojin Senkyo Ken Saikosai Daihotei Hanketsu no Gyosei Ho Jo no Ronten (Les enjeux du droit administratif dans la décision de la Cour Suprême relative aux droit de vote des nationaux résidant à l'étranger) », *Hogaku* Kyoshitsu, n° 308, 2006, pp. 27-31.

24   R. YAMAMOTO, *op. cit.*, pp. 30-31. Il a cependant admis la possibilité de l'affirmation du statut juridique ou de l'existence du droit à l'exercice du droit de vote pour les plaignants en l'occurence en raison de l'existence de la loi qui a déjà gananti partiellement un tel droit aux nationaux résidant à l'étranger.

25   K. KITAMURA, *op. cit.*, pp. 29-30.

26   Y. NOSAKA a aussi évoqué l'importance de la précision de légalité de l'affirmation du statut juridique ou de l'existence du droit en se basant sur le recours de plein contentieux par l'article 4 de la LCA révisée en 2004. V. Yasuji NOSAKA, « Zaigai Nihon Kokumin no Senkyo Ken (Droit de vote des nationaux japonais résidant à l'àtranger) », *Hogaku Kyoshitsu,* 2006, n° 315, p. 86.

27   Norihiko SUGIHARA, « Saiko Saibansho Hanrei Kaisetsu (Observations des décisios de la Cour Suprême) », *Hoso Jiho*, 2005, t. 58, n° 2, p. 319.

28   Décision de la Cour Suprême du 13 juillet de 2006, *Rec. Hanrei-Jiho*, n° 1946, p. 41.

29   S'agissant du « critère de maturité » dans le contentieux constitutionnel utilisant le régime du droit des dommages-intérêts publics au Japon, voir Miho AOI, « Senkyo Ken no Kyusai to Kokka Baisho Ho (Rétablissement du droit de vote et droit des dommages-intérêts publics) », *Shinshu Daigaku Hogaku Ronshu*, n° 9, 2007, pp. 129-137.

30   Décision de la Cour Suprême de 4 juin 2008, *Rec. Hanrei-Jiho*, n° 2002, p. 3.

31   Au cas de la mère japonaise, son enfant peut obtenir naturellement la nationalité japonaise même au cas du père étranger dont la reconnaissance a été faite après la naissance ou sans reconnaissance puisque l'un de ses parents est japonais.

32   Les juges minoritaires s'opposant au jugement majoritaire de la non conformité de la loi à la Constitution dans la décision de la Cour Suprême de 2008 ont insisté non seulement sur la conformité en raison de la compétence discrétionnaire très large de l'autorité législative mais également sur l'impossibilité d'une telle « interprétation élargie » choisie par la majorité au cas de la carence législative pour la raison que une telle interprétation doit en fait créer le nouveau régime législatif de la nationalité par la décision judiciaire, qui constituerait une violation du pouvoir législatif par celui judiciaire. Quelques membres des juges majoritaires, IMAI, NASU et WAKUI, ont aussi admis une difficulté d'une telle interprétation, qui leur semblait littéralement contraire à l'intention du législateur. Mais ces juges ont cependant admis la légalité d'une telle interprétation en raison de la garantie effective des droits fondamentaux importants et

aussi en raison du manque des autres choix pour ce faire.
33 S'agissant de la « théori de l'annulation partielle », en fait un cas précédent existe. La Cour Suprême l'a utilisé quand elle a rétabli directement un plaignant dans son droit aux dommages-intérêts publics garanti par la Constitution, en annulant une seule partie de la clause relative à l'exonération de la responsabilité de l'État dans la loi relative à la poste, sanctionnée de la non conformité à la Constitution, mais en admettant une validité juridique du reste de la clause. Mais dans ce cas-là, Pour la conséquence de la décision de la non conformité de la clause à la Constitution, on peut avoir l'application du droit commun, la loi relative aux dommages-intérêts publics, aux actes illicites des fonctionnaires publics de la Poste, exonérés jusqu'à ce temps-là par la clause sanctionnée de la loi relative à la Poste en tant que la loi particulière. V. Décision de la Cour Suprême du 11 septembre 2002, *rec. civ.*, t. 56, n°7, p. 1439. De même, Joji SHISHIDO, « Shiho Shinsa (Revue judiciaire) », *Horitsu Jiho*, t. 81, n°1, 2009, pp. 76-82.
34 Voir Koichiro FUJIKURA, « Amerika ni okeru Kokyo Sosho no Ichi Ruikei (Un type de *public law litigation* aux États-unis) », Hogaku Kyokai (*éd.*), *Hogaku Kyokai Hyaku Sunen Kinen Ronbun Shu (Mélanges au centenaire de la Société Hogaku Kyokai)*, Yuhikaku, 1983, pp. 257-308.
35 Voir Tsuyoshi KINOSHITA, *Amerika Koho (Droit public américain)*, Yuhikaku, 1993, pp. 138-140.
36 J. SHISHIDO insiste sur le fait que la Cour Suprême se fonde sur la notion de justice plutôt que celle des valeurs constitutionnelles (*op. cit.*, p. 81).
37 CE, 8 fev. 2007, *Gardedieu, RFDA,* 2007, p. 361.
38 Mayuko FUKAWA, « Furansu ni okeru Rippo ni Kiin suru Kokka Baisho Sosho no Shin Kyokumen (Une nouvelle tournure des contentieux des dommages-intérêts publics causés par la législation en France) », *Waseda Hogakkai Shi*, t. 58, n°2, 2008, pp. 511-550.

(Hiroshi OTSU)

Les mesures anti-terroristes et les droits fondamentaux au Japon

Avant-propos

Le droit japonais, tout comme les droits européens et américain, n'a pas pu échapper au choc provoqué par l'attaque du 11 septembre 2001 à New York. L'objectif de mon exposé consiste à démontrer les changements juridiques concernant les mesures anti-terroristes au Japon (première partie) et à analyser les tendances diverses des discours juridiques y afférant (deuxième partie). Dans la première partie, nous voudrions présenter l'évolution législative suite au 11 septembre, et plus précisément la « Loi portant mesure spéciale relative aux attaques terroristes » (2001), la « Loi concernant la l'hypothèse d'une situation d'attaque de la Force militaire » (2003), la « Loi sur la Protection de la Nation » (2004), la « Loi sur l'Immigration et la Reconnaissance des Réfugiés » (2006). La question se posant alors de savoir comment la doctrine constitutionnelle a réagi à cette évolution. Dans la deuxième partie, après avoir souligné les principales caractéristiques de l'évolution du droit japonais, nous voudrions réfléchir sur le rôle que peut jouer le pouvoir judiciaire afin de contrôler juridiquement et d'une façon efficace les mesures anti-terroristes adoptées par le gouvernement.

I – L'évolution législative après le 11 septembre

Immédiatement après l'attaque terroriste aux États-Unis, le Japon a successivement ratifié en novembre 2001 et juin 2002 la Convention internationale pour la répression des attentats terroristes à l'explosif (15 décembre 1997) ainsi que la Convention internationale pour la répression du financement du terrorisme (9 décembre 1999). La Diète adopta deux lois en juin 2002 et mars 2005, respectivement destinées à prendre des mesures concrètes au niveau national exigées par les Conventions en question. A cela s'ajoute un renforcement du contrôle à travers les modifications des deux lois relatives à la douane.

Il est frappant de constater, du point de vue comparatif, que la lutte contre le terrorisme a entraîné au Japon un élargissement non seulement du pouvoir policier, mais également du champ juridique de l'activité de l'Armée d'autodéfense (AAD).

Avant de revenir plus en détail sur cette observation, commençons par examiner les 4 lois principales prises après le 11 septembre.

A. La loi portant mesure spéciale relative aux attaques terroristes

Le 29 octobre 2001, le Parlement adopta une loi controversée pour participer aux activités internationales de lutte contre le terrorisme. Le titre complet de cette loi surprend par sa longueur : « Loi portant mesure spéciale relative aux mesures japonaises concernant les activités des pays étrangers destinées à réaliser l'objectif de la Charte de l'ONU et de faire face aux attaques terroristes survenues le 11 septembre 2001 aux États-Unis, ainsi qu'aux mesures humaines concernées basées sur les résolutions de l'ONU ». Cette loi a permis au Japon d'envoyer des troupes d'AAD pour des activités de support aux armées étrangères et aux activités humanitaires, non seulement sur le territoire japonais mais également en haute mer et au-dessus, ainsi qu'en territoire étranger (sur consentement du pays concerné). Le gouvernement doit obtenir un accord ultérieur de la Diète pour élaborer un « Projet fondamental » conformément à la mesure spéciale. Cette législation autorise pour la première fois de semblables activités de l'AAD, prévues sur une durée de 2 ans.

Or, la Constitution a joué un double rôle par rapport à cette législation. D'une part, le gouvernement a évoqué l'idée d'une entente internationale telle que stipulée dans le Préambule et l'article 9 pour justifier la nécessité de l'adoption de cette loi. D'autre part, en raison de ces mêmes textes constitutionnels, le gouvernement s'est vu obligé d'établir une limite rigoureuse et subtile aux activités de l'AAD. En effet, il est interdit d'envoyer les troupes dans une « zone de combat direct ». D'ailleurs, l'article 2 alinéa 2 stipule que ces activités ne doivent pas contenir de recours à la force. Donc, les activités japonaises se limitent à un support logistique à l'arrière. Par exemple, selon l'explication gouvernementale, cette loi interdit le transport terrestre des armes.

Observons que cette loi a levé la limite juridique qui, dans le cadre du

Traité de la sécurité nippo-américaine, restreignait les activités de l'AAD à une zone géographique déterminée, en l'occurrence «L'Extrême-Orient». Des flottes japonaises ont ainsi pu ravitailler, notamment en eau potable, et à titre gratuit, des navires américain, anglais et français assumant de missions de recherche des terroristes en Océan indien. Deux ans après son entrée en vigueur cette loi s'est vue prolongée de 2 ans en 2003, puis d'1 an en 2005 et 2006. L'élection de la Chambre des Conseillers en juillet 2007 fit perdre au Parti Libéral-Démocrate la majorité à la Chambre Haute. Face au regain de l'opposition du Parti Démocrate, le gouvernement prépara une nouvelle législation permettant à l'armée japonaise de poursuivre sa coopération en matière de ravitaillement en Océan indien. Approuvée à la majorité par la Chambre des Représentants, mais rejetée par la Chambre des Conseillers à la majorité simple du fait des partis d'opposition, la loi fut finalement adoptée le 11 janvier 2008 à la majorité des deux tiers à la Chambre des Représentants. L'article 59 alinéa 2 de la Constitution stipule en effet que, à titre exceptionnel, «un projet de loi ou une proposition de loi adoptée par la Chambre des Représentants, et sur lequel ou laquelle la Chambre des Conseillers se prononce différemment, devient loi lorsqu'il ou elle a été adoptée une seconde fois par la Chambre des Représentants, *à la majorité des deux tiers* des membres présents». 57 ans après 1951, cette disposition s'est donc vue une seconde fois mise en application. Selon nous, l'attitude ferme du gouvernement actuel pour la poursuite de la coopération internationale traduit davantage, au plan symbolique, une position politique pro-américaine que la nécessité pure et simple d'adopter une mesure destinée à prévenir le terrorisme.

B. La loi concernant l'hypothèse d'une situation d'attaque contre la force militaire

En juin 2003, une loi concernant la préparation à la survenance d'une situation critique fut établie. Elle prévoit non seulement l'occurrence d'une attaque militaire mais également d'une attaque terroriste. Cette loi stipule que si «une situation d'attaque contre la force militaire» ou des situations similaires se produisent, le gouvernement doit établir l'«orientation fondamentale pour la prise de mesures» après consultation du Conseil de la sécurité et moyennant l'accord de la Diète. Par rapport aux mesures anti-terroristes, cette loi définit la «situation exigée pour la prise de mesures d'urgence». Il s'agit d'«une situation où s'est produit un acte entraînant de nombreux cas de blessures et de décès, par des moyens similaires à une attaque de la force militaire, ou d'une situation où est reconnue l'existence probable d'un risque évident de la production d'un tel acte». Suite à la décision du Cabinet, le quartier général pour la Situation exigée pour la Prise des Mesures pour l'Urgence fut établit auprès du gouvernement.

Soit dans une situation d'attaque contre la force militaire, soit dans une situation pour la prise des mesures d'urgence, cette loi exige que le gouvernement prenne des mesures promptement. Pour la première fois dans l'histoire politique japonaise d'après-guerre, un parti politique d'opposition le plus majoritaire approuve la loi proposée par le gouvernement concernant le problème de la défense nationale. Observons que cette loi exige du gouvernement qu'il adresse une demande de coopération de la part de la nation. Le contenu d'une telle coopération fut plus concrètement défini par la Loi pour la Protection de la Nation de 2004.

C. La loi pour la Protection de la Nation

La loi pour la Protection de la Nation a été adoptée en juin 2004, dans le but d'aménager le rapport juridique entre l'État et la nation dans une «situation d'attaque de la force militaire» et une «Situation exigée pour la prise de mesures d'urgence». Cette loi est d'inspiration plus ou moins comparable à la «défense civile» définie par l'ordonnance du 7 janvier 1957 en France. Selon la Loi pour la Protection de la Nation, le gouvernement doit mettre en œuvre les mesures concernées de manière cohérente et avec diligence afin d'assurer la sécurité de la Nation. Si une attaque terroriste se produit, le gouvernement prend des «mesures urgentes de protection». Pour que de telles mesures soient efficaces, les citoyens doivent s'efforcer de coopérer autant que le requiert la situation. Ainsi, par exemple, de leur participation aux exercices de sauvetage, d'assistance pour l'évacuation des réfugiés, l'assistance au sauvetage, etc.

Cependant, la loi précise que l'appel à la coopération des citoyens, quel qu'il soit, n'emporte aucune contrainte juridique. D'ailleurs, lorsque la mise en œuvre des «mesures urgentes de protection» s'accompagne de restrictions aux droits et libertés des citoyens, celles-ci doivent être minimum et être prescrites dans le respect des principes d'impartialité, de non-discrimination, et de liberté de pensée, de conscience ou d'expression.

La loi charge l'État d'élaborer l'«Orientation fondamentale relative à la protection de la Nation». C'est principalement aux départements que l'établissement du «Projet de la protection de la Nation» incombe. L'État, les départements et les communes ont à prendre des mesures pour la protection de la Nation. Quand à l'AAD, elle n'assume qu'un rôle secondaire dans la prise en charge des diverses activités pour la protection de la Nation. En effet, sa première et principale mission est de faire face à la Situation d'attaque de la Force militaire.

D. La Loi sur l'immigration et la reconnaissance des réfugiés

Le Quartier Général pour lutter contre le crime international et le terrorisme international, créé au sein du gouvernement en juillet 2001, a publié le «Projet d'action relatif à la prévention du terrorisme» (décembre 2004) dont un des 6 articles fait référence aux «mesures à prendre immédiatement contre le terrorisme» et au «renforcement du contrôle pour empêcher l'entrée des terroristes internationaux au Japon». Afin de réaliser cet objectif, le gouvernement a fait adopter une nouvelle loi sur l'immigration et la reconnaissance des réfugiés en mai 2006. La nouvelle mesure introduite par cette législation oblige en principe tous les étrangers de plus de 16 ans qui veulent entrer au Japon à la prise des empreintes digitales et d'une photo faciale.

Qu'en est-il exactement des «mesures à prendre immédiatement contre le terrorisme» et du «renforcement du contrôle pour empêcher les activités libres des terroristes» que le Projet d'action évoque? Concrètement, le ministre de la Justice se voit autorisé à qualifier un étranger de «terroriste» par une nouvelle législation relative à la répression du financement du terrorisme. Dans ce cas, le ministre a le pouvoir d'expulser l'étranger.

On dit qu'à présent le gouvernement étudie une nouvelle législation qui permettrait à la police de détenir une personne suspecte de terrorisme, son expulsion, la perquisition de son domicile, l'écoute téléphonique de ses échanges, etc.

Examinons maintenant les discours juridiques concernant l'évolution législative en matière de lutte contre le terrorisme après le 11 septembre.

II – Les discours juridiques sur cette évolution législative après le 11 septembre

A. Sur La Loi concernant la Mesure spéciale relative aux attaques terroristes

1. Le débat sur la constitutionnalité de l'AAD

Le fait que l'objectif de cette loi est d'élargir le champ d'activités de l'AAD au nom de la lutte contre le terrorisme a conduit à revivifier le débat sur sa constitutionnalité. Comme chacun sait, la Constitution actuelle a constitutionnalisé de manière remarquable le pacifisme selon lequel peuple japonais a, en premier lieu, renoncé à toutes sortes de guerre, y compris la guerre défensive et, en second lieu, décidé de désarmer complètement le pays ; enfin, « le droit de vivre dans la paix » a été proclamé. Voilà un exemple de pacifisme radical, absolu, dans l'histoire des idées et mouvements pacifistes mondiaux.

Force est de constater une progressive déviation de la politique diplomatique américaine. Quelques années après la défaite du Japon, la tension entre les États-Unis et l'URSS se durcit. Tension aggravée par l'apparition du gouvernement communiste chinois en 1949. La Guerre Froide, survenue vers 1950, ébranla très fortement le Japon et sa nouvelle constitution. L'armée d'occupation américaine tint à souligner tout d'abord que le texte constitutionnel interdit bel et bien « l'usage de la force comme moyen de régler les différends internationaux », à l'exception de la défense nationale, qui ne se voit pas du tout prohibée. Le Général McArthur ordonna au gouvernement de Tokyo de créer une force paramilitaire pour combler l'absence des troupes américaines qui avaient rejoint la Péninsule coréenne. L'occupant proclama en 1950 que le Japon jouit du droit à l'autodéfense reconnu à toutes les nations par la Charte de l'ONU. En 1951, une Réserve de police de 75.000 hommes fut établie. La même année, le Japon signa le Traité de paix de San Francisco lui permettant de réintégrer la communauté internationale et le Traité de sécurité nippo-américain. Celui-ci légitima la présence non interrompue de la garnison de l'armée américaine sur le territoire japonais après l'indépendance du pays. La force paramilitaire changea de nom deux fois : la « Force de sécurité nationale » en 1952 devint l' « Armée d'autodéfense » (AAD) en 1954.

Malgré le développement remarquable de l'AAD, le débat politico-juridique sur la constitutionnalité de l'ADD persiste. Qu'affirment en effet les gouvernements successifs? Si le Japon possédait une force militaire dépassant le minimum nécessaire, cette situation serait alors jugée inconstitutionnelle, parce qu'il faudrait alors considérer que le Japon possède le «potentiel de guerre» interdit par l'article 9 de la Constitution. Les gouvernements déclarent que la puissance militaire de l'AAD aujourd'hui ne soulève pas de difficulté en-deçà de la limite constitutionnelle. Au Parlement, le Parti Libéral Démocrate, parti conservateur, soutient l'interprétation gouvernementale malgré la forte protestation de la part de la gauche japonaise[1].

Après la Guerre du Golfe de 1991, le rôle assuré par le pacifisme constitutionnel change pour le gouvernement. L'Archipel a certes subi des pressions américaines allant à l'encontre de sa «diplomatie du chéquier». Dans cette situation, le gouvernement commença à souligner l'importance du pacifisme pour justifier sa collaboration militaire avec les étrangers au nom du «pacifisme positif»[2]. Ainsi, le gouvernement fit adopter la Loi sur les Mesures spéciales relatives aux attaques terroristes, arguant de la nécessité de concrétiser l'idéal constitutionnel.

Cependant, dans le conflit politique extrêmement tendu entre la droite et la gauche depuis la fin de la guerre jusqu'à présent, l'interprétation de l'article 9 proposée par le Bureau de Législation du Cabinet a fortement encadré au plan juridique l'activité militaire du Japon. Ce Bureau a pour fonction d'assister le Cabinet dans les affaires législatives, en examinant, par exemple, les projets de loi et de traité international, et en annonçant l'interprétation gouvernementale des lois et autres règles juridiques concernés. Or, selon l'interprétation du Bureau, bien que le Japon soit capable de posséder «la force défensive minimum nécessaire pour sa légitime défense» basée sur le droit naturel de la légitime défense, il s'interdit de posséder le droit collectif de la légitime défense reconnu clairement dans l'article 51 de la Charte des Nations Unis, et de s'allier à la troupe d'une armée étrangère.

2. La constitutionnalité de la Loi sur la mesure spéciale relative aux attaques terroristes

a) L'attitude du gouvernement

Le gouvernement affirme que non seulement l'objectif de cette loi est conforme au pacifisme constitutionnel, mais que l'interdiction d'envoyer des troupes dans une « zone de combat direct », l'interdiction faite à l'AAD de recourir à la force, et la limitation de ses activités au support logistique, justifient le caractère constitutionnel de cette loi anti-terroriste.

    b) L'attitude de la doctrine constitutionnelle majoritaire

La majorité des constitutionnalistes affirment encore aujourd'hui l'inconstitutionnalité de l'AAD selon la lettre de la Constitution. Cette doctrine s'oppose aux mouvements réformistes soucieux de constitutionnaliser l'AAD. Plus précisément, cette doctrine souligne que malgré l'écart du texte constitutionnel et de la réalité, en pratique l'existence de la disposition pacifiste a pu empêcher l'Archipel de se remilitariser rapidement et totalement et de posséder les armements nucléaires. En se basant sur cette idée, la doctrine constitutionnelle majoritaire admet uniquement de la part du Japon une contribution internationale non-militaire. Selon cette doctrine, le Japon est invité à apporter une contribution positive utile, non-militaire et humanitaire, au niveau international, justement en raison de la présence dans la Constitution de l'article 9.

La doctrine critique au moins sur 3 points la loi qui nous occupe :

(1) L'exercice de la force militaire américaine anti-terroriste en Océan indien n'est pas légitime du point du vue du droit international.
(2) Le fait que cette loi n'exige du gouvernement qu'un accord ultérieur est en contradiction avec l'idée du contrôle civique des affaires militaires (*civilian control*)
(3) Même l'interdiction des envois de troupes dans une « zone de combat direct » et la limitation de ces activités au support logistique ne permettent pas d'affirmer que ces activités ne constituent pas un recours à la force.

B. La Loi contre la Situation d'attaque de la Force militaire

La Constitution japonaise ne comprend aucun article sur l'urgence, comme l'article 16 de la Constitution française actuelle, sauf l'alinéa 2 de l'article 54 disposant que « lorsque la Chambre des Représentants est dissoute, la Chambre des Conseillers s'ajourne simultanément. Cependant, le Cabinet peut décider, en cas de péril national, de convoquer la Chambre des Conseillers en session extraordinaire »[3]. Même au niveau de la loi parlementaire, il n'a pas existé jusqu'alors de loi japonaise permettant à l'AAD de prendre des mesures contre une intervention militaire de la part des autres pays. Cette lacune juridique a une cause politique, à savoir l'absence de consensus sur la défense nationale entre la droite et la gauche jusqu'en 1994. En effet, le Parti Socialiste Japonais décida de modifier son appréciation constitutionnelle pour former une coalition au pouvoir. Quand au Parti Démocrate, parti d'opposition le plus important à l'heure actuelle, il a voté pour cette loi suite à des amendements à la Diète.

    a) L'attitude du gouvernement

La formule toute faite fréquemment lancée par le premier ministre d'alors, Junichiro Koizumi, était : «Avec la préparation, (nous serons) sans souci». Le gouvernement a affirmé qu'en l'absence de cette législation, même si une intervention militaire étrangère se produit, la situation de l'ADD serait en contradiction avec l'ordre juridique en vigueur, c'est-à-dire illégale. Il s'agirait d'une mesure militaire extra-juridique. L'établissement de cette législation sur l'urgence pourrait bien lever cette hypothèque juridique.

    b) L'attitude de la doctrine constitutionnelle majoritaire

Contrairement au gouvernement, la doctrine constitutionnelle majoritaire évoque 4 réserves :

(1) La possibilité d'une intervention militaire étrangère au Japon ne se produirait que dans le cas où l'AAD participerait à la guerre faite par les États-Unis poursuivant une stratégie de globalisme militaire. En l'absence d'une telle intervention japonaise pour coopérer avec les États-Unis, l'Archipel ne courait aucun risque d'être attaqué par l'étranger, ni n'aurait besoin de prendre aucune mesure urgente.

(2) par nature, l'armée, quelle qu'elle soit, tend nécessairement à sacrifier la Nation pour garantir son auto-conservation. L'AAD ne jouerait donc aucun rôle utile en cas d'urgence.

(3) L'absence de disposition dans la Constitution actuelle de disposition spécifique relative à l'urgence signifie implicitement l'interdiction d'établir une loi parlementaire pour l'urgence, quelle qu'elle soit.

(4) Le pacifisme constitutionnel dénie absolument l'«intérêt public militaire» permettant au gouvernement de limiter les libertés et les droits des citoyens, dans quelque situation que ce soit.

c)   Des doctrines constitutionnelles réalistes

Une doctrine à tendance réaliste affirme la nécessité d'examiner les moyens de rendre effectif le contrôle démocratique du pouvoir étatique en cas de situation d'urgence. Est en particulier visée la concentration excessive des pouvoirs aux mains du premier ministre (en dehors de toute intervention parlementaire, il est capable de reconnaître l'existence d'une «Situation d'attaque de la Force militaire»), et le faible pouvoir de la Diète (en l'absence même de tout accord préalable de la Diète, l'AAD peut procéder à une «Intervention pour la défense» en cas d'urgence).

C. La Loi pour la protection de la nation
a)   L'attitude du gouvernement

Le gouvernement affirme que dans une situation urgente, il est nécessaire non seulement de lutter efficacement contre l'attaque, mais également de donner des informations correctes aux habitants de cette zone d'attaque, ainsi que de les faire évacuer promptement dans les zones sures si la situation le requiert.

b)   L'attitude de la doctrine constitutionnelle majoritaire

Généralement, la doctrine constitutionnelle s'est jusqu'à présent montrée défavorable à la Loi pour la protection de la Nation. Selon une tendance radicale, ou plus exactement idéaliste, par sa nature l'État ne protège jamais les citoyens en cas d'urgence, quand bien-même l'État tenterait de justifier ses activités au nom de la «sécurité de la vie de la nation». Si l'État protège la vie, c'est en ce qu'elle a de dépendance, et non pas d'autonomie. Au lieu et place de l'«État puissant et dominant», cette doctrine propose d'édifier une «société indépendante et ouverte».

Un auteur relève ainsi qu'un antimilitariste, requis de coopérer avec l'armée, mais se refusant à le faire, peut se voir sanctionné lorsqu'il possède des biens matériels jugés nécessaires pour l'évacuation des habitants. Or, il s'agirait là d'une atteinte à la liberté de conscience ou de pensée. Selon un autre constitutionnaliste, confier l'établissement de l'«Orientation fondamentale relative à la protection de la nation» au premier ministre indépendamment de tout accord de la Diète, constitue un défaut de contrôle démocratique. Ainsi, la doctrine japonaise s'inquiète-t-elle de l'insuffisance de la protection des droits fondamentaux des citoyens.

III – Réflexion sur les changements du droit japonais en matière de mesures anti-terroristes

A. Les caractéristiques des changements du droit japonais en la matière

Nous pouvons observer 4 caractéristiques des changements du droit japonais sur les mesures anti-terroristes après le 11 septembre.

(1) Jusqu'à présent, aucune réforme du code pénal ou de la procédure pénale n'a été engagée pour lutter contre le terrorisme international, contrairement à ce qui s'est fait aux États-Unis, au Canada et en Grande Bretagne. Par contre, le 11 septembre a considérablement influencé la politique japonaise de la défense. Ainsi, l'AAD est désormais capable de travailler hors Extrême-Orient, en étroite coopération principalement avec l'armée américaine.

(2) En matière de lutte contre le terrorisme, la nouvelle législation sur l'Immigration et la reconnaissance des réfugiés de 2006 a conduit à tourner une page. Le droit japonais ayant pris pour modèle le *Patriot Act* américain de 2001, établi juste après l'attaque de 2001.

(3) Pour la première fois en droit japonais, la Loi sur la protection de la Nation a commencé à régler directement les comportements des citoyens en cas d'urgence, y compris celle provoquée par une attaque terroriste.

(4) Du point de vue international, les mesures anti-terroristes prises jusqu'à présent ne contiennent aucune coopération policière avec les pays étrangers. D'ailleurs, par rapport à la protection internationale des droits de l'homme, la Fédération des Barreaux Japonais a invoqué la « Convention internationale sur l'élimination de toutes les formes de discrimination raciale » afin de critiquer la Loi sur l'Immigration et la Reconnaissance des Réfugiés.

B. Mesures anti-terroristes et protection des droits fondamentaux

Nous nous demandons s'il est possible de concevoir et pratiquer un régime juridique raisonnable contre le terrorisme compatible avec la protection pertinente des droits fondamentaux au Japon. Ou bien, une telle question est-elle paradoxale ?

1. «Tyrannie de la sécurité» ?

Le problème des mesures anti-terroristes est lié au caractère de précaution qu'elles revêtent face à la possible occurrence d'une attaque terroriste. Donc, le problème constitutionnel consiste à savoir jusqu'où l'État peut légitimement restreindre les droits fondamentaux pour mettre les mesures anti-terroristes en pratique. Au Japon, il est regrettable que jusqu'à présent, sauf exception en droit constitutionnel, les mesures anti-terroristes mises en application ne se sont pas vues généralement discutées ni analysées. Que ce soit à propos de la Loi sur les mesures spéciales relatives aux attaques terroristes, ou à propos de la Loi concernant l'hypothèse d'une situation d'attaque de la force militaire, assisterait-on à un déclin du pacifisme constitutionnel radical? Observons que l'attitude du gouvernement est pour quelque chose dans cette forme d' «attentisme» de l'opinion. Non sans démagogie, il ne s'est en effet pas fait faute d'utiliser comme prétexte l'objectif des mesures anti-terroristes pour élargir considérablement le champ d'activité de l'AAD.

Malgré tout, les mesures anti-terroristes sont devenues un important sujet de discussion en droit constitutionnel, en liaison avec le thème de la politique de la sécurité publique. Nous considérons que dans ce contexte, la doctrine constitutionnelle est sensible aux risques du discours de la «tyrannie de la sécurité» et du «*sécurisme* de la vie quotidienne». Selon ce type de discours, «à l'époque de la 'nouvelle guerre', si vous voulez être plus sûr que les autres, en vous soustrayant au sentiment de peur du terrorisme, vous serez nécessairement conduits à tomber dans le piège de la 'tyrannie de la sécurité'». Nous serions obligés de dépendre de cette tyrannie qui a pour la fonction de sélectionner, surveiller et opprimer toute sorte d'«hétérodoxes (= minorités sociales) ».

Une telle doctrine s'accorde avec les «*critical security studies*»[4] exprimées à travers les études juridiques anglo-saxonnes récentes. On admet qu'elle met au jour une part de vérité concernant le discours sur la sécurité. Une telle tendance psycho-juridico sociologique existe bel et bien dans les discours contemporains sur la société sécuritaire. Or ces discours comportent en germe le risque d'une dérive totalitaire de la société. Pour autant, nous considérons que cette idée n'est pas pertinente parce qu'elle veut opposer la «liberté» et la «sécurité» dans un rapport de «concession mutuelle (*trade off*)», en choisissant uniquement la «liberté». On ne saurait non plus articuler la réponse au terrorisme aux seules réflexions sur l'inégalité économique mondiale aggravée par la globalisation en cours.

L'article 2 de la Déclaration des droits de l'homme et du citoyen de 1789 proclame que «le but de toute association politique est la conservation des droits naturels et imprescriptibles de l'Homme. Ces droits sont la liberté, la propriété, la *sûreté*, et la résistance à l'oppression». Généralement, on comprend que la sûreté est concrétisée dans ses articles 7, 8 et 9, comme la présomption d'innocence, la non-rétroactivité des peines, etc., qui font partie de la liberté personnelle, dont le but est de prévenir l'ingérence arbitraire du pouvoir étatique de punition. Ainsi, la notion de sûreté signifie la garantie des droits des individus uniquement contre l'État.

Comme chacun sait, l'article 1er alinéa 1 de la Loi du 18 mars 2003 sur la sécurité intérieure en France dispose que «La *sécurité* est un droit fondamental et l'une des conditions de l'exercice des libertés individuelles et collectives». Dans cette législation, la notion de sécurité a pour objectif de limiter les libertés et les droits des citoyens pour leur garantir la sécurité. Ici, la sécurité comme un but de l'État suppose d'être réalisée moyennant certaines limitations des droits fondamentaux.

Le contraste est évident entre les fonctions juridiques respectives de la sûreté et de la sécurité. Originairement, dans la logique de l'État moderne basée sur la théorie du contrat social, le but de l'établissement de l'État est de surmonter l'état de nature et d'établir l'état social pour garantir effectivement la sécurité des individus. On peut penser que la sûreté vis-à-vis de l'État telle qu'aux termes de la DDHC de 1789 est une des expressions de la sécurité individuelle. Ainsi, aujourd'hui nous devons faire face en même temps à «deux insécurités différentes»[5], du fait d'ingérences abusives du pouvoir étatique, et du fait de menaces terroristes.

Il nous semble très important de réaliser le «droit à la sécurité» de chacun tout en respectant la «liberté» des citoyens. Le rôle de la doctrine constitutionnelle est d'examiner attentivement du point de vue juridique les diverses mesures anti-terroristes, législatives ou d'autres formes, afin de prévenir tout empiétement sur leurs droits fondamentaux. Par exemple, on peut se référer à l'«approche tous risques (*all-risk approach*)» canadienne, consistant à d'englober le risque de terrorisme dans les autres risques possibles (désastres naturels,...) pour établir une politique compréhensive en matière de sécurité[6]. Il s'agit de dépasser l'opposition simpliste entre «liberté» et «sécurité» dans un rapport de «concession mutuelle».

2. Les mesures anti-terroristes et le rôle du pouvoir judiciaire

Tout d'abord, force est de constater que la peur du terrorisme peut provoquer très facilement une réaction excessive de la part du gouvernement et dans l'opinion publique. Dans cette situation, la formule selon laquelle «il faut bien équilibrer la 'liberté' avec la 'sécurité' pour conserver une proportionnalité» ne veut rien dire. Lorsqu'on évoque cette formule, on tend à justifier facilement un renforcement du pouvoir policier, quel qu'il soit, au nom des mesures anti-terroristes. Face à ce genre de problème, les autorités policières concernées et le pouvoir législatif, omnubilés par le souci d'efficacité, ne peuvent que très difficilement faire preuve de modération dans l'établissement d'une politique ou l'adoption de mesures.

Andras Sajo[7] affirme que nous assistons actuellement à l'apparition de «l'État préventif», qui contraste avec la «Démocratie Combattante» sous la Loi Fondamentale allemande. À l'époque de la Guerre Froide, les ennemis ou cibles renvoyaient à deux catégories, les communistes et les néo-nazis. Par contre, «l'État préventif», après avoir fait de tous les citoyens ses cibles, est conduit à les différencier en fonction de leurs appartenances, institutionnalisant ainsi un traitement discriminatoire des diverses minorités, religieuses, sociales ou politiques. Dans cette situation, la justice constitutionnelle doit assumer le rôle de protectrice des diverses minorités contre les émotions ou préjugés agressifs nourris à leur encontre dans l'opinion publique.

Sensible au danger que renferme «le principe de précaution (*Precautionary Principle*)», Cass Suntein[8] s'inquiète sérieusement d'une tendance de la société contemporaine à accepter sans réflexion la stratégie de réduction du risque, fut-ce au prix d'une restriction sévère des droits fondamentaux, et sans que l'effet escompté ou prétendu (soit la diminution du risque d'attaque terroriste) ne soit par ailleurs avéré. Concrètement, ce constitutionnaliste américain propose trois pistes : (1) À moins d'être fondée sur une loi adoptée en la forme parlementaire, aucune restriction des libertés et droits des citoyens ne saurait être tolérée. (2) Si le poids des mesures anti-terroristes ne pèse pas sur une large frange de citoyens, on ne saurait faire confiance au contrôle démocratique parlementaire en raison du risque d'indifférence dans l'opinion publique. Il doit donc appartenir au pouvoir judiciaire d'examiner scrupuleusement les mesures anti-terroristes limitant les libertés ou les droits d'un ou de groupes particuliers identifiables (ex. les étrangers). (3) Lorsque le juge examine l'inconstitutionnalité d'une mesure anti-terroriste, le critère à adopter n'est pas celui de l' «équilibrage ad hoc (*ad hoc balancing*)», mais celui de l' «équilibrage définitionnel (*definitional balancing*)» dans le vocabulaire de la théorie du contentieux constitutionnel américain.

C'est le lieu de rappeler ici l'affaire Korematsu et l'arrêt de la Cour Suprême des États-Unis en 1944[9]. Fred Korematsu, citoyen américain d'origine japonaise, fut contraint à l'internement avec d'autres américains d'origine japonaise pendant la Deuxième Guerre Mondiale. Ici, «l'origine japonaise» en tant que critère racial servit à identifier et sélectionner un groupe de compatriotes parmi les citoyens américains. La Cour soutint la constitutionnalité de cette mesure, pourtant très douteuse, de discrimination raciale. Après guerre, une commission d'enquête du Parlement américain dénonça officiellement dans cet internement une faute grave de l'État. En général, dans lutte contre le terrorisme le contrôle de l'immigration est souvent utilisé. Le critère racial ou ethnique en tant que «profilage racial» peut jouer un rôle très important. D'ailleurs, les étrangers en général deviennent souvent un objet de contrôle beaucoup plus stricte que les nationaux au nom des mesures anti-terroristes, comme nous l'avons vu à propos de la Loi sur l'immigration et la reconnaissance des réfugiés.

Dans le contexte de la politique sur les mesures anti-terroristes, il est évident que le contrôle de l'immigration basé sur le «profilage racial» est à la fois sur-inclusif (*over-inclusive*) et sous-inclusif (*under-inclusive*). En effet, presqu'aucun étranger détecté selon le profilage racial ou ethnique s'avère être un terroriste et, inversement, un terroriste national a peu de chances de se voir démasqué lors de ce type de contrôle. Le contrôle renforcé uniquement vis-à-vis des étrangers en général risque d'inciter un groupe terroriste international à former des terroristes nationaux. Le contrôle sur le « profilage racial » et le contrôle général des étrangers, comme celui initié par la Loi sur l'immigration et la reconnaissance des réfugiés en 2006 au Japon, viole le principe d'égalité garanti par l'article 14 de la Constitution.

Pour conclure, Robert Jackson, le juge de la Cour Suprême des États-Unis a souligné dans son opinion dissidente concernant l'affaire Korematsu, que le rôle du « *civil court* » n'est pas de juger si cet exercice du pouvoir militaire était rationnel ou non, mais s'il a outrepassé sa limite constitutionnelle du point de vue juridique; sinon, selon lui, le « civil court » risquerait de devenir un instrument au service de la politique militaire. Au sujet des mesures anti-terroristes où le pouvoir policier, tout comme le pouvoir militaire, tend à poursuivre sa rationalité autant que possible en négligeant les droits fondamentaux des citoyens, le pouvoir judiciaire est à l'épreuve. La question n'étant rien moins que de savoir s'il peut continuer à remplir son rôle de gardien des droits fondamentaux.

---

1 Nous rappelons que si cet article avait été supprimé, n'auraient pas été réalisables les quatre déclarations pacifistes du gouvernement conservateur suivantes : « Les trois principes de l'interdiction d'exportation des armes » (1967 ; le Japon s'interdit d'exporter des armes aux gouvernements communistes, aux pays désignés par l'ONU, et aux pays en conflit international ou qui risquent de l'être), « Les trois principes anti-nucléaires » (1967 ; le Japon respecte les trois interdictions suivantes : non possession, non production et non introduction sur le territoire japonais d'armes nucléaires, la limitation du budget militaire à 1% par rapport au P. N. B. (1976) ainsi que la non-réintroduction du système de recrutement (1980)). En effet, cela a empêché l'industrie de l'armement de se développer en comparaison avec les pays occidentaux ou l'Archipel d'avant-guerre.
2 En 1992, le Parlement a voté une loi très controversée autorisant la coopération aux opérations de maintien de la paix de l'ONU, sans que la Constitution ne soit pour autant modifiée. Dans les faits, des troupes de l'AAD ont ainsi été envoyées, par exemple, au Cambodge (1992), au Mozambique (1993), et au Timor de l'Est (1999).
3 L'alinéa 3 de son article dispose que « Les mesures prises dans le cadre d'une session, telle que celle évoquée au précédent paragraphe, ont un caractère provisoire et sont frappées de nullité, à moins qu'elles ne soient approuvées par la Chambre des Représentants dans les dix (10) jours qui suivent l'ouverture de la prochaine session de la Diète. »
4 Ian Loader & Neil Walker, *Civilizing Security,* Cambridge University Press, 2007, at 13.
5 Jacques Robert et Jean Duffar, *Droits de l'homme et libertés fondamentaux,* 7e édition,

Montchrestien, 1999, pp. 197-198.
6 Kent Roach, Must we trade rights for security? : The choice between smart, harsh or proportionate security strategies in Canada and Britain, 2006, 27 *Cardozo Law Review* 2151.
7 Andras Sajo, From militant democracy to the militant state? 2006, 27 *Cardozo Law Review* 2255, at 2269-2270, 2294.
8 Cass R. Sunstein, *Laws of Fear: beyond the precautionary principle,* Cambridge University Press 2005, pp. 204-223.
9 *Korematsu v. United States*, 323 U. S. 214 (1944).

(Hajime YAMAMOTO)

地方自治体におけるデモクラシーと人権保障

I　はじめに

　地方デモクラシー démocratie locale は，地方レベルの人権という考え方に依拠するのだろうか。

　地方デモクラシーは，地方分権 décentralisation や地方自治 autonomie locale と混同されるべきものではなく，国レベルのデモクラシーからは独立した，特殊な形で定義されうる。なぜならば，その淵源は主権者に求められるものではなく，主として行政上の機関[1]の選出と働きにかかわるものであるがゆえ，それは固有の基盤に依拠するからである[2]。地方の「住民 demos」を確定する主たる基準は，その領域内に居住すること，その地方の課税台帳に登載されていること，さらにはおそらくその地方の事柄の運営参加に現実の利益を有していることの証明だろう。こういった地方デモクラシーは政治的ではなく行政的な性格を有するものであるがゆえ，これらの選別基準は外国人を排除せず，国民と同様にかかわらせるべきである。そして，他のあらゆる組織運営上の選挙[3]と同様にそれらの基準は，いかなる地方公共団体においてもその条件を満たす者にはさまざまな投票権と被選挙権をも認めるものであるべきである。

　地方デモクラシー特有のこのような考え方からは別の問題，すなわち地方の権力分立の性質と型，直接または間接選挙によるその選出，このデモクラシーの行使の態様（代表制，直接制，あるいは市民参加型），さらには野党議員の地位に関する諸問題も提起される。

　しかし，本報告においてはとりわけ，こういった地方レベルのデモクラシーへのアプローチは，地方レベルにおける人権という考え方にも依拠するかどうかという問いを取りあげたい。なぜならば，デモクラシーとは民主的な代表選

出とコントロールの手続の総体にのみ存するのではなく，1789年のフランス人権宣言16条が想起させるように，諸々の公権力に義務づけられる法への一定の尊重と，基本権及び基本的自由の確認にも依拠しているからである。

しかしながら，この問いは微妙なものである。実際それは，国あるいは国際社会レベルで承認されているおもな基本権を地方レベルでいかに適用するかを理解するということではない。周知のように，たとえば欧州人権条約は地方自治体にも義務を課するものであり，地方自治体は移動の自由，婚姻の権利，通信と私生活の秘密を尊重しなければならず，民族，宗教，または政治的信条等に基づく差別政策を取ってはならない。おそらく，地方レベルにおけるこれらの権利保護の特殊性については，より進んだ研究がなされるべきであろう。しかし，ここで扱う問題はむしろ，地方レベルの人権という考え方の検討，あるいは自治体住民の権利の定義にかかわっている。地方デモクラシーは特殊な人権に依拠するのか，それとも依拠しうるのか，あるいは依拠しなければならないのだろうか。

地方デモクラシーという問題は，フランスにおいてここ数年間，数次にわたる憲法と法律の改正をもたらした。それは，とりわけヨーロッパとカナダにおいても，いくつかの都市及び機構によって繰り返し取りあげられた。そこでは，今日その住民に新しい権利を承認する多くのイニシアティブが出されたのである。

こういった現象は，その規模ゆえにもはや無視しうるものではなく，今日より理論的な分析によってその意味と価値を位置づけることが求められている。なぜならば実際，この動きからはいくつかの問題が提起されているからである。それは主として，このように承認された権利そのもの（Ⅱ）と，地方自治体の特性に固有の，権利保護について考えられる仕組み（Ⅲ）に関する，二つの問題に集約されうる。すなわち，地方デモクラシーの実質的な理論を検討するには，抽象的な研究と現実における衝突との間の照合を避けることはできないのである。

II 地方自治体住民の権利の承認

「地方住民の権利 droits de l'homme local」と「地方的な人権 droits locaux de l'homme」，両者の微妙な違いはおそらく考察に値するものである。ただ，今のところこの二つの概念を混同しても，この問題の全体的な検討の実質的な障害にはならない。なぜならば，地方におけるこの問題の特殊性にもかかわらず，その確定と表明の方法がいかなるものであれこれらの新しい権利の承認に関して（A），あるいはそのように確認された自由の内容そのものに関して（B），どのようにして一般的な形で拘束を課すのか理解することがまず肝要だからである。

A. 権利確定の新しい方法

地方住民の権利は，人間の本質と結びついたものとして，すなわち1789年の人権宣言において確認されているような人間の本性に内在するがゆえに諸公権力を拘束しうる権利としてその尊重が義務づけられることはない。実際，人権に関するこのような自然法的ともいうべき考え方が発展しただけではなく，地方デモクラシーは人間 homme ではなく住民 habitant に依拠しており，主権と結びつくあらゆる政治的次元の外にあるとみなされるがゆえ，そのような超越性を主張することはできない。したがって，地方住民の権利は，たとえば欧州人権条約に範を求めつつ，公権力の受諾を前提とするこれらの選択された権利の一部をなすのである。

しかしながら，地域状況の特殊性ゆえに，地方自治体は，自らのイニシアティブに加え，国，国際機構といった上位機関によって採用された権利や義務を提示され，課されることがある。

国際社会レベルでみると，国際連合は，地方デモクラシーあるいはその行使の条件を直接的に定義した法文を採択したことはない。確かに，国連を後ろ盾として採択されたさまざまな憲章や条約[4]は，地方レベルで適用されかつあらゆる地方自治体にその保護が義務づけられている，人間 Homme に対して承認

されている権利を宣明している。しかし，このレベルにおいては，地方住民の権利の特別な承認は存在しないのである[5]。対照的に，ユニセフのような国連に属する国際機構によって策定された憲章を引用することはできる。2002年，ユニセフは「子どもの友都市憲章 Charte de Ville amie des enfants」を策定し，子どもに承認された諸権利を保護する義務を地方自治体に対しより直接的に負わせることを提案している[6]。

　奇妙なことに欧州評議会も，地方デモクラシーに関する憲章を何ら提案してはいない。より正確にいえば，同評議会は，1985年10月15日の「地方自治憲章 Charte sur l'autonomie locale」において自治という概念を通してのみこの問題に取り組んでいる。同憲章の前文は，まさに「地方公共団体は，あらゆる民主主義国家の主要な基盤の一つである」ことを想起させているが，直接制であれ代表制であれ「公の事柄の運営に参加する市民の権利」と結びついた制度上の視点においてしか地方デモクラシーを考察してはいない。したがって，同憲章は，その3条2項において選挙による議決機関の選出を義務づけ，他のあらゆる直接参加の仕組みによって住民に対する配慮を実現することしか言及していない。より一般的には，同憲章は国の意思に対峙しうる地方の権利と権限の承認をその目的としており，実際のところ地方デモクラシー及び住民の権利という考え方を発展させてはいないのである。しかしながら，欧州評議会の活動の枠内においては，「地方レベルにおける公的生活への外国人参加に関する1992年2月5日の条約 Convention sur la participation des étrangers à la vie publique au niveau local」が1992年に採択されたことを指摘しなければならない。なぜならば，同条約は外国籍の住民に対していくつかの基本権，とりわけ出自によって差別されないこと，表現，集会または結社の自由，公権力によって聴聞される権利，さらには受入国に5年以上居住する外国人に対して地方選挙における投票権と被選挙権を承認しているからである。

　国レベルでみると，ここ数年来フランスは，制度上の視点あるいは住民の権利という視点から，地方デモクラシーを擁護する新しい法的手段を備えている[7]。このように承認された地方住民の権利には，地方自治体の運営そのもの

に関するものを除けば，たとえば法律によって明示的に承認された自治体の行為に関する住民の知る権利[8]，または文字どおりの諮問（地方公共団体一般法典 L.1112-15 条）もしくは必要的な諮問（憲法典に 72 条の 12 項を挿入する 2003 年 3 月 28 日の憲法改正によって創設され，地方公共団体一般法典 L.O.1112-1 条以下によって組織された決定住民投票）によって地方自治体の意思決定に参加する権利がある。しかしながら，地方住民の特殊な権利を承認する国レベルの法文は，正確には存在しない。これらの権利は，地方自治体のある種の積極性に由来する他の規範定立的法源の成果なのである。

　数年来，地方公共団体，とくに都市は実際のところネットワークを形成し，とりわけ権利に関する憲章あるいは宣言という手法によって，地方レベルに適合した人権保障を推進している。たとえば，今日ではヨーロッパの 200 以上の都市が署名する 2000 年 5 月 18 日の「ヨーロッパ都市人権憲章 Charte européenne des droits de l'homme dans la ville；CEDHV」，2006 年 1 月 1 日に発効した「モントリオール権利責任憲章 Charte montréalaise des droits et responsabilités」，2005 年に欧州評議会の市町村・州協議会によって策定された「都市憲章 Charte urbaine」と「ヨーロッパ地方生活における男女平等憲章 Charte européenne pour l'égalité des femmes et des hommes dans la vie locale」，2002 年に国際都市地方自治体連合 Union internationale des villes et des pouvoirs locaux；IULA において採択された「地方ガバナンスにおける女性に関する世界宣言 Déclaration mondiale sur les femmes dans la gouvernance locale」，さらには 2004 年に世界社会フォーラムによって提案された「都市への権利世界憲章 Charte mondiale du droit à la ville」をあげることができる。他に，とりわけ市町村レベルに目標を絞って策定されたさまざまな憲章（ヌヴェール Nevers 市の「高齢者もてなし憲章 Charte d'accueil des personnes âgées」，エルブフ・シュル・セーヌ Elbeuf sur Seine 市の「障害者憲章 Charte des personnes handicapées」，2001 年の「レンヌ市と諸非営利団体の相互援助憲章 Charte des engagements réciproques entre la Ville de Rennes et les Associations」，「リヨン広域都市圏参加憲章 Charte de la participation du Grand Lyon」など）もある。

このように新たな規範が創出されていることについて，二つの特徴を指摘することができる。まず第一にあげられるのは，それらは，国または国際社会レベルにおける法文とは別に諸権利を承認する地方レベルの規範を通して，強化された地方デモクラシーの発展にまで進むことを望む地方自治体の自発的なイニシアティブであるということである。しかしながら，これらの憲章は一方的なものではなく，今日ではユネスコによって承認されたモントリオール憲章のように，その策定にはしばしば住民自身と社会の各界の代表者たち，あるいはその領域の専門家がかかわっている。したがってそれはまさに，主要な国際レベルの宣言と関連してつくられてはいるものの，国のあらゆる制度の枠外で策定され，自律的な民主的プロセスを有効とする地方固有の規範の出現なのである。こういった地方の特殊性は，このように承認された諸権利に見出すことができる。

B. 地方レベルで承認される新しい権利

地方レベルで位置づけられる人間は，基本的自由に関する主たる諸宣言によって想定される絶対的かつ抽象的人間とは区別されるのだろうか。両者を対峙させることは，いまや不可能である。そもそも，この領域における地方の諸憲章は，まさに国レベルのデモクラシーとその地方レベルにおける表現，そして主たる古典的権利の擁護と地方自治体によるそれらの発展との間の不可分の関係を想起させる。しかしながら，これらの憲章自体は，各地方レベルの特性を考慮することによって，公共社会 Cité における日常生活とより直接的に結びついた他の諸権利を想定している。

これらの憲章の主たる特徴としては，第一に住民 habitant と市民 citoyen の違いが消滅していること，あるいは消滅をめざしていることがある。確かに，かなり以前から外国人は，司法裁判所，行政裁判所，憲法裁判所あるいはヨーロッパ裁判所によって，基本権保護において国民と同一視されてきた。しかし，このような地方レベルにおける包括的かつ正当化された同一視は，たとえば，居所に関する要件さえ満たせば万人に認められる，あるいは万人のためと

される投票権と被選挙権[9]のように，具体的な影響をもたらしている。

　その一方で，地方レベルで承認される権利と自由は，地方レベルにおける古典的権利の補完あるいは実現を目的とする権利，都市のガバナンス及び決定と結びついた権利，そして福利厚生に関する権利の三つのカテゴリーに分類されうる。それゆえこれらの権利は特別な政策の対象となり，地方の行政庁及び公役務の組織及び活動にその尊重が義務づけられる。

　これらの権利はまず第一に，地方レベルでそれらを具体的に実現して古典的な個人の諸権利を補うことを目的とする。たとえば，都市への権利世界憲章5条に登場する平等と反差別は，モントリオール権利責任憲章1条とヨーロッパ都市人権憲章2条の承認の対象にもなっている。自由に合意された婚姻への権利は，世界人権宣言16条2項によって確認されているが，ヨーロッパ都市人権憲章10条3項にも登場する。同憲章は，その3条において信教と信条の自由に言及している。デモ，結社，または表現の自由の確認についても同様に，同憲章の9条，あるいは地方レベルにおける公的生活への外国人参加に関する1992年の条約3条に登場する。同様に，国連の女性差別撤廃条約によって承認された権利の多くは，2006年のヨーロッパ地方生活における男女平等憲章に見出される。

　こういった諸権利の再確認の多くは屋上屋を重ねるものであり，法的には無意味であるが，それは，国あるいは国際社会の行為の方が法的により有効であり，それらを保護するより良い保障を確保しているからであるということは明確にしておく必要がある。しかしながら，これらの再確認は文化的にはおそらく無駄ではなく，ときには時間が経った宣言を補完し，公共政策を先導する地方の具体的な影響を考えさせる。たとえばヨーロッパ都市人権憲章は，反差別の原則に文化及び言語に関する自由と政教分離原則を付加し，そこから民族的あるいは言語的ゲットーをつくってはならない義務，信仰者と非信仰者の間の寛容を促進する義務，そして外国住民の出身言語学習を可能ならしめる義務を導き出している。さらに，欧州人権条約は，政治活動を外国人にまで拡張するような反差別を確認しており，それゆえ外国人は表現，集会及び結社の自由を

有する(同16条)。これらの権利を再確認する地方レベルにおける公的生活への外国人参加に関する1992年の条約は、その6条において投票と被選挙資格に関する市民権を付加している。これらの権利は、ヨーロッパ都市人権憲章がその8条において同様に奨励している。

確認された他の諸権利はより直接的に自治体の権限行使と結びついており、住民にとっての身近さと結びついたガバナンスの一形態に属する[10]。いくつかの原則は繰り返し登場する。その第一にあげられるのは、執行機関の選出、及び地域共同体の将来にかかわるあらゆる決定についての頻繁な諮問あるいは地方住民投票[11]による、自治体機関の選出とその決定に直接的または間接的に参加する権利である。さらにこの枠組みには、決定の透明性への権利と知る権利[12]、あるいはとりわけ利用者委員会による公役務の審査が組み込まれている[13]。

それゆえ地方住民の権利は、ここでは、住民のための代表制あるいは参加型の直接デモクラシーのさまざまな技術の動員と歩調を合わせており、その都市は「住民の」都市であること、あるいはそうなるものと想定されている。モントリオール権利責任宣言5条が明確にしているように、「市民が都市の事柄に参加することは、民主的諸制度に対する信頼の強化、都市への帰属意識の強化、及び積極的な市民権保障の推進に寄与する」。地方自治体の身近さそのものこそが、あらゆる参加手段を通じて、この統合デモクラシーをより直接的かつ具体的に考えさせてくれるのである。

最後に、とりわけ自治体住民の権利は都市生活そのもの、すなわち一般的には地方公共団体の都市住民の福利厚生と結びついている。ここで考慮されるべきは第四世代と呼ばれる人権、すなわち快適な生活、健康、自然環境保護、セキュリティと結びついた人権であり、この領域における多くの地方の宣言の対象となっている[14]。ここでは地方住民の権利は、公私を問わず著しく増加している憲章、条約及びその他の綱領によって、国あるいは国際レベルの人権と同じような規範のインフレをみている。しかしながらその基調は、地方ガバナンスの特殊性の影響を直接的に受けているように思われる。

たとえば，多くの憲章は，個人の健康とセキュリティに結びついた諸権利の総体を承認している。健全かつ均衡のとれた環境を有する権利がこれにあたるが，それは，地方の公役務と遂行される政策に健康と環境の保護がその要素として組み込まれていることを意味する[15]。もう一つの基調は，人間を尊重した都市計画への権利であるが，それは，地理的社会的隔離に依拠するのではなく，反対に集団的ネットワークの構築を可能とし，「住居，公役務，設備，緑地帯，集団の利用のための構造物の間の調和した関係を確保し」，「都市の自然，歴史，建築，文化及び芸術上の遺産」を尊重するものである[16]。したがって，こういった都市政策は，明確な政治的約束と参加者たる住民の要望と必要性を考慮してつくられなければならない。同様のことは，交通の分野についても想定される。

他の諸権利は，とりわけ個人及び集団の能力の開花に適合した職業生活及び個人的生活の枠組みを提供する地方自治体の能力を強調している。すなわち，とりわけ住民の期待に応えるようなスポーツまたは文化設備によって都市は良質かつ多様な文化的またはスポーツ活動を促進するということを意味する余暇への権利[17]，衛生を保障しかつゲットー現象をもたらすことなく低所得の住民の受け入れを可能とするような不動産の提供をともなう住宅への権利[18]，有効な健康サービスの発展，動的かつ均衡のとれた経済活動及び求職または求資格の促進などである。いくつかの憲章はさらに一歩先を行くことを企図し，フランスにおける和解所 Maisons de justice et du droit のケースあるいは市役所における弁護士の無料相談のように，自治体を消費者保護[19]に，あるいは身近な司法サービスの実施に，またはとくにヨーロッパ都市人権憲章のように，労使関係及び個人のセキュリティにかかわらせている。

最後にあげるのは，弱い立場におかれた住民の保護にしばしば重点がおかれることである。住民に承認される権利の多くは，何らかの困難を抱える住民（非就学児童，文盲，暴力を受けている妻，移民，高齢者，経済的貧困層，社会的に排除された人々，水道料金，電気料金あるいは家賃を負担できない人々など）への援助及び支援と直接結びついているのである。都市だけではないが，それゆえ都市

は，行政機関とその援助を必要とする弱い立場におかれた住民との間の，国の出先機関よりも住民によく知られ，さらに住民とかなり直接的にかかわる特権的な出会いの場なのかもしれない。フランスでは，とりわけ市町村が貧困対策と弱い立場におかれた住民への支援にかかわるが，たとえばあらゆる社会調査政策（高齢者，少年犯罪，乳児，長期失業者など）を確保する県（県会）も同様である。

　以上のことから，実質的な都市の社会機能を確認することができよう。その機能とは，不平等を矯正すること，国の欠落を補完して都市空間を社会的公正の新たな場とすること，さまざまな公私の利害，経済競争と万人の人間的発展の均衡をはかることである。そこでは，特定個人への投資が全体の利益とならねばならず，2004年の都市への権利世界憲章が明確に確認しているように，公共の財産は集団の能力の開花に用いられなければならない。都市は，公共の事柄の政治的制度的管理ではなく，住民という名の諸個人に日常的に生起する諸問題を人間的なレベルで解決する点において，国と直接的に競合するであろう。

　したがってこれらの憲章は，政治的市民 citoyen politique という考え方を超える行政客体としての住民 habitant-administré という考え方を促進している。これらの憲章は，市民という概念に付随する政治的公民的諸権利を超え，個人的，社会的及び経済的生活の質と結びついた諸権利を承認しているのである。これらの憲章は，住民 habitant という呼称を常に明確に用いているわけではないものの，一定のやり方で，このような住民という考え方ゆえに抽象的人間に対して位置づけられた人間というものを強化している[20]。

　しかしながら，諸権利のこういった拡張は，まさしく行政客体としての住民という考え方そのものによって限界づけられている。なぜならば，行政客体としての住民は政治的市民と対立することも政治的市民に権利を認め義務を課すこともできず，市民によって選ばれ法律上唯一の決定権を有する機関を拘束することはできないからである。それゆえ，このように確認された諸権利の法的価値とその保護の問題がまさに提起されるのである。

Ⅲ 地方レベルにおける新しい人権の保護

　国レベルの政治権力によって確認され，あるいは承認された古典的な基本権は，地方公共団体のような副次的な公権力にもその尊重が義務づけられ，主権者の名において行動する裁判官によって審査される。対照的に，地方レベルにおける主権者の不在は，確認された新しい権利の法的価値と裁判官によるそれらの保護について二重の問題を提起する。地方レベルにおけるこれらの新しい人権は，それゆえ，法律上のこういった脆弱さを補うために特別なアプローチを必要とする。なぜならば，地方自治体によって承認された諸権利のさまざまな憲章とリストは，それ自体が裁判所においてその諸権利の尊重を地方自治体に義務づけるような法的価値をもつものではないからである（A）。そのため，それらは，ある程度の強制力を有する，やはり地方デモクラシー固有の考え方に属する他の特殊な仕組みを規定している（B）。

A. 裁判上の強制力の不在

　これらの憲章の直接的な効力，すなわち国内法秩序にそれらが統合され，裁判所においてそれらが受理される可能性は，そこに含まれている国または国際レベルの規範によってすでに承認されている規定については問題を生じない。裁判官は当然にこれらの権利を遵守させるために提訴を受理できるが，それは，それらの権利が地方レベルの規範ではなく，地方に適用される国または国際レベルの規範だからである（反差別，移動の自由，婚姻の自由など）。

　地方レベルで確認された新しい諸権利については，問題はより複雑である。先に引用した憲章の多くは，ある程度の強制力をともなう程度に署名自治体を結びつけることを確認している。たとえば，ヨーロッパ都市人権憲章はその前文において，この憲章を採択した都市は規定された「約束を引き受ける」決定をしたことを示し，その最終条項において「市は，強制力を有する価値をもって，本憲章によって示される原則と規範をその市の規範に組み込む」ことを明らかにし，「表明された諸権利の強行法規としての性格」を承認している。さ

らに、これらの権利が直説法で述べられていることは、その命令的性格の確認を目的としている[21]。ヨーロッパ市町村・州協議会の 2006 年のヨーロッパ地方男女平等憲章の強行法規としての性格も同様に、ある種の片務契約に基づいて確認されている[22]。

しかしながら、これらの確認にもかかわらず、これらのさまざまな憲章や宣言は法的価値をもたない。一方では、これらの憲章は、国家の外交活動に由来する国際的な文書ではなく、国以外の組織（地方自治体の会議、都市、非営利団体）によって国際レベルで策定された単なるテキストなのである。それゆえ、これらの憲章は、人権保護条約と同等の法的価値を要求することはできない。結局これらのテキストは、そこに加わろうとする地方議会の議決による自治体の決定ゆえに地方レベルの文書にすぎないのである。しかし、これらのテキストは、それ自体が地方の規範定立秩序に統合され、それゆえ自治体に課される規範のヒエラルキーに服するものの、その非法的な用語（「促進する」「助成する」）あるいは提示する義務があまりにも漠然としすぎているがゆえに、あらゆる強制的または命令的価値を欠いていることは明らかである[23]。さらに、自治体の単なる通常活動は、ときおり自らが設定した目標を遂行すれば十分である。最後に、これらの憲章は多くの場合、罰則も裁判権も規定しない「ソフトロー soft law」に属する。それゆえ、これらの憲章は、それらが確認する諸権利の侵害に対する裁判上の不服申立ての道を開いてはいないのである。こういった限界を意識して、モントリオール憲章は、その 32 条において「本憲章は、司法における不服申立てを基礎づける、または司法機関もしくは準司法機関において援用されるためのものではない」とさえ規定している。

フランス法では、たとえば任意の地方公役務や学生への経済援助を創設したり、内部規則を定めたり、あるいは地方自治体のアレテによって固有の命令手続を導入することによって、地方自治体が一方的な決定によって自らに義務を課し、市民の利益のために自らを拘束しうることが認められている。1983 年 11 月 28 日のデクレ 1 条[24]は、同様に、行政に対して、行政によってとられ公開されたあらゆる意見または決定を対峙させることを認めている。本稿との関

連でいうと、この権能は地方住民の諸権利を保護する憲章の採択と関係しうる。たとえば、裁判官は、たとえ自治体が自らに課すこれらの義務が国または国際レベルのいかなる要請に対応していなくとも、それらを遵守しているか審査することができる。まず裁判官は、自治体の法律上の権能またはそれを正当化しうる自治体の利益に照らして、この種の個別の拘束を自治体が採用する権能があるかどうかを判断する。この場合、何らかの憲章を採択することに、法的に特別な問題は何ら生じない。つぎに裁判官は、これらの地方レベルの規範に照らして事後的に地方の行為の適合性について判断する。しかし、地方住民の権利について具体的には、これらの審査はあまり有効ではないことは明らかである。一方で、裁判官は、たとえば予算上の拘束または公序の観点から、作為または不作為の行政決定について適不適の原則を遵守しなければならない。したがって、ある自治体の行為または不作為に対し、それが署名された憲章を遵守していないとして市民が提起する不服申立てが認容される可能性は、ほとんどないであろう。さらに、裁判官は、なんらかの憲章との違背を立証する証拠が欠如しているとして、申立てを簡単に棄却することがある。なぜならば、これらの憲章の要請はしばしばあまりにも漠然としているので明確な義務を導き出すことができず、このように承認された諸権利に対する現実の不作為を確認することは困難だからである[25]。

　場合によっては、地方自治体によって統制される行政と公役務の内部規則に統合されることによって、これらの憲章が命令規範の形で用いられることがある。それゆえ、自治体の職員は、懲戒上の罰則をもってこれらの義務の遵守を義務づけられることもありうる。しかし、ここでもなお、これらの憲章によって表明された特殊な権利の不遵守については、それが国または国際レベルの義務に対応していない場合は、やはり立証するのは困難である。実際、自治体職員が余暇への権利を満たすように異なる行動をとることができたか、いかに証明すればよいのだろうか。たとえば環境の領域における責任を、それが実際は国の法律レベルに属する場合、いかにして市町村に負わせることができるのだろうか。そして、予算上の制約が外国語講座開設という要望と衝突しうる場

合，いかにその開設を義務づければよいのだろうか。

　先述したように，地方住民の新しい諸権利に関するこれらの宣言は，規範と制度のヒエラルキーにおける地方自治体の特殊な地位によって明らかに拘束されている。しかしながら，まさに提起された問題に基づいて，これらの権利の有効性を保障するためのいくつかの解決法が留保されているのである。

B. 保護の特殊な仕組み

　確認された諸権利を司法で保障できず，裁判所でそれらの権利に直接的な効果を認めることは困難であるが，それにもかかわらず地方自治体は，拘束力のあるさまざまなプロセスによってこれらの権利の普及と適用を実現するいくつかの解決方法を有しており，そのプロセスの分類は増加しつつある。

　まず第一に，この種の権利憲章に単に署名して公表するという行為が，これらの権利擁護にとって事実上の改善を導く。実際，法規範とはある法制度のなかで表明され，強行法規としての性格を備え，場合によっては裁判官による制裁をともなう規範[26]のことだが，現実の拘束がすべて必然的に法的性質を有しているわけではないということを想起する必要がある。なぜならば，多くの場合，ある要請の正当性と実効性に対する単純な信仰が行動を枠づける方向に導くことがあるからである。たとえ公権力が暴力をもって強制していなくとも，社会行動，いくつかの行政上の慣習，あるいは公権力の尊重によって内在化した強制についても同様のことがいえる。したがって，新しい諸権利を確認する憲章を都市が採択することは，たとえその不遵守が裁判官による制裁を受けずとも，人権文化の普及に寄与する。というのも人権文化は，制裁がないにもかかわらず，市民にとっても行政にとっても，たとえば単なる掲示によって現実を前進させることもあるからである。

　そこで，いくつかの憲章は，公表と調査の特別な仕組みを規定し，これらの良好な実践のいっそうの前進を可能としている。たとえば 2003 年 7 月に発表された「リヨン広域都市圏協調憲章 Charte de la concertation du Grand Lyon」は，その 27 条において多くの総括書，報告書，その他の年次報告書の公表を

規定している。これらの総括書や報告書は，自治体の責任者，専門家，地域住民の代表から構成される調査委員会によって策定される目標基準に基づき，都市圏開発評議会 Conseil de développement de l'agglomération に提出される。憲章の不遵守が現実に法的制裁を引き起こすことはないが，しかしながら，規定された公表は，主として地方議員に彼らの約束を守らせようとすることができる。というのも，そうしないと，彼らの政治的信頼性が公に傷つくからである。

　ヨーロッパ都市人権憲章のようないくつかの憲章は，憲章実現化の促進，またはその良好な適用のコントロールを目的とする特別な機関の創設も規定している。たとえば，とりわけ憲章の視点からの公役務評価委員会，あるいは市民から構成され（27 条）憲章の適用そのものを評価する警告委員会の創設が想定されているのである。市民によるそのような監視機関の創設が，いくつかの都市で始まっている。たとえばリヨンでは，1989 年にリヨン権利尊重評議会 Conseil Lyonnais pour le Respect des Droits が創設され，2001 年にその規程において強化された。これは，議員と非営利団体代表から構成されるフランスで唯一の機関である。また，より明確な領域を対象とする例として，ナントでは外国人の市民権のためのナント評議会 Conseil Nantais pour la Citoyenneté des Étrangers が，ボルドーでは反差別運動機関の「覚―醒 Ré-Veille」が創設されている。パリのような他の都市は，地方デモクラシー監視機関（パリ地方デモクラシー観測所 Observatoire parisien de la démocratie locale）を有する。その権能は地方住民の権利保護と直接結びついてはいないが，より全般的に住民参加の問題にかかわっている。

　より進んでいるのは，おそらくバルセロナやモントリオールのような外国の都市である。これらの都市は「オンブズマン Ombudsman」を創設しているが，その活動は地方住民の人権保護にかかわることがある。2002 年のモントリオールのオンブズマン創設が，地方デモクラシーに関する考察の実験場の最初の成果だった。それは，この種の制度の古典的な行政問題すべてについての住民と市当局の間の仲介者 Médiateur であり，さらに 2006 年 1 月のモントリオー

ル権利責任憲章の採択とともに地方住民の権利の擁護者となった[27]。この枠内でオンブズマンは，憲章によって承認された権利を侵害された住民から申立てを受けることができ，さらにはその活動を同様の問題にかかわる他のあらゆる人物にまで拡張することができる。オンブズマンは問題の影響を確定するために調査権を有し，市当局はその情報開示請求に応じなければならない。さらにオンブズマンは，仲介手続を行うと同時に市に勧告を発し，その結果を報告書という形で評価する。オンブズマンは毎年度その活動報告書を提出し，憲章のより良い適用のために地方の行為のあらゆる適用と修正を提案することができる。

その一方でバルセロナでは，すでに1998年にヨーロッパで唯一の市反差別局 Oficina per la no discriminacio が創設されている。次いで，おそらくは国レベルの独立した護民官 Defensor del Pueblo を範として，オンブズマン Sindica de Greuges が創設された。このオンブズマンは独立した人格であり，憲章または他の保護規定によって承認された基本権を侵害された際，住民は直接申立てを行うことができる。この機関は独立しており，かつ無償で利用できる。オンブズマンは並行して調査を行い，論告と勧告，さらには警告まで発することができる。しかしながら決定権はもたず，異議を受けた市当局の行為に直接介入することもできない。

この二つの事例においては，オンブズマンはしばしば社会問題にかかわる弁護士であり，住民と市当局の間の非裁判的な性質の紛争の枠組み内でしか行動できず，住民同士の間の紛争に関与することはできない。

最後に，地方住民の権利保護は，一定の外部の審査という形式を備えた署名都市のネットワーク実現によってもなされうる。たとえば，ヨーロッパ都市人権憲章は署名都市の定期会合を開催し，各都市の良好な実践と経験を総括している[28]。こういった他者からの視線という拘束は，現時点では最低限にとどまっているのは確かである。なぜならば，外部による科学的評価が欠けているため，権利保護に有益あるいは無益な先例を他の都市に伝えるのは，多くの場合各都市によって作成される報告書だからである。それゆえ，その実践には限界

がある。しかし，結局のところ，何よりもまず地方住民の権利について自発的な文化を発展させることが重要である。そういった文化は，強制ではなく奨励するようなものをめざし，よき行動の魅力と伝播によって行動するものだからである。たとえば，バルセロナの例が他の署名都市に伝えられ影響を与えることができたのは，こういった会合においてである。

地方生活における男女平等憲章では，別の審査制度が採用されている。というのも，各署名都市は憲章への参加を公表し，地域の協力をえた後でその任期中に「平等のための行動計画」を策定する義務を負うからである。その計画が市の行動の指針となり，住民及び他のパートナーの間で広く普及することになるのである。しかし，さらに都市は，ヨーロッパ市町村・州協議会と他の署名都市の枠内で実現する外部評価制度に服する準備があることを宣言する。こうして，地方政策のいっそうの改善とネットワーク全体による警告が可能となるのである。

それゆえ，これらの憲章は，その拘束力を強めつつある制度を実現している。しかしながら，全体として，保護の仕組みはかなり脆弱であることはきわめて明らかである。外部からの審査は稀であるし，たとえば，住民によって選出され，公的機関に対して訴権を行使できる地方住民の護民官創設が問題として取りあげられることはまったくない。オンブズマンは，その公平性または職業上の能力が問題視されることは稀であるが，常に地方議会によって指名され，地方議会とともに業務にあたる。それゆえ，諸権利の確認とその適用手段の実施は，地方自治体と住民の間で鋭い対立を創出することではなく，反対に，これらの権利をめぐる相乗作用と共通文化の発展をめざしている。この相乗作用と共通文化は，とりわけこの局面に適合するソフトローによって少しずつ内在化され，そして人権の主たる部分が採用されるようになるのである。

Ⅳ　まとめにかえて

今までみてきたように，地方の特殊性は，単なる法的次元を超える政治的争点という枠内で，デモクラシーの問題に新たな課題を提起している。実現され

る地方住民の権利承認は、かなり混乱している。なぜならば、表明された権利の法的妥当性は薄弱であるし、保護の仕組みは、いくつかの憲章が承認する諸原則の完全な適用を要求している[29]にもかかわらず、裁判所への不服申立てが困難であることと法定諸機関に諸権利の尊重を明確に義務づけられていないことを補わなければならないのに、依然として不安定なままだからである。

　しかし、こういった問題が提起されているという事実そのものと、こういった問題が提起されている状況はかなり際立っている。なぜならば、「国際」レベルでは何度も取りあげられる、主として地方のイニシアティブに基づいて特殊な人権は承認されるのだが、それは少なくとも矛盾に満ちたものだからである。実際、この動きのイニシアティブをとり、たとえば法的性質を有するがゆえに裁判所によって保護される地方住民の権利に関する憲章を宣言することは、むしろ中央政府にとっての関心事である。これらの宣言は、市民に承認され、地方自治体がその尊重が義務づけられる諸権利によって自治体の活動を枠づけるので、市民に認められつつある自由を彼らが濫用するのを防ぐ自治体にとっては拘束になるかもしれない。そして、中央政府は、これら遠心力をもつ自治体の権限を市民のコントロールの下においたままにするだろう。反対に、一見したところ、地方自治体は自らに課される義務の受益者ではない。というのも、これらの義務は自治体の政策と自由裁量の障害となり、自治体が報告しなればならない大原則を遵守しない場合はその信用を失墜させるからである。

　それゆえ、こういった地方住民の権利の確認は、ある種固有の論理に対応している。地方議員が自らの自由を制限する義務を自らに課す方に導き、その固有の利益に反することもある真に民主的な信条を有することは大いにありえる。しかし、地方自治体は、そのイニシアティブによって、おそらくは選挙を睨んで有利なイメージをえるために民主的な拘束を利用したがる。それは、場合によっては自らの運営に対する他の批判を抹消するため、あるいは都市の緊張を和らげるために、自治体が前面に押し出すことがあるだろう。モントリオール宣言は、こういった典型的な視点に立っている。その視点とは、市民に責任と義務を負わせると同時に自らがその尊重を課される諸権利を承認するので

ある[30]。

　とりわけ，なおその自由に属する唯一の民主的領域に関与することは，その働きと権能はしばしばその意思の外側で法律によって定められているがゆえ，行政的性格を有する機関にすぎない自治体が自らの働きを象徴的に「政治」面に位置づけることを可能とする。そして，自治体がそのアイデンティティをもって対峙し，その働きによって信頼されるやり方で国レベルと競い合う能力を有する政治体として承認されることのような，自治体にとって重要な効果はこの確認に依存する。バルセロナにおける民主的発展の作業すべては，この意味でとても暗示的である。

　以上のような地方住民の権利確認は，結局のところほとんど拘束力をもたないが，住民がそこから利益をえることができるにもかかわらず，他のより政治的な目標に役立ちうる。あらゆる社会制度の基盤たるこの三角関係において，地方自治体は，その行き詰まりが頻繁に指摘され自治体が部分的に取って代わろうとしている国当局に対する諸個人の要求を満たすことができるのである。同時に自治体は，地方デモクラシーの概念そのものに関する真の考察に関与する。それは，国レベルでは考えにくく，さらに実験室の役割を果たしその政策の方向づけを可能とする具体的な実現に立脚する。残された課題は，構想中の地方デモクラシーは，地方自治の問題を予告する政治的観点において新たに考察されなければならないのか，それとも，地方デモクラシーは何よりもまずそれが現在展開している行政的枠組みにおいて考察され続けるのかということである。

1) 本章では，ドイツの州 Land を考察対象から意図的に除外する。なぜならば，それらは邦 État であって地方公共団体 collectivité territoriale ではなく，また，それゆえそのデモクラシー制度は他の地方自治体とは比較されえないだろうからである。
2) この問題については，第 7 回日仏公法セミナーにおける「フランスにおける地方デモクラシー改革 Les réformes de la démocratie locale en France」（2006 年 9 月 21 ～ 23 日・モンペリエ）を参照。本報告は 2008 年 2 月にモンペリエ大学出版局 Presses universitaires de Montpellier から公刊されている。

3) たとえば，大学選挙がその一例である。というのも，学生は自らが登録しているいかなる大学においても投票権を認められているからである。また，そこで職に就いている労働者に投票権を認めている企業選挙の例等も同様である。さらに，このような観念は，哲学者ティエリ・パコによっても繰り返し主張されはじめている。Thierry Paquot, « La démocratie du sommeil », *Philosophie magazine* n° 17, mars 2008, p. 14.
4) とくに，1948年12月10日の世界人権宣言，1966年12月16日の経済的，社会的及び文化的諸権利に関する条約と市民的及び政治的諸権利に関する条約，1968年5月13日のテヘラン宣言，1986年12月4日の発展への権利に関する宣言を引用しておく。
5) たとえば，世界人権宣言21条によって確認された投票権と被選挙権は，地方の事柄ではなく，「その国の」公の事柄の運営への参加にしかかかわっていない。
6) 1959年11月20日の国連総会によって確認された子どもの権利宣言，あるいは，子どもの権利に関する1989年11月20日の条約。
7) とりわけ，共和国の地域行政に関する1992年2月6日の法律，市町村間協力及び地域整備に関する1999年6月25日と7月12日の法律，身近なデモクラシーに関する2002年2月27日の法律，あるいは2003年3月28日の憲法改正による地方の実験及び地方住民投票に関する2003年8月1日の組織法律と地方の自主財政に関する2004年7月29日の組織法律，そして地方の自由及び責任に関する2004年8月13日の法律を参照。
8) より正確には地方公共団体一般法典L2141-1条を参照。「市町村の事柄について当該市町村の住民の知る権利は［…］，地方公共団体の自由行政と不可分であり，地方のデモクラシーの主たる原則である」。
9) ここでは，外国人の地方の公共生活参加に関する1992年の条約 Convention de 1992 sur la participation des étrangers à la vie publique locale は完全な市民権付与まで最短で5年の期間を規定しているが，2000年のヨーロッパ都市人権憲章はこの要件を2年に短縮していることを指摘する必要がある。
10) 地方自治体の自治 autonomie そのものは，ここでは扱わない。なぜならば，地方自治はとりわけ補完性と地方の権限行使に基づくものだが，それらは地方デモクラシーよりもむしろ地方分権に属し，本稿の主題たる個人の諸権利よりも市町村の権限を保護するものだからである。ここでは，この地方の統治に含まれる個人または集団の諸権利のみを考察する。それゆえ，たとえば1985年の地方自治憲章はほとんど取りあげない。
11) 1985年の地方自治憲章3条，ヨーロッパ都市人権憲章8条，モントリオール憲章16条，都市への権利世界憲章3条3項，1992年の欧州評議会の地方自治体会議の都市憲章12条。

12) ヨーロッパ都市人権憲章11条またはモントリオール憲章16条によって確認された，知る権利。
13) 地方公役務の評価に関するヨーロッパ都市人権憲章25条，都市への権利世界憲章5条。
14) ここで都市の快適な生活に関する公私のテキストすべてを引用することはできないが，とくにその例として，1933年にル・コルビュジエが提唱したアテネ憲章，ヨーロッパ地域整備憲章（トレモリノス，1983年），ヨーロッパ都市憲章（フィレンツェ，1993年），持続性のためのヨーロッパ都市憲章（デンマークのオールボー，1994年），あるいは市民の権利のためのヨーロッパ環境憲章（ブリュッセル，1995年）をあげておく。
15) さらに，1992年の都市憲章（第2原則），1994年のオールボー憲章，ヨーロッパ都市人権憲章（18条），2002年12月17日のヨーロッパ共同体裁判所のいわゆるヘルシンキバス判決は，環境基準が公契約における選択要素の一つとなることを認めている。
16) ヨーロッパ都市人権憲章20条。
17) ヨーロッパ都市人権憲章21条，都市への権利世界憲章20条，1992年の都市憲章第7，第8及び第17点。
18) ヨーロッパ都市人権憲章16条，都市への権利世界憲章14条，都市憲章第4点。
19) たとえば取引に用いる計測機器の定期検査を規定する，ヨーロッパ都市人権憲章22条。
20) たとえば，モントリオール憲章は，おそらく「モントリオール市の」という意味を込めて「男女の市民」を対象としている。他方，ヨーロッパ都市人権憲章は，「都市の市民」，「家族」，「住民」，「都市で生活する者」を区別することなくそれらの権利を承認している。
21) フランスでは，官報（1997年2月1日付『官報』1720頁）において，法文の策定，署名及び公示規則に関する1997年1月30日の通達1.1.1.3点によれば，「現在形は強行法規としての価値を有し」，それゆえこのような活用形の文章の強行法規としての性格を示していることを想起しよう。
22) この憲章はさまざまな性差別の枠組みを想定しており，「署名都市は［なんらかの問題，なんらかの不平等の起源］を認め，［それゆえ］…の義務を負う」という範例に基づいて構築されている。公権力の片務契約という概念は，都市への権利世界憲章をも基礎づけている。
23) ヨーロッパ都市人権憲章9条2項「地方自治体は非営利団体の活動を奨励する」，または10条6項「［地方自治体は］子どもが幸福な幼少期を享受できるような条件を創出する」（10条3項と6項）を参照。
24) 「すべての当事者は，行政に対して，訓令，指令及び通達が法令に反しない場合，

上掲1978年7月17日の法律9条に規定された条件において，これらを援用することができる」とする，行政と利用者の間の関係に関する1983年11月28日のデクレ第1025号1条，1983年12月3日付『官報』参照。

25) 適切な例に基づくこれらの憲章の法的価値に関するより正確な研究については，C. CHABROT, «La charte européenne des droits de l'homme dans la ville : un exemple d'acte pré-juridique», *RDP* 2007-2, pp. 355-377 を参照。

26) 規範，強行法規性，及び制裁の間の関係については，以下を参照。D. de BECHILLON *Qu'est-ce qu'une règle de Droit ?*, éd. Odile Jacob 1997, p. 59 et suiv, 131 et suiv ou 250 et suiv.

27) この種の地方レベルの仲介者は，カナダ（ウィニペグ市，ラヴァル市），ベルギー（シャルルロワ，ルヴィエール），スイス（ベルン，チューリヒ，ジュネーヴ），あるいはイタリア（ローマ）とスペイン（セビージャ，バスク自治州）のいずれにおいても，いまだ発展途上にあることを指摘しなければならない。フランスでは，たとえばパリとボルドーがこのような市町村レベルにおける仲介者を備えている。しかしながら，この種の制度は地方レベルにおける特殊な人権保護に特化されてはおらず，むしろ地方の良好な統治の実践と，実務上解決が困難な係争において住民が市町村と対話できるという一般的権利に属することに留意する必要がある。

28) たとえば，2002年にヴェネツィア，2004年にニュルンベルク，2006年12月にリヨンにおいて会合がもたれ，自発的に参集した自治体による二日間にわたる討論と作業がなされた。

29) たとえば，都市に対してそのような権利の尊重を義務づけることを表明する2004年の都市への権利世界憲章22条を参照。「すべての者は，本憲章において表明される権利義務との関係において，これらの権利を享受できないことも含め，有効かつ完全な行政上または司法上の申立ての権利を有する」。

30) このように本憲章は一種の契約に依拠し，モントリオール市は承認された権利保護の義務を負う一方で，住民に対し，たとえば14条（「モントリオール市の各市民は，他者の権利を侵害しない義務を負う」）または15条（「市民は民主的権利を享受し，市行政とともに，そのような権利享受確保のための集団的努力に参加する。市民は，本章において表明される約束と両立するように行動することにより，それに貢献する」）が表明するように，住民に対しても同様の作為を要求している。

（クリストフ・シャブロ＝石川裕一郎）

第4章　基本権の変容の諸相

科学の進歩と人権
―― 断絶は存在するか？ ――

> 協会は科学倫理と社会との関係についての国際的かつ多分野にまたがるネットワークを形成しており，国際生命倫理ジャーナル (*Editions techniques Lacassagne, 12 rue du 4 septembre 75002 PARIS*) を四半期ごとに二カ国語で公刊している。

I　はじめに

　欧州における科学や技術の進歩と人権との関係を考察するというのは，歴史によってはっきりとつくりあげられてきた文脈のなかに，それも科学技術の発展の歴史のみならず，思想の歴史による文脈のなかにも，今に生きるわれわれの意見をいっぺんにいれてしまうことではないだろうか？
　ところで，科学技術の応用があたかも当然に「世界の村」のものであるかのように思われている一方で――もっともこれには強い反発もあるが――，このように文化に拠って立つこと，ローマ人が「我らの海」と呼んだごとくわれわれは「我らの欧州」と呼ぶことができるほどに，われわれの文化に拠って立つことに，今なお意味があるのだとしたら，それはどのような意味だろうか。
　かつて，啓蒙の時代には人権が誕生したが，それはルネサンス以来の，科学の誕生を許し「合理的天才」へと至った思想の潮流とは切り離せない。そのころ，欧州は自ら知識と普遍主義の光の担い手をもって任じていたのではなかったか？

今日，技術と文化はもはや調和せず，科学は新たに懸念を呼び起こし，諸思想はどうしようもなく破綻している。一方で，欧州はその統一性や国際的正当性を，人権の擁護と発展——その人権そのものも，もはや政治的自由と社会的力学の誘因ではなく，個人を保護する障壁として再構築されている——のなかにのみ見出しているのではないか？　そのすべては，自律を尊重しようとするものであり，また科学を自らの欲望にしたがわせようとする意思が動かしているものではないのか？

　生命科学の法，生命法の発展は，この問いかけのすぐれた例である。
　この技術にかんする法は，実践に対するコントロールとして生まれたが[1]，新たな懸念が噴出するようになると[2]，正当性を追い求める法となり，それゆえにこの法を価値原理に基礎づけようとする配慮があらわれた。この点にかんして，哲学的理性と同時に実践的理性をもつことから，人権はひとつの雛形，依拠する基盤であるように思われた。

　しかしながら，最高の人権という道を生命法が歩んでいるからといって，国際的秩序や「全世界の文化」に対し欧州はどれほど寄与しているのか，というわれわれの疑問を全面的に解明してくれるわけではない。

　生命法は，人権に依拠して再評価され，規範をつくりだすさまざまな源と制度とが混ざり合った複雑な過程を経て，実際に成果が実ったものである。

　人権の諸規範は根本的なものであると考えられているとしても，かならずしも他の諸規範に優位する実効性を得るために必要な力をもっているわけではない。他の規範システムが人権システムと競合し，さらにはこれを破壊するように思われることもある。そのうえ，人権という樹木に新たな枝〔生命法〕が生じたのである。

　統一性を再発見できないとしたら，これらの規範は生命法を押しつぶしてしまうのだろうか，それともある種の調和を期待してよいだろうか？

　しかしなによりも，生命法そのものもまた，ポストモダンの文脈において，哲学を実質的に歪曲してしまうような要素を人権にもたらしはしないだろうか？

II 「多からゼロを」——人権法はその法源によって押しつぶされるか？

　概念と実践としての生命倫理は，明らかにアメリカに由来するものだと思われる[3]。しかし生命法それ自体は，個人のみならず社会全体のために，科学や技術をとりわけ生命医学の応用を通して筋道を立てようとする関心の点で，むしろヨーロッパ的ではなかろうか？

　生命法はこのように，この場合は医学界や科学界の内部で権力が再構築されるというように，社会問題を再構築する現象の例である（A）。

　しかしそれでは，どのような欧州がそれにかかわるのだろうか？

　神話以上に，建設中の欧州(エウロペ)はつかみどころのない人格ではないか？

　欧州を組織システムと同一視できないなかで，何が欧州を政治的に固める接着剤となるのだろうか？

　人権はこの点に関してどんな位置を占め，国際秩序への貢献において欧州にどのような力を与えるのだろうか（B）？

A. 規範源の多様性と諸権力の再構築

　科学技術の発展と人権とのあいだにある現代の関係においては，なによりもまず規範源の豊富さに行きあたる[4]。人権思想の背後に横たわる普遍主義思想と国際人権法の経験からは，ごく限られた数の法源しか想定されないにもかかわらず，生命にかんする科学と技術の法は豊かな領域を切り開いた。この点において，法の欠缺が存在するというよりはむしろ過度に詰まりすぎており，これは「ドタバタ劇」と「権力の大博打」の印なのだが，また，それが哲学さらには人権の定義の領域に属するものであるかどうかが曖昧であるということでもある[5]。

　それゆえに，人権が個人を保護するためのものであることを考慮にいれて，科学技術と関連する諸権力の均衡の変化に影響を与える動きを取りあげるのが重要であろう。

二つのことを強調したい。個人のために医学と科学の権力を再び均衡させることと，この問題が国内裁判権の領域から欧州の裁判権，さらには国際裁判権の領域へと徐々に移行してゆくことである。

1．医師＝患者関係をふたたび均衡させること

昔から，情報や知識を支配する人に権力は属する。したがって，科学においては，医師や研究者，学者に属することになる。ところが，状況は少し変化した。

まず，実際に「人間関係の不平等は，現代の平等主義社会においては次第に許容できないものとなってゆき，患者の個人権の要求を激化させる原因となった」[6]。

伝統的な医療倫理は，患者の権利を尊重するために，補完され，「新たに方向づけられた」。患者の権利は多くの法律の条文で認められたが，それはとりわけ非常に積極的な判例の影響であり，法律はときにその「大胆不敵な」判例を制限する必要にかられた[7]。

この傾向に加えて，生命医学の新技術の問題がある。〔患者の〕希望の表明は，新技術のせいで権利要求やその承認へと変貌することになり（子どもの権利，ケアに対する権利，尊厳をもって死ぬ権利，衛生に対する権利など），それにつれてこれらの新技術は医学界においてますますおそれられ，理解できないものとなっていった。

医師＝患者関係の「司法化」は，いまだ限定的であり，抑制的であるとしても，そのうえさらに医療法の諸原則に具体的な生命をあたえ，象徴的なレベルを離れてしまうことになる。たとえば，とりわけ同意の尊重がそうであり，これへの違反は，医療行為の実施にいかなる失敗も存在しないとしても，今日では罰せられるのである[8]。

さらに，医学や科学にかんする権力の再分配は，経済や産業の分野にも存在する。科学活動は，資金調達やその結果の活用のために，ますます産業に結びついているからである。

このことは，私人あるいは組織のレベルの実践やさらには政治が，医師や科

学者にのしかかり，学者の自由のみならず，ケアを受ける権利のような患者や研究対象者を保護する諸準則の適用にまで影響を与える，ということを示している。

たとえば，新たな医薬品の発展には莫大な投資が必要であるが，しかし製薬業界にとっては収益分岐点が存在するので，いくつかの稀な病気は放置されることになるのである。

社会保障の枠組みにも，この経済的調整原理が重くのしかかっており，大変な苦労と努力をして，臨床医により良い処方をするように（診療ガイドライン），かつ安くつくように（ジェネリック医薬品）促しているのである。

科学界，技術界における権力の再分配は，いかなる法源も拒絶せず，さらに新たなものをつくりだすことで（倫理委員会)[9]，おそらく人権法にある種のごちゃまぜ感をもたらしている。

もはや，直ちに識別することはできないだろう。生命法やさらには健康に対する法は，基本的な法となったが，しかしこの基本性は，伝統的に人権法に付随する外観（憲法や人権宣言）にかならずしも統合されるものではない[10]。また，それをつくりだした者はさまざまであり，ときにはいまだに競争して，その「普遍性」に，実践に適用できるような具体的な次元を付与し，その結果，議論や論争が起こっている。

2．欧州の法源から国際法源へと移行する可能性

一見したところ，この表現は，欧州の法源や国際的法源の多様性という現在の実情よりも，普遍的使命を主張する人権の古典的アプローチにより適合しているように思われるだろう。

しかしながら，ここで取りあげる規範現象の国際化は，古典的レベルの人権文書を越えたものである。

より正確を期すならば，技術とその産業への応用にかんする欧州法及び国際法の発展のおかげで，われわれは，人間の身体やその一部が取引の対象，新たな製品やサービスの源となったことを認識したのである[11]。

それ以来，この人体の商品化と結びついた悪用の可能性から身体を保護する

ために，人権を用いて，ある種の研究や科学的に有望な新技術の発展に対し，再検討まではさせないにしても，少なくともブレーキをかけているように思われる。

立法者は，安心できるように一定の限界を設定しようとし，ついに，新たな方法論によって技術法令の本体に，生命医学にかんする諸原則と人権とを統合した。人権法は，いわば附随法，枠づけ法になったのである。

もし生命倫理と生命科学にかんする法に対して非常に広い意味を与えるならば，生命法は国際法及び欧州法の次元で多くの法源をもつことになる。すなわち，生命医学の他に，生命工学（バイオテクノロジー），生命産業（バイオインダストリー），生物多様性，食品の安全，これらにかんする特許法である。

このものの見方は，しかしある現実に基づいたものである。生命倫理は「全世界」での動態的な規模を獲得したが，それは「危機」のときに，公共政策の準備と実施において倫理的考慮が要求されることで示される。「汚染血液事件」，ヒト遺伝子に対する特許の禁止，あるいは「狂牛病」の流行などが，その明らかな例である。

三つの短い指摘をすれば，この動態性の特殊な論理を明らかにできるだろう。

a）専門機関はもはやこの分野における唯一の規範源ではない。

医療倫理と生命法は，長い間，ニュルンベルク〔綱領〕の後でさえ，国際レベルで，医師と研究者，及びかれらの団体——すなわち世界医師会や国際医学団体協議会——の専売特許であった。しかしこれらの団体は，1970年代以来，より明らかに人権へ歩み寄る方向へと舵を切り，1980年代には次第に生命工学の新技術に深くかかわるようになっていった[12]。

より広い意味で，これらの団体の惹起した議論の本質，とりわけその経済的・社会的・法的・人類学的・文化的な帰結，そしてこれらの技術の医学目的外への利用，とくに工業的利用は，私的あるいは職業的な領域の外で，規格化された法源を生みだした（ユネスコ，経済協力開発機構（OECD），世界保健機構（WHO），欧州連合（EU），欧州評議会など）[13]。

b）生命倫理はしたがって,「柔軟な」法と強制力をもつ法とを有効に区別できなくとも, 欧州法や国際法のなかに浸透し, 組み込まれる。

　これは, 医療倫理にかんする諸規範の刷新と採択によって達成された。改定ヘルシンキ宣言[14]は, 研究の対象者の権利及びこの宣言の国際的重要性をさらに重視したが, これが刷新の例である。また, 国際連合エイズ合同計画の倫理的諸原則や, ユネスコの支援の下で作成されたヒトゲノム〔と人権〕にかんする世界宣言も, エイズや遺伝子工学によって惹起された倫理上の問題に適応するための例である[15]。

　またこのことから, 生命倫理が責務を負うべき領域が広がることにもなっている。特許や医薬品にかんする共同体法, 生物多様性にかんする国際法などである。

　c）最後に, 生命倫理は政治的重要性を得て, 議論や行動の対象となっている。

　欧州議会や欧州評議会議員会議の, さまざまなテーマにかんする決議が, 欧州の政治的論争において生命倫理を考慮することの重要性をあらわしている。

　さらに生命倫理は, 全面的に, ある種の政策——研究・開発についての共同体の政策や, 環境政策[16]——の目標となっている。

　この文脈において, 技術と人権法との関係は, ただその形式や由来から人権法と古典的に関連していると思われる文書のみを調べることによって認識されるものではないだろう。

　しかし反対に, 混沌とした多様な文書において人権の概念・論理が細分化され希釈されているのを確認するのみで満足し, 規範的構成を熟慮することで, 人権のさまざまな動態性を利用して国際的秩序の構成を強化することもなく済ましてしまうことはできない。

　欧州法源について行っておくべき考察は, このような意味をもつ。

B. 欧州法源, 人権と科学・技術の進歩

　古典的には, 法源はその属する制度システムに基づいて区分されて提示され

ていた。また明らかに,「人権」のラベルは,欧州評議会の枠組みにおいて勧告や条約の形で登録された法,欧州人権条約については裁判所の判例が補完したもの[17]に付与されるであろうし,共同体法については,欧州共同体の権限が限定されているせいで,人権に直接関連する規定をつくっているのはごくわずかである。

しかし,共同体法の動態性と,より最近ではEUの制度枠組みにおける基本権の尊重のせいで[18],もはや人権についての欧州の状況を以前ほど厳格にみることはかなわない。

二つの制度システムが,実際に,比較的似かよった,さまざまな規範をつくりだす源の恩恵を受けている。これらのシステムは互いに,科学や技術に適用しうる基本権を承認することを目指している。

1．法源の類似性

議論の対象となっている法,生命科学にかんする法は,科学技術の現実を法の諸原則と突き合わせることができる制度を前提としており,法の諸原則はその解釈や具体的評価を自由にゆだねている。

倫理機関の答申や,また判例や議会の決議は,この法の「政治的」成熟に寄与するのである。

a）欧州評議会では1983年以来,欧州共同体では1991年以来,それぞれの制度システムがいわゆる「生命倫理委員会」をもっている。すなわち,前者では生命倫理にかんする指導委員会（CDBI）[19],後者では科学及び新技術の倫理にかんする顧問グループである[20]。

二つとも,加盟国から選ばれた異なる分野の専門家たちで構成され,自分たちに与えられた問題について,強制力のない文書を作成している。

CDBIは,たしかに厳密な意味での答申を提出することはないが,必要な場合には閣僚委員会への勧告を作成し,採択している。またその代わり,CDBIの作成した勧告は,より形式的な面で,論点リストと趣旨説明が勧告本文とともに公刊されている。

したがって,それはいずれの場合にも,科学や医学の技術の適用によっても

ちあがった問題に法的・倫理的諸原則を適合させる諸規範であり，発展する法源なのである。

　b）歩みはこの点で，特殊な状況を解決するにとどまる裁判活動を除いては，判例の歩みと同一である。人権については欧州評議会に特有の権限があるので，欧州人権裁判所の判例は欧州司法裁判所（CJCE）の判例よりも豊かである[21]。しかし，EUの権限ある分野においては，CJCEを無視するわけにいかない。なぜなら，ひとつには，今日の顧問グループとまったく同様に，裁判所は1970年代以来，「基本権の尊重は，法の一般原則の不可欠な一部をなしており，司法裁判所がその尊重を確保する」と判示してきたからであり，もうひとつには，マーストリヒト以来の条約の発展が，基本権及び生命倫理の分野における共同体の，権限ではないにせよ少なくとも正当性を強化してきたからである[22]。

　c）宣言的な法は，必ず議会に起源をもつものであるが，これもまた新しい科学技術の分野において人権を認めようとする議論に刺激を与えたものであり，無視するわけにいかない。

　たとえば，CDBIがとりまとめた「遺伝形質が操作されない権利」について，初の決議を採択したのは，欧州評議会の議員会議の主導によるものである[23]。

　議員会議はまた，生命医学と人権にかんする欧州条約の起草プロジェクトを，長い間にわたって支援した。それ以来，弱い立場にある人々に与えられるべき保護について，及び条約の領域拡大について，懸念をたゆむことなく表明してきた。

　欧州議会については，1985年以来採択された決議が，生命科学分野における宣言的な法の中核をなしている[24]。

　さらに，今日では欧州議会は欧州法の共同制定者であり，たとえば生命工学の特許取得可能性についての当初の指針案について，その議論で倫理や人権が重要な役割を果たし，その結果，これを拒否することができた，ということも思い起こすと良いだろう[25]。

2．科学や技術に適用される基本権の確立

この例が強調しているように，人権及び基本権は，今日では欧州の二つのシステムにおいて重要な役割を演じている。そして，生命科学の分野と同様に，科学の権利が出現するのは，諸規範の法集成を確立する機会なのである。

a）まず，欧州評議会が認めた基本的諸原則，とくに生命医学及び人権にかんするオヴィエド条約において認められたものと，顧問グループの答申，いくつかの指針，基本権憲章——これは人権法が生命医学と生命工学に適用されることを明確にした——などにおいて EU の提唱する諸原則との間での一致について，確認しておかなければならない。

法集成は，鍵となる概念として，人間の尊厳や人の自律の尊重，差別禁止，身体の権利の確立，弱い立場にある人を特別に保護すること，私生活の尊重，倫理委員会の果たす役割の承認といったもので構成されている。

共同体法は，私生活の尊重や平等といったいくつかの基本的原則からうまれた数少ない慣行を，このようにして補完しているのである。

共同体法は，新たな原則（人間の尊厳の尊重）を，結果として人間や人体の一部分にかんして他の（とくに経済分野での）共同体諸原則の効果を縮減する形で，認めているのである。

b）このように，科学の倫理にかんするグループの答申の影響の下で，共同体法の発展が存在する。

基本権は，現在では，CJCE の判例における経済的・社会的行動主体としての個人のみならず，人間としての個人にも関係するものである。基本権の適用は，もはや共同体法の分野に厳格に限定されるものではない。

さらに，基本権を EU の創設規範として統合した共同体法の歩みは，欧州市民をつくりあげることによって，これらの権利を政治的な新欧州建設の一要素にすることに貢献している。

「生命法」は，欧州政治の新たな軸を固める接着剤となっている。

また，顧問グループの作業や，とりわけオヴィエド条約が示しているように，生命法のおかげで欧州は，人権の領域や哲学を広げる機会を得ている。

Ⅲ 人権概念の変化へと向かうのか？

　人権に依拠することが「生命法」の自明の理となった。この分野における主たる文書であるオヴィエド条約は，欧州評議会の枠組みにおいて作成されたが，EU の方は，「生命法」を使って人権アプローチを復活させようとしている。

　だからといって，こうして生命法に拠ることは，適切なのだろうか？[26]
　欧州条約によって，また共同体法の依拠する基本原理によって採用された諸原則は，今日，社会的価値と科学の間で成立している関係が，人権の歴史的歩みに逆行するものであるということを示してはいないだろうか？

　このように再評価された人権は，実際に，道徳的価値観を基礎づけ科学を拘束するために，その自由主義の政治的本質を失ってしまうのではないか (A)？

　さらに，論争を呼ぶ多くの問題について法が沈黙していたり，曖昧であったりするのに，このように認められた諸権利については普遍性を強調するとすれば，欧州の国家は，国際人権法を構成する一部としての「生命法」の信頼性について慎重になったり，あるいはこの新たな法の目標が〔人権とは〕別の秩序だと考えるようになるのではないか (B)？

A. 人権の新たな動態

　人権運動は，科学の大変革とまったく同様に「啓蒙の世紀」の果実であり，歴史的にみて，科学や技術の躍進に反するものではない。

　これらには，共通の母なるものとして理性というものがあり，二つとも，アンシャン・レジームから新たな世界へと根本的に変化させた，同じ政治的・経済的・社会的解放運動によってもたらされたものである。

　生命科学に適用されることで，人権はその適用領域を新たな当事者と新たな権利へと拡大し，この論理から断絶してしまったように思われる。

　1．人権の新たな当事者

　古典的な見解によれば，人権は，抽象的カテゴリーとしての政治的主体たる

個人に向けられたものであるが，医学や生命工学にかかわると，人権は，生身の人間，実生活のなかで身体を取り戻した人間にかんするものとなる。

ここにひとつめの困難，曖昧さがある。なぜなら，生物学にとってヒトは「連続体」であったとしても，法の観点からは現在のところ，単なる権利の名義人としての主体が実在する期間に限定されているからである。

a）諸権利の受益者

胚に対して行われる介入は，その性質上，誕生すべき子どもに影響を与えるかもしれない。そうである以上，それは生命医学の応用が人間の生命を生みだすのに数多く関与してきたその原点にある，という事実を考慮にいれないのは，生命医学の不適切な利用に対して確実に効果的な保護を行うためには，おかしなことである。

・オヴィエド条約や，最も重要性の低いところでは顧問グループの答申は，条約は明示的には生命終期の状態に触れないという事実上の留保を付して，この「水平的な連続性」を統合している。

したがって，条約の創設したシステムの中核にいる人のみならず，解説報告書によれば，人間というもの，概念もまた，一般的性質に応じて利用された。

この点に関して，条約の複数の条文が，出生以前の段階について生物学の進展状況を扱っている。すなわち性別選択の禁止についての14条は「将来誕生する子ども」に関連するものであるし，科学的研究にかんする15条は「人間」に適用され，18条はとくに「試験管内にある胚」についての研究を扱っている。

われわれは古典的に，ただ権利主体としての人間と，合法的な保護の体制から恩恵を受けるのみのその他の立場とについて区別をおこなっており，欧州条約はこの区別を採用しているが，やはり根源的な曖昧さは残っている。

胚に対する適切な保護を確保する権限を各国に返すというのは，自国の法において胚を人と考えるかどうかを各国の自由にゆだねている，ということのように思われる。さらに条約は，議論の多い堕胎の問題には手をつけないようにしている。

・条約はまた,「垂直的な連続性」を確立している。つまり,いくつかの点について,未来の世代に保護を拡大しているのである。ここで重視される考えとは,身体へのある種の侵害やそれがもたらす危険が,子孫に取り返しのつかない重大な結果をもたらしうる,ということである。この議論の中核に位置するのは遺伝学である。なぜなら,解説報告書が強調するように,「(ヒトゲノムの)知識のおかげで,すでに顕著な進歩が達成された」が,「期待するのはもっともだとしても……しかしリスクを排除することはできない……そして……危険にさらされるのはもはや個人でも社会でもなく,〔人間という〕種そのものである」[27]。

人権の適用について行われた拡大は,真に革新的なことである。つまり,人間はもはやその人自身として保護されるのみではなく,要素(その人の遺伝的特徴)としても保護される,それは他の人間と結びついているからである。

この論理は,胚の遺伝子治療を禁止する13条にあらわれているが,この新条約の指導的所産のひとつである。解説報告書はこの問題についてとりわけ歯切れが良い。「条約は,まず前文において未来の世代と人類全体の利益に準拠することにより,そして条文の全部を通じて人間の同一性に対して法律が保護を与えることにより,防禦体制をととのえた」[28]。

おそらく人権を拡大しようとする努力よりもさらに懸念すべきことは,伝統的に人権思想に含まれていなかった価値に,条約が優越的地位を与えた,ということである。

b) 人権の潜在的侵害者

この欧州の立法者の意思表明は,この人権のアプローチに二つめの困難があることを明らかにした。つまり,生命医学の実践の濫用から「人間の同一性」への侵害が生じかねないのである。

人権侵害から生じる紛争は,もはや人権の名義人に対してのみ申し立てられるものではないので,新たなカテゴリー,つまり国家に対しても,手段を用意しなくてはならない。

問題となる権力は,直ちに名指しが容易な国家の強制力や国家の制度の権力

であるというわけではない。生命医学の新技術の実践においては，現実の，しかし拡散した権力が，さまざまな立場にある複数の登場人物——保健職員，研究者，工業の企業家，行政官，さらにはメディアや患者団体など——に与えられている[29]。

エイズウィルスによる「汚染血液スキャンダル」や「狂牛病」のスキャンダルがよく示したものは，責任を問われるべき研究，あるいはさらに罰せられるべき研究というものが，単純な案件ではなかったということ，それぞれの登場人物の役割の重要性が不愉快な議論の対象となるほどに，保健衛生のシステムが非常に複雑であったということである[30]。

国家が保健衛生のシステムの指揮監督について役割と権力を保持するとしても，このシステムは，人体を対象とし，行為を実行したり，製品を処方したり与えたりすることによって人体に直接介入を行った者たちを当事者と捉える。

したがって，国家及び法律は，二次的な侵害者，つまり，その行為によってというよりも，その不作為，あるいは重要な活動に対する指揮監督のまずさによって，侵害したとみなされる[31]。

しかし，おそらく人権を拡大しようとする努力よりもさらに懸念すべきことは，伝統的に人権思想に含まれていなかった価値に，条約が優越的地位を与えた，ということである。

2．条約が示す諸価値のモラリズム

a）人間の尊厳という概念の曖昧さ

まず第一に，次のような指摘がある。「基本的な人権文書の根底にあるのは，まず個人の自由という理念である……〔オヴィエド条約は〕，人間の尊厳を条約の創設理念たらしめようとした」。加えて，「その人の尊厳に属するものは何かの決定権が個人に帰属すると仮定するなら，人権思想と条約との間の連続性は保たれる」。「しかし，本人の意思に反しても『人間の尊厳』への侵害から個人や集団を保護するのが適切だと考えるなら，……あらゆる教条主義が……『真の価値』の名のもとに可能になるだろう」[32]。

国内立法者が，公共善の名による禁止を確立しようとして，いくつかの生物

医学の実践の適用に対し，ときにある価値モデルを強制してきた（生殖補助医療から独身者や婚姻していないカップルを除外する，人工妊娠中絶数の「悪化」を防ぐために出生前診断を厳しく限定する）のは事実である。しかし条約はむしろ，対立する諸価値の一方を選択しなければならないような問題には見向きもしなかったり（生殖補助や安楽死は条約で扱っていない），曖昧なままにしておき国内法に権限を戻したりしている（胚について認められる適切な保護についてや，人体を利益源にすることの禁止を実施することについて）。

しかし，われわれの意見では，尊厳という概念は完全に自由の概念を無にしてしまうものではない。

この概念は，自由に課せられうる制限の本質を正当化し，明確にするものである。残念なことに，条約は人間の尊厳概念を定義せず，多様な解釈を許容しており，解釈の永続性と一貫性を確保する統制メカニズムが存在しないだけに，これは人権の精神にとって有害なものとなっている。

最後に，人間の尊厳原理の解釈権限を国内法に返しているのは，〔共同体法から国内法への〕転換作業を前提としているが，それがいまだデリケートな問題であるとすれば，この転換作業は，法治国家において，少なくとも自由に課されるべき制限の選択についての議論が起こることになる。

社会の多数派が，そこに属さない人々に対し，自分たちの考える人間の尊厳を押しつけるのを目の当たりにする危険が存在する。しかし，社会の一部分やひとつの文化的集団による政治的・社会的支配のうえに成り立っている欧州社会はほとんどない，という事実から，この危険は緩和されるはずである[33]。

さらに，法律の効力はそれ自体，現場の当事者（医師や患者）が決定的な役割を保持している実践を規律するには，不十分なものであるように思われる。

結果として，国家の側からの思想的絶対主義よりも，臨床医らの影響のもとにある保健衛生システムが社会的圧力をかけることの方を，より懸念すべきであろう。国家はこの圧力に無関係ではないが，医学の実践は技術的側面からのみ理解されてはならず，国家はある部分では，この実践を広め，正当なものとする手段として振舞うのである。

b）科学の応用にかんする不信

　いくつかの実践についてこのように正当性を追求すると，その影には，人間の尊厳に反すると判断され汚名を着せられたその他の実践があり，一般的文脈において，科学や研究にかんする不信でないとしても，少なくとも常にありうる濫用や逸脱に対する警戒が存在する。

　遺伝学は明らかにこの懸念の中心にある。オヴィエド条約は，胚の遺伝子治療と優生学的目的による性別選択を，絶対的禁止という形で厳しく非難し，それに加えてパリ議定書ではヒトクローニングの禁止が確立された。

　胚にかんする科学的研究もまた，厳しい禁止の立場をとろうとする意思をはっきりと形にしており，条約18条は研究目的でのヒト胚の作成を絶対的に禁止している。

　条約は，保健衛生システムへのアクセスや私生活の保護に対しては大変に優柔不断であるのに，ある種の科学の発展に直面したときには恐れをはっきりと表明しており，ある意味では「技術恐怖症(テクノフォビー)」のようにも思われる。

　条約はいくつかの点で〔概念を〕「ごちゃまぜに」しており（胚の遺伝子治療は暗黙のうちに優生学とみなされており，また優生学の概念そのものが絶対主義社会の集団的優生学の見方へと縮減されている），「問題を不明瞭にし，問題を混乱した，客観的でない，不公平なやり方で扱うように誘導している」。

　条約は，「滑りやすい坂」の議論をあまりにも簡単に用いて，ついに「人道に反する」歩み〔という考え方〕を採用した。なぜなら，条約の前提として，「『不純な』方向への一歩を踏み出したならば，そのときから個人はもはや選択の自由をもたない」からである。

　「他の多くの場合と同じく，ここで採用されている留保なし酌量なしの禁止は，ゆきすぎであり，倫理的に正当化しえないように思われる」[34]。

　通常はささいな書式によって強化される，国家はより広い保護措置をとりうるというこの保護主義的な考え方は，批判がこの点を強調するのももっともであるが，この条約を生みだした政治的「飛躍」を暴露するものである。

　この条約は，科学と社会との関係性の規律について強く対立している思想潮

流の間での,最も微妙な問題にかんする均衡の成果である。一方の思想は,啓蒙運動に忠実に,この関係性を弁証法的関係とし,新たな知の獲得は常に道徳的進歩であり,研究者の側では,自己の研究の社会的応用について民主的議論にゆだねる義務を負い,この議論により市民の責任が促進される,というものである。

　反対に,もう一方の思想は,それ自体所与のものとしての道徳的諸価値が強制される拘束状況に,この関係性を位置づける。かれらの言によれば,もしそうでないならば,人間の本質によって,人間は避けがたく,知識を出し惜しみ,さらには自滅し,その環境を破壊するようになるだろう[35]。

　条約が基本的権利として確立した「知らないでいる権利」は,「医学パターナリズムへの懐古」であると同時に,大多数のための知識は現存する最も大きな危険であるという伝統的考え方である,と評価されるだろう[36]。

　生命法は,とりわけ人権の分野においては,思想的,政治的な賭けである。このようにして生命法は新たな国際秩序の建設に参加しているのである。

B. 生命にかんする科学と人権──欧州モデルか？

　欧州の法を展開している人権概念の変貌は,避けがたい暗中模索である以上に,科学の発展と人権との関係にとって独創的なモデルの例であるだろうか？

　現状では,この質問に決着をつける回答をもたらすのは困難である。

　たしかに生命法は,1990年代以来,もはや良き実践を画一化し規格化して示してきただけではなく,また諸原理としての法であらんとしている。

　しかし,欧州レベルで宣言された諸原理のうち,なにが独自のオリジナリティをもっているかという範囲を定めるのは困難である。

　ほかにも欧州が,その歴史や文化的多様性,科学の発展のせいで,普遍主義の挑戦と同水準で科学と技術と社会とが議論や社会的調整の公共空間を保持しなければならない関係をつくりだした,という懐の広さにも,欧州の貢献は存在するのではないか？

1．生命法： 技術にかんする法から諸原理の法へ
 a) 欧州の規格化の歩み
 欧州評議会の歩みであれ欧州共同体の歩みであれ，それはまず，さまざまな技術があらわれるのに応じて，その技術をしかるべく利用するための具体的な回答を与えることによって進んできた。
 欧州評議会は，非常に早くから血液製品の欧州での流通を調整し，移植目的の臓器の流通の便宜を図ってきた[37]。
 同様に，医薬品についての欧州政策が存在するおかげで，法の統一を前提として，共同体の規制枠組みにおいて臨床研究が強く要求された[38]。
 欧州社会において科学や医学，技術が獲得した優越した地位も，現行の政治思想も欧州機関の権限も，ついてゆける範囲以上に進んでゆくことを正当化しなかった。
 生殖補助や胚の研究，ヒトの遺伝学の発展により，恐れを抱くようになったと同時に，われわれが身体を支配するということが生物学の観点と法的・社会的・人類学的な帰結による集大成でもありうる，ということが理解された。
 それゆえに，国内法と，実効性のほどに懸念があるが欧州法は，「生命法」——科学技術の限界を画すると同時に人間の「同一性」を再定義する一助となった「象徴としての法」——の創設原理を確立する規範の作成に着手した。欧州法のうち，欧州評議会のオヴェイド条約や，さらにEUの科学技術倫理グループの答申（及び一定範囲で基本権憲章）は，すなわち「根本〔法〕化」への歩みである[39]。
 b) 欧州的であるよりもむしろ普遍的である諸原理
 しかしながら，これらの文書により認められた諸原理が欧州の特殊性から引き出されたと考えるのは，今まで述べてきたいくつかの色合いからすれば，むなしいものであるように思われる。実際に，欧州で諸原理を確立するコンセンサスがある場合に，そのコンセンサスや諸原理が国際法において存在するものと異なる，ということはありそうにない。
 欧州の文書で宣言された価値原理と，たとえばヒトゲノム及び人権にかんす

る世界宣言のような国際法の文書において見出される価値原理については，こういうことである[40]。

人間の尊厳や人の自律の尊重（そのコロラリーとしてインフォームド・コンセント），差別禁止，人体の商品化の禁止などの諸原則は，それそのものとしては決して異議を唱えられることはない。

医学的・科学的介入に対する一定の禁止――ハイブリッド胚やキメラ胚の作成，人間以外の種の子宮へのヒト胚の導入（及びその逆），ヒトクローニング，性別選択のみを目的とする生殖・遺伝子技術利用など――についても同じことである。

最後に，ヒトに対する生命医学研究の大原則や，臓器移植についての大原則は，欧州評議会の文書でも，WHOや国際医学団体協議会，世界医師会の文書でも，ほとんど異なることはない[41]。

反対に，より細かい点，あるいは異論の多い点については，コンセンサスはうわべのものにすぎず，こういった点には欧州は非常に多様な選択を与えており，国ごとの特殊性が大きな影響を与えている。いくつかの国では（英国，デンマーク）研究目的のみのヒト胚の作成を認めているし，他のいくつかの国では余剰胚についてのみ研究を許可し，最後のグループはすべての研究を禁じている[42]。

遺伝子診断，人工妊娠中絶，安楽死と自殺幇助，生殖補助技術については，非常にさまざまな見方があり，ゆえに欧州法はこれらの点については各国に広い評価の余地を与えている。

それではどうすれば，価値原理や基本権の基盤を再確認するにあたって，欧州はその特殊性を発見し，さらにはとくに合衆国に対して，国際社会の場面でも準拠できるものとして提示したと主張できるだろうか？

欧州のアプローチが，倫理や連帯，弱い立場にある人の保護によりよく配慮しており[43]，したがって「生命法」の分野では新自由主義思想や市場の現実に最もよく抵抗できるのだと強調したがる人もいるが，健康上のケアへの公平なアクセスを定めるオヴィエド条約3条が，法的基本原理の次元でこのアプロー

チを擁護し肯定するには中途半端であると考えれば〔反論としては〕足りる。

たしかに，条約はインフォームド・コンセント原則の実施を非常に細かい点に至るまで重視して，医療「パターナリズム」に対抗しているのだが，しかしまたこの同意は必要条件であっても十分条件ではなく，現代生命医学倫理の門を突破する呪文であるかのように思わせたままにしている。

ではなぜ，欧州の同質性を引き出すことができないこのような一貫性のなさを隠すよりも，むしろ，物事の秩序を逆転させ，文化的多様性——まさに「単一文化」と対立する——を欧州のオリジナリティという穹窿を支える楔石としないのだろうか？

2．文化的多元性と欧州モデル？

見解の一貫性のなさは欧州において明白であり，ときには共存しがたいいくつもの観点があることを明らかにしているが，いかにしてこれが欧州モデルの推進力となりうるのだろうか？

言語の器用さは，論理の詭弁を隠すのに役立ってはいないだろうか？

現存する多元性を確認しても無為の言い訳にはならない，ということのみを条件としてこう考えているのではない。

この点については，反対に，思想の多元性とそれにともなう衝突のなかにこそダイナミズムがあり，それを欧州の目的に利用することで二つの利点をえることができるように思われる。

a）多元性，欧州市民の祭壇

欧州内部の観点からは，この多元性のおかげで欧州は，政治的な欧州建設において決定的な一歩を達成する手段を得る。つまり，欧州市民により広い活動の場と実践的な意味を与えるのである。

生命医学の新たな実践や，通信・流通の技術，エネルギーや環境の分野での選択の必要性は非常に重要であり，そのことから民主制は，その行為や実践において生まれ変わるよう促される。

すでに指摘したように，国家はもはや，あらゆることの分配者ではなく，登場人物が非常に数多くまた相互に独立しているネットワークの体系において

は，国家は活気づけ，推進力を与え，協力をする役割を保持している。

　市民に対しては，技術やその社会的結果についてのみではなく，その技術が惹き起こすさまざまな意見やアプローチ，またそれが生みだす交錯した影響などについても，明らかにしなければならない。

　多元性のチャンスとは，したがって，人々全体にかかわる議論を組織だてることであり，それは議論の担い手や言語，方法論，目標について熟考することを前提としている[44]。

　EU の科学と新技術にかんする倫理グループによる帰納的かつ実用主義的な歩みのおかげで，倫理は共同体が行動するレベルのものとして統合され，この研究の興味深い証明をしたのである。

　さらに，EU 基本権憲章の作成に際して生命倫理に一定の重要性を与え，EU は「生命法」に政治的意義を与え，欧州市民は科学技術の分野における熟慮から排除されてはならず，この目的のためにその主観的権利を行使することができることを示した。

　情報を求める権利は，もはや個人レベルの意味（インフォームド・コンセント）ではなく集団的なレベルのもの（社会の選択）として理解され，この点で，顧問グループの答申第 12 号が強調した特別の重要性を帯びている[45]。この点に関して，CDBI の当初の事務局案は，欧州レベルで真物の公の議論を実現することにかかわる主観的権利を認める条項を，生命医学条約に導入しようとする考えを推進していた[46]。というのも，国ごとに非常に異なる慣行は，国の倫理委員会の役割について，ときにはどのようにこのような議論がはぐらかされるかを示しているからなのだが[47]，CDBI がこの事務局案の考えを拒否したのは残念である。

　b）多元性と欧州の国際的役割

　欧州の外の観点からは，多元性は国際レベルでの独創性を欧州に与えている。

　科学技術は経済的発展と生活様式の進化を推進させる役割をはたしているが，文化的な重要性もまた，科学や技術を上手に統合するためには不可欠であ

る。

　文化を画一化し弱体化させる新自由主義モデルに直面し，伝統についてのアイデンティティの後退を賞賛し，すべての現実から遊離する文化システムに直面している今，欧州とは，物質的な財の流通についてのみならず，進化している現実に適用される価値についても対話をもとにして，行動し，国際秩序を打ちたてようとする，ありうる根拠であり，空間なのである。

　したがって，欧州法は，国内法を排除するものではなく，それぞれの文化的，経済的，社会的特殊性を排除するものでもない。それどころか，国家に対して広い行動の余地を与えている。しかし，この行動の余地は，主権の利益から引き出される新たな役割を国家に与えるような方法で理解されなければならない。すなわち，国内の民主的な議論を活気づけ「容易にする」存在であること，科学の応用について責任を負うこと，国際法のレベルでは自国の利益ではなく，国家の支持なくしては具体的な適用ができない普遍的な行動原則を推進すること，である[48]。

1) C. Byk, « Le droit européen de la bioéthiquev: droit des techniques ou droit des principes? » *Jurisanté* N° 24, décembre 1998, p. 16.
2) N. Farouki (dir.), *Les progrès de la peur*, Ed. Le Pommier, 2001.
3) H. Doucet, *Au pays de la bioéthique*, Labor et Fides, 1996.
4) M-Th. Meulders-Klein, « La production des normes en matière de bioéthique » - in Cl. Neirinch (Ed), *De la bioéthique au biodroit*, LGDJ, 1994.
5) G. Hottois, Droit et société n° 8, LGDJ, p. 23, *Essais de philosophie bioéthique et biopolitique*, Vrin, 1999.
6) J-L Baudouin, « introduction », p. 5, in J-L Baudouin (Ed), *Droits de la personne : "les biodroits"* Ed. Y. Bllais, 1997.
7) とりわけ患者の権利にかんする2002年3月4日のフランス法律により実現された。cf. S Prieur, « Les droits des patients dans la loi du 4 mars 2002 », *Rev. Gén. dr. med.*, N° 8, 2002, p. 119.
8) 「成人患者にとっての，表明すべきときに医療に対する同意を与える権利は，基本的な自由の性格を有する」，C.E 16 août 2002 ; *Gaz. Pal.* 15-17/9/2002, p. 9.
9) C. Byk, G. Mémeteau, *Le droit des comités d'éthique*, Eska, 1996.

10) C. Byk, « La place du droit à la protection de la santé au regard du droit constitutionnel français », *Rev. Gnle de droit*, Université d'Ottawa, 2001, p. 327.
11) M-A Mermitte, « Le corps hors commerce, hors du marché », *Archives de Philosophie du Droit*, 1988, p. 323.
12) C. Byk, « De l'éthique médicale à la bioéthique : le rôle des ONG », *Les petites Affiches*, 21 mai 1997, N° 61, p. 33.
13) C.Byk, « Etude organismes européens et internationaux », *Dictionnaire permanent bioéthique et biotechnologies*, Montrouge, mise à jour 2002, p. 1521.
14) 世界医師会,改訂ヘルシンキ宣言,2000年9月エディンバラにて採択。
15) C. Byk, « la déclaration universelle sur le génome humain », *Journal du droit international privé*, 1998, N° 3, p. 695.
16) O. Dubos, « Droit communautaire et bioéthique, étude réalisée pour la MIRE », à paraître *JIB* 2003.
17) C. Byk, *Les progrès de la médecine et de la biologie au regard de la Convention, européenne des droits de l'homme*, Edit. Conseil de l'Europe, Strasbourg, 1994.
18) Etude « organismes européens et internationaux », *Dict. perm. bioéthique et biotehcnologies*, Ed. législatives, Montrouge, mise à jour 2002, N° 1641.
19) C. Byk, « Le Comité directeur sur la bioéthique » en S. Leone et S. Privitera, *Dizionario de bioéthica*, EDI OFTES, 1994.
20) Commission européenne, Le Groupe européen d'éthique des sciences et des nouvelles technologies, Bruxelles, 1999.
21) C. Byk, *op. cit.* note (18) N° 218.
22) F. Sudre, « La Communauté européenne et les droits fondamentaux après le traité d'Amsterdam », *DCPG* 1998 I, N° 100.
23) Recommandation 934 (1982) relative à l'ingénierie génétique.
24) Cf. O. Dubos, note (16).
25) Le 2 mars 1995.
26) G. Hottois, *Essai de philosophie bioéthique et biopolitique*, Ed. Vrin, 1999, p. 113 et s.
27) Convention européenne sur les droits de l'homme et la biomédecine, rapport explicatif N° 19.
28) *Idem.*, N° 14.
29) F. Dajaznet, *Savoir et pouvoir en médecine*, Inst. Synthélabo, Le Plessis Robinson, 1998, et G. Hottois, *Entre symboles et technosciences*, Champ Vallon, 1996.
30) E. Guilhem, J-F Mattei, De la "vache folle" à la "vache émissaire", Ass. Nat. rapport 3291, 1997.
31) CE 9 avril 1993 ; *AJDA*, 1993, 381.

32) G. Hottois, *op. cit.* note (26), p. 157 et s.
33) チトー以降のユーゴスラヴィアにおける紛争は，この点について欧州が脆弱であることを示している。
34) Cf. note (32) p. 165.
35) G. Hottois, «Droits de l'homme et technosciences, l'universel moderne en discussion», in G. Hottois, *op. cit.* p. 113.
36) G. Hottois, *op. cit.* notre (26) p. 160.
37) Résolution R (68) 32 (sang) et résolution (78) 29 (transplantation).
38) Cahiers du CERDES, *Europe des médicaments et dispositifs médicaux*, Nantes, 1995.
39) J-P Duprat, «Le biodroit : un phénomène global sans principe unificateurs, étude pour la MIRE», à paraître au *Journal Int. de bioéthique*, 2003.
40) C. Byk, «La Déclaration universelle sur le génome humain et les droits de l'homme», *JDI*, 1993. 3 p. 675.
41) S. Flun, «International guidelines on Bioethics», *EFGCP* (supplément à EFGCP news) septembre 1998.
42) B. Gratton, «National Regulations» in the *E.U. regarding research on human embryos*, European Commission, 2002.
43) N. Lenoir, «L'Europe, le droit et la bioéthique», in *H. Gros Espiell Amicorum Liber*, Bruylant, 1997, vol. 1, p. 641.
44) C. Byk (Ed), *La bioéthique, un langage pour mieux se comprendre*, Ed Eska, 2000.
45) Avis N° 12 du 23 novembre 1998 : aspects éthiques de la recherche impliquant l'utilisation d'embryons humains dans le contexte du 5ème programme cadre de recherche.
46) Cf. *Journal Int. de Bioéthique*, 1993.
47) S. Le Bris, «Les instances nationales d'éthique», rapport pour le CAMBI, CAMBI (92) 3, Conseil de l'Europe, Strasbourg, 1992.
48) C. Byk, «La Convention européenne sur la biomédecine et les droits de l'homme et l'ordre juridique international», *JDI* 2001. 1, p. 47.

（クリスチアン・ビュック＝稲葉　実香）

基本権に関する批判論

I　はじめに

　多くの形式的法源があり，広く認められた定義がなく，よって外縁が明確でなく，さらに統一的な法制度もないが，学説の多大な関心を喚起し，複数の裁判所や法廷の判例に占める地位がますます大きくなっている，このような法概念とはどのようなものであろうか。これこそが「基本権」のおかれた奇妙な状況なのである。本稿は，これら基本権の内容を批判するのではなく，この法カテゴリーの意義と有用性に素朴な視点を投げかけるものである。この法カテゴリーは現代法において大きな成功を収めているが，それが基本権概念の優れた役割に起因するのか，それとも，まさにその不確実性[1]に由来するのかはよくわかっていない。

　基本権の構成要素[2]に関する研究に留まらず，その総体を見出そうとする大半の論者は，当惑をあらわにする。しかし，憲法制定権者，裁判所[3]，立法者[4]，国際機関，これらの間には熾烈な対抗意識があり，基本権の一覧は際立って長くなっている[5]。たとえば，自由に関する急速審理制度 référé liberté のように基本権保護に適応したいくつかの裁判手続があり，裁判官はこれらの権利の主要な番人と考えられている。しかし，他方で，独立行政当局[6]，専門機関[7]，省庁[8]もまた，裁判官と並んで，基本権保護のために機能している。

　この法概念の批判的評価という困難に取り組み，その究極目的を明らかにすることは急務となっている。権力に対して市民に保護をもたらすためのものと考えられている基本権概念は，集団生活についての思考方法の構築を可能にし，社会契約の現代的な表現と考えられるだろう。しかし，そうであれば，基本権はできるだけ多くの人々に理解されることが求められる[9]が，基本権の精

緻化は，もっぱら専門家であるエリートの議論の領域とされている。

学説には選択しうる二つの方向性がある。基本権と名のつくすべてのものを追求し，もはや誰にも意味のわからない規則や手続の雑駁な山の中に埋もれてしまうか，あるいは，基本権固有の理論を打ち立てるかである。後者の理論があれば，基本権には意味と効力が与えられ，明確に示された論理——それは必然的に政治的な秩序となるであろうが——にしたがって基本権の解釈が可能となる。

II 基本権：姿のない法カテゴリー

法カテゴリーを定義するには，たとえば，規範の性質やその規範が示している機能によって，手続によって，規範を承認する権限を有する裁判権によって，または，その目的によって等，いくつかの方法がある。しかし，基本権に関してはこれらのいずれも当てはまらない。

A. 新しい概念か，代替概念か

実質的な概念（人権）を形式的概念（憲法的権利）におき換えることは一つの進歩なのだろうか？　近年，基本権は多様な表現の形をとってフランス法に侵入してきている[10]。基本権が憲法理論の中に確実に定着しているようにみえるとしても，基本権理論と人権理論との関係は未だ不明確なままであり，論争の的となっている。

1．相対的な新しさ：憲法により保障された諸権利

フランスでは，基本権という表現の出現とは，立法者及びその背後にある政府に対するいくつかの権利に，これからは憲法院の判例によって憲法的保障がもたらされるという新規性を認識することであると，第一に説明される。これは，ある法律が公的権利（この判例では結社の自由）を保障する実質的な原則に反すると1971年7月16日に憲法院で判示されたことに始まる。これにより，フランスの制度は，長い間そのような保障をもたらし，適切な学説が発展していた諸制度と同じレベルにおかれることになった。それまでは，行政裁判官が

すでに憲法を行政決定に適用し、一般原則——そのいくつかは憲法的な側面を有していた——を確立していたからである。しかし、法律に対しては、そのような権利的保障は働かなかった。この判例以降、とくに権威のある論者達は、すぐさま基本権と憲法を関連づけた。「フランス法においては、憲法そのものから生じる基本権の定義は存在しない。その定義は、学説による分析から抽出される。基本権は、個人と国家機関との関係において憲法秩序が個人に認める権利や保障の総体という意味で用いるのが適切である。これらの権利が『基本的』であるのは、一方ですべての法の基礎をなす人間にかかわるためであり、他方で、基本権の承認からもたらされる帰結がすべての法秩序に及ぶ、また及ばなければならないからである」[11]。

　ここにすべてが言い尽くされている。つまり、もともとは学説による概念であること[12]。「基本的な」性質は憲法から引き出され[13]、それにより、その効果が法秩序全体に波及すること。憲法に認められた権利を他のいかなる規範に対しても優先させることをすべての裁判機関に課す概念であること。個人に認められる無数の権利の中にこれからは階層があること、つまり、特定の権利はその法源によって上位に位置づけられ、特別な保護や効力を享受すること。フランスの法制度にもたらされた新しい点とは、これら諸権利の優越性がすべての裁判権において認められ、そこからさらなる力が導出され、合憲性審査が認められたことである。基本権についての合憲性審査は、それまで明確化されておらず、憲法院裁判官が排他的権限を有する憲法以外の規範に対しては行われてはいなかった。しかし、この憲法による基本権保障は、憲法院以外の裁判権による法律の合憲性審査が禁じられていたため、2008年7月23日の憲法改正まで不完全な状態だった。この改正によって、「法律の規定によって憲法に保障される権利と自由が侵害されていると主張される」（新61条の1）[14]場合に、コンセイユ・デタあるいは破毀院から憲法院へ付託する手続が導入された。

　実証主義的で明確な基本権概念に留まるとしても、このカテゴリーの正確な境界についてはいまだ不確かなところがある。しかし、これは古典的な解釈問題[15]であり、結局、おもに裁判官の役割に関する次の三つの難問に帰着する。

これらの難問とは，基本権を侵害する法的行為——おもに法律——に対して，憲法院以外の裁判官はどのような権限を有するのか，基本権がその他の権利と比べてより厚い保護を享受する根拠とは何か，憲法規範と憲法裁判官，そして国際的な規範とそれを適用する裁判官，これらの間の調整はどのようになされるのか，である。

この基本権の立憲主義的な意義は，フランス憲法の根底をなす。しかし，その後学説によってこの意義は「忘却」された。最初の憲法である1791年9月3日憲法には，第I編「憲法に保障される基本条項」が定められ，「この憲法は，自然的及び市民的権利として，以下を保障する」という言葉で始まる。この憲法は，1789年8月26日の人権宣言を採録し，さらに「公の扶助についての一般的な施設」の創設，無償の「公教育」制度の設置，民法典作成の意思表明を付け加えることによって，人権宣言をいっそう充実させている。これらは，この憲法に表明された秩序とは実際は逆の秩序において示されたものではあるが，「共和制」——これが確立するにはあと1世紀半待たねばならない——の基礎といいうるのではないだろうか。しかし，残念ながら，19世紀における諸憲法——とくに，近代的な公法学説がつくられた時代である第三共和制の憲法——には具体的な権利規定がほとんどなかったために，公法には参照すべき実定規定がなく，初期の憲法に基づく法学説を発展させることができなかった。そのうえ，これら初期の憲法は政治的な理由で正当に評価されてはいなかった。よって，学説としての注力は行政法に向けられた。その活力は目覚ましいものだったが，行政法本来の性質によって射程が限られていた。

2．人権の代替か，またはその拡張か？

基本権理論の発展にはまた，とりわけ比較法上，より複雑な理由がある。基本権理論には，今日ではあまり魅力的でない，さらには衰退した概念を排除する効果があると解されている。その概念とは，人権という表現よりも政治的・イデオロギー的な含意が少なく，18世紀のヨーロッパや啓蒙の思想を想起させ，ヨーロッパにおいても，またヨーロッパの外においてはそれ以上に多くの人々が隔たりを感じる，自由の概念である。自由とは，欧州人権条約[16]の正式

名称にも見受けられるが，一般的に実証的な用語ではない。また，自由主義には統一的なまとまりがない。この政治的な潮流は広く支配的なようにみえるが，とくにフランスでは，それほど系統化されておらず，自由主義自体がさほど普及してはいない。知識階級における自由主義の思考は守勢であり，政治討論ではきまって，政治的な自由主義と経済上の「超自由主義 ultralibéralisme」が錯綜して使われる。専制国家体制を脱したばかりの諸国（ドイツ，スペイン，ポルトガル）が基本権という表現に何らかの利点を見出したのは，おそらくこのような論争を回避するためだったのかもしれない。

　欧州連合においては，欧州評議会や欧州人権条約と一線を画し，独自の法秩序——未だ立憲的ではないが強固に制度化された——を確立する手段として，EU基本権憲章が策定された。

　他方で，基本権理論の発展は，フランス思想に対するドイツの法思想や政治思想の勝利を意味するのだろうか[17]。ドイツの学説は，基本権理論を非常に難解で複雑な方法で解釈し，そこから高い権威を導出する。しかし，その学説には先行する法がなかった。というのも，1791年フランス憲法——フランスの憲法学者が一貫して顧みなかった——が，ドイツに再導入されるからである。しかし，とりわけドイツでは，憲法が基本法 Grundgesetz と呼ばれるため，形容詞「基本的な grund-」を constitutionnel の同義語とする自然な整合性がある。したがって，この基本法の諸原則が基本権と呼ばれるのは当然なのである。つまり，フランスにおける基本権という表現は，不適切な直訳に起因した混乱に近いものである。

　さらに基本権理論の本質に言及すると，その理論は，19世紀ドイツの諸公国の立憲主義の擁護者にさかのぼるが，これにはまた，フランス革命によって普及した自然的で市民的な権利に関する議論を遠ざける目的もあった。これらの論者たちは，ドイツ君主制の諸憲法が，多かれ少なかれ「啓蒙的」であり，（フランスの）人権に匹敵する諸権利を認めていることを示そうとしたのである。しかし，これには大いに異論がある。なぜなら，特定の権利が公権力に対して個人を解放し，実効的にその個人を保護するには，それが憲法に刻まれるだけ

では十分ではないからである。実際には権利の一覧を比較しなければならないであろう。ドイツ憲法の真の優越性とは，後にオーストリアで実現することになる，基本権について裁判による合憲性審査が存在することだった。この審査制度に関する確立された理論は，カールスルーエの憲法裁判所——1949年に設置されたばかりである！——においてすぐさま活用された。

　基本権はまた，グローバル化に適応する産物でもある。他方，人権及び公的自由は，その力強さを奪うような矛盾が増大することに苦慮している。これら人権概念は，ある一時期のヨーロッパ文化と結び付いていると考えられ，他の文明においてはほとんど親和性がない。そのため，人権の普遍性に対する異議が公然と主張されている。世界人権宣言[18]や（アフリカやアメリカの）地域的な人権宣言があるにもかかわらず，人権理論は，文化的，社会的な抵抗，そしてますます強くなる宗教的な抵抗[19]に直面している。そのうえ，各宣言の生まれた地域での安全保障の追求が，人権に対する重大な逸脱を増大させている。そこにあらわれているのは，民主制を共通の政治体制[20]として段階的な民主化を要請し，特定の権利の厳正な普遍性を理想として確保しようとすることは，本来，困難でしかないことである。しかし，法理論とは，実際に実施され，生きている法を考慮しようとするものである。よって，そのような法理論は，国際的な制度が相対主義と不可分であること，そして，いかなる法的な表現であろうと，場所によって同じ意義や射程を有するわけではないことを受容しなければならない。さらに，このことは認識されると同時に抑制されなければならない。というのも，一定の限度を越えてしまうと，すべての共通規範を否定することになるからである。文化人類学における法の研究によると，欧州評議会のように一見非常に統合化された制度においてさえ，社会的あるいはイデオロギー的な要因による差異が残存することが明らかにされている。しかし，法の使命とは，このような差異から生じる緊張を緩和し，矛盾を抑制することにある[21]。したがって，人権概念は，その内部で論争があろうと，また，あまりうまくは適用されていないとしても，必要不可欠な概念であり続けるのである。

　基本権が，抽象的で，イデオロギーとして中立的——つまり空虚——な表現

であることから，それは地球規模のマーケティング[22]にも適している。言葉の意味としての密度が希薄であればあるほど，それはいっそう普遍的に受け容れられる。というのも，各々に都合のよい内容を自由にその言葉に含めることができるからである！　あらゆる法制度は，その性質上，その基盤となり，知的及び政治的連帯を確保するための諸原則を有している。成文法であれ慣習法であれ，現代国家[23]のあらゆる憲法には，その国家固有のアイデンティティにかかわる諸原則が含まれている。

　しかしながら，基本権原則に関する憲法学の理論は国家主義的で国民的な性質を有するために，矛盾，さらには，袋小路に陥っている。基本権が憲法に深く根付けば根付くほど，それはいっそう普遍主義から遠ざかり，細分化されることになる。諸国の憲法が収斂しつつあることが証明されれば，この問題は治癒されるのだろうか？　確かに，思考の伝播や模倣は公的制度に関して重要な役割を果たし，また，それらが歴史的な諸要素（植民地に関するすべて，いわゆる「経済圏」，エリート教育，専門家の役割など）によって補強された結果，類似した発想の型式[24]を有する国家群を識別することができる。各国の憲法裁判制度の間にもこのような借用や模倣がみられる。しかし，各制度は，その領域の組織のされ方（連邦主義，地域主義，中央集権国家，分権化国家など）によって種々雑多である。それは，法を実施するための公権力の構造，裁判組織，経済的あるいは社会的な諸原則，そして，個人の公的自由と権利とも無関係ではない。国家は常にそれぞれが唯一のモデルであり，その国家の法にはその独自の文化環境が浸透している。たとえ使われている用語が同じ場合でも，その真の意味や実施には大きな違いがある。

　したがって，真の共通事項は，憲法にその起源があるのではなく，国際秩序[25]の中にある。しかし，国家の中でその国際規範の適用可能性が認められ，この二つの秩序の接合点である憲法にこのことが記されている必要がある。よって，ここに，克服し難い矛盾が生じている。つまり，基本権はその存在とその保障が憲法において認められ，したがって，国家やその憲法の数と同じだけ多種多様であるのか，あるいは，基本権には普遍的な役割が与えられているの

だから優先して国際法に位置づけられるべきなのか、という矛盾である。

この矛盾状態が現実であり、そこから次のような複雑さが導出される。基本権はいくつかの法秩序において明言されている。それらの表現は、多くの場合似通ってはいるものの、まったく同じということはほとんどない。法学説は、論理的に憲法規範に優越性を与えるが、ときとして国際条約の方がより進歩的で、かつその改正はより困難である。したがって、この二つの階層の諸規範の間、とりわけ、それらの権限の間を調整する原理やメカニズムが必要となる。このことが、この問題を著しく政治化し、学説や判例に広い余地を残すのである。

したがって、それぞれの政治秩序は、その秩序を構成し特定化する法規範のなかで意思を表明するものであるが、基本権は本質的に、これらの秩序間の整合性の追求及びその構築に起因する重要な問題を示唆している。しかし、現代世界において、国家はもはや唯一の政治的で法的な秩序ではない。なぜなら、基本権は他所にも存在し、もはや論理的に構成され、統一的なまとまりを形成していないからである。それぞれの階層において、基本権は類似した創設的機能を有するが、政治秩序間で行われる調整のようには、法の観点における基本権の間の調整はうまくいっていない。

B. 法的に不均質で定義しがたい総体

「基本権」という表現は、憲法を超えて、EU法や国際法においても使われる。よって、基本権とは、さまざまな法文書によってそのように名づけられたものを意味する。さらにまた、それらの基本権の違いや不均質な性質を受けいれることが求められる。

法源に結び付いた基本権の形式的概念と、基本権の内容により左右されるその実質的概念の間には、人権概念についてよりもより顕著な緊張がある。実質的概念には、とくに重要とみなされる権利を保護するすべての規則を一つに束ねようとする志向があるが、基本権には、形式的な統一性以上の実質的な均質性はない。

1．多様な法源とそれら法源間の不十分な調整

　何が基本権に該当するのかを正確には知ることができないために，基本権の法源を完全な一覧にすることは難しいが，基本権には多様な法源があり，その法源間があまりうまく調整されていないという点はよく知られている。そのおもな障害は，基本権と人権の間の不鮮明な関係に起因する。たとえば，憲法的価値を有する法文書には，人権に関する規定が含まれるが，人権——とりわけ，経済的あるいは社会的性質の請求権——の限界そのものが曖昧である。このことにかかわらず，これらの文書は明らかに基本権を確立する。しかし，憲法には他にどのような「権利」があるのだろうか？　地方公共団体の自由行政といった公法人の権利，国会議員の権利，司法官の終身的身分保障などがあげられる。これらもまた，法政治制度の重要な要素である。本稿では，主権的権利の理論にしたがって分類を試みるが，この理論は新たな複雑さをもたらすものであって，これによって議論が尽きるわけではない。

　結局のところ，憲法における権利の一覧は未完成である。それは，憲法院裁判官，さらにはその他の裁判官（コンセイユ・デタ Koné 事件 1996 年 7 月 3 日判決）が，現在も効力を有する第四共和制憲法の前文に依拠して，いつでも「共和国の法律によって認められる」新しい「基本的原則」を見出すことができるからである[26]。比較法の観点からは，成文の憲法がない国，あるいは憲法を有する国でも，権利宣言がない国がいくつかある。さらに，合憲性を審査する裁判官が置かれているか否かによってこれらのことは一層複雑になる。しかし，だからといってこれらの諸国には基本権がないといえるだろうか？

　諸権利の効力や優越性が導出される憲法あるいは条約といった規範階層の上位に位置する法文書に宣言された諸権利は，多くの場合，一語あるいは短い表現でしかなく，権利についての実際の制度はそれらを規制する法律に定められている[27]。よって，立法者には，具体的な制度を確立する義務があり，その制度は，そこに含まれる定義，条件，手続から常に多かれ少なかれ制限をうける。そこから，たとえば通信の自由やストライキ権，移動の自由について想定される重要な力が引き出される。このような立法作用の結果，たとえば所有権

は，それを保障する規定よりもそれを枠づける規定の方がはるかに多い。憲法院裁判官は，このように権利が確立している場合に，法律が憲法に違反しないことを保障する。しかし，争点となっている権利の保護について憲法が最大限の保障を与えているという安心は決してえることができない。結局のところ，基本権の「基本的な」性質によって，何を根拠に，法律のみに定められる「普通の」権利にはない確実性と優位性が特定の権利に付与されるのだろうか。憲法や条約に明文化されているため，基本権は法律によって廃止されることはない。そして，立法者には，それらに制限を課す裁量はない，なぜなら，その制限が緩められる理由である一般利益は，裁判官によって正当化されなければならないからである。この点はおそらく重要である。しかし，基本権の真の価値は，形式的な定義のみによっては特徴づけられないその対象や内容にある。

　EU 法における基本権の状況もまったく同様に複雑である。欧州司法裁判所は 1970 年から，EU 法秩序において直接に適用できない欧州人権条約から想をえたという考えを示し，基本権を定義しないまま，法の一般原則に組み込んできた。1992 年マーストリヒト条約では，次の規定が付加された。「連合は，1950 年 11 月 4 日にローマで調印された人権及び基本的自由の保護のための欧州条約により保障され，各構成国に共通な憲法的伝統から生ずる基本権を，共同体法の一般原則として尊重する」[28]。この規定には，要所要所に解釈の問題や範囲画定の問題がある上，基本権とは何かについての明確な見解も示されていない。基本権に関する EU 構成国に共通の憲法的伝統とは何かを明らかにする権限は，EU の裁判官にのみあるのだろうか？[29]　この状況に，EU 基本権憲章が加わる。通常の手続に則らず作成されたこの憲章は，ニース・サミットで承認され，EU 諸機関に法的効力の弱い義務を課すものとされた。また，同憲章は，リュクセンブルクの裁判官（おもに第一審裁判所）に示唆を与える役割を果たし，欧州憲法条約構想においては重要な位置を占めていた。リスボン条約によって現在では，憲章に「基本条約と同一の法的価値」が付与されている。しかし，同条約はまた EU の欧州人権条約への加入についても定めている。このように基本権に関する規範は錯綜し，その裁判管轄権は競合している。こ

の状態のどこに法の進歩があるといえるのだろうか？　何が真に追求されるべき目的なのだろうか？

　国際法文書における基本権の表明は，これらの権利についての憲法理論を損ない，明らかな優位性を示す。第一の優位性は，同じような諸権利の適用範囲が拡大することである。第二は，憲法による基本権の保障よりも効果的な保障をもたらしうることである。後者はとりわけ，普通法上の裁判官に法律の憲法適合性審査権はないが，条約適合性の審査が可能な国にあてはまる。第三には，これらの権利の確かな存続がもたらされることである。なぜなら，47の欧州評議会加盟国のなかの1国において憲法改正の可能性あるいは権利保護的な憲法実践が後退する可能性よりも，欧州人権条約やEU法が改正される可能性の方が低いからである。

　基本権のこの形式的な多様性に，他の要素，つまり基本権の性質や法的効力にはるかにより重大な影響を及ぼす不均質性の要素が加わる。ここで問題となるのは，基本権の内部区分である。この点には，基本権の階層レベルとその法的効力両方が関連する。

　2．種々雑多な内容

　この点については簡潔に論じる。特定の秩序——たとえばEU法——における基本権が増加し，これに他の秩序に由来する権利が付加され，多様な効力や争点を有する諸原則からなる非常に雑多な権利カタログができあがる。これについては，請求権と自由権との伝統的な違いを示すだけで十分であろう。後者が裁判においてよく見受けられるのに対し，連帯や経済的保護に対する要求——前者——は，不平等や貧困が拡大する先進国経済において次第に差し迫った問題となっているが，これらの権利が裁判に委ねられることほとんどなく[30]，またこれらが高度に専門的なために，憲法学説の関心を喚起することもほとんどない。

　a）　基本権は他よりも重要な諸原則なのか，また諸権利間の複雑な調整はなされるのか

　もし，基本権を示す規範の性質やその位置づけによって基本権の優越性が確

立されるのであれば，基本権はもっぱら，同じ形式的法源——憲法や条約——に示されている他の諸規則と同じレベルにある。しかし，他に比べて特定の規則に優位性を与える起草者の意思が明確に示された場合，同じ法文書の諸規則間に実質的な階層があると認識される。立法者や行政立法権者はよくそのような差異化を行う。憲法規範は不変であり，改廃しえないという命題を，我々は支持することができないと考えているが，それと同じくらい，それらの規範のなかに明確な分類を設けることは受け入れられている。基本権カテゴリーの法的な機能はこの点にとどまるだろう。

　差異化によってすべての問題が解決するわけではなく，それはまた，基本権の間の対立を生じさせる。基本権の長い一覧は，多様な要求を満足させるためにつくられたのであり，そこには，法的に整然と構造化された合理的な総体を構築するという配慮はなかった。EU 基本権憲章はその典型である。互いに類似した権利が積み重なり（たとえば，思想の自由，宗教の自由，通信の自由，報道の自由），あるいは逆に，それらは多様な領域に及び（経済的権利，請求権，自由権），ときには，明らかに対立する（いくつかの経済的権利と社会的権利）。これらが，諸権利の外縁やそれらの間の関係を不明確にしている。

　一般的な方法で（生命に対する権利は他に優越する，思想の自由は絶対的である，など），あるいは，あれこれの文脈においてというように状況に応じた方法で，基本権を階層化する必要がある。この階層化の責任は，基本権の起草者自身にあるといえる。しかし，どちらの方法をとるかの選択は，実際のところ，立法者やとくに憲法裁判官，ときにはさらに普通法上の裁判官——これらを終局的な基本権の保証者とするにはなお議論の余地が大きいにあるが——の権限に属する。

b）　基本権は主観的権利か，客観的権利か？

　ドイツの学説が基本権理論に与えた影響を受け，数人の論者は，基本権を憲法によって保障される主観的権利——この表現だけでも長く議論するに値するだろう——として提示する。しかし，この理論による区分とそれにともなう煩瑣な点を議論の中心に据えることによって，何が強化され，何が明確になるの

かは，明らかではない。その全体をある一つのカテゴリーにいれることができない基本権を，この理論が規定することはできない。公法人を含め，法人を基本権の保持者として認めた時点ですでに，必ずしもすべての基本権が主観的な権利ではなくなる。他にも，基本権を主張する権限は，権利保持者にのみあるのではなく，当事者に代わってあるいはそれと並んで訴訟行為を行うことのできる第三者にも——その規範を擁護する提訴権者として——ある。人権保護，移民支援，非差別運動，子どもの保護，環境と健康の保護などに関する活動団体は，団体の直接的な利益とは関連がない一定の場合にも，訴訟権限が認められる。裁判を受ける権利及び衡平な訴訟手続を求める権利は異論のない基本権ではあるが，根本的には司法制度の構造的なあり方に関するものであり，主観的権利でも人間の権利でもない。

それに，人々が享受する多くの主観的権利は，憲法あるいは条約の基本権の一覧には含まれていない。そのため，この区分それ自体に大いに議論の余地がある。さらに，法主体が援用しうるすべての法は，法秩序に根拠がある。その根拠は当然に法主体の外にあり，疑義がある場合は，「客観的」な権限者である裁判官が最終的に判断する。特定の権利を実施する際に，その享受者に条件を課すような手続規則は，最高階層 *summa divisio* の権利を創出するには値しない。

Ⅲ　基本権の政治的機能

前節に示したように，基本権は正確で揺るぎない法的効力によって特徴づけられ，限界を明確に画する法カテゴリーを形成していないが，学説的及び政治的な機能を有していることはしっかりと認識されている。基本権の独自性やその地位は，単一の制度からではなく，それが政治的領域において有する固有の役割から生じている。本節では，政治的な共同体（コミュニティ）固有の制度的秩序の基礎を表明するものとして基本権が認識されないかぎり，基本権は意味をなさないこと (A)，そして，基本権が，それと釣り合う市民の義務の明確化によって補完されなければ，その制度的秩序は完全なものとならないこと

(B) について論じる。

A. 政治的機能：社会秩序の創設者としての基本権

　形成されたあらゆる社会的集団の「憲法」は，その秩序を創設する憲章である。その憲法は，単に諸権力の役割分担や権限の配分を確立するだけではなく，その権力構造を正当化する究極目的，社会的意図，存在理由についてもまた言明する。このことは，非営利社団，企業，公施設についても同様にあてはまる。したがって，その究極目的があまり明確には述べられないとしても，国家に対してもまた同じことがいえるだろう。現代において諸団体がますます緊密に組織化されるにともない，自らの究極目的を憲法において表明する必要性は強まっている。このような諸団体は，個人生活の最も些細な奥底にまで浸透する法において，その意義や価値について定めるのである。

1．社会契約の構成要素

　憲法には二つの対象があるが，それらに対して同等の関心が払われるわけではない。それは，その一方が古典的に法的な対象であるのに対し，他方は政治的で，イデオロギー的でもある領域にあるからである。憲法は，一方で，諸権力の構成や国家形態——ありふれた法律事項——を，他方で，この構造が機能させ，確保すべき政治社会の性質を定める。憲法がこれらの対象それぞれに与える位置づけもまったく平等ではなく，学説または政治論争がこれらに向ける関心もまた同様に同じではない。その2番目の対象は，しばしば，一語または一つの表現（共和制，民主主義［戦後直後には，経済的，社会的といった形容詞によってときにはより明確化された］，または，「自由，平等，友愛」といった標語）であらわされ，これらは十分に明確なものと考えられていた。一時期，それ自体で自明とされていたこれらの表現をめぐって激しい政治闘争が繰り広げられたが，今日では，それらを肉づけ，今日性を与える政治的論争がなくなったために，それらは一般化され，ほとんど意味をなさなくなった。いまやいかなる大きな政治勢力であっても，新しい国家（社会主義国家，プロレタリア国家，国民国家，自由主義国家など）を創設するために，民衆を結集させうる概念を担うことはな

い。法治国家 Etat de droit という表現も，もはや人民に語りかけるものではなく，いくつかの言語においては適切に訳されてもいない。

よって，新しいパラダイムとなったのが，権利国家 Etat des droits である。これは，近年，あらゆる憲法のなかに諸権利が表明されていることに具体化されている。これら諸権利に，確立しようとする政治社会のモデルが描かれている。

基本権は第一に，その権利の享受者にとって重要なのではなく，政治的共同体（コミュニティ）のために確立される秩序の創造者なのである。その共同体が国民からなるものである場合，それは国家の憲法秩序に服する。ヨーロッパ規模の共同体に関しては，それが欧州評議会の創設構想であり，欧州人権条約の発想の源であった。また，そのような共同体（コミュニティ）は国際的な共同体であるかもしれない。しかし，この場合その社会が，いかに脆弱であっても，単なる国家の並列状態以上のものであり，共生の意思をあらわす共有の諸価値や諸権利を擁する制度によって統合された人々の共同体を形成していることが条件となる[31]。

法理論によると，これらの秩序には階層の原理があてはめられる。しかし，このような階層の原理は，政治的観点では存在しない。そのため，この原理は法的な完全性を有してはいない。ものごとの本質としていえるのは，権利の一覧及びその構成が三つの階層でそれぞれに異なり，それらの間の調整が，地理的範囲や状況によって異なる方法でなされ，長い間，困難であり続けるだろうということである。国家としてつくられた共同体は，特定の基本権を自らのアイデンティティとして保持し，これによって国家間の違いが堅持される。これを主権と呼びうるが，主権は次のことを前提とする。すなわち，従属的立場にある制度は，より上位の制度に比べて強い権利を具備することを条件に——もっとも，形式的に最も進歩的なのは実際には国際的なレベルであるが——，国家の制度と国際制度の間の矛盾を生じさせないという原則を尊重することである。

奥の深い歴史や世界の社会に関する研究をみてみると，国家はごく最近の政

治形態にすぎない。南米，アフリカ，大陸アジアでは，多くの社会集団が実際に国家とは異なる形態で営まれている。そこでは，宗教や地方の慣習・伝統が規範とされ，未だに国家の法は表面的なものにすぎない。国家権力が定めた規則を全国民に適用することは，長期的に「現代性」を備えることにほかならない。そのような国家の規則は伝統社会に対して自らがもたらす付加的価値を，示すことになる。つまり，これらの規則に結びついている基本権が集団生活の新しいビジョンを示し，伝統社会に貢献するのである。

　制度化のプロセスには，規範的な側面だけでなく，経済的な本質もあり，種々の連帯メカニズムをつくり出す。今日これらのメカニズムは，個人にとって集団的なシステムの重要な要素となっている。つい最近まで，これらのシステムは，限られた仲間内，家族内，あるいは村落内で，道徳的で宗教的な決まりのみに基づき，ほぼ制度化されないまま実施されていた。今日では，財源の徴収，予算，人員をともなう大掛かりな官僚機構が機能し，これが医療，高齢者，障害者，子どもに対する費用を負担している。社会保障，年金制度，社会扶助は社会契約と不可分である。ほとんどの人々にとって，これらの制度は，一連の自由権や行政及び裁判に対する手続の向上に比類する進歩であり，必要不可欠のものである。

　２．政治的に制度化された諸権利：自然権「神話」の崩壊

　人権の効力は，厳粛な公布や，法文書の規範階層における位置づけからのみ生じるのではない。そもそも，1792年から1946年まで，人権宣言は，実体憲法のなかにまったく位置づけられてはいなかった。この宣言の諸原則は，それらが自明であることから効力を得ていた。この自明の性質から，コンセイユ・デタは着想をえ，第三共和制における一般原則を定式化するに至り，学説は，これを「自然」権，つまり，社会的な人間に内在的で，議論の余地のない権利と解釈した。1946年に宣言された経済的権利及び社会的権利——それらの多くは長い間求められていたのであるが——もまた自然権として示された。それは，人間が，市民としての政治的な側面にのみ還元されるのではなく，同様に重要な他の側面も有することが認められていたからである。しかし，権利の一

覧が長くなるにつれて，自然法の観念を示唆する神聖性への依拠が次第に説得力を失っていった。ポルトガル憲法に示された，情報技術活用制度や通信の権利，政党の応答権を，人の自然権と分類するのは困難である。また，欧州人権憲章に定められた，社会状況やさらには科学技術と密接に関連する多くの権利も同様である。これらの諸権利が宣言された状況が示しているのは，これらの権利が，ある時期のある地域の思考や関心についての議論を糧とした政治的プロセスの法的帰結であり，それ以前に，そして別の文脈では決してあらわれることはなかったであろうということである。

　基本権を分類し階層化すること——たとえば，自然権とその他に——を試みたとしても，そのカテゴリー化は役に立たず，基本権の本質的な一体性が奪われることが明らかになるだけだろう。よって，より優越的な価値を有する人権と，倫理的に下位の価値をもつその他の多くの政治的権利や社会的権利という区別を維持する方が望ましい。これらを一つのカテゴリーにして同質化することは，権利を向上させるどころか，そのような一般化によって破滅的な様相に導くことになるだろう。

　基本権の「世俗化」にはまた別の効果がある。基本権から引き出される諸価値に含まれる潜在的価値を明確に示すため，基本権はますます明確に，そして詳細に定式化されるだろう。それは，そのような潜在的価値が，それを適用する任務を負う当局や市民に当然のものとして理解されておらず，共有されていないからである。よって，基本権は，議論や解釈の尽きることのない源となる。このことは，まさに哲学の講義のように長く複雑な裁判所の判決に示されている。

　したがって，結論ははっきりしている。諸権利の基本的性格は，これらを享受する人々の法的財産としてではなく，これらを宣言する者の意思として重要なのである。諸権利にその性質を与えるのは，その権利を有する人々の性質ではなく，基本権の起草者に外ならない。しかし奇妙なことに，歴史上，多くの場合，基本権は特別な採択手続に付され，法秩序へ統合が困難な文書に記される。

1789年8月26日の人権宣言は自らを憲法制定議会と称した反乱軍の議会によって採択されたが，この宣言の地位は，1791年憲法に挿入されるまで不確かなものだった。しかし，この憲法が存続したにもかかわらず，人権宣言の法的効果は乏しいままだった。1946年に新たな権利宣言が憲法前文に定められたが，起草者たちはおそらくその法的効力を弱いものと考えていた。その後，行政裁判所がそれを実定法であると判示した。第五共和制憲法は前文で，これら二つの文書に非常に簡単に言及しているが，それらの実定法としての性格は，ここでもまた，とても不安定であった。まず，行政裁判所が以前の判例の路線を踏襲し，諸権利が十分に適用可能であることを認めた。その後で，憲法院がそれに倣ったのである。EUの基本権憲章は，条約改正手続にもEU法の立法手続にも従わず，EUの通常の規則の外で策定された[32]。リスボン条約に結び付けられるまでのこの憲章の性質や法的な位置づけは曖昧であった。他にもこのような例はたくさんある。

これらの例は何を明らかに示しているのだろうか？　それはまず，これらの文書が政治的行為であり，特定の時期に成立した新しい秩序を創設しようとする合意の表明であることを示している。つまり，ルソーの言葉でいえば，これらは社会契約なのである——ただし，ルソーは法ではなく政治を想定して論じているのだが。

B. 公共システムの再均衡化：義務をともなう権利

契約とは，対をなす義務の負担を前提とする。市民に対する国家の義務のみを有する政治的契約はこの契約とは異なるのだろうか？　国家は抽象概念でしかない。国家を体現し，その義務の実現に責任を有する人々，統治者，行政担当者，裁判官等によって，国家の義務は果される。これらの義務負担者自身が，公職を与えられた市民であり，その公職に責任が結びついている。民主主義の社会においては，統治者の選択，政策の方向性，財源の配分に関して，全市民が最終的な発言権を有するとともに，他人の権利や自由を尊重し，守らなければならない。1848年11月4日の憲法の前文Ⅵ条はこのことを次のように

定めていた。「市民は共和国に対して，共和国は市民に対して，相互的な義務が課される」。

このことは，いくつかの憲法に明確に述べられており，とりわけ公的支出を要する権利に対しては非常に明白に示される。権利享受者の存在する手当や扶助，公共サービスに出資するは誰であろうか？　国家は，権利の享受者であり義務負担者でもある互いに相対している市民の間をとりもつ見せかけの仲介者にすぎず，市民が決めた諸条件にしたがって富の再配分を保障する。貨幣の創出あるいは公債への逃避——これらはまた別の負担を生じさせるのだが——といった術を採らないかぎり，行われる公的支出と同じだけの税金が支払われなければならない。これは，社会保障あるいは年金の割り振りにおいて，明らかなメカニズムである。たとえそれが，不明瞭な手続や制度に覆い隠されているとしても。

社会的関係についてのこの個人主義的な，あるいはリベラルな考え方は，フランスにおける支配的な思考とは異質なものである。フランスでは，数世紀にわたって政治的な国家管理主義に有機体説に基づく国家概念が結び付けられていた。これによって，国家を，個人間の関係の単なる調整者としてではなく，固有の能力——それには制限がないものと想定されていた！——を有する実体とみなしてきた。

しかし，市民の権利に義務を関連づけるべきかどうかは，昔から問題とされてきた。確かに，ヨーロッパ史上，権利の確立は，専制的な体制，さらには全体主義体制に対する抵抗から生まれたのであり[33]，新しい政治体制は，自らが権利を保護する性質のものであると掲げる必要があった。1789年8月に宣言された諸権利は，封建君主制を採る旧体制を形成するすべての政治的，司法的，経済的権力に対して宣言された。しかしながら，これらの権利が義務と均衡化されなければならないことも忘れられてはおらず，人権宣言では，共通租税の納税，国防及び行政に対する義務が定められている。1791年9月3日憲法では，その前文に1789年の人権宣言を採録するとともに，義務の宣言が付け足されている。1795年8月22日憲法は，22条にわたる権利と9条にわたる

義務を含む「人及び市民の権利と義務の宣言」で始まるが,これらの義務は教訓的な色調が強い。

　義務の観念が国際法文書には示されないことは理解されているが,それは現代の諸憲法に再登場する。スペイン王国憲法の第Ⅰ編「基本的な権利及び義務」(10条～55条) では,その30条から38条が「市民の権利及び義務」の部を構成している。1997年ポーランド憲法第Ⅱ編 (30条～86条) は,「人及び市民の自由,権利及び義務：一般原則」と題し,その最後に「義務」(82条～86条) がおかれている。そこではとくに,ポーランド共和国への忠誠,法の尊重,公的負担の義務,国防の義務,環境の質への配慮が定められている。ハンガリーの1949年憲法もまた,大幅に改正されているが,子どもに対する教育の保障義務を含む市民の義務の一覧 (70H条～70K条) を有している。1991年ブルガリア憲法第2章「市民の基本的権利及び義務」(25条～61条) には,最後に一連の義務が定められている (58条～61条)。このような例は枚挙に遑がない。ポルトガル憲法の場合はこれらより曖昧である。というのも,その第一部「基本的権利及び義務」(12条～79条) ではテーマ別の複数の章のなかに権利と義務が混在し,さらに,そこに定められた諸義務は,一般的には国家の行為義務 (社会保障の制度化,公衆衛生保護など) とされるものだからである。

　憲法に義務が定められていないとしても,それらは論理的に権利にともなって生じる。しかるに,政治社会が諸権利を充足させる以前にまず,社会の成員間に義務を課す社会的で政治的な秩序が確立し,その社会が諸権利を充足しうるものとして組織されなくてはならない。ヒンズー教の思想は,この点でより現実的である。それは,人は生まれながらに親,神,社会に対して負債を負っていると説く。生来的な権利はまず,個人の義務の確立に依拠しているのである。これは,ヘブライ人の十戒やハンムラビ法典においても同じである。これらに対して近代がもたらした偉大な点は,個人の自律性を確立したこと,そして,神々,現世での神への奉仕者及び一般の権力に対する義務という圧倒的な重圧から個人を解放したことである。

　しかし,憲法における市民の義務は,権利と同列に定められてはいない。こ

れがどのような哲学的な根拠によるのかは理解されていない。市民が，法人や公法人も含めた他者に対して，いかなる義務も負ってはいないと主張する者はいないだろう。市民には，納税の義務，国防に参加する義務，投票によって公的生活に参加する義務，自動車運転規則や財産管理規則の遵守などが課せられる。したがって，憲法は沈黙しているのであるから，立法者に，基本権を尊重しつつ義務を規定する裁量権がある。逆説的にいうと，基本的義務が憲法規範とされていないために，事実上，これらの義務は最大限に増幅される。仮に世界中の市民の義務が明言された場合，国際秩序はそれによって強化されるだろうか。より進歩的な国際的連帯の法の確立を求める環境問題によって，おそらくはそれに近づくかもしれない。

　市民の基本的義務を憲法上の規範とし，それを政治議論の明確な対象とすることに対する躊躇には，三つの理由があるが，そのいずれも楽観的なものではない。

　第一には，公権力の力をさらに正当化することに対する危惧がある。しかし，義務が憲法に定められていないからといって，財政的，経済的，規制的な義務や負担の過剰化が防止されるわけではない。権力は自由に自らが望むことを定めることができるが，法的に定められた諸義務であればその定義から制限を受け，裁判で審議される可能性がある。権利の理論と義務の理論は，権力の抑制に対しても必然的に相互補完的な関係にある。

　第二の説明は，今日では十分に広範な合意に基づく集団的な道徳を確立することができないことにある。このことは，共有する価値観のない分裂した我々の社会の重大な弱点を示している。これには，社会問題や家族の問題，国家や外国人の地位に関して議論することの難しさを考えるだけで十分であろう。これらのテーマに対しては，誰も義務について論じることができない，あるいは敢えて論じないために，権利の観点でしか言及されない。つまり，現実はこのように分裂病にかかっている。一方で，個人主義がかき立てられ，そこでは，主権者である個人がそう望むから，あるいは強力な商業的利益が働くためといった理由で，すべての行動が正当化される。他方で，社会的な連帯主義が強化

され，留まることなく拡大される（税，社会保障，規範など）。市民の基本的義務が憲法に掲げられていないために，数千の法律，数万の立法規則によって，より都合よく義務を課すことができるのである！

第三は，「義務」の効力に関する理由である。つまり，義務についての憲法上の文言が死文化するかもしれない，そして，そのことから憲法への信頼が失われるかもしれないと我々は危惧している。なぜなら，個人，メディア，特定の政治勢力による意図的な義務の違反や不遵守が生じるだろうからである。よって，義務は，常に異議申立てや違反の対象となるか，あるいは忘れ去られることになるだろう。

1) この不確実な性質は，法治国家 Etat de droit という表現にも関連づけられる。法治国家と不確実性には強い結び付きがある。Mandelkern によると「コンセイユ・デタの評定官はほとんどこの言葉を使わない。その判決や内部の議論にこの表現がみつからないのは」，適法性の原則——法治国家の古く専門的な表現——としての意味を除いて「それには明確な法的意味がないからである」。D. Mandelkern, «L'Etat de droit au quotidien vu par un Conseiller d'Etat», *LPA*, n° 141, 24 nov. 1993.
2) Olivier DORD «DROITS FONDAMENTAUX (Notion de - et théorie des-)», in *Dictionnaire des Droits de l'Homme*, PUF, 2008, p. 332.
3) 上級裁判権——憲法院，破毀院，コンセイユ・デタ，欧州人権裁判所，欧州司法裁判所，複数の最高裁判所——は，基本権に関する互いの立場に多大な配慮を払っている。欧州司法裁判所はいち早く「基本権の尊重は，当該司法裁判所が尊重を確保すべき法の一般原則の不可分な一部をなす」(CJCE du 17 déc. 1970, aff. 11/70, *Internationale Handelsgesellschaft*, REC. 01125) と判示したが，その定義を与えてはいない。
4) 法律によって，論理的必然として基本権にあてはまる多くの権利が創られた：行政文書へのアクセス権（行政とそのサービス利用者の関係に関する 1978 年 7 月 17 日法，この権利はまた EU 基本権憲章にも定められている），交通に対する権利（国内交通についての指針を定める 1982 年 12 月 31 日法），住居に対する権利（2007 年 3 月 4 日第 2007-290 号法），「情報科学は各市民に供されなければならない」と定める情報科学と自由に関する 1978 年 1 月 6 日法など。
5) 次の例は基本権の過剰状態をよく説明している。1976 年 4 月 1 日ポルトガル共和国憲法第 1 部「基本的権利及び義務」に含まれる 12 条から 79 条，及び EU 基本権憲章の全 54 条。

6) 基本権に多少なりとも直接に関連する例として，情報処理と自由に関する全国委員会 CNIL，反差別活動と平等のための上級当局 HALDE，視聴覚に関する高等評議会 CSA があげられる。
7) 2002 年 2 月 11 日，欧州議会の市民的自由権に関する委員会は，「人権強化のよい手段」とされている欧州基本権庁の長官に Morten KJAERUM 氏を指名した。欧州評議会閣僚委員会は，欧州人権裁判所が完全な裁判機関となった（1998 年 11 月 1 日発効の第 11 議定書）のと同じ時期に，決議(99)50 によって人権委員を創設した。
8) 2007 年 6 月 19 日，外務・人権担当大臣補佐職がフランス政府に設置された。
9) 1789 年 8 月 26 日の人権宣言あるいは旧約聖書の「十戒」のような基本的義務の宣言のように。
10) その系譜としては次を参照のこと。Louis FAVOREU et alii, *Droit des libertés fondamentales*, Dalloz, 3° éd., 2005.
11) Robert Badinter et Bruno Genevois, «Normes de valeur constitutionnelle et degré de protection des droits fondamentaux», *RFDA*, n° 3, 1990, p. 317. 論者はそれぞれ当時の憲法院院長と憲法院事務総長である。
12) ドール（O. DORD, *op. cit.*）等は，ルイ・ファヴォルーを筆頭とするエクス・マルセイユ大学の憲法学派の果たした決定的な役割を強調する。この学派は，二重の意味で公法の再検討を促した。一つは，憲法院判例に基づいた憲法の法的で訴訟的な観点について。もう一つは，行政法とその上級裁判所に対する憲法と憲法院の優越という点で。
13) このことが，そもそも用語が変化する理由を示している。fondamental は constitutionnel の同義語であることから，法秩序に重要な効果を生じさせるさまざまな対象に対してこの言葉が使われる。憲法院判例に形容詞 fondamental があらわれる場合，判例によって表現はさまざまであるが，いずれも質的な意味で用いられている：liberté fondamentale, n° 84-181 DC ; libertés et droits fondamentaux de valeur constitutionnelle, n° 89-269 DC. 表現の正確さは重要ではなく，それらの法的性質は常に同じである。
14) 憲法 61 条の 1 の適用に関する 2009 年 12 月 10 日第 2009-1523 号組織法律によって明確化された。
15) 基本権はときにより権利や自由の制度の単なる憲法的側面の研究として示されるが，このような意味での基本権はここで取りあげるには適しない。
16) 完全な名称は，「人権と基本的自由の保護のための欧州条約」。次も参照のこと。Louis FAVOREU et alii, *op. cit.*
17) L. FAVOREU, précité.
18) これは，国連が「西側」の強い影響下にあった時代に採択された。同宣言の実施は多くの国々で重大な障害に直面し，その 60 周年（2008 年 11 月）の祝賀は控えめ

に行われた。
19) 一方に宗教の目覚ましい台頭と「文化的及び宗教的な相対主義」があり，他方に治安偏重の政策強化がある。これらにより，人権イデオロギーの「浸食」，つまり保護的な政策を基礎づけるその能力の「浸食」が引き起こされている（国連人権高等弁務官ルイーズ・アルブール Louise Arbour のインタビュー，*Le Monde*, 2008 年 6 月 28 日）。国連における人権委員会の停滞及び 2006 年に設置された人権理事会の直面している困難についてはよく知られている。普遍的定期的審査 UPR はとても表面的であることから，スイス大使はこれを，「政治的な価値が付加されない，さらなる官僚的で退屈な作業」となるおそれがあるとみなしている（*Le Monde*, 2008 年 5 月 20 日）。
20) アマルティア・センは「20 世紀におこった重要な出来事［は］…民主主義の進展［である］」と述べ，民主主義を西欧的な様式や慣習によってのみ理解するべきではないと指摘した。Amartya SEN, *La démocratie des autres,* Payot & Rivages, 2006, p. 52-53.
21) Patricia WIATER, *Le pluralisme culturel, un défi à la théorie du droit et à la pratique juridique. La jurisprudence de la Cour EDH à l'épreuve du droit international et de l'anthropologie culturelle,* Thèse Droit Strasbourg, 2008.
22) 抵抗の少ない理念として基本権を提示することによって，民主主義者はもっともよく基本権の向上を図ることができる。楽観的な見方は，この民主主義者の巧妙な方法を利用することにある。
23) 旧ソ連には 1924 年 1 月 31 日「基本法」があった。1936 年 12 月 5 日のソビエト憲法には，第 10 章「市民の基本的権利及び義務」が含まれていた。
24) 分類することを好む比較法の学説では，諸政治制度の本質や実施方法における深い差異よりも，それらに共通する特徴の方がより優先して紹介される。
25) 例として，欧州人権条約による裁判権の法的な画一化効果をあげる。
26) 2007 年にフランス大統領は，憲法で保障される権利の一覧が継ぎ足され長くなることが望ましいと述べた。
27) スペイン憲法（1978 年 12 月 27 日）53 条はこのことを認識し，次のように定める。「自由や権利の本質的な内容を常に尊重する法のみが，それらの実施を規定することができる…」。
28) 欧州連合条約 6 条 2 項。
29) 欧州評議会及びその「法による民主主義のための欧州委員会（通称ヴェニス委員会）」は，これに関して独自の見解を有している！ Conseil de l'Europe, *Le patrimoine constitutionnel européen,* coll. Science et technique de la démocratie, n° 18, Strasbourg, 1997, p. 235.
30) 住居権の確立及び社会的結束のための諸措置を定める 2007 年 3 月 5 日第 2007-

290号法——この権利的理念は長い間議論されていたものだが——は，差し迫った政治状況のなかで採択された。しかし，その適用は，手続が複雑なために行き詰っている。というのも，裁判官はけして家を建てることはないからである！

31) 「世界的な社会契約」について考察する論者として次をあげる。Mireille DELMAS-MARTY, *La refondation des pouvoirs*, Seuil, 2007, 299 p. ; voir p. 256.

32) Guy BRAIBANT, *La Charte des droits fondamentaux de l'Union européenne*, Seuil, Essais, 2001. EU基本権憲章の起草は，*« enceinte »* あるいは *« body »* ——この言葉には重要性がまったくないといえる——に託されたのである！

33) 絶対主義王政に対しては18，19世紀において。全体主義体制に対して，フランス・ドイツ・イタリアでは1945年以降，ポルトガルでは1976年，スペインでは1978年に。ヨーロッパの旧共産主義諸国においては1989年以降に。

(ロベール・エルゾグ＝兼頭ゆみ子)

EU における基本権保護の最近の展開と将来
―― リスボン条約によって開かれた展望 ――

I　はじめに

　人権及び基本的自由の尊重は，EC 設立に関する諸条約〔= 1951 年パリ条約（欧州石炭鉄鋼共同体設立条約），1957 年ローマ条約（欧州経済共同体設立条約，欧州原子力共同体設立条約）〕が沈黙するなか，当初は，欧州司法裁判所 Cour de justice の判例によって保障されていた[1]。欧州憲法制定者たる各加盟国 Constituant は，かなり遅くなってから，かつ漸次的にしか，その判例を国内に継受していくことはなかった。〔1986 年の〕単一欧州議定書 Acte unique は一般的準拠にとどまっていたのであり，正式な法文書の重要な展開を確認するためには，1992 年のマーストリヒト条約 Traité de Maastricht 及びとりわけ〔1997 年の〕アムステルダム条約 Traité d'Amsterdam を待たなければならない。新しい段階は，〔2004 年の〕欧州憲法設立条約 Traité établissant une Constitution pour l'Europe によって始まっていた。この欧州憲法設立条約が失敗した後，〔2007 年の〕リスボン条約 Traité de Lisbonne が，その欧州憲法草案によって構想された計画の再スタートを可能にすることになる。

A. 基本権保護の判例上の確立

　欧州司法裁判所の裁判官は，1970 年代以降，法の一般原則として基本権を承認してきた。「基本権の尊重は，欧州司法裁判所（または第一審裁判所 Tribunal においては欧州司法裁判所の裁判官）によって保護される法の一般原則 principes généraux du droit の不可欠な一部を構成する」[2]と一般的に定式化された。

　欧州司法裁判所は，加盟諸国の憲法的伝統から，さらには次第に直接欧州人権条約から大きな影響を受けることになり，欧州人権裁判所の判例を次第に頻

繁に引用していくようになった。

こうして欧州司法裁判所は，古典的な権利及び自由の大部分を法の一般原則として承認したのである。

B. EUの第一次法 droit primaire における基本権保護の制限的補強

EU条約F条2項は，アムステルダム条約以降はEU条約6条2項になり，その後は欧州司法裁判所の権限に属することを定め，同裁判所の判例を承認した。EU条約6条2項は，「EUは，1950年11月4日にローマで調印された人権及び基本的自由の保護のための欧州条約により保障され，かつ加盟国に共通の憲法的伝統から生じる基本権を，EC法の一般原則として尊重する。」と規定した。

アムステルダム条約以降，EU条約6条1項は，EUの基礎（自由，民主主義，基本権及び基本的自由の尊重，並びに法治国家État de droit）のなかに「人権及び基本的自由の尊重」を位置づけ，旧1項の文言を新たな2項のなかに維持したのである。

EU条約の新しい6条1項は，EUを基礎づける諸原則の全体を統一的な文言にまとめるという長所があり，そのうえ，この諸原則の尊重をEU加盟諸国によってコントロールすること，かつEUへの新規加盟申請を行っている第三国を調査することを保障するために，これが準拠規定となることを可能にしている。

実際，欧州委員会 Commission，理事会 Conseil 及び欧州議会 Parlement によって行使される政治的コントロール（EU条約7条及びEC条約309条）が，従来からの諸コントロールに追加されている。そこでは，自由，民主主義，基本権及び基本的自由の尊重，並びに法治国家というEU条約6条1項によってEUの創設目的とされた諸原則に重大かつ継続的な違反をする加盟国に対し，欧州委員会の提案に基づき，かつ欧州議会による意見 avis が議決された後に，諸条約に規定された一定の諸権利（投票権）の適用を一時見合わせることを理事会に認めている。

EUへの新規加盟について提案されていたのは，加盟申請国に対し，人権，民主主義の原則及び法治国家という諸原則を尊重する義務の明確性を強化することである。EU条約の新49条は，6条1項に定められた諸原則の尊重がEU加盟における条件の一つであることを規定している。

開発協力を定めたEC条約177条は，外交関係において人権を基準としている。「この分野におけるECの政策は，民主主義及び法治国家の発展と強化，並びに人権及び基本的自由の尊重という一般的目的に寄与しなければならない」。

同様に，第三国との協力について定めるEC条約181A条1項は，「この分野におけるECの政策は，民主主義及び法治国家の発展と強化，並びに人権及び基本的自由の尊重という目的に寄与しなければならない。」と規定している。

EU条約11条2項は，さらに，共通外交及び安全保障政策PESCの目的に，この諸原則をおいている。

EC条約2条は，アムステルダム条約以降のECの目的として，男女平等に言及している。

EC条約3条の新しい項〔2項〕は，「本条に規定するすべての活動を行う際に，欧州共同体は，男女間の不平等を除去し，及びその平等を促進することをめざすものとする」と規定する。旧119条によって目的とされた報酬の平等の確立は，その141条に，女性のためのポジティヴ・アクション採択の可能性とともに，男女間の職及び労働についての機会均等並びに取扱いの平等の追求を規定することによって，完全なものになった。

アムステルダム条約によって挿入された13条は，あらゆる性質の差別と闘うための措置を採用する法的基礎を与えた。「本条約の他の規定を害することなく，また本条によってECに与えられた権限の範囲内において，理事会は，委員会の提案に基づき，かつ欧州議会と協議した後に，全会一致で，性，人種または民族的出身，宗教または信念，障害，年齢または性的志向に基づくあらゆる差別と闘うために適当な措置をとることができる」。

雇用への権利 droit à l'emploi は，EC条約125条以下に認められる。

1961 年の欧州社会憲章 Charte sociale européenne 及び 1989 年の労働者の社会的基本権に関する共同体憲章 Charte communautaire des droits sociaux fondamentaux des travailleurs への言及は，EC 条約前文及び EC 条約 136 条にみいだせる。

アムステルダム条約に基づく EC 条約 255 条は，EU 諸機関の有する文書開示請求権 un droit à l'accès aux documents des institutions を承認している（この権利は，1996 年［マーストリヒト条約再検討］会議の第 35 号宣言によっても承認されていた）。

アムステルダム条約によって EC 条約のなかに挿入された 286 条は，1999 年 1 月 1 日以降，個人的データの取扱い及びこのデータの自由移動に対する自然人保護についての EC の法令が，EC 条約によって創設された機関及び部局に適用可能となることを宣言している。

死刑に関する宣言及び宗教的自由に関する宣言は，アムステルダム条約を起草した政府間会議 Conférence intergouvernementale によって採択された。

ニース条約 Traité de Nice は，EU 条約 7 条を修正した。ある加盟国によって EU 条 6 条 1 項に規定された原則が重大な違反の危険に直面した場合に，対応をとることを EU に認めたのである。ニース条約によって挿入された EC 条約 181A 条は，他方で，第三国との経済的，財政的及び技術的協力に関する合意の観点を明らかにした。「この分野における EC の政策は，民主主義及び法治国家の発展と強化，並びに人権及び基本的自由の尊重という目的に寄与しなければならない」。

C. 基本権保護の憲法化へ向けて

基本権憲章 Charte des droits fondamentaux （第一回欧州諮問委員会 première convention européenne の際に起草され，第二回欧州諮問委員会の役員会 praesidium de la deuxième convention européenne で公表された「解説 Explications」が添付されている）は，欧州統合による基本権の保護を考慮にいれることによって，重要な前進を構築している。基本権憲章は，この問題に関する国家間の対立を理由に，

拘束的効力をすぐに獲得することはできなかった。2000年12月，ニースでの欧州理事会の際に，欧州議会議長，理事会議長，欧州委員会委員長は，この理事会で調印された機関相互間の協定のなかで，それらの機関の名において基本権保護を尊重する義務を負うことを表明した[3]。基本権憲章は，諸機関の活動における基準となり，かつ，欧州の裁判機関，そしてときには国内の裁判機関にとってインスピレーションの源泉になった。

さしあたり法的効力がなくとも，欧州第一審裁判所 Tribunal de première instance は，諸権利の承認及び保護のためのインスピレーションの源泉として，そして共同体の裁判機構によって保障される諸権利の準拠されるべき基準として，何度もこの基本権憲章を活用した[4]。こうした態度は，その初期の諸判決の後，より慎重になった。なぜなら，欧州第一審裁判所が確認したのは，その時点では法的強制力を与えられていなかった宣言 déclaration だったからである[5]。

論告担当官 avocats généraux の論告 conclusions に反して，長い間，それに従うことを拒否していた欧州司法裁判所は，今やインスピレーションの源泉としてこの基本権憲章に言及し[6]，第一審裁判所の判例を強固なものにした。

欧州憲法設立条約案 Projet de traité établissant une Constitution européenne の起草者たちは，欧州人権条約 Convention européenne の際に大きな議論の対象となった基本権の保護に特別な重要性を与えた。基本権に関するさまざまな規定は，その第Ⅰ部に記されている（Ⅰ-9条は，とくに，基本権憲章，及び欧州人権条約への加盟に言及し，法の一般原則の法源として，欧州人権条約及び加盟国の憲法的伝統についての記述を維持している[7]。そして市民の権利（Ⅰ-10条），個人情報の保護（Ⅰ-51条），教会及び非宗教的団体の地位（Ⅰ-52条）といった権利が承認され，規定されている。Ⅰ-9条3項は，欧州人権条約及び加盟国の憲法的伝統を拠り所にしながら，法の一般原則として基本権に関する判例を補強すること，基本権憲章に記された権利のカタログを補完することを裁判官に認めていた。

基本権憲章は，そこで第Ⅱ部を構成していた[8]。

憲法草案第Ⅲ部の幾つかの規定は,一定の権利を承認し保護するようなEC条約の規定を再び定めていた。とりわけ,移動の自由,男女平等がそれである。

EUは,EC条約13条にすでに規定されていたように,差別と闘うための手段を同様に与えられていた(Ⅲ-124条)。

Ⅲ-257条は,「EUは,基本権,及び構成国の異なる法制度並びに法的伝統を尊重することによって,自由,安全,正義の空間を形成する。」と規定していた。

外交及び安全保障政策PESCの領域では,Ⅲ-292条は「1項　EUの国際舞台における活動は,EUの創設,発展及び展開をつかさどり,かつEUが他の世界への普及を追求している諸原則,すなわち,民主主義,法の支配,人権及び基本的自由の普遍性と不可分性,人間の尊厳の尊重,平等及び連帯の原則,並びに国連憲章及び国際法の尊重,に立脚する。」と規定している。

D. 基本権保護のシステム

基本権保護のシステムの有効性は,いかなる諸権利のカタログが存在しているかということだけでなく,それら諸権利の尊重の保障を可能にする——とくに司法上の——コントロール手段にも依拠する。

まず何よりも,基本権保護のシステムは,**裁判行為化の拡大** étendue de la juridictionnalisation に依拠する。

EU条約46条は,アムステルダム条約に基づき,欧州司法裁判所の管轄権を定義している。それは,ニース条約によって大幅には修正されなかった。

司法裁判所の管轄権は,アムステルダム条約によりEC条約の新しい第4編(EC条約68条)に,先決的移送という例外的手続 procédure dérogatoire de renvoi préjudiciel が規定されることによって,拡大された。

司法裁判所の管轄権は,新しい第三の柱の規定 dispositions du nouveau troisième pilier に拡大された(EU条約第6編35条)[9]。設置された手続(取消し訴訟 recours en annulation, 先決的移送)は,共同体法の手続との関連では例外的

なままである。

　EU条約35条7項は，さらに，理事会によって採択された法令の解釈または実施についての加盟国間の紛争の解決を裁定する裁判所の管轄権の原則を規定している。

　欧州司法裁判所は，第三の柱である条約の解釈及び適用に関する加盟国と欧州委員会の間の紛争について裁定を下すための権限も有している。

　欧州司法裁判所は，強化された協力coopération renforcéeに関するEU条約第7編について，EC条約11条及びEU条約40条4項（共同体法の手続への移送）で規定された条件内で管轄権を有している。ニース条約は，同条約によって導入された強化された協力に関する新しい諸規定の一部をなすEC条約11A条のc）に移送renvoiを追加した。

　司法裁判所の管轄権は，「司法裁判所がEC設立条約及び本条約によって管轄権を有する措置における諸機関の行動については」，基本権の保護に関するEU条約6条2項にまで及んでいた。

　ニース条約は，EU条約6条1項に規定された原則への違反，またはこの原則に関する重大な違反の危険がある場合に，EUがそれに対処することを認めているEU条約7条に，司法裁判所の管轄権をさらに拡大した。欧州司法裁判所は，当該条項に規定された理事会が確認した日から一カ月以内に，関係する構成国の請求により，訴訟手続の時効prescriptions de procédurについて判決を下すことができる。

　EU条約の最終規定（EU条約46条～53条）では，その46条が司法裁判所の管轄権を維持している。

　アムステルダム条約11条は，第二部（簡素化）la deuxième partie (Simplification) 及び特権及び免責特権に関する議定書protocole sur les privilèges et immunitésの諸規定について，司法裁判所に管轄権を付与した。

　外交及び安全保障政策PESCは，ほぼ全体的に裁判行為化がなされていないことによって特徴づけられる。欧州司法裁判所の判事は，柱の尊重respect des piliers，とくに共同体の柱の尊重をコントロールすることに留まっている。

欧州司法裁判所は，共同体の権限に基づいて EU 条約第 6 編に含まれる活動が侵害されないこと non empiétement についても監督することができる[10]。

警察協力及び刑事司法協力は，司法裁判官の介在を認めている。しかし，刑事司法協力は，共同体の柱の例外的手続によって行われている。

その保護は，**権利擁護手段** voies de droit の存在及びその性質に因る。**EC の権利擁護手段は，拡大している**。

EU においては，基本権を保護するための特別な法的手続（権利擁護手段）は存在しない。特別な権利擁護手段の創設は，時折検討されてきたが，決して確立されることはなかった。それゆえ，基本権の保護が保障されうるのは，通常の法的手続という間接的な手段によってである。

EC 判例は，**実効的な司法的救済を受ける権利** droit à un recours juridictionnel effectif の存在を徐々に承認していった。この権利は，裁判を受ける権利 droit au juge が権利のための権利を保障し，すべての法秩序における基本権及び基本的自由の保護を保障することを必要不可欠な使命とするかぎりにおいて，法治共同体 Communauté de droit ——それを超えた——法治連合 Union de droit に必要不可欠な要素である。この権利は，EU の裁判へのアクセスを認める法的手段においても，国内裁判への法的手段においても，承認されなければならない。この権利は，EU 法によって保障された権利及び自由の侵害に対する保護を保障しようとする裁判官の前で，実効的な司法的救済の申立て方法を規定している基本権憲章によって，後に宣言されることになる。

欧州司法裁判所は，EC 設立条約の解釈と適用を行うに際して，この権利の尊重を保障する責務を負う[11]。欧州司法裁判所は，したがって，裁判所に認められたさまざまな法的手続の枠組みのなかで行われる共同体法の真正な解釈の独占権を与えられている（EC 条約第 4 編について違法な法的手続をともなった直接訴訟 recours directs 及び先決問題 questions préjudicielles, 「庇護, ビザ, 移民及び人の自由な移動に関する他の諸政策」，EC 条約 68 条）。

他の裁判機関——欧州第一審裁判所, より最近〔= 2004 年〕の欧州公務員裁判所 Tribunal de la fonction publique européenne——が創設されたが, しか

し欧州司法裁判所は，諸権力の作用（通常の諸権力または法律上の利益を有する諸権力によって，共同体法の解釈に関する終局的監督を維持している。

欧州司法裁判所は，そこから結論を導き出すために〔以下のように〕しばしばその存在について言及していた法治共同体に，重要な貢献をもたらしている。すなわち，「EC は法治共同体であり *la Communauté est une Communauté de droit*，その加盟国もその機関も，それらの活動が，基本憲章であるこの条約に適合的であるかどうかの統制を回避することはできない」[12]し，「EC は法治共同体であり，その加盟国もその機関も，それらの活動が，憲章たる EC 条約のコントロールを回避することはできず，EC 条約は，その機関の活動が合法的であるかどうかのコントロールを司法裁判所に委ねることを企図して不服申立て及び手続の完全なシステムを設置したのである」[13]。

さまざまな直接訴訟 recours directs は，訴えの資格（国家，機関，個人）に応じて，その原告 requérants に，条約及びそれを適用するための関係法規の違反を確認させ，取消させ，制裁を与えることを可能にする（EC 条約 229 条～233 条，235 条，236 条，238 条）。破棄の訴えは，基本権保護の典型的な手段である。基本権の侵害，及びより広く基本権保護の原則の侵害からの攻撃防御方法は，重要な形式の違反 violation des formes substantielles 及び条約またはその適用に関するすべての法規範の違反に本質的に結びついている。

個人の取消し訴訟 recours en annulation des particuliers は制限される。なぜなら，この取消し訴訟は，彼らが名宛人であるところの決定，または他の人に向けられ，外観上彼らに直接的・個人的に関係する規則が適用された決定しか異議を申し立てることができないからである[14]。裁判官たちは，欧州の諸機関の裁量権 pouvoir discrétionnaire に幅を与えることによって，司法的コントロールを制限する[15]。

他の直接訴訟は，不作為訴訟 recours en carence によって，さらに対制裁訴訟 recours contre les sanctions や公務員訴訟 recours des fonctionnaires によって行使されうる基本権保護もまた認めている。損害賠償請求訴訟 recours en indemnité は，共同体が損害賠償責任を負うためのフォート faute を構成する

違法性の存在が立証されなければならないが,それはこの基本権の保護にも資する(…)。

司法裁判所は,国内裁判機関によって行われた先決的移送に関連して,EUの活動の有効性を認めることができる(EC条約234条)。司法裁判所の裁判官は,EUの活動の有効性に関して疑義を覚える場合には,移送する義務を負う[16]。

司法裁判所は,国際協定が共同体設立条約に適合的かどうかをも検討する(EC条約300条6項)。

加盟国の監督は,欧州委員会及び加盟国に認められる義務不履行訴訟 recours en manquement の手続によって保障される(EC条約226条～228条)。司法裁判所は,国家が終結させることになる義務不履行を,その必要がある場合に確認することになる。義務不履行が継続する場合には,司法裁判所は,委員会の要請に応じて,当該加盟国に一括支払金または制裁金の支払い paiement d'une somme forfaitaire ou à une astreinte を強制することができる。司法裁判所は,一括支払いと罰金の支払いを同時に課す権限が認められている[17]。

国内裁判機関は,ECの通常裁判機関 juridictions communautaires de droit commun のように考えられており,国内法秩序において共同体法を適用することが約束されている[18]。

国内裁判機関は,それがECの裁判官によって解釈されたように,EC条約10条に規定された誠実共同義務 obligation de coopération loyale を尊重しなければならない。国内裁判所の判事は,国内諸機関間及び諸個人間の争訟について裁定しながら,とくに,EC法を優先させるとともにその直接的効力を承認しなければならない。

EC条約234条は,国内裁判所の裁判官の決定に訴えの余地があるかないかが問題になることによって,その裁判官に対し,司法裁判所に先決問題を付託する権限を付与し,或いはその責任を負わせている[19]。その移送 renvois は,EC法の解釈またはEC法の有効性の評価 l'appréciation de validité du droit communautaire を対象としており，事件に応じて加盟国のコントロールまたは諸機関のコントロールに貢献する。

国内裁判所の裁判官は，EC 法判例から導かれる EC 法の侵害に対する加盟国の責任について，実際に言及しなければならない[20]。

欧州の裁判機関と国内の裁判機関の間に法的序列がないことによって，明らかに問題が生じうる。国内の裁判機関がその欧州の裁判機関の義務を尊重しなければ，裁判所による義務不履行 manquement judiciaire が問題となる。したがって，唯一認められる可能性があるのは，取扱いがデリケートで，結果が不確実な，国家に対する義務不履行訴訟 recours en manquement contre l'Etat である。すなわち，制限的な条件に服する国内の裁判官によって侵された違反であるがゆえに国家の責任が問われることになるのである。

リスボン条約は，基本権保護の新段階を形成する。この条約では，基本権が列記されたカタログの出現が認められる。この条約では，司法的保護システムの限定的な変化がはかられた。この条約は，欧州人権条約への EU の参加の方向を示した。

II 困難だった基本権のカタログの制定

欧州統合の歴史は，基本権が記されたカタログの起草がゆっくりと成熟してきたことを証明する。そのカタログの必要性は，それでも 1960 年代末以降には提起されていた。

リスボン条約は，すでに承認されている諸権利を確認するとともに，それらを補正する。基本権憲章――さりげなく憲法化の対象である――はその成果であるが，この憲章が発効するためにはリスボン条約の発効を待たなければならない。

A. リスボン条約によってすでに承認されている諸権利の確認と補正

アムステルダム条約によって EU 条約のなかに記された EU 創設の原則を継承する基本的価値を確立するなかで，すでに承認されている諸権利の確認とそ

の補正の表明がみいだせる。それらの確認と補正は，基本権に関する一般的規定についても行われている。

1．創設の原則から基本的価値まで

アムステルダム条約による**EUの基礎を資格づける**諸原則 principes qualifiés de fondements de l'Union européenne の確立は，従前の多くの法文書によって，さらに判例によっても用意されていた[21]。

EU条約の前文において，加盟国は，「自由，民主主義，人権及び基本的自由の尊重並びに法治国家の諸原則に対する愛着」を宣言していた。

しかしながら**アムステルダム条約**は，最初に，EU条約6条1項においてこうした原則を明らかにした。「1項　EUは，加盟国の共通の法原則である自由，民主主義，人権及び基本的自由の尊重の諸原則，並びに法治国家に基礎をおく」。

欧州憲法制定権者たる各加盟国 Constituant communautaire は，将来の憲法制定権力，立法者，裁判官及び加盟国のために注意を促しながら，EU設立の諸原則の最も重要な点を強調しようとした。

加盟国がこの諸原則を侵害した場合，EU条約7条によって定められた政治的コントロールの下におかれることになる[22]。

加盟申請国の加盟が承認されるためには，この諸原則を尊重しなければならない。したがって，条約への加盟という結論に達する前に，加盟申請国がこの諸原則を尊重しているかどうかについて，その交渉の過程で検討されることになる。

その**法的価値** valeur juridique は不確実なものにとどまっていた。EU条約6条1項は，6条2項と異なり，EU条約46条に規定された司法裁判所の管轄権から，差しあたりは逃れている。

EU憲法制定権力または裁判官にとってのインスピレーションの源泉であるこの諸原則は，EU実定法を解釈するよう求められている裁判官に指針を与えうる。裁判官は，にもかかわらず，合憲性ないし合法性のパラメーターのなかに，全体的にこの諸原則を組み込むことはできない。幾つかの原則は，しかし

ながら，法的インパクトを有しうる。さらに，この諸原則に結びついたより制限的な権利または原則は，その援用可能性 invocabilité によって法的価値を有しうる。

　欧州憲法草案 I-2 条は，EU の価値及び I-2 条において価値を有すると形容された諸原則を再び規定し，マイノリティの権利とヨーロッパ社会の性格に言及しながら，人間の尊厳と平等を取りあげていた。「EU は，人間の尊厳，自由，民主主義，平等，法治国家の尊重，及びマイノリティに属する者の権利を含む人権の尊重という諸価値に立脚する。この諸価値は，多元主義 le pluralisme，非差別，寛容，正義，連帯及び男女間の平等によって特徴づけられる一つの社会において，加盟国に共通するものである」[23]。

　欧州憲法草案は，司法裁判所の管轄権の制限を取り除いていたが，外交及び安全保障政策 PESC は，非裁判的な non juridictionnalisée ままであった。その I-2 条――いずれにせよ，その 1 項には「規範的意義 dimension normative」[24]が付与された――は，「EU 規範の序列のなかで重要な役割」を獲得しえたであろう[25]。EU を構成する政治社会の指導原則を表明しているその 2 項の場合は，明らかにそうではなかった[26]。

　この草案文書には，EU 法を解釈するために裁判官が用いる可能性のある目的のリストが続いている。「1 項　EU は，平和，欧州連合の価値及びその加盟国国民の幸福を促進することを目的とする。

　2 項　EU は，EU 市民に，域内国境のない自由，安全及び正義の空間を提供し，並びに自由で歪められていない競争をともなう域内市場を提供する。

　3 項　EU は，均衡のとれた経済成長及び物価の安定を基礎とする欧州の持続的発展，完全雇用及び社会進歩をめざす高度の競争力を有する社会的市場経済，並びに高度の環境保護及び環境の質の改善をめざして活動する。EU は，科学技術の進歩を促進する。EU は，社会的排除及び差別と闘い，並びに社会正義及び社会的保護，男女間の平等，世代間の連帯及び子どもの権利の保障を促進する。

　EU は，加盟国間の経済的，社会的及び領土的団結，並びに連帯を促進する。

EUは，その豊かな文化的・言語的多様性を尊重し，並びに欧州の文化遺産の保護及び発展のために尽力する。

4項 他の世界との関係において，EUは，その価値及び利益を守り，かつ促進する。EUは，平和，安全，地球の持続的発展，その諸国民間の連帯及び相互尊重，自由で公正な貿易，貧困の除去及び人権，とくに子どもの権利の保障，並びに国際法の厳格な遵守及び発展，とくに国連憲章の諸原則の尊重に，貢献する。

5項 EUは，この憲法においてEUに移譲された権限に応じて，それにふさわしい手段によって，これらの目的を追求する」[27]。

経済的自由と非経済的な要求及び自由とを調整することによって，これらの目的に，その解釈によって新しい意義を付与する運命にある共同体の裁判官が直面する新しい挑戦が適切に示されている。その挑戦とは，たとえば，経済的自由と社会的目的との間の水平的均衡を試みることであるし，あるいは，国際的な平和と安全を維持するというようなEUの最高度の目的に，場合によっては責任を負うのであるから，ヨーロッパ標準と憲法上の要請との間の垂直的均衡を試みることである[28]。

他の世界との関係について，そのI-3条4項において言及された価値は，III-292条において，奇妙なことに再び原則としている。同条では，第三国にもしたがってもらうという観点から，それらの価値に言及している。「1項 国際舞台でのEUの行動は，その創設，発展及び拡大をつかさどり，他の世界に促進することを目的とする諸原則に立脚する。すなわち，民主主義，法治国家，人権及び基本的自由の普遍性及び不可分性，人間の尊厳の尊重，平等及び連帯の原則，並びに国連憲章及び国際法の諸原則の尊重である」。

基本権憲章は，その前文で，民主主義及び法治国家を原則と形容する諸価値に言及しながら，それとは異なるアプローチを用いている。「欧州人民 *les peuples de l'Europe* は，絶えずより緊密な連合を人民の間に創設することによって，共通の価値に基礎づけられる平和な未来を分かち合うことを決意した。

EUは，その精神的・道徳的遺産を自覚し，人間の尊厳，自由，平等及び連

帯という不可分で普遍的な価値に基礎づけられる。EUは，民主主義及び法治国家の原則に立脚する(…)。

EUは，これらの共通の価値を維持及び発展に貢献する(…)」。この文案は，欧州憲法へのこの憲章の組み込みの際に維持されており，それゆえ，リスボン条約が準拠しているこの憲章のなかに記載された。

リスボン条約は，「EUの諸価値 *Valeurs de l'Union*」と題する改正EU条約2条に，憲法草案に記されていた文言を再び規定した。すなわち，「EUは，人間の尊厳，自由，民主主義，平等，法治国家の尊重，並びに，マイノリティに属する者の権利を含む人権の尊重という価値に基礎をおく。これらの価値は，多元主義，非差別，寛容，正義，連帯及び男女間の平等によって特徴づけられる一つの社会において，EU加盟国に共通するものである」。

Ⅰ-3条に規定されたEUの目的は，欧州憲法草案によって定められていた目的に広範に対応している。すなわち，「1項　EUは，平和，EUの価値及びその加盟国国民の幸福を促進することを目的とする。

2項　EUは，EU市民に，人の自由な移動を保障するなかで，域外国境のコントロール，庇護，移民並びに犯罪の予防及び犯罪現象との闘いに適切な措置と結合して，域内国境のない自由，安全及び正義の空間を提供する。

3項　EUは，域内市場を設ける。EUは，均衡のとれた経済成長及び物価の安定を基礎とする欧州の持続的発展，完全雇用及び社会進歩をめざす高度の競争力を有する社会的市場経済，並びに高度の環境保護及び環境の質の改善をめざして活動する。EUは，科学技術の進歩を促進する。

EUは，社会的排除及び差別と闘い，並びに社会正義及び社会的保護，男女間の平等，世代間の連帯及び子どもの権利の保障を促進する。

EUは，加盟国間の経済的，社会的及び領土的団結並びに連帯を促進する。

EUは，その豊かな文化的・言語的多様性を尊重し，並びに欧州の文化遺産の保護及び発展のために尽力する。

4項　EUは，通貨をユーロとする経済・通貨連合を創設する。

5項　他の世界との関係において，EUは，その価値及び利益を守り，かつ

促進し，並びに EU 市民の保護に貢献する。EU は，平和，安全，地球の持続的発展，その諸国民間の連帯及び相互尊重，自由で公正な貿易，貧困の除去及び人権，とくに子どもの権利の保障，並びに国際法の厳格な遵守及び発展，とくに国連憲章の諸原則の尊重に，貢献する。

6項 EU は，条約で EU に移譲された権限に応じて，それにふさわしい手段によって，これらの目的を追求する」。

改正 EU 条約草案 Projet de traité modifié sur l'Union européenne の 3 条 5 項及び 21 条は，対外関係に対して，欧州憲法を創設する条約草案によって追求された諸原則を再びおいた。

司法裁判所の管轄権は，欧州憲法同様，外交及び安全保障政策を除き，一次法の全体（EU 条約及び EU 運営条約）に及んでいる。

2．基本権に関する一般規定の再導入

基本権の価値の確立に，基本権に関する一般規定が加わる。リスボン条約は，この点に関して，欧州憲法草案の規定を再びおいた。

欧州憲法草案は，それを I-9 条に規定していた。すなわち，「1 項 EU は，第 II 部を構成している基本権憲章に規定された権利，自由及び原則を承認する。

2項 EU は，人権及び基本的自由の保護のための欧州条約〔欧州人権条約〕に加盟する。この加盟は，この憲法に定めるように EU の諸権限を変更するものではない。

3項 人権及び基本的自由の保護のための欧州条約によって保障され，並びに加盟国に共通の憲法的伝統から生じる基本権は，一般原則として EU 法の一部をなす」。

リスボン条約によって創設された 6 条は，これに対応して次のように規定する。「1 項 EU は，2007 年 12 月 17 日にストラスブールで採択されたこの条約と同じ法的効力をもつ 2000 年 12 月 7 日の基本権憲章に規定された権利，自由及び原則を承認する。

憲章の諸規定は，いかなる形であれ，この条約が定める EU の権限を拡大す

るものではない。

　憲章に規定された権利，自由及び原則は，憲章の解釈及び適用を規定する憲章第Ⅶ編の一般規定にしたがって解釈される。この諸規定の源泉を明らかにしているところの，憲章に適用される『解説 les explications』を正式に考慮にいれる。

　2項　EUは，人権及び基本的自由の保護のための欧州条約に加盟する。この加盟は，この条約に定めるようにEUの諸権限を変更するものではない。

　3項　人権及び基本的自由の保護のための欧州条約によって保障され，並びに加盟国に共通の憲法的伝統から生じる基本権〔は，一般原則としてEU法の一部をなす〕」。

B. リスボン条約による控えめな形で行われた基本権憲章の憲法化

　その第二部に基本権憲章を組み込んでいた欧州憲法草案とは異なり，リスボン条約は，それを，間接的にEUの第一次法に変えた。もっともこの間接的変更 jeu de ce ricochet は，イギリスとポーランドの離脱 opting outs によって制限された。

　1．間接的一次法について

　基本権憲章は，欧州憲法条約のなかに挿入されていたのであり，それはいくつかの問題を提起することになるその条約の第二部を構成していた[29]。この憲章は，そこで憲法的性格を強調していた[30]。したがって，この憲章は，欧州の裁判機関によっても，国内の裁判機関によっても，そうした資格でその適用を可能にしているEUの一次法の要素を生成していた。

　Ⅰ-9条1項で述べられた定型的表現は，憲章の前文にも再度おかれている。「EUは，この憲章によって規定されている権利，自由及び原則を承認する」。この憲章は，さらに次のように付け加えている。「1項　この憲章の諸規定は，補完性の原則 principe de subsidiarité を尊重することになっているEUの組織，機関及び部局を名宛人とし，また，EU法が適用される際にはもっぱら加盟国を名宛人とする。したがって，これらの諸機関は，この憲法の他の部分で付与

されたその各々の権限に応じて,EU の権限の限界を尊重することによって,権利を尊重し,原則を守り,その適用を保障する」(51 条)。

リスボン条約の起草者は,その効力をこの条約に付与するためにある別の技術を選択した。

EU 条約 6 条 1 項によれば,「EU は,2007 年 9 月 12 日にストラスブールで採択された諸条約と同じ法的効力を有する 2000 年 12 月 7 日の基本権憲章に規定された権利,自由及び原則を承認する。

憲章の諸規定は,いかなる形であれ,この条約が定める EU の権限を拡大するものではない。

憲章に規定された権利,自由及び原則は,憲章の解釈及び適用を規定する憲章第Ⅶ編の一般規定にしたがって解釈される。この諸規定の源泉を明らかにしているところの,憲章に適用される解説を正式に考慮にいれる」。

憲法制定権者たる加盟国 Constituant が,欧州憲法草案でそうしたように,条約のなかに憲章を挿入する代わりに,条約に挿入する議定書の作成に取り掛かったことには,当然驚かされることになる。放棄された条約が表明していた憲法化の努力という最も特徴的な観点をこの新しい文書において消滅させることになる欧州憲法草案の失敗によって動機づけられた非憲法化の意思の兆候が,そこでははっきりとみられるに違いない。

政府間会議は,さらに,**EU 基本権憲章に関する第 1 号宣言** Déclaration sur la Charte des droits fondamentaux de l'Union européenne n°1 を採択した。それによれば,「法的強制力を有する EU 基本権憲章は,人権及び基本的自由の保護のための欧州条約によって保障され,並びに加盟国に共通の憲法的伝統から生じる基本権を確認する。この憲章は,EU の諸権限を越えて,EU 法の適用領域を拡大せず,EU のためにいかなる権限もいかなる新しい任務も生じさせず,条約によって定められた権限及び任務も変更しない」。この宣言は,現行の文書に何の変更も及ぼさないが,この文書に対し加盟国によって表明された不信を確認している。この法文書は,6 条とこの憲章自体に規定されている定型的表現を再び用いるという反復的特徴をもっていることが理解される。

欧州委員会委員長，欧州議会議長及び欧州理事会議長は，2007年12月12日，ストラスブールにおいて，EU基本権憲章に正式に調印し，宣言した[31]。そして，12月13日，リスボン条約の調印手続を行った。基本権憲章は，欧州議会議長，欧州理事会議長及び欧州委員会委員長によって，欧州理事会から離れて，2000年12月7日にニースで，最初に，すでに公式発表されていた。この公式発表は，政治的な影響力だけを有するものであった。

6条1項の文言は，憲章の解釈方法に言及している。

まず，51条〜53条に規定されているその解釈及びその適用をコントロールする一般的規定 dispositions générales に関してである。

51条は，EUの諸機関がEU法を適用し，即時効の権利と適用されるべき原則との間の区別をもたらす際の，EUの機関及び部局並びに加盟国に適用可能な憲章の適用領域を明確にしている[32]。「1項　この憲章の諸規定は，補完性の原則を尊重することになっているEUの組織，機関及び部局を名宛人とし，また，EU法が適用される際にはもっぱら加盟国を名宛人とする。したがって，これらの諸機関は，この憲法の他の部分で付与されたその各々の権限に応じて，EUの権限の限界を尊重することによって，権利を尊重し，原則を守り，その適用を保障する。

2項　この憲章は，EUの権限を越えてEU法の適用領域を拡大しないし，EUに対するいかなる権限もいかなる新しい任務もつくり出さないし，憲法の他の部分において定められた権限及び任務を変更しない」。

52条は，諸権利及び諸原則の射程範囲並びに解釈に関する規定である[33]。

同条1項は次のように規定する。「この憲章によって承認される権利及び自由の行使の制限は，すべて，法律によって規定されなければならず，上述の権利及び自由の本質的内容は尊重されなければならない。比例原則 *principe de proportionnalité* が尊重されるなかで，その制限は，それがEUによって承認された一般的利益の目的，並びに他人の権利及び自由の保護に必要不可欠であり，かつ実効的に応える場合にしかもたらされてはならない」。

同条2項によれば，「憲法の他の部分の規定を対象にしているこの憲章によ

って承認された権利は，問題になっている部分で定められた条件内及び制限内で行使される」。

　この憲章の52条3項は，この憲章と欧州人権条約との関係を規定し，それらの調和を追求する。「3項　この憲章が人権及び基本的自由の保護のための欧州条約によって保障される権利に一致する権利を含んでいるかぎりにおいて，その権利の意味とその射程距離は，この憲章と人権規約とでは同じものとなる。この規定は，EU法がより広い保護に同意することの障害にはならない」。この条項は，共同体の裁判機関によって欧州人権裁判所の判例が重視されていることを明確に説明するものであるが，逆の影響が生み出されえることのみを排除する。

　52条4項は，国内の憲法的伝統と一致する場合に，この憲章によって認められた権利を，その憲法的伝統と調和して解釈することを目的とする。それは，各国の憲法的伝統を重視することを意味している。

　司法裁判所は，共通の標準を体系的に創設することを追求することなく，常にこの憲法的伝統を考慮にいれており，ときには国内法秩序における現実的な解決法から着想をえている。しかし，この法文書は，EUの保護システムと国内システムの間で矛盾する場合に，適用可能な解決法についての見解を明らかにはしていない。

　同条5項によれば，「諸原則を含むこの憲章の諸規定は，EUの機関及び部局によって行われる立法上・行政上の行為によって，並びに加盟国がEU法を実施する際にはその限定的権限を行使するなかで，加盟国の行為によって履行されうる。裁判官を前にした加盟国の楯 *leur invocation* は，こうした行為の解釈及び適法性の監督についてのみ承認される」。この条項が考慮しているのは，規定のプログラム的性格 caractère programmatoire である。それは，EUまたは国内の法文書が採択された際，それを具体化する手段があることによってのみ適用されうるのであり，それゆえ，裁判官によって直接適用されえない規定である。

　同条6項によれば，「国内の法制定及び法適用 législations et pratiques

nationales は，この憲章において明確なように，完全に考慮されなければならない」。この条項は，4項と同じ精神で，欧州レベルと国内レベルの間の調整を求めて国内の立法及び慣習に準拠するよう，欧州の諸機関に促している。

53条は，その保護のレベルを維持することをめざす一般条項を定めている。「この憲章のいかなる規定も，その各々の適用領域において，EU, ECまたはすべての構成国が当事者となる共同体法，国際法及び国際協約によって，とりわけ，人権及び基本的自由の保護のための欧州人権規約並びに加盟国の憲法によって承認された人権及び基本的自由を制限的にまたは侵害するように解釈されてはならない」[34]。

54条に付け加わったのは，欧州人権条約17条に対応する権利の濫用の禁止である。「この憲章のいかなる規定も，この憲章において認められた権利または自由を破壊し，あるいはこの条約に定められている様々な権利及び自由を制限することを目的とする活動に従事し，またはそのようなことを目的とする行為を行う何らかの権利を有することを意味するものと解することはできない」。

つぎに，EU条約6条1項は，十分に考慮して解釈されるべき「解説 Explications」を自ら指示している。

この「基本権憲章に関する解説」は，この憲章を起草した諮問委員会の役員会 præsidium de la Convention の権威の下で作成されており，欧州憲法草案を起草した欧州諮問委員会の役員会の責任の下，改訂されている。

この憲章の前文は，この「解説」を正しく考慮にいれることにより，この憲章がEU及び加盟国の裁判機関によって解釈されなければならないことを規定する。この憲章の52条は，周知のように，次のように規定している。「7項 基本権憲章の解釈指針となるために起草された解説は，EU及び加盟国の裁判機関によって正しく考慮にいれられる」。

憲法制定権者に対しては，その起草者の資格やその射程距離が不確実であるためにその権威に疑わしさが残る法文書によって裁判官が拘束される可能性について，人々は疑念を感じることしかできない（改正EU条約6条1項）。

2．イギリスとポーランドの離脱

　連合王国は，リスボン条約が起草されている際，同条約から離脱することを選択した。その理由は，同国が，その文案が起草されている際に参加していた基本権憲章に対して距離をおくためである。同国は欧州憲法条約については，躊躇うことなくその受け入れを拒んでいた。

　後にポーランドもこれに合流した。

　イギリスとポーランドの離脱は，ポーランド及び連合王国の基本権憲章の適用に関する議定書 Protocole sur l'application de la Charte des droits fondamentaux à la Pologne et au Royaume-Uni によって具体化された。

> 「訴訟当事国 *LES HAUTES PARTIES CONTRACTANTES*,
> 　EU条約6条に，EUが，基本権憲章で表明された権利，自由及び原則を承認していたことに鑑みて，
> 　憲章は，EU条約6条及び憲章第Ⅳ編の諸規定に厳格にしたがって適用されなければならないことに鑑みて，
> 　EU条約6条は，同条に引用された「解説」に厳格にしたがって，憲章がポーランド及び連合王国の裁判機関によって適用され，解釈されなければならないと規定していることに鑑みて，
> 　憲章は，権利と原則を同時に含んでいることに鑑みて，
> 　憲章は，民事的・政治的性格を帯びた諸規定と経済的・社会的性格を帯びた諸規定とを含んでいることに鑑みて，
> 　憲章は，しかし新しい権利または原則をつくることなしに，EUにおいて認められた権利，自由及び原則を確認し，それらをより可視的なものにしていることに鑑みて，
> 　EU条約，EU公務員条約及び一般EU法によって，ポーランド及び連合王国に課せられる義務を想起し，
> 　憲章の適用に関する一定の見解を明瞭なものにすることをポーランド及び連合王国に求めることを法的に確認し，

それ以降，ポーランド及び連合王国の法律及び行政活動，並びにポーランド及び連合王国におけるその裁判管轄について，憲章の適用を明瞭なものにすることを要請し，

　この議定書が，EU 条約，EU 運営条約及び一般 EU 法 *droit de l'Union en général* によってポーランド及び連合王国に課せられる他の義務は別に存することを再確認して，

　EU 条約及び EU 運営条約に付帯される以下の規定が取決められる。

１条
　１項　憲章は，EU 司法裁判所の権能，並びにポーランドまたは連合王国の法律，命令または規則，行政慣習または行政行為が，憲章が再確認している基本権，基本的自由及び基本原則と両立しないと考えているポーランドまたは連合王国のすべての裁判組織の権能を拡大しない。
　２項　とくに，あらゆる疑念を払拭するために，憲章第Ⅳ部においては，ポーランドまたは連合王国に対して適用可能な裁判上の権利は何も定められていない。ただし，ポーランドまたは連合王国がその国内立法においてそのような権利を定めていた限りでは別である。

２条
　憲章のある規定が国内慣習及び国内法に言及する場合，その規定は，ポーランドまたは連合王国がその国内立法においてそのような権利を規定した限りでのみ，ポーランドまたは連合王国に適用される」。

　連合王国及びポーランドは，いずれにしても，EC 判例によって保障された権利及び自由を尊重する義務を依然有しており，もちろん欧州人権条約によって維持されている。両国の脱退は，結果的に，それぞれの国で保障されていない権利，とくに社会権についてのみ衝突している。
　ポーランドは，EU 基本権憲章に関する第 61 号宣言を制定した。それによ

れば,「憲章は, 公的徳性, 家族法, 並びに人間の尊厳の保護及び個人・法人の完全さの尊重といった領域において法律を制定する加盟国の権利を, いかなる手段によっても侵害してはならない」。

ポーランドは, さらに, EU 基本権憲章のポーランド及び連合王国への適用に関する議定書に関する第 62 号宣言を制定した。それによれば,「ポーランドは, 社会的運動体『連帯 Solidarité』に結びつく伝統, 並びに社会権及び労働権のための闘いへのその重要な貢献を考慮し, EU 法によって創設された社会権及び労働権のすべて, とくに EU 基本権憲章第Ⅳ編で再確認された諸権利を尊重することを宣言する」としている。

　3．EU の規範体系における基本権の地位を明確にするリスボン条約の貢献

憲章によって認められた基本権は, この条約の文言によれば, EU の一次法の一部をなす。その結果, それにもかかわらず, 憲章によって認められず, 法の一般原則の形で確立した基本権は, この一次法より劣ったものと考えられなければならないということにはならない。

欧州司法裁判所の論告担当官クリスティーネ・スティクス゠ハックル Stix-Hackl は,「オメガ事件 l'affaire Omega」[35)]判決の論告において, 以下のように検討していた。「要旨 49. この点については, 司法裁判所が, EC 条約 220 条及び EU 条約 6 条 2 項の基礎のうえに, 法の一般原則としての基本権の尊重を保障するということを強調することが重要である。法の一般原則は, 始原的法 droit originaire の必要不可欠な一部をなすもの, かつ, 始原的法の規定, 他の基本的自由の規定と同じ位階的列を占めるものと考えられうる」。彼女は, その注 19 において, 司法裁判所の「シュミットベルガー判決」l'arrêt Schmidberger (CJCE, 12 juin 2003, aff. C-112/00, Schmidberger : préc. Rec. CJCE 2003, I, p. 5659, points 77 à 80) によってもたらされた, 商品の自由移動と表現の自由・結社の自由との間の調和 conciliation に言及し, 次のように付け加えていた。「もし基本的自由と共同体の基本権保護が同列でないとしたら, その各々の要求の調和は, おそらく存在する理由がなかったであろう」。

こうした考慮はこれ以上展開してはならないものなのかどうか, そして基本

権と他の一次法的規範との間の不確定な位階制に疑問を抱いてはならないものなのかどうかが自問されうる。

この論告担当官は，さらに「オメガ事件」におけるその論告の要旨50のなかでこの問題を取りあげている。「人権及び基本権によって保障される価値，この諸権利の尊重に立脚した共同体としてのECのイメージ，そしてとくに，国家のあらゆる組織形態の正当性の条件としての人権の保障への——現在支配的な見解によって課せられた——準拠を考慮にいれたかどうかを自問するだけの価値はあるであろうし，『一般的』始原的法に関する一定の優位を，基本権及び人権に対して認めることは不可能であろう。しかしながら，基本的自由は，少なくともある程度までは，実際面において，完全に基本権とみなされうる。たとえば，基本的自由が差別禁止を表明するかぎりにおいて，それは一般的平等原則の個別的表明とみなされなければならない。こうして，この条約によって認められた基本的自由と基本権及び人権との規範の衝突は，少なくともある程度までは，同様に，基本権の対抗的衝突でありうる」。

III　リスボン条約における裁判上の基本権保護システムの限定的な展開

　基本権の保護のための特別な争訟システムが存しないために，基本権の保護は，EUの裁判行為化の拡大に条件づけられ，そして裁判官へのアクセスを認めるさまざまな権利擁護手段の適用に条件づけられている。リスボン条約は，裁判行為化の拡大によって，基本権の保護を向上させている。この条約は，現行の権利擁護手段の限定的修正を行うものである。

A. 裁判行為化の拡大

　アムステルダム条約は，EC条約68条によって規定された特別手続procédures dérogatoiresの領域に属するEC条約の新しい第IV編における一定の領域の共同体主義化communautarisationによって，及びEU条約35条による特別な法的手続の創設によって，第三の柱の領域の裁判化の拡大に大きな影

響を与えていた。欧州憲法草案による柱構造の廃止 suppression des piliers は，EC 条約の旧第Ⅳ編の領域——ビザ，庇護，移民及び人の自由な移動に関する他の政策（EC 条約 68 条）——における例外的手続の消滅，並びにアムステルダム条約（EU 条約 35 条）の結果行われた修正によって追求された以前の第三の柱の廃止となってあらわれた。

欧州憲法草案において，共通外交・安全保障政策は，広く裁判の対象から外れたままであった。そのⅢ-376 条によれば，「EU 司法裁判所は，Ⅰ-40 条及びⅠ-41 条，共通外交・安全保障政策に関する第Ⅴ編第 2 章の諸規定，並びにⅢ-293 条が共通外交・安全保障政策に関する範囲については，管轄権をもたない。

ただし，EU 司法裁判所は，Ⅲ-308 条の遵守の監視については，閣僚理事会が第Ⅴ編第 2 章に基づいて制定した自然人または法人に対する制限的措置に関する欧州決定の適法性を監視する訴訟であって，Ⅲ-365 条 4 項に規定された条件にしたがって提起されたものについては，管轄権が及ぶ」。

この規定の 2 項は，対象となった措置に対する訴訟の権利を享有しうる個人の地位の改善を保障していた。そのⅢ-308 条は，「共通外交・安全保障政策の実施は，Ⅰ-12 条乃至Ⅰ-14 条及び 16 条に列挙された権限を侵さない。同様に，この諸条項に列挙された政策の実施は，Ⅰ-15 条で適用される権限を侵さない。司法裁判所は，本条の遵守を監視するための権限を有する」と規定していた。

諸領域の区分の保護を保障することを目的とするこの規定は，司法裁判所によってすでに認められていた立場を実際に拡張し，体系づけていた。

EC の法的手続は，裁判行為化された領域 domaines juridictionnalisés の全体に拡大されなければならない。

しかしながら，旧規定を再びおいたⅢ-337 条の表現にしたがえば，「自由，安全，正義の空間に関する第Ⅲ部第Ⅳ章 4 節及び 5 節の諸規定に関する権限の行使において，司法裁判所は，警察によって行われた活動または構成国における他の抑圧的な役務の合法性や比例性を確認するための権限も，公序の維持と

域内の安全の保持のために構成国に課せられる責務を具体化するための権限も有しない」。

リスボン条約 Traité de Lisbonne は，劇的でない方法で，同じ結論に達している。司法裁判所の管轄権は，諸条約の全体（改正 EU 条約 19 条），とりわけかつての第三の柱 l'ex-troisième pilier に拡大し，特別手続は消滅する。共通外交・安全保障政策は，EU 条約 40 条及び EU 運営条約 275 条 2 項の留保の下，裁判化されていないままである（EU 条約 24 条）。

24 条 1 項第二パラグラフによれば，「EU 司法裁判所は，この条約の 40 条の遵守の監視，及び EU 運営条約 275 条 2 項で追求される一定の諸決定に関する合法性の監視についての権限を除き，諸規定に関する管轄権を有しない」。

EU 条約 40 条は，柱構造の廃止 disparition des piliers にもかかわらず，諸領域のある一定の仕切り un certain cloisonnement を規定する。「共通外交・安全保障政策の実施は，EU 運営条約 3 条（2B 条）乃至 6 条（2E 条）で適用される EU の権限行使のために，二つの条約によって規定されている手続の適用及び諸機関の権限の範囲には抵触しない。

同様に，前記の諸条項で対象とされる政策の実施は，本章にしたがった EU の権限行使のためにこの条約によって規定された手続の適用及び諸機関のそれぞれの権限範囲には抵触しない」。

EU 運営条約 275 条によって，EU 条約 24 条は次のように確認されている。

「EU 司法裁判所は，共通外交・安全保障政策に関する規定及びこの規定に基づいて制定される二次法については，権限がない。

ただし，EU 司法裁判所は，EU 条約 40 条の尊重を監視するについては，及び理事会が EU 条約第 V 編第 2 章に基づいて採択した自然人または法人に対する制限的措置に関する決定の合法性監視に関する訴訟については，権限を有する」。

欧州の裁判官の前で基本権を援用する知的な制裁の対象となる人または実在の可能性を補強することの重要性は，強調されうる。

たとえかつての第三の柱に関する事件が EC 法の法的手続の拡大によって増

大した裁判化の恩恵に浴するとしても,監督を行ううえで確立した制限は,いつも不適当な状態が続いている。「自由,安全及び正義の空間に関する第Ⅲ部第Ⅳ章4節及び5節の規定に関する職権の行使において,EU司法裁判所は,警察によって行われた活動または構成国における他の抑圧的な役務の合法性や比例性を確認するための権限も,公序の維持と域内の安全の保持のために構成国に課せられる責務を具体化するための権限も有しない」。

B. 権利擁護手段 voies de droit の限定的な展開

リスボン条約は,欧州の裁判機関の前で権利擁護手段に関する欧州憲法草案が十分な進展をみせたものではなかったことを確認し,国内裁判機関の前で権利擁護手段の強化を再び奨励する規定をおいている。

1. 欧州裁判機関における権利擁護手段の限定的な改善

欧州憲法草案は,すでに存在していた権利擁護手段にあまり大きな変化をもたらさなかった。

基本権保護のために特別な訴訟制度を提案することは防止されていた。

Ⅲ-365条4項は,EC条約230条4項と比して,部分的に新しい定式化を構成していた。それによれば,「すべての自然人または法人は,同じ条件の下,自己を名宛人とする,または自己に直接かつ個別的に関係する行為に対して,並びに自己に直接関係するが,<u>施行措置をともなわない規制の性質を有する規則に基づく行為〔二次法〕*les actes réglementaires*</u> に対して,訴えを提起することができる(下線部は新たに付け加えられた部分)」。

この特別な訴訟の可能性が拡大したことは,しかしながら,「行政立法行為 actes réglementaires」という言葉を用いることによって,裁判所の監督に従う諸活動を列挙するⅢ-365条によって対象となった立法行為,法律及び枠組み法律に対する訴訟を暗に排除していた。したがって,この訴訟は,非立法的活動に対する特別な訴訟を緩和するだけにとどまっている。しかしながら,少なくともこの点に関して,それが直接かつ個人的に申請者に関係すること,そしてそれが法的行為でなかったことを証明することにより,立法行為を非難する

可能性が開かれるような解釈が行われえていた。立法行為に対する訴訟は，特権的な申請者（国家及び機関）及びその特権の保護のためにそれを行うことが許された機関及び部局（すなわち，会計検査院，欧州中央銀行，地方委員会）についてのみ，一般的な方法で手続をとることが可能であった。

この修正は，不平等な利害をともなった一定の直接訴訟について限定的な修正をもたらすことになった。リスボン条約は，改正EU条約19条，EU運営条約260条，263条，265条，269条，275条，277条といった修正条項の全体を引き継いだ。

EU条約19条によれば，「1項　EU司法裁判所は，司法裁判所，一般裁判所及び専門裁判所を含む。EU司法裁判所は，この条約の解釈及び適用において，正義の尊重を保障する（…）。

2項　司法裁判所は，各加盟国につき1名の裁判官によって構成される。

司法裁判所の裁判官及び法務官並びに一般裁判所の裁判官には，独立性の確実な保障を提示し，かつEU運営条約253条（旧223条）及び254条（旧224条）の前提条件を充たす人物が選出される。裁判官及び法務官は，加盟国政府によって，相互の同意に基づき，任期6年で任命される。任期の終了する裁判官及び法務官の再任は可能である。

3項　EU司法裁判所は，この条約に即して以下のことを決定する。

a　加盟国，機関または自然人もしくは法人の提訴について。

b　加盟国の裁判所の付託に基づく先行判決手続の方法により，EU法の解釈または機関の行為の効力について。

c　この条約に規定するその他のことについて。」

EU運営条約260条は，**義務不履行訴訟 recours en manquement** を定めている。

「1項　EU司法裁判所が，加盟国がこの条約によって生じる義務の一に違反したと確認する場合には，当該加盟国は，司法裁判所の判決によって生じる措置を講じなければならない。

4項　欧州委員会は，当該加盟国がEU司法裁判所の判決によって生じる措

置を講じなかったと認めるときには，当該加盟国にあらかじめ弁明の機会を与えた後に，EU 司法裁判所に提訴することができる。この場合，欧州委員会は，総合的状況から適当であると考える，当該加盟国が支払うべき一括支払金 somme forfaitaire または制裁金 astreinte の額を明記する。

EU 司法裁判所は，当該加盟国が同裁判所の判決に従わなかったと確認する場合には，一括支払金または制裁金の支払いを科すことができる。

この手続によって，259 条が影響を受けることはない。

5項 欧州委員会は，法律制定手続にしたがって制定された指令を実施するための措置を通知する義務に当該加盟国が違反したと考え，これを 258 条にしたがって EU 司法裁判所に提訴する場合は，当該加盟国が支払うべき一括支払金または制裁金で，委員会が総合的事情から適当であると考える価額を明記することが目的にかなうと判断する場合，これを明記することができる。

EU 司法裁判所は，義務違反を確認する場合には，一括価額または制裁金の支払いを，欧州委員会が決めた価額にいたるまで当該加盟国に科すことができる。支払義務は，EU 司法裁判所がその判決において確定した時点から生じる」。

同条 2 項は，加盟国の義務不履行が確認され，それが解消されない場合には，理由を付した意見 avis motivé を提示する必要性なしに，手続を簡素化し，手続を短縮してしまうことを定めるものである。

同条 3 項は，法律制定手続にしたがって制定された指令を国内法に置換する義務に国家が従わない場合に適用される特別な手続を定めるものである。したがって，この手続の適用は，義務不履行が確認された後に，その義務違反が継続していたかどうかとは無関係になされる。欧州委員会は，訴訟前手続の後に，義務不履行の確認を求め，場合によっては一括支払金または強制制裁金の支払命令をくだすことを求めて，上訴裁判所に当該国家を提訴する。その合目的性は，こうした義務不履行型がしばしば見受けられることを考慮にいれて，当該手続を簡素化し，短縮してしまうことにある。

無効訴訟 recours en annulation に関する EU 運営条約 263 条によれば，

「EU司法裁判所は、法律の適法性、並びに理事会、委員会及び欧州中央銀行の勧告及び意見を除く行為の適法性、並びに欧州議会及び欧州理事会の第三者に対する法的効果を有する行為の適法性を審査する。EU司法裁判所は、同様に、EUの組織及びその他の部署の第三者に対する法的効果を有する行為の適法性を審査する。

前段の目的のために、EU司法裁判所は、加盟国、欧州議会、理事会または委員会が、管轄違反、重要な形式規定の違反、この条約の違反もしくはこの条約の実施に際して適用されるべき法ルールの違反を理由に、または裁量権の濫用を理由におこす訴訟を管轄する。

EU司法裁判所は、同一の前提の下に、自己の権利の擁護を目的として起こす会計検査院、欧州中央銀行及び地方委員会の訴訟を管轄する。

自然人または法人は、いずれも第一段及び第二段に掲げる要件の下に、自己に向けられまたは自己に直接かつ個別的に関係する行為に対して、並びに自己に直接関係するが施行措置をともなわない規則の性格を有する二次法に対して、訴訟を起こすことができる。

EUの組織及びその他の部署を設置するための二次法においては、自然人または法人が、自己に対する法的効果を有するこれらの組織及びその他の部署の行為に対して、提訴するための特別の要件及び細則を定めることができる。

本条に定める訴訟は、二カ月以内におこさなければならない。この期間は、事例ごとに進行を異にし、当該行為の公表のときから、当該行為を原告へ通知したときから、またはこれらが欠けるときには当該行為を原告が認識した時点から進行する」。

この無効訴訟に関する規定は、幾つかの新しさを含んでいる。

第一に、欧州憲法草案においてすでに定められていた無効訴訟を参照しているが、リスボン条約では欠いている法律及び枠組み法律に対する訴えをともなっていることである。

第二に、その行為を非難しうる機関のなかに、欧州評議会が言及されていることである。

第三に，第三者に対して法的効果をもらす EU の機関及び機構の行為に対する，広範な合法性のコントロールの場が拡大したことである。

　第四に，その特権を保護する傾向がある会計検査院，欧州中央銀行，地方委員会に対して訴訟を行う可能性が与えられたことである。

　第五は，イノベーションである。訴訟の可能性を広げた欧州憲法草案と規定を再びおくとともに，実行措置をともなわないが，その人が直接関係している規則に基づく諸行為に対する私人の訴えを受理する可能性を認めたことがそれである。

　EC 条約 231 条は，裁判所によって無効と宣言された法規の効果が終局的なものであることを認めている。EU 司法裁判所は，規則以外の行為について，その命令によって制限されると感じていたのではなく，判決の効力を制限し，従来どおり有効であると判断することもできる。

　EU 運営条約 264 条は，EC 条約 231 条をめぐる判例を補強し，無効にされたすべての行為に対する訴訟の可能性を定めている。

　不作為訴訟 recours en carence に係る EU 運営条約 265 条は，欧州理事会 Conseil européen の不作為に対する訴訟を規定する。それ以降，一機関とみなされた欧州理事会は不作為訴訟について導入することもできる。この 265 条は，議決をなすことを怠る EU の組織及び機関にも適用される。

　EU 運営条約 269 条は，**EU 条約 7 条の国家による基本的価値の尊重**に係る諸決定のコントロールの制限を再び規定する。このコントロールは，欧州理事会または理事会の確認の対象となる加盟国の請求に基づいてのみ作用させられうる。その請求は，前記確認から 1 カ月以内になされなければならず，司法裁判所は，請求の日から 1 カ月以内に判決をくだす。

　EU 運営条約 277 条は，**違法性の抗弁 exception d'illégalité** を規定する。「263 条（旧 230 条）5 項が定める期間が過ぎたとしても，すべての当事者は，EU の機関，組織または部署が制定した一般的適用性を有する二次法の適法性が争われる訴訟にあっては，EU 裁判所において，263 条（旧 230 条）2 項に定める理由から，当該二次法が不適用となることを主張することができる」。し

たがって，違法性の抗弁は，行政立法行為のみを除き，すべての規範的行為に対して認められうる。その変更は，実際には，判例の展開を考慮してなされるにすぎない。

司法裁判所は，加盟国，欧州議会，理事会または欧州委員会によって提訴された，EU 条約及び EU 運営条約（現在ではもはや EC 条約だけでなく）と EU が締結したすべての国際協定（現行のテキストのように共同体の協定だけでなく）との適合性を検討するが，EU 運営条約 218 条 6 項は，その司法裁判所によって認められることになるであろう国際協定の適合性審査の手続を規定している。

２．国内の権利擁護手段強化の展望

国内の裁判機関は，欧州憲法草案における一般法上の裁判機関にとどまっており，その 29 条は次のように規定していた。「加盟国は，EU が及ぶ領域における実効的な法的保護が確保されるように，必要な司法的救済制度を創設する。」ここで用いられた表現は，基本権憲章 47 条によって承認された実効的な訴訟という法的対応を拡大し，権利擁護手段のシステムという徹底した特徴のうえで共同体の判例に言及するものである。

EU 条約 19 条は，その 1 項第二パラグラフで，その定式化を行っている「加盟国は，EU 法が及ぶ領域における効果的な保護が保障されるように，必要な司法的救済制度を創設する」。

Ⅳ 計画化された EU の欧州人権条約への加盟

欧州司法裁判所は，その〔1996 年 3 月 28 日の〕意見 2/94 (avis 2/94) において，①共同体には，人権に関する法規を採択し，或いはこの分野における国際協約を締結するための明示的ないし黙示的な特別な権限がないために，EC は，欧州人権条約に加盟できないということ，そして②人権保護システムに幾度も変更が加えられ，その加盟のための制度的影響を考慮すると，EC 条約 235 条（現行 308 条）を用いることは不可能であったと判断していた[36]。

EU による条約への加盟を可能とする基盤づくりが提案されるためには，欧州憲法草案を待たなければならなかった。その基盤は，リスボン条約にも再び

規定されているが，この条約には，欧州憲法草案には定めのなかった加盟にあたっての補足条件が付け加えられている。加盟の采配を振らなければならない条件づくりの指示は，この二つの条約のなかに同じように定式化されている。

A. 条約加盟の奨励

したがって，欧州憲法草案には，欧州人権条約への EU の加盟を認め，さらに義務とする法的基盤がともなっていた（I-9条）。「2項　EUは，人権及び基本的自由の保護のための欧州条約に加盟する」[37]。

そのⅢ-324条は，加盟に関する国際合意の取り決め，及び EU 理事会によって規定された多数決での結論について，欧州議会の一般的意見を用意していた。

条約の監督機構を改正する，人権及び基本的自由の保護のための条約についての第 14 議定書 Le Protocole n° 14 à la Convention de sauvegarde des Droits de l'Homme et des Libertés fondamentales, amendant le système de contrôle de la Convention（まだ効力は発生していない）は，EU の加盟を認めている（2004 年 5 月 14 日）。この議定書は，EU の加盟を実現するために欧州人権条約に必要とされる修正について明らかに予断を下していない。

その 17 条によれば，「条約 59 条は，以下のように改正される。
「1項　以下のような新しい2項が挿入される。
『2項　EUは，この条約に加入することができる。』
2項　[現行] 2項，3項及び4項は，それぞれ [新たに] 3項，4項及び5項とする」。

これを解説する報告書によれば，「101. 59 条は，この条約への EU の加盟が不確定であることから改正された。新しい 2 項は，EU のなかで生じている展開，とくに，人権条約への加盟については，憲法条約草案の文脈における展

開を考慮するために，その可能性を規定している。人権条約に加えられる修正が法技術的観点から加盟を可能にするために必要となることが，強調されなければならない。欧州人権条約 le CDDH は，この問題を確認する報告書を 2002 年に採択した（document DG-II (2002) 006）。この報告書は，それを認識していた閣僚会議 Comité des Ministres に伝えられた。欧州人権条約は，憲法条約の修正が，欧州人権条約を修正する議定書によってであれ，一方では EU，他方では条約不参加国との間で締結する加盟条約によってであれ，行われうる。欧州人権条約が副次的解決としての特恵を表明していたにもかかわらず，将来におけるあらゆる選択肢を残しておくために，この議定書では加盟条約の可能性に言及しないことがより好ましいと判断されていた。

102. この議定書の起草の際には，この条約への EU の加盟が不確定であるという表現によって，EU と交渉する——同意を結論づけるものではない——ことを開始する可能性はいまだ存在していなかった。なぜなら，EU はそれを行うための権限を規定していなかったからである。したがって，この議定書のなかで，EU の加盟を承認するために必要な人権条約の他の修正を行うことは不可能なことであった。結果として，修正議定書または加盟条約のなかに含まれるであろうこの追加的修正についていえば，副次的な批准手続が必要となる」。

リスボン条約は，加盟の法的基礎を形成する 6 条 2 項において欧州憲法草案と同じ規定を再びおいている。「EU は，人権及び基本的自由の保護のための欧州条約に加盟する。この加盟は，EU の権限を修正しないし，諸条約に規定される」。

218 条 6 項は，合意を結論づけるために欧州議会の一致した意見を求めることを確認している。

同条 8 項は，欧州憲法草案と異なり，理事会での結論は全員一致で決定することを規定している。「理事会は，同様に，人権及び基本的自由の保護のための欧州条約に EU が加盟する合意を，全員一致で決定する」。

同項には，他の要求も加えられ，「この同意を結論づける決定は，各国の憲

法規範に従い加盟国によって承認された後，有効となる」ことが規定された。

この二つのイノベーションは，加盟国の一部の国が躊躇したことが示されたならば，明らかに補足的な障害のリスクが生じる。

この諸条約に定められた諸規定に加えられたのは，加盟方式に関する欧州憲法草案第32追加議定書の諸規定を再現した議定書である。

B. 条約加盟の方式

欧州憲法設立条約Ⅰ-9条2項に関する第32追加議定書は，加盟実現をする上で必要となる一定の要件を規定していた。

これと同じ規定は，リスボン条約によって，EU条約，EU運営条約，欧州原子力共同体設立条約に追加される人権及び基本的自由の保護のための欧州条約へのEUの加盟についてのEU条約6条2項に関する新しい議定書のなかにも規定されている。

この議定書の1条によれば，「EU条約6条2項に規定された人権及び基本的自由の保護のための欧州条約（以下，『欧州人権条約』とする）へのEU加盟に関する同意 accord は，とりわけ以下の点について，EU及びEU法の特別な性格を保持する必要性を反映するものでなければならない。

　a）　EUが欧州人権条約の監督機関 instances de contrôle de la Convention européenne に，緊急時に参加することを確保する特定の方式

　b）　非加盟国及び個人によって行われた訴えが，場合に応じて，加盟国及び／またはEUに対して適正に実施されることを保証するために必要な機構」。

したがって，この法文書が強調しているのは，EU及びEU法の特別な性格を保持する必要性である。

その第一は，EUが欧州人権条約の監督機関に，緊急時に参加することを確保する特定の方式についてである。とくに，EUの裁判官が欧州人権裁判所によって裁かれた事件に参加せざるをえなくなる場合の要件を決定することについてである。つぎに，EUが人権裁判所判決の執行の統制に関与する欧州理事会閣僚委員会 comité des ministres du Conseil de l'Europe の仕事に加わる方法

をいかにして決定するのかということについてである。

その第二は，非加盟国及び個人によって行われた訴えが，場合に応じて，加盟国及び／またはEUに対して適正に実施されることを保証するために必要な機構についてである。EU及び加盟国が，EUと加盟国の間の関係を決定するコントロール権を維持するために，そこで創設されるルールによって，EUが追求するその訴えについての被告を誰にするかについて決定しなければならない。

「2条
1条が定める同意は，EU加盟がEUの権限にもその機関の職権 *les attributions de ses institutions* にも悪影響を与えないことを保証しなければならない。この同意は，そのいかなる規定も，欧州人権条約，その議定書，とくに欧州人権条約15条にしたがい欧州人権条約違反の際に加盟国によって取られる措置，及びその57条にしたがい加盟国によって定式化された欧州人権条約の留保に対する加盟国の個別の状態に悪影響を与えない」。

この条項は，EU条約6条1項及び憲章15条の後，EU加盟がEUの権限にいかなる悪影響も与えないことを保証しなければならない。司法裁判所は，その重要判決においてすでに次のように指摘していた。「基本権の尊重が（…）共同体の行為の適法性の条件を構成するとしても，この基本権それ自体は，欧州共同体の権限を越えてこの条約が規定する領域を拡大する効果を生み出すことはできない」[38]。

基本権の尊重は，EU法の適用及び解釈について，条約によって司法裁判所に認められた役割を，機関の職権の尊重に言及することによって確認することを欲している。

そのうえで，加盟国とストラスブール〔欧州人権裁判所〕の統制システムとの関係の自律性を保持するにいたる。

「3条

1条が定める協定のいかなる規定も，EU 運営条約 344 条に悪影響を与えてはならないものとする。」

この条項は，「加盟国が，規則によって定められたことに以外に，規則的な様式で条約の解釈及び適用に関する意見の対立を抑制してはならないことを約束する」ことを規定している。司法裁判所が，モックス事件 l'affaire *Mox* において，指摘されたように適用されていたことは知られている[39]。この規定は，したがって，諸条約の解釈または適用に関する意見の対立が問題となる欧州人権裁判所で，加盟国が他の加盟国に対して訴えを提起できないことを想定している。

政府間会議第 2 号宣言は，この諸規定に続いている（**EU 条約 6 条 2 項付属宣言** Déclaration ad article 6, paragraphe 2, du traité sur l'Union européenne）。「政府間会議は，人権及び基本的自由の保護のための欧州条約への EU の加盟が，EU の法秩序の特殊性を保持することを認める方式によって実行されなければならないことを合意する。この文脈において，政府間会議は，EU 司法裁判所と欧州人権裁判所の間の対話の存在を確立する。その対話は，この条約への EU の加盟の際に強化されうることになる」。

上述の議定書及び宣言といった法文書は，明らかに EU 加盟の事前折衝者に明確な指針を与えることになる。彼らは，この法文書が含まれる指令，とくに EU 体制の維持についての指令を協定のなかに受け入れさせなければならないことになる。この法文書は，EU の基礎となる諸条約とこの合意の両立性について，EU 司法裁判所によって必要に応じて検討する場合に，EU 条約と EU 運営条約（EU 運営条約 218 条 11 項）とともに参照に資するであろう。

【訳者補記】 本邦訳に際しては, とくに, 広岡隆「欧州共同体の司法裁判所の裁判」『法と政治』48巻2号（1997年）, 庄司克宏『EU法基礎篇』（岩波書店, 2003年）, 庄司克宏「リスボン条約（EU）の概要と評価」『慶応法学』10号（2008年）, 小林勝訳『リスボン条約』（御茶の水書房, 2009年）, 鈴木眞澄「EU行政法の制度的基盤とリスボン条約」『龍谷法学』42巻4号（2010年）, 岡村堯『新ヨーロッパ法—リスボン条約体制下の法構造』（三省堂, 2010年）, 中村民雄「ヨーロッパ統合の展開とEU憲法論議の生成」中村民雄・山元一編『ヨーロッパ「憲法」の形成と各国憲法の変化』（信山社, 2012年）を参照した.

なお, TFUEの邦訳としては,「EU機能条約」とすべきとする見解もあるが（岡村説・庄司説）, EUという機構の運営方法を明らかにした条約として「EU運営条約」と訳出すべきとする中村説を支持し, 本邦訳では後者を採用した.

1) V. J. Rideau, *Le rôle de l'Union européenne en matière de protection des droits de l'homme* : RCADI 1997.
2) CJCE, 14 mai 1974, aff. 4/73, *Nold c/ Commission*, Rec. 1974, p. 491, att. 13 ; CJCE, 13 déc. 1979, aff. 44/79, *Hauer*, Rec. 1979, p. 3727, point 15 ; CJCE, 13 juill. 1989, aff. 5/88, *Wachauf*, Rec. 1989, p. 2609, point 17 ; CJCE, 18 juin 1991, aff. C-260/89, *ERT*, Rec. 1991, I-925, point 41 ; CJCE, 14 oct. 2004, aff. C-36/02, *Omega*, Rec. 2004, I-9609, point 33 ; TPICE, 22 oct. 1997, aff. T-213/95 et T-18/96, *SCK et FNK c/ Commission*, Rec. 1997, II-1739, point 53 ; TPICE, 14 déc. 2005, aff. T-210/01, *General Electric c/ Commission*, Rec. 2005, II-5575, point 725.
3) JOCE n° C 364, 18 déc. 2000, p. 1.
4) Voir, par exemple : TPICE, 20 févr. 200, aff. T-112/98, *Mannesmannröhren-Werke c/ Commission*, Rec. 2001, II-729, point 76 ; TPICE, 3 mai 2002, aff. T-177/01, *Jégo-Quéré*, Rec. 2002, II-2365, points 42 et 47 ; TPICE, 5 avr. 2006, aff. T-279/02, *Degussa c/ Commission*, Rec. 2006, II-897, point 115.
5) TPICE, 15 févr. 2005, aff. T-256/01, *Pyres c/ Commission*, Rec. 2005 FP-1-A-23, II-99, point 66.
6) Voir, par exemple : CJCE, 27 juin 2006, aff. C-540/03, *Parlement c/ Conseil*, Rec. 2006, p-5769 ; CJCE, 13 mars 2007, aff. C-432/05, *Unibet*, Rec. 2007, I-2271, point 38 ; CJCE, 3 mai 2007, aff. C-303/05, *Advocaten voor de Wereld*, Rec. 2007,I-3633, point 46.
7) F. Sudre, « Commentaire de l'article I-9 », dans L. Burgorgue – Larsen, A. Levade, F. Picod (dir.), *Traité établissant une Constitution pour l'Europe Commentaire article par article, Partie I et IV «Architecture constitutionnelle»*, Bruylant, 2005, T 1, p. 141.
8) J. Rideau, «La greffe de la Charte des droits fondamentaux dans le projet de Constitution européenne», dans O. Beaud, A. Lechevalier, I. Pernice, S. Strudel (dir.),

L'Europe en voie de Constitution. Pour un bilan critique des travaux de la Convention, Bruylant, 2004, p. 347.
9) Voir CJCE, 16 juin 2005, aff. C-105/03, *Maria Pupino*, Rec. 2005, I-5285.
10) CJCE, 12 mai 1998, aff. C-170/96, *Commission c/ Conseil*, Rec. 1998, I-2763 ; CJCE, 13 sept. 2005, aff. C-176/03, *Commission/Conseil*, Rec. 2005, I-7879.
11) Art. 220 TCE. J. Rideau et F. Picod, *Code des procédures juridictionnelles de l'Union européenne*, Litec, 2002.
12) CJCE, 23 avr. 1986, aff. 294/83, *Les Verts c/ Parlement*, Rec. 1986, p. 1339, pt 23.
13) CJCE, 10 juill. 2003, aff. C-15/00, *Commission/BEI*, Rec. 2003, I-7821, pt 75.
14) CJCE, 25 juill. 2002, aff. C-50/00 P, *Union de Pequenos Agricultores c/ Conseil*, Rec. 2002, I-6677, pts 38 et s. ; CJCE, 1er avr. 2004, aff. C-263/02 P, *Commission c/ Jégo-Quéré*, Rec. 2004, I-3425, pts 29 et s. V. également : F.G. Jacobs, «Effective judicial protection of individuals in the European Union, now and in the future», *Il diritto dell'Unione europea* 2002, n° 2, p. 203 ; P. Cassia, *L'accès des personnes physiques et morales au juge de la légalité des actes communautaires*, Dalloz, 2002.
15) J. Molinier, «Le contrôle juridictionnel et ses limites : à propos du pouvoir discrétionnaire des institutions communautaires», dans J. Rideau (dir.), *De la Communauté de droit à l'Union de droit. Continuités et avatars européens*, p. 77.
16) CJCE, 22 oct. 1987, aff. 314/85, *Foto-Frost*, Rec. 1987, p. 4199, pts 15 à 20.
17) CJCE, 12 juill. 2005, aff. C-304/02, *Commission/France*, Rec. 2005, I-6263.
18) O. Dubos, *Les juridictions nationales, juges communautaires*, Dalloz, 2001 ; A. Barav, «La plénitude de compétence du juge national en sa qualité de juge communautaire», dans Mélanges Jean Boulouis, Dalloz, 1991, p. 1.
19) Voir F. Picod, J. Rideau, «Renvoi préjudiciel», dans R. Kovar, Poilot - Peruzzetto (dir.), *Répertoire communautaire* : Dalloz, 2006 ; J. Pertek, «Cour de justice. - Renvoi préjudiciel en interprétation et en appréciation de validité. - Notion de juridiction nationale - Autres acteurs de la coopération - Procédure - Effets des arrêts», *J.- Cl. Europe*, 1005, fasc. 362.
20) CJCE, 19 nov. 1991, aff. C-6/90 et C-9/90, *Francovich et Bonifaci*, Rec. 1991, I-5357 et la jurisprudence ultérieure. V. également *infra* n° 274. V. S. Moreira de Sousa et W. Heusel (dir.), Enforcing Community Law from Francovich to Köbler : Twelve Years of the State Liability Principle : *Academy of European Law Trier*, vol. 37, Bundesanzeiger, 2004.
21) J. Molinier, *D'un traité l'autre : les principes fondateurs de l'Union européenne, de Maastricht à Amsterdam*, p. 439. Voir également J. Rideau, «Union européenne. Nature, fondements et caractères généraux», *J.-Cl. Europe*, fasc. n° 110.

22) Voir D. Simon, «The Sanction of Member States' Serious Violations of Community Law : Liber amicorum» in Honour of Lord Slynn of Hartley, Kluwer, 2000.
23) Voir L. Burgorgue – Larsen, «Article I-2», dans L. Burgorgue – Larsen, A. Levade, F. Picod (dir.), *Traité établissant une Constitution pour l'Europe Commentaire article par article, Partie I et IV «Architecture constitutionnelle»*, Bruylant, 2005., T 1, p. 50.
24) S. Pierré – Caps, «La constitution comme ordre de valeurs», dans Mélanges à D.G. Lavroff : Dalloz, 2005, p. 283, spéc. p. 284.
25) M. Dony, «Les valeurs, objectifs et principes de l'Union», dans M. Dony et E. Bribosia (dir.), *Commentaire de la constitution de l'Union européenne* : éd. de l' Université de Bruxelles, 2005, p. 33, spéc. p. 37.
26) Voir L. Burgorgue – Larsen, «Article I-2», dans L. Burgorgue – Larsen, A. Levade, F. Picod (dir.), *Traité établissant une Constitution pour l'Europe Commentaire article par article, Partie I et IV «Architecture constitutionnelle»*, Bruylant, 2007, T 1, p. 58
27) Voir L. Azoulai, «Article I-3», dans L. Burgorgue – Larsen, A. Levade, F. Picod (dir.), dans L. Burgorgue – Larsen, A. Levade, F. Picod (dir.), *Traité établissant une Constitution pour l'Europe Commentaire article par article, Partie I et IV «Architecture constitutionnelle»*, Bruylant, 2007, T 1, p. 60).
28) Voir L. Azoulai, «Article I-3», dans L. Burgorgue – Larsen, A. Levade, F. Picod (dir.), *Traité établissant une Constitution pour l'Europe Commentaire article par article, Partie I et IV «Architecture constitutionnelle»*, Bruylant, 2007, T 1, p. 60, spéc. p. 72.
29) J. Rideau, «La greffe de la Charte des droits fondamentaux sur le projet de Constitution européenne», dans A. Lechevalier, I. Pernice, S. Strudel (dir.), *L'Europe en voie de Constitution. Pour un bilan critique des travaux de la Convention*, Bruylant, 2004, p. 347.
30) F. Sudre, «article I-9», dans L. Burgorgue – Larsen, A. Levade, F. Picod (dir.), *Traité établissant une Constitution pour l'Europe Commentaire article par article, Partie I et IV «Architecture constitutionnelle»*, Bruylant, 2007, T 1, p. 147.
31) *JOUE* n° C 303 du 14 décembre 2007.
32) F. Picod, «Article II-111 Champ d'application», dans L. Burgorgue – Larsen, A. Levade, F. Picod (dir.), *Traité établissant une Constitution pour l'Europe Commentaire article par article, Partie II La Charte des droits fondamentaux de l'Union*, Bruylant 2005, T 2, p. 643.
33) L. Burgorgue – Larsen, «Art. II-112, Portée et interprétation des droits et des principes», dans L. Burgorgue – Larsen, A. Levade, F. Picod (dir.), *Traité établissant une Constitution pour l'Europe Commentaire article par article, Partie II La Charte des droits fondamentaux de l'Union*, Bruylant, 2005, T 2, p. 658.

34) L. Azoulai, «Art. II-113, Niveau de protection», dans L. Burgorgue - Larsen, A. Levade, F. Picod (dir.), *Traité établissant une Constitution pour l'Europe Commentaire article par article, Partie II La Charte des droits fondamentaux de l'Union*, Bruylant 2005, T 2, p. 689.
35) CJCE, 14 oct. 2004, aff. C-36/02, *Omega Spielhallen - und Automatenaufstellungs-GmbH*, Rec. 2004, I-9609.
36) CJCE, avis 2/94 du 28 mars 1996, *Adhésion de la Communauté à la convention de sauvegarde des droits de l'homme et des libertés fondamentales*, Rec. I-1759.
37) F. Sudre, «Article I-9», dans L. Burgorgue - Larsen, A. Levade, F. Picod (dir.), *Traité établissant une Constitution pour l'Europe Commentaire article par article, Partie I et IV «Architecture constitutionnelle»*, Bruylant, 2005, T 1, p. 141, spéc. p. 156 et s.
38) CJCE, 17 févr. 1998, aff. C-249/96, *Grant c/ South-West Trains Ltd*, Rec. 1998, I-621, pt 45.
39) CJCE, 30 mai 2006, aff. C-459/03, *Commission c/ Irlande*, Rec. 2006, I-4635.

(ジョエル・リドー＝菅原　真)

Activités économiques et droits fondamentaux

Avant-propos

L'année 2007 au Japon fut marquée par une série de fraudes et contrefaçons dans le secteur alimentaire. En décembre 2007, l'association *Kanken*, qui délivre des certifications du niveau de connaissances en *kanji*, a annoncé officiellement le *kanji* de l'année, après avoir recueilli les votes par carte postale. Il s'agit du *kanji* «*nise*» ou «*gi*», qui veut dire faux, falsifié. Le *kanji* fut choisi à la suite des nombreux scandales notamment dans l'industrie alimentaire, qui ont semé la suspicion parmi les consommateurs Japonais à l'égard de l'authenticité des produits achetés.

En janvier 2007, la pâtisserie industrielle Fujiya a annoncé avoir utilisé de façon répétée des ingrédients périmés pour la confection de produits, à la suite d'une inspection par un cabinet indépendant, qui mit en lumière des falsifications de date limite de consommation des produits, des niveaux de bactéries dix fois supérieurs à la loi dans certains composants, l'utilisation de crème, de lait et de fruits périmés, ainsi que la présence de nombreux rongeurs dans les ateliers. Au vu de résultats aussi accablants, les consultants suggérèrent à Fujiya la suspension de la production et la vente des produits. Par la suite, le président démissionna de ses fonctions.

De même, la société Akafuku, fondée il y a 300 ans et célèbre pour ses pâtisseries traditionnelles japonaises, s'est vu intimer l'ordre de suspendre son activité par la préfecture de Mié et le Ministère de l'Agriculture. Elle n'aurait pas respecté les lois sanitaires en falsifiant les dates d'expiration de ses produits et en recongelant certains invendus. Selon le Ministère de l'Agriculture, le fabricant réutilisait près de 70% du *mochi* (ou pâte de riz) de ses gâteaux invendus.

Même ici, à Fukuoka, nous avons assisté à un scandale alimentaire des plus retentissants. Il s'agit de l'affaire Senba Kicho, une chaîne renommée de restaurants chics. Pendant des années, la boutique de Senba Kicho, située dans le grand magasin Iwataya, servait du bœuf provenant de la préfecture de Saga mais présenté comme provenant de la préfecture de Hyogo. Là encore, il est apparu que des falsifications de date limite de consommation des produits comme le *mentai*, spécialité de Fukuoka, avaient été effectuées de manière systématique.

Tournons-nous maintenant vers ce que fut l'année 2007 en France. Sans doute, l'année fut marquée par l'arrivée de Nicolas Sarkozy à la tête de l'État ainsi que par plusieurs conflits sociaux. Mais il n'en faut pas pour autant oublier le bicentenaire du Code commercial, et le centenaire de la révolte de midi de 1907, qui a indiscutablement incité le législateur à protéger les appellations d'origine de produits viticoles.

Malgré certaines nuances, la tendance générale à la déréglementation, la libéralisation et la mondialisation se poursuit. La lumière crue que jettent les quelques scandales récents évoqués plus haut, invite toutefois à s'interroger sur la nécessité d'une limitation des activités économiques au regard des intérêts des consommateurs.

I – Des libertés économiques opposables à la liberté d'opinion ?

Selon un manuel de droit constitutionnel représentatif, les libertés économiques sont définies comme regroupant tout un ensemble, à savoir le droit de choisir et de changer de résidence, celui de choisir sa profession et le droit de la propriété privée[1].

Deux articles de la Constitution japonaise concernent les libertés économiques. Tout d'abord, l'article 22 dispose que «Toute personne a le droit de choisir et de changer sa résidence, ou de choisir sa profession, dans la mesure où elle ne fait pas obstacle au bien-être public. Il ne peut être porté atteinte à la liberté de chacun d'émigrer en pays étranger ou de renoncer à sa nationalité». Ensuite, l'article 29 stipule que «Le droit de propriété ou de possession de bien est inviolable. Les droits de propriété sont définis par la loi, conformément au bien-être public. La propriété privée peut être expropriée pour utilité publique, moyennant juste compensation».

Il est étonnant que le juge japonais considère que la liberté d'entreprendre des entreprises privées est opposable même aux droits fondamentaux des employés. Rappelons ici le fameux arrêt du 12 décembre 1973 rendu par la Cour Suprême. Dans cette affaire, dite « Mitsubishi-Jyushi » (entreprise de plastification de résine de Mitsubishi), la Cour Suprême considéra que l'entreprise privée peut, en vertu de son droit à l'activité économique, interroger le candidat à un emploi et lui faire déclarer son opinion politique ou les faits relatifs à ses opinions politiques et peut le discriminer, bref lui refuser un emploi, en raison de cette opinion[2].

Cet arrêt de la Cour souleva parmi les constitutionnalistes de très virulentes critiques. Sous l'influence de la doctrine américaine, la majorité des constitutionnalistes japonais admettent l'existence d'un double standard entre la liberté d'opinion et les libertés économiques : à l'égard de la liberté d'opinion, les restrictions doivent être réduites au strict minimum tandis que les restrictions sont plus communément admises en ce qui concerne les libertés économiques[3].

II – Liberté de la profession et activités économiques

L'article 22 de la Constitution qui garantit le droit de choisir et de changer la résidence est lié avec les libertés physiques. Désormais, le citoyen japonais peut librement circuler, voyager, se déplacer, émigrer et avoir des activités de toutes sortes, notamment économiques, à l'intérieur et l'extérieur du pays. Cependant, il existe des mesures restrictives qui s'appliquent aux militaires de la Force d'autodéfense (article 55 de la loi sur la Force d'autodéfense), aux victimes de faillites (articles 147 et 153 de la loi sur les faillites), aux prisonniers et aux personnes infectées par certaines maladies transmissibles. L'arrêt rendu le 11 mai 2001 par le tribunal de Kumamoto considère que des mesures discriminatoires à l'égard des lépreux, supprimées en 1996, étaient contraires à la Constitution.

Indépendamment de la théorie du « double standard » selon laquelle la liberté d'opinion est placée au premier rang, les activités économiques sont soumises expressément au « bien-être public ». Ces réglementations, contrôles et orientations doivent résulter de l'aménagement « substantiellement équitable » entre divers facteurs et intérêts. Mais les marges d'appréciation de la législation et de l'administration dans cette fonction régulatrice sont relativement larges afin d'atteindre le « bien-être public » notamment l'idéal de l'État social[4].

Selon le Professeur Fukase, les réglementations doivent être prises dans le respect de différents objectifs[5].

En ce qui concerne premièrement la prévention des maux sociaux, la loi interdisant la prostitution exclut globalement cette sorte d'exploitation en vue de protéger les bonnes mœurs ; et la loi sur l'hygiène alimentaire prévoit l'examen de la réglementation du commerce alimentaire pour garantir la santé publique.

Les réglementations peuvent, deuxièmement, avoir été prises pour tenir compte de l'objectif du maintien de l'intérêt public ou de considérations d'ordre financier : ainsi, l'État a le monopole de la production du tabac ; il contrôle les entreprises concessionnaires d'électricité, des eaux et des transports. Toutefois, on a récemment assisté à la privatisation de la Poste et à l'ouverture du marché dans le secteur de l'électricité ou de la télécommunication, etc[6].

Relevons, troisièmement, l'existence d'objectifs de politique économique et sociale : une loi antérieure sur les grandes surfaces soumettait les grandes entreprises à la réglementation pour protéger les petites et moyennes entreprises[7]. Comme notre collègue Madame le Professeur Ofuji l'a évoqué à l'occasion du 3ème séminaire franco-japonais à Strasbourg, la loi sur les grandes surfaces fut abrogée en 2000 avec l'entrée en vigueur de la nouvelle loi de 1998 sur l'établissement des grandes surfaces[8].

Or, il convient de traiter la jurisprudence constitutionnelle en cette matière.

1. L'affaire dite des « bains publics »

Il s'agit de l'arrêt rendu le 26 janvier 1955 dans l'affaire « bains publics ». La loi sur les bains publics attribue au préfet la possibilité de refuser une autorisation d'ouverture des établissements de bains publics en se fondant sur le caractère inapproprié de son emplacement géographique. En effet, le règlement départemental détermine les conditions concrètes de cette restriction en interdisant la présence de plus d'un établissement dans un même quartier. Le requérant conteste ce règlement départemental de Fukuoka – fixant la distance requise entre deux établissements différents à 250 mètres en ville, et 300 mètres en campagne – et avance qu'un tel règlement est contraire à la liberté de choix en matière de profession.

En rejetant ce recours, la Cour Suprême considère que les bains publics sont des établissements de santé nécessaire pour la vie quotidienne, qu'ils ont un caractère largement public, et qu'un trop grand laxisme en ce qui concerne la question de leur emplacement risquerait de nuire aux nombreux usagers en raison d'un déséquilibre géographique. Ceci emporterait un risque de concurrence excessive et, par conséquent, d'altération des conditions d'hygiène et de gestion économique déficitaire. De sorte que la mesure restrictive destinée à prévenir de tels inconvénients, conformément à la notion de «bien-être public», n'est pas contraire à l'article 22 de la Constitution. Cependant, selon le Professeur Fukase, certains publicistes critiquent l'ambiguïté du raisonnement suivi par cet arrêt. Ils se demandent d'abord pourquoi les bains publics font l'objet d'une attention particulière, alors que de nombreuses autres activités économiques libres sont tout aussi importantes pour la vie quotidienne. La question se pose ensuite de savoir si l'enchaînement de cause (la restriction géographique) à effet (l'abaissement d'hygiène) est suffisamment démontré et, enfin, s'il est possible d'ériger en droit acquis tous les intérêts antérieurs pour exclure les nouveaux venus[9]. Notons que cette restriction géographique fut introduite sous la pression de groupes d'intérêts craignant l'éventualité d'une baisse de revenu due à la venue de nouveaux concurrents.

2. L'affaire dite «petit marché»

L'arrêt de la Cour Suprême rendu le 22 novembre 1972 dans l'affaire «petit marché» distingue deux catégories de limitation des activités économiques selon le but de la loi : «d'une part la réglementation négative tendant à maintenir la sécurité et l'ordre public et, d'autre part, la réglementation positive visant à mettre en œuvre la politique économique et sociale poursuivant le développement harmonieux et équilibré des activités économiques et l'idéal de l'État social»[10].

La loi sur l'aménagement réciproque des petits marchés exige une autorisation préalable pour ouvrir un petit marché. Il s'agit d'une mesure positive tendant à mettre en œuvre la politique économique et sociale. Cette réglementation vise donc plutôt à protéger contre une faillite commune résultant d'une situation de concurrence excessive provoquée par des ouvertures trop nombreuses. La Cour estime que le but, le moyen et la modalité de la réglementation sont raisonnables et que ce régime de l'autorisation ne viole pas l'article 22 de la Constitution.

On peut dire que cet arrêt de la Cour Suprême démontre « à la fois une large marge de discrétion législative en matière de politique économique et sociale, et une limitation prudente des mesures législatives de police restreignant les activités économiques et professionnelles »[11]. Cependant, il est très probable que les arrêts postérieurs de la Cour Suprême abandonnent la théorie des « deux catégories de limitation des activités économiques ».

3. L'affaire dite « loi sur les médicaments »

En cela remarquable, l'arrêt de la Cour Suprême rendu le 30 avril 1975 est une des rares décisions d'inconstitutionnalité au Japon. Il s'agissait d'une loi sur les médicaments selon laquelle l'ouverture d'une pharmacie était soumise à une restriction géographique comme celle de la loi sur les bains publics. La Cour considéra que le régime d'autorisation doit être constitutionnellement justifié par une nécessité et des motifs raisonnables tirés du bien-être public. Or, l'objectif de la réglementation n'est pas directement d'éviter la concurrence excessive et l'insécurité de gestion des pharmaciens, mais plutôt de prévenir le danger concernant la santé et la vie. Faisant partie d'une mesure négative et policière et non pas d'une mesure positive, cette réglementation « doit, pour justifier ce système d'autorisation, avoir des motifs qui démontrent l'impossibilité d'atteindre suffisamment cet objectif par une restriction moins dure pour le contenu et les modalités des activités professionnelles que ce système d'autorisation. Les motifs de la restriction géographique prévue par la loi pour interdire l'ouverture d'une nouvelle pharmacie ne démontrent pas l'impossibilité d'atteindre l'objectif pour prévenir des maux sociaux. Il apparaît au contraire qu'un tel objectif pourrait être réalisé par des moyens moins restrictifs. Objectif et moyen étant ainsi déséquilibrés, cette restriction ne présente ni la nécessité ni le caractère raisonnable propres à légitimer sa constitutionnalité, elle est donc inconstitutionnelle »[12].

4. L'affaire dite « cravate de Kyoto »

La ville de Kyoto est la capitale du *kimono* mais elle connaît une crise du marché des vêtements classiques. Afin de stabiliser le prix de la soie en faveur des sériciculteurs japonais, victimes de l'augmentation de l'importation de soie étrangère, et pour protéger leur revenu, le législateur n'admet l'importation de soie étrangère que de la part des opérateurs autorisés. L'interdiction d'importation est naturellement de nature à affecter la compétitivité entre fabricants de cravates en soie. C'est la raison pour laquelle des fabricants de cravates de Kyoto, obligés d'acheter la soie étrangère au double de son prix, demandèrent à l'État de verser la somme de 370 million yens de dommages-intérêts en réparation du préjudice.

L'arrêt de la Cour Suprême rendu le 6 février 1990 considère que la mesure restrictive d'importation de soie étrangère n'est pas contraire à la Constitution. D'après le jugement du Tribunal de Kyoto rendu le 29 juin 1984, cette restriction faite aux activités économiques peut être considérée comme une réglementation positive visant à mettre en œuvre la politique économique et sociale poursuivant l'idéal de l'État social. Bien que cette mesure soit conforme à la Constitution, le problème concernant l'équilibre entre l'intérêt des sériciculteurs japonais et celui des fabricants reste sans solution pertinente.

5. L'affaire dite « vente de boisson alcoolisée »

Comme en France, la vente de boisson alcoolisée fait l'objet d'une autorisation préalable. Le problème est de savoir si la nécessité d'obtenir une autorisation pour la vente de boisson alcoolisée, qui assure un impôt à l'État, viole la liberté du commerce et de l'industrie, une composante de la liberté en matière de profession. Selon l'article 10 de la loi fiscale sur les boissons alcoolisées, le directeur du bureau de perception peut rejeter une demande d'autorisation pour la vente de boisson alcoolisée à condition que la base financière de l'exploitation du demandeur soit faible.

L'arrêt de la Cour Suprême, rendu le 15 décembre 1992, estime que cette mesure est conforme à la Constitution et considère que le juge doit respecter la décision du législateur sur la réglementation en matière fiscale dans la mesure où elle n'est ni irrationnelle, ni manifestement erronée. De même, l'arrêt rendu le 4 juin 2002 confirme la constitutionnalité de cette restriction sans faire mention de la théorie des « deux catégories de limitation aux activités économiques » et sans confirmer le but de la restriction sur la vente de saké. Ainsi, comme le Professeur Ueno l'a évoqué, « on peut se demander si les juges ont dorénavant abandonné la théorie des deux catégories de limitation de la liberté économique »[13].

6. L'affaire « shiho shoshi »

Le *shihô-shoshi* japonais a un double fonction, de représentation et de participation à l'administration du procès. Son rôle est assimilé à une sorte de cumul des notaire et avoué français. La loi sur le *shihô-shoshi* a pour objectif « de définir la profession de *shihô-shoshi* et d'encadrer sa fonction, afin de contribuer à la mise en œuvre effective des procédures de l'inscription, de la consignation et de l'action en justice, ce qui favorisera la conservation des droits de citoyens » (article 1er). Elle attribue au *shihô-shoshi* la représentation en matière d'inscription ou de consignation, l'établissement des dossiers à déposer au tribunal, au parquet ou au bureau de justice ou sa branche locale, ainsi que la représentation dans la procédure de la demande lors de l'examen auprès du chef du bureau de justice ou de sa branche (article 3).

L'arrêt de la Cour Suprême, rendu le 28 décembre 2000, estime que la loi sur le *shihô-shoshi*, qui n'autorise que le *shihô-shoshi* à exploiter l'activité professionnelle de représentation en matière d'inscriptions immobilières, n'est pas contraire à l'article 22 de la Constitution.

III – Vers la constitutionnalisation des droits du consommateur

Bien que de nombreuses études concernent la liberté de la profession, la liberté du commerce et de l'industrie ou le droit de propriété privée, les constitutionnalistes japonais parlent très rarement de droits du consommateur en tant que droits fondamentaux. Néanmoins, le problème se pose surtout sur la constitutionnalisation des droits du consommateur ou des bases constitutionnelles de tels droits.

Les droits fondamentaux du consommateur trouvent leur origine dans la déclaration de l'ancien président américain John F. Kennedy du 15 mars 1962 : « Les consommateurs sont le groupe économique le plus important et le moins entendu. [. . .] Ils ont droit à la sécurité, à être informés, le droit de choisir et d'être entendus ». Au fil des ans, le Consumer International, organisation internationale d'unions des consommateurs, a ajouté quatre autres droits, soit le droit à un environnement sain, le droit à l'éducation sur la consommation, le droit de recours et le droit à la qualité des produits de base.

En Europe, le Traité de Rome ne comportait à l'origine aucune disposition concernant directement la protection des consommateurs. En 1975, le Conseil des ministres de la Communauté a défini un «programme préliminaire de la CEE pour une politique de protection et d'information des consommateurs». Il énonce cinq droits fondamentaux du consommateur : le droit à la protection de sa santé et de sa sécurité, le droit à la protection de ses intérêts économiques, le droit à la réparation des dommages, le droit à l'information et à l'éducation ainsi que le droit à la représentation (ou droit d'être entendu). Notons qu'une directive communautaire du 25 juillet 1985 «relative au rapprochement des dispositions législatives, réglementaires et administratives des États membres en matière de responsabilité du fait des produits défectueux» a exercé une influence importante sur le droit japonais.

C'est le Traité de Maastricht du 7 février 1992 qui a ajouté au Traité CE un titre XI intitulé «Protection des consommateurs». Désormais, l'article 153 du Traité CE énonce la protection des consommateurs de façon explicite : «Afin de promouvoir les intérêts des consommateurs et d'assurer un niveau élevé de protection des consommateurs, la Communauté contribue à la protection de la santé, de la sécurité et des intérêts économiques des consommateurs ainsi qu'à la promotion de leur droit à l'information, à l'éducation et à s'organiser afin de préserver leurs intérêts». Dans le même esprit, la Charte des Droits Fondamentaux de l'Union Européenne dispose qu' «un niveau élevé de protection des consommateurs est assuré dans les politiques de l'Union» (article 38)[14].

La plupart des Constitutions, y compris la Constitution japonaise de 1946, ne stipulent pas explicitement les droits du consommateur. Sans doute, l'article 60 de la Constitution de la République portugaise constitue sur ce point une exception :

> «Les consommateurs disposent du droit à la qualité des biens et des services consommés, à la formation et à l'information, à la protection de la santé, à la sécurité de leurs intérêts économiques, ainsi qu'à la réparation des préjudices».
>
> «La publicité est soumise à la loi, sont interdits tous les types de publicité cachée, indirecte ou mensongère».

« Les associations de consommateurs et les coopératives de consommation ont le droit, dans les conditions prévues par la loi, de recevoir une aide de l'État et sont consultées sur les questions qui concernent la défense des consommateurs. Elles ont également le droit d'ester en justice pour défendre aussi bien les intérêts de leurs membres que des intérêts collectifs ou diffus ».

S'agissant des bases constitutionnelles des droits du consommateur, on peut justifier des interventions étatiques visant à la protection des consommateurs par l'article 13 de la Constitution japonaise qui proclame le principe général de garantie des « droits à la vie, à la liberté, à la poursuite du bonheur ». C'est la loi japonaise modifié en 2004 relative aux droits du consommateur qui stiple, dans son article 2, les objectifs fondamentaux, à savoir « le respect des droits du consommateur » et « l'aide à l'autonomie du consommateur ». À l'instar des législations étrangères, cette loi énumère le droit à la protection de la sécurité, le droit de choisir de façon raisonnable et indépendante, le droit à l'information et à l'éducation, le droit d'être entendu ainsi que le droit à la réparation des dommages suivi par les consommateurs. Cependant, l'idée du « consommateur autonome » s'harmonisant avec la tendance de la déréglementation et la libéralisation peut faire obstacle aux intérêts des consommateurs, surtout au droit à la protection de la sécurité. En plus, il faut admettre que la protection des consommateurs, notamment la protection juridique, par le droit japonais n'est pas suffisante à cause de l'influence très puissante du *Keidanren*, une organisation patronale représentant les dirigeants des entreprises japonaises, homologue japonais du MEDEF.

Bien qu'il existe des obstacles, la consommation transfrontière à l'époque de la mondialisation et la circulation de produits, comme par exemple les raviolis importés de Chine contenant des insecticides, doivent obliger le gouvernement et le législateur à réaliser une protection plus effective des intérêts des consommateurs et à améliorer le droit japonais en faveur des consommateurs. Il est souhaitable que les publicistes s'engagent dans cette matière en étroite collaboration avec les civilistes et les consommateurs.

1   Nobuyoshi ASHIBÉ, *Kenpo*, 4ᵉ éd., Iwanami, 2007, p. 210.
2   Tadakazu FUKASE et Yoichi HIGUCHI, *Le constitutionnalisme et ses problèmes au Japon*, PUF, 1984, p. 141.
3   V. Mamiko UENO, « Chroniques : Japon », *AIJC*, 2002, p. 736.
4   Tadakazu FUKASE et Yoichi HIGUCHI, *op. cit.*, p. 170.
5   Tadakazu FUKASE et Yoichi HIGUCHI, *op. cit.*, p. 170.
6   Kensuké EBIHARA, « Ouverture à la concurrence des services publics et des activités de réseaux », in *Action publique et globalisation* (textes réunis par Hajimé Yamamoto et Olivier Jouanjan), *Annales de la Faculté de droit de Strasbourg*, Nouvelle série n° 8, 2006.
7   Sur la loi sur les grandes surfaces, v. Noriko OFUJI, « La déréglementation, nouvelle orientation de l'administration japonaise en matière de législation sur les grandes surfaces », in Séminaire franco-japonais de droit public, *Le nouveau défi de la Constitution japonaise*, LGDJ, 2004, pp. 123 et s.
8   Noriko OFUJI, *op. cit.*, pp. 127 et s.
9   Tadakazu FUKASE et Yoichi HIGUCHI, *op. cit.,* p. 171.
10 Tadakazu FUKASE et Yoichi HIGUCHI, *op. cit.,* p. 171.
11 Tadakazu FUKASE et Yoichi HIGUCHI, *op. cit.*, p. 172.
12 Tadakazu FUKASE et Yoichi HIGUCHI, *op. cit.*, pp. 171 et s.
13 Mamiko UENO, *op. cit.*, p. 734.
14 Sur la protection des consommateurs dans l'Union européenne, Jean CALAIS-AULOY et Frank STEINMETZ, *Droit de la consommation*, 7ᵉ éd., Dalloz, 2006, pp. 39 et s ; Florence CHALTIEL, « Le droit européen de la protection du consommateur », *LPA*, n° 197, 2007.

(Kensuke EBIHARA)

# フランスのイスラム問題における
ライシテ概念の展開

I　はじめに

　ライシテ laïcité（非宗教性）は，フランス法において鍵となる概念の一つである。この言葉は，たとえば第五共和制憲法 1 条に登場しており，そこで「不可分の，非宗教的で，民主的かつ社会的な」フランス共和国の性格が宣言される[1]。ある論者によれば，ライシテはフランスの伝統に特有の概念であるとされる。そのこと自体はそれほど驚くべきことではないのであろうが，フランス人の論者にとっても[2]，外国人の研究者にとっても，この言葉が意味するところが明確で一義的であるとはとても言い難い。したがって憲法もこの言葉についてのいかなる定義もおいていない[3]。この概念について，2004 年に憲法院がはじめて検討することになったものの，その定義はほとんど明らかにはされなかった[4]。長年ライシテに関連する争訟を扱ってきたコンセイユ・デタの場合も，豊富に判例があるとはいっても後にみるような曖昧さや矛盾がないわけではない。いずれにしても，自らの職務として具体的争訟を裁定する裁判官が，多義的で長い歴史をもつこの概念の性質を確定するのに適しているとはいえない。

　「ライシテ」は，国家 Cité における宗教の地位という，微妙であり絶えず論争の的となって来た問題に関連する言葉であり，（その起源を 19 世紀から 20 世紀への転換期におくとすれば）[5]少なくとも 100 年にわたる歴史のなかでありとあらゆる側面から論じられ，論者によって自分の都合の良いようにさまざまな意味で用いられてきた。法学と法学者は，定義の厳格さ，明確さ，一義性に強いこだわりをもってきたにもかかわらず，哲学的及び政治的議論に深く結びついたこの言葉の曖昧さを払拭できていない。この点に関して，ジャン・リヴェロの

見解を支持することはできない。彼は1949年の有名な論文「ライシテの法的概念」のなかで，不安定な政治空間においてこの言葉は対立や論争の的であるものの（「この言葉はきな臭い」），「公的文書のなかに唯一［定義］が見出される」実定法の――安定的な――空間においてはそうではないと主張していた。彼によると，「法学者にとって，ライシテの定義はそう難しいことではない」[6]。

今回の日仏公法セミナーでは「基本権」を取り扱うことになっているので，まずは，ライシテはそれ自体として主観法ではないということを検討する。ライシテは国家の組織に関する客観法上の原則である。したがって，ライシテが客観法上の法制度に他ならないとすれば，諸個人のさまざまな基本権，すなわち信仰する者の権利，多数者の信仰する神とは異なる神を信ずる者の権利（宗教的多元主義！），そしていかなる神も信仰しない者の権利を制度内において画定するのである。それゆえ，ライシテはさまざまな考察の結果として取られる平衡点，あるいはさまざまな考察を総合したものなのである。後述するようにライシテは，個人の自由を保護するものとも，個人の自由を制限するものとも解することができる。さしあたりライシテが基本的に個人の権利の観点から考察されるとしても，1905年法によれば，ライシテは公権力の長に対して権利（「自由」？）と義務を認めるものである。すなわち，一方で国家は単一の教会あるいは諸教会に従属することなく自らの行動を自由に決定することができるのであり（この意味でライシテは主権の一定の側面と混同される），他方で国家は宗教に対して一定の自由を認めなければならないのである。

ライシテが関連するのは，政治と宗教／諸宗教の間の関係という微妙な領域である[7]。フランスの歴史においてこの関係は，政治権力と単一の支配的宗教（フランスにおいてはカトリシスム）との関係，そして付随的には（対立がないわけではない）その他の少数派の宗教（プロテスタンティスム，ユダヤ教，東方正教会，そして最近ではセクト，仏教，イスラム教など）との関係でもある。一見したところでは，政治と宗教は異なる二つの領域にそれぞれの身をおいているように思われる。すなわち，政治は現世のことを，宗教は来世のこと（終末論的目的）を担当するのである。しかし実際のところ宗教にとって，来世における信者の

最終的な運命が地上の生における行いによって決定されるかぎり、宗教は地上の生を規律せざるをえなくなる。宗教の観点は、同時に現世も来世も、公的領域も私的領域も、両方を対象としているのであり、包括的なのである。それゆえ、宗教は政治と直接的に競合することになる。すなわち、政治と宗教のどちらも、共通善に関する固有の立場から同一の個人に向けて訴えかける。個人に対するそれぞれの命令は、うまくいけば相互に補完的でありさらには一致するが、うまくいかない場合には矛盾する。家族、結婚、女性の地位、男女平等（あるいはむしろ不平等）、セクシュアリティ、同性愛、離婚、自殺、死、埋葬、健康（たとえばエホバの証人によるあらゆる輸血禁止）、慈善・連帯、誠実さ（嘘の禁止）、利息、刑罰（たとえばシャリーアのうち刑法に関する規定）、時間の系統化（暦）、個人の行動指針（しかるべき日時にしかるべき儀式を執り行う義務）、食習慣（動物の屠殺、一定の料理の禁止など）、衣服（スカーフ、ターバン）など、さまざまな社会生活の側面に宗教が関心を向ける以上、政治と宗教の衝突はそれだけ多くなる。当事者（国家、宗教）のそれぞれが、将来の世代に自らの価値規範を伝えることを目的とするため、学校は<u>結果的に</u>衝突の現場の一つとなる[8]。さらに、その威厳と道徳的権威から、教会組織はしばしば民主的政治組織の参考・手本となったり、反面教師となったりしている。神の啓示について信者それぞれが自由に検証する考え方が許される方向に進んだり、二つの領域に関するキリスト教の教義（「カエサルのものはカエサルに、神のものは神に」聖ルカ伝20章25節）が世俗権力を少なくとも部分的には解放したとしても、神権政治（たとえば、不可謬の教皇は「羊たちの群れ」の「導き手」として物事を決定する）のような、宗教の別の側面は激しく民主主義の理念と対立する。また、普遍性（キリスト教の教義によればどこであっても通用する人間の尊厳）、国家横断性あるいは超国家性（宗教共同体の地理的活動範囲はしばしば国民国家の領域を超える）、平和あるいは戦争（イスラム教の聖戦であるジハードの義務）といった主張のように、宗教は国際関係に関する一定の見解を肯定している。さらに、政治権力の側がかつて（今日においてもありうることだが）来世のことを引き合いに出し、社会をより規律しやすくするために教会の支持を確保しようとする張本人であったこ

と（たとえばフランスのガリカニスム）を付け加えるとするならば，国家と宗教の関係がより複雑であったとしてももはや驚きではない。

　新しい知見に基づいて，ライシテの原理が見直されて来たのはこの複雑さのためである。しかし，その定義はいかなるものなのか？　曖昧ではあるものの通説的な定義によれば，ライシテとは公的領域から宗教を排除し，これを「私事」とすることである[9]。したがってライシテは，現世を規律しようとする教会の機能と衝突することになる。また同時に，宗教を操ったり利用しようとする国家の意図とも衝突することになる。しかしその平衡点は正確にはどこに取られるのであろうか？　その平衡点を変更する際の内在的論理をどのように理解すればよいのであろうか？　たとえば，同じライシテの原理の名において，フランス法が公立学校におけるスカーフ着用を原則としていったん承認し，次いでこれを一律に禁止したことをどう説明すればよいのか？　このようなライシテの構造的変化は，単に「ライシテ」という言葉を解釈する権限をもっている者の恣意的な意思によるものなのか？

　おもな要因の一つはニコラ・サルコジである。彼は，内務大臣及び宗務大臣として，あるいは現職の共和国大統領として，さまざまな行動や演説のなかでライシテの中核部分に触れてきた。フランス・イスラム教評議会——1901年法上の私的団体——の創設過程において彼が大きな影響力を発揮したことについて，一種のガリカニスムへの回帰であるとか，上から召集するイスラム教版「枢機卿総会議」のようなものであるとか，あるいは端的に信教の自由に対する不当な干渉であるといった批判が一部からなされた。最近ではローマ及びリヤドでの演説において，宗教の役割，フランスのキリスト教的伝統，そして価値観を教育する際の（教師に対する）司祭の優越性を説いたため，激しい論争を呼び起こした。明らかにライシテに違反している，と彼を批判した者もいた。とくにフランスのキリスト教的伝統という点に関しては，EU基本権憲章（2000年）と欧州憲法条約（2004年）についての交渉の際，その前文に欧州全体の（キリスト教的）宗教的伝統に関する言及を加えることについて，ライシテを理由として激しく反対していた以前のフランス政府とは逆の立場をニコラ・

サルコジは取っているのである。同様に，1905年法を改正して，とくにイスラム教をはじめとする宗教が宗教施設を建設する際に，その宗教に直接公金を支出することを承認しようというニコラ・サルコジ（と左派を含めた他の政治家たち）の提案は非難を呼んだ。ニコラ・サルコジは，「開かれたライシテ」あるいは「積極的ライシテ」の概念をもって伝統的なライシテの理解に異議を唱えているのである。結局のところ，「ライシテ」の語に形容詞を付すということからすでに，この概念に対する反逆が始まっていると指摘する者もいる。

　より根本的には，サルコジ氏の言動以上にフランスにおけるライシテの法に大きな影響を与えたのは，とくにイスラム教をはじめとする新しい宗教の登場とそれによる宗教状況の変化である。今や（その数において）フランスにおける第二の宗教となったイスラム教の移入は，さまざまな問題を引き起こしている。すなわち，学校・公共部門・企業におけるイスラム・スカーフ，モスクの建設（建設資金，地方自治体の長による建設許可交付の拒否），イマームの養成，動物の祭儀的屠殺，墓地制度に関する法整備，イスラム教全体の組織化の不備（フランス・イスラム教評議会），イスラム教団体と外国の密接な関係，原理主義の脅威，イスラム教と人権の衝突（刑事領域におけるシャリーア，女性の地位など），フランス社会におけるイスラム教の一般的受容（偏見，悪いイメージなど），である。

　本稿の目的は，これらの問題についてのフランス法のさまざまな応答を仔細に検討することではない。むしろ，（形容詞が付いたり付かなかったりする）「ライシテ」という言葉の意味そのものが議論の対象となっている以上，ときに矛盾するこの言葉の<u>意味</u>，あるいはむしろ<u>複数の意味</u>を可能なかぎり画定することとしたい。ライシテの内的変容をより良く理解するために，この原理を安定的でありながら同時に変化を重ねるものとみなすということである。そのためには，二つの議論がとくに示唆的かつ有効であるように思われる。すなわち，まずすでに古くなりつつあるイスラム・スカーフに関する議論であり（第Ⅰ部），つぎに国家と教会の財政上の厳格分離を規定した，1905年法2条の「修正」に関する最近の議論（第Ⅱ部）である。

II イスラム・スカーフ事件：同一の言葉に関する二つの異なる意味

　スカーフ事件は，フランス法における「ライシテ」の曖昧さを映し出した[10]，という点で興味深い。フランス法は同じ原理の名の下に，当初1989年11月27日のコンセイユ・デタ答申をもって初等及び中等公教育施設において宗教的衣服を着用することを承認したものの，後に2004年3月15日の法律はこれを禁止した（B）。この方針転換は，ある面では状況の変化（原理主義やコミュノタリスムに対する懸念の拡大）によるものである。しかし，これは「ライシテ」という言葉の意味に関する概念上の対立を映し出すものでもある（A）。

A. ライシテの概念上の複雑さ

　ジャン・リヴェロは「ライシテ」の語の意味をたった一つの観念——中立性——によって定義できると考えていた[11]。しかし，中立性という言葉もさまざまな形で定義されうるものであり，その一義性は見かけのものにすぎない。論者の多くはライシテという言葉の多義性を認めており[12]，「戦闘的ライシテ」，「開かれたライシテ」，「統合的ライシテ」，「好意的ライシテ」，「平穏なライシテ」，「活動的ライシテ」などというようにライシテを呼称し，そのさまざまな意義を分類しようと試みている。たとえば，ジル・ルブルトンは，「国家の価値を守るライシテ」laïcité-défence des valeurs nationales と「中立性としてのライシテ」laïcité-neutralité の区別を提示している[13]。私が手掛かりにしようとしているのは，概念を明確にしようとしているこの試みである。事実，二つのタイプの論理に関連づけて多様な側面を整理することによって，フランス法におけるライシテの法制度の，ときとしてあまりに複雑な輪郭を，より良く理解することができるように思われる。二つのタイプの論理とは，宗教的事項を排除する論理と，宗教的事項を包摂する論理である。それぞれのタイプは，異なる概念化の作業から成っている。

1. 排除の論理:「領域を区分するライシテ」

　第一の意味においてライシテは，その全体が理性と近代の庇護の下におかれる領域（公的領域）を意味する。一定の価値（自由，理性，進歩，科学的事実，認識の客観性，衛生など）の名の下に，ライシテはこの見解にしたがってあらゆる反啓蒙主義と対立し，さらに宗教とも対立する。この場合ライシテは，社会を規律しようとする教会の意思，とくにフランスの文脈においてはカトリック教会の意思と敵対し，その活動範囲を狭めようとする。この意味で，ライシテはまさに反宗教的である。ライシテは，公的領域を独自の根拠と，独自の価値と，独自の守護者をもった聖域へと昇格させることによって，その自律への道を開いた。この論理の特殊性は，領域によって思考を変えるという点である。すなわち，<u>公的領域の外に宗教を排除する</u>のである。

　この論理は革命の際に，公的領域，とくに国家の再構築にともなって（ライシテという文言はまだ登場していないとしても）姿をあらわしている。主権を根拠として，1789年以降もはや神は存在しなくなった。カトリックの神は当然のことながら（したがってプロテスタントの神もユダヤ教の神も），あらゆる宗教の神性を参照することが可能な固有名のない「神」[14]も（なぜならば神を信じない者の権利を尊重しなければならないからである），無信仰とも両立する「神」も（現在ではポーランド憲法が採用する多元主義的なやり方である）[15]，存在しなくなったのである。1789年のフランスにおいては，一元論的論理（単一性は画一性を要求する）にしたがって，神の存在に準拠することは紛争を招きやすく，さらには根拠を欠くため，神を無視しなければならないと考えられていた。<u>神に関して言及はされず</u>，すべての市民を結集させることができるとみなされていた唯一の原理（理性，非宗教的な自然法，一般意思，国民など）——まさに一元論が要求することである！——によって神は取って代わられたのである。フランス革命は政治権力を非宗教化することで，この公的領域の世俗化を追求したのである。かつてはカトリック教徒でなければ国王になることはできなかったが，民主的な市民権はカトリックであってもそうでなくても「すべての人々」に開かれている。革命は私法も非宗教化した。民事婚や，とくに離婚の承認にあらわされるよう

に，民法典はもはやカトリックの教義が要請することをそのまま規定するものではなくなったのである。空間に関してライシテがもつ論理（公的領域は完全に封鎖される）を示す例証としては，教会暦による街路での宗教的行列の禁止である。宗教は私事であり（信仰の自由の承認），礼拝は私的な場所で行うもの（したがってあらゆる公的資金の支出は禁止される）とすれば，街路――公共空間――に宗教がアクセスすることは禁止されるのである。

　第三共和制の時代においても他の事例をみることができる。代表的な例があらゆる公的施設の非宗教化である。とくに学校と裁判所では十字架を撤去させている。教会と国家の分離に関する1905年12月9日の法律28条は，公共の建築物や公共の場所において宗教的標章や紋章を掲示あるいは建立することを一般的な形で禁止している[16]。この論理がとくに好まれる場所が学校である。公立学校は二重の意味で共和国の公的領域に属しているといえる。第一に，公立学校は国家によって設立され，資金が拠出されるからであり，第二に，公立学校は将来社会と経済を支える人間としての役割だけでなく，（おそらくはとくに）市民としての役割を果たせるよう，生徒に準備をさせているからである。公的領域の聖域化の論理は，とくに学校において強調されることになる。その論理はあらゆる一連の措置に通底している。すでに述べたように，学校におけるあらゆる宗教的象徴（十字架）は撤去されている。教育内容に関しても中立化がなされている。1882年3月28日のジュール・フェリー法は，「道徳及び宗教教育」を「道徳及び公民教育」に，つまり有名な「非宗教的道徳」におき換えたのだ！　宗教教育それ自体がフランスで禁止されているわけではない。学課時間以外に行われるのであれば，そしてとくに共和国の学校の敷地の外で行われるのであれば（事実，公立学校へのアクセスは拒否される），司祭によって教理学習が施されることも可能である。「教育はもっぱら非宗教的な職員によってなされる」とする1886年10月30日のゴブレ法はより徹底している[17]。さまざまな領域に及ぶ科目の教育は，非宗教的な者によってしかなされえず，聖職者はこれにかかわることはできない。このようにして聖職者は，公教育の領域から排除された。さらに，非宗教的な職員（教師）は，中立性の要請によ

る公務員の表現の自由の限界として,いかなる場合においても（宗教的なものであれ他のものであれ）自らの信条を職務遂行中に表明することはできない。宗教的標章の着用は——たとえ控え目なものであっても——厳しく禁止される[18]。こうして学校は,宗教が不在の,ほぼ中立的な空間となったのである。したがって,生徒が自らの信仰の自由を根拠として宗教を再び学校内に引き入れようとした際の,教師たちの動揺がいかばかりのものであったかがわかるであろう。

　最後に,墓地に関する法制度と1905年12月9日の法律2条に触れておこう。1881年11月14日及び1884年4月5日の法律（97条）は,墓地を非宗教化している。それまで墓地は宗教ごとの区画に分けられていた（カトリックのための区画と,ユダヤ,プロテスタント,自殺したカトリック,背教者のための区画）が,これらの条文によって公立墓地は区画のない平等な空間となった。もはや宗教を基準とした区分は存在しない。カトリックの墓の横に,無神論者や,プロテスタントや,ユダヤ教徒などの墓が隣接している。さらに,墓地の（共同で使用する）公共施設もいかなる宗教的象徴を掲げてはならない[19]。最後に,国家と宗教の分離に関する1905年12月9日の法律2条について触れておこう。諸宗教は,それまでとは異なり,公的予算によって公金が支出される公役務ではなくなり,その財政負担は<u>完全に私的な当事者が引き受ける私的な活動</u>となったのである（あらゆる公的支出の禁止！）[20]。このような（地理的なあるいは象徴的な意味での）空間に関する概念が文言として書かれていないとはいえ,2条には,それでもなお唯一財政面に関して,宗教を（ここでは公的予算から）<u>排除する論理</u>と,「私的領域」あるいは「私事」と漠然と呼ばれる所へと宗教を追放することが規定されているのである。

　ここまで未だ検討されていない重要な問題がある。それはこの排除の論理がどこまで通用するのか,ということである（もちろんこの論理に限度があればの話だが）。すでに述べたように,この排除の論理を根拠として,宗教に対する激しい敵意が存在していた。この敵意は多かれ少なかれ過激なものである。この点に関しては,「領域を区分するライシテ」の概念の意味を,「無神論的ライシ

テ」[21]の概念と比較して，その違いを強調しながら明らかにしなければならない。この二つの概念は宗教に対する敵対運動であるという点は共通するが，その射程は異なるのである。

　「領域を区分するライシテ」は，（公的領域における）教会に対する国家の自由と，（私的領域における）国家に対する教会の自由，という二重の自由を付随的に保障する点が特徴的である。「領域を区分するライシテ」の核にあるのは，ひとたび政治権力が宗教の支配から解放されたのであれば，宗教を根絶したり（無神論），利用する（ガリカニスム）などして，宗教と敵対してはならないという観点である。宗教を排除しようとする国家が掲げる価値のなかには，私的領域における自由（住居の自由，所有権など）が含まれているのであるから，仮に宗教と敵対したとすればそれは自分自身の掲げる価値を放棄することになる。公的領域から追い出された宗教は，こうして自由が確保される私的領域に安全地帯を見出すのである。このように理解された，公的領域に関するライシテからの激しい敵意は，私的領域に宗教を迎え入れなければならない必要性から，概念上――内在的に――抑制されるのである。結局，所有権は宗教にとっても有用であり，表現の自由は宗教上の意見の拠り所となるし[22]，集会の自由は宗教上の集会のために[23]，教育の自由は宗教教育のために，プレスの自由は宗教関係の出版のために，結社の自由は宗教的結社のために利用することができる。いずれにせよ「領域を区分するライシテ」の論理は，公的領域から宗教を排除することに由来しているのであるから，これを私的領域において承認する他はないのである。しかし「問題」は個人の自由である。個人の自由は，まずは私的領域において発揮されるものであることは確かだが，同時に公的領域においても発揮されるものである（たとえば良心の自由について下記第Ⅱ部を参照）。人権とは，個人が自分の私的領域を外部の侵入から保護することにあるが，同時に，公的領域において行動することでもある。集会の自由は，（私的な場所における）私的集会を正当化するためにも，公的領域（街路）における集会を正当化するためにも援用されるのである。とりわけ表現の自由は公的な場所における政治的議論に関係するし，また，結社の自由はまさに政治権力を奪取する

ことが目的の政党を形成することに役立つ。人権に関する哲学においては，私的空間から公共空間へと向かう抜け道が存在するのである。結局，まったく矛盾する場合は別として，領域を区分する論理は，公的領域から排除され私的領域に避難したばかりの宗教が，再び公的領域にかかわるために私的領域を利用することを認めることはできないであろう。こうして，以上のように理解されるライシテの擁護者は，一方では私的空間（私有の信仰の場や学校）における宗教を承認し，また一方では公的領域における宗教のあらゆる表現（行列，鐘を鳴らす行為）を禁止するという立場にいたるのである。したがって，内部と外部，「公的領域」と「私的領域」の区別が，一面で大問題となる[24]。

　この点は，「無神論的ライシテ」では問題とはならない。なぜなら，（神に関する思想は馬鹿げていて，根拠がなく，無用であると考える）「無神論的ライシテ」は，当然のことながら宗教の完全な破壊を目的としているからである。私的領域における自由を宗教に承認する余地さえないのである。このようなライシテの理解は，1905年法の下では禁止されている。同法1条は「共和国は良心の自由を確保する。共和国は，公序に関する利益のために以下に掲げる制約のみに服する，自由な礼拝活動を保障する」と規定しているからである。これに対して，1905年法が成立する以前においては，このような過激な理解がフランス実定法に一定の影響力をもっていた。革命時の恐怖政治期における宗教に対する迫害行為も想起することができるだろう。一面で反教権主義者や反宗教主義者の勢力によってライシテの旗が掲げられた第三共和制期においては，公権力が修道会の結社の自由を承認せず（1901年法），カトリックの学校を1万校以上閉鎖し，宗教共同体の財産を没収し，聖職者たちを亡命へと追いやった[25]。その結果，ライシテは攻撃的な無宗教者から持て囃され，無神論にとっての法的な武器となったのである。

　2．包摂の論理：「信条を平等に尊重するライシテ」
　多くの論者が「ライシテ—中立性」と呼ぶ「信条を平等に尊重するライシテ」という見方に関しては，その視点が特徴的である。これまで検討してきたライシテは，公的領域に位置し，宗教を排除しようとする当事者（国家，人民）

の側から思考するものであったが、これから検討するライシテは、個人の立場と良心の自由を含めた自由の視点から思考するものである。国家は、各々の内面的信条に属する神の存在、あるいは不存在に関する問題について、立場を明らかにすべきではない。国家は中立的であるべきなのであり、あらゆる選択、あらゆる宗教（セクトも含まれる）、そしてあらゆる形態の不信仰を尊重しなければならない。国家はいかなるものに対してもレッテルを貼ってはいけないし、その信条を理由として個人を排除することがあってはならない。排除の運動から包摂の運動へ、そして一元的論理から多元的論理へと変化しているのである。

　しかしこの包摂はいかなる領域においてなされるのであろうか？　この平等な尊重が私的領域において適用されることは間違いない[26]。この点に関しては、「平等に尊重するライシテ」の論理と、「領域を区分するライシテ」の概念は完全に一致する。しかしいわゆる公的とされる領域のなかにはどのような問題があるのだろうか？　その例をあげれば、熱心な信者が公務員や公立学校の教師の職を求める場合がある。「領域を区分するライシテ」は公的機関からそのような求職者を排除することになる（上記の例を参照）。これとは反対に、「平等に尊重するライシテ」の論理は、これを統合するところにまで行きつく[27]。国家は、公務員を採用する際、宗教的信条によって求職者を差別してはならないのである。国家は、「ライシテ原理主義者」、フリーメイソン、無神論者あるいは不可知論者のみを選定することはできないのである。この平等な尊重の論理は、それぞれの公務員が勤務時間中に「象徴物」を着用することによって信仰を表現することを認めることさえありうるであろう。要するに、このような自由の行使は、公序や他の公務員あるいは利用者の良心の自由を必ずしも侵害するわけではないのである。たとえばコンセイユ・デタは、限定的な形ではあるが、学校というあまりにも微妙な領域において、首に（小さな）十字架を着用することを認めている（CE 28 avril 1938, *Dlle Weiss*）[28]。

　（領域を区分するライシテの核となる）公的領域と私的領域を区別する思想は、「平等に尊重するライシテ」とは馴染みにくい。良心はあらゆる場面において

自らを表現しようとするものであり，私的領域においてのみ表現されるものではない[29]。自由な言論（宗教的意味に関する自由な言論を含む）は，私的な環境のなかだけで，自らの家のなかだけでなされるものではなく，——我々は民主政の下で生活しているのであるから——その外にある公共のフォーラムにおいてもなされるものである[30]。たとえば，良心及び礼拝の自由を保障する1905年法1条も，その行使を私的領域に限定しているわけではない。1950年の欧州人権条約9条[31]は，良心及び信教の自由が「公にまたは私的に」自らの信条を表明する権利を含んでいることを明確に規定している点で，さらに徹底している。この論理に従えば，公的領域はさまざまな信仰と不信仰が共存する場となる。それは，一方でその共存が実質的に可能であり[32]，また一方で他者の自由への侵害や公序の維持にかかわる問題がないときに実現する。たとえば，第三共和制期においてコンセイユ・デタは，「領域を区分するライシテ」の論理にしたがい，街路という公的領域の中立性を損なうという理由で葬列を禁止していた地方公共団体による規制を違法と判断した。コンセイユ・デタは良心及び礼拝の自由を議論の出発点としていたのである（CE, 19 février 1909, *Abbé Olivier*）。信条を平等に保障する論理の下では，たとえばポーランドの制憲者がしたように，主権を根拠として神についての思想と不信仰についての思想を併置することも可能なのである。ここにおいて，これまで述べてきた二つの論理が潜在的に矛盾することが明らかになった。なぜならば，第二の論理を徹底した場合，第一の論理が出発する点とはまったく正反対の結論に至るからである。イスラム・スカーフの着用問題に対して，フランス法が相次いで出した矛盾する応答を検討する際にも，これら二つの論理を区別することが適切である。

B. イスラム・スカーフ事件におけるライシテ原理の新たな展開

まず第一に，この議論は<u>公立</u>の教育施設のみに関するものであることに注意しなければならない。問題はこの公立学校（初等・中等・高等学校）という公的領域において，生徒はスカーフを着用する権利があるのかどうか，ということ

である。その多くが宗教系である私立の教育施設においては，スカーフの着用はまったくの自由であることは当然である（これは2004年法施行後も同様である）。上記の第一の論理（「ライシテ―区分」の論理）を適用するとするならば，スカーフは領域の区別という基準によって禁止されるであろう（公的領域／公立学校においては禁止，私的領域／私立学校においては承認）。第二の論理，すなわち平等な尊重の論理を優先させるのであれば，さまざまな宗教の併存が公序の問題や他者の自由を侵害するというような問題を引き起こさないかぎり，公立学校においてさえもスカーフを着用して出席することを認めることになるであろう。周知のように，フランス法はまず第二の論理の方向に走ったが，その後2004年法によってまったく逆の方向へと転換した。

 1．1989年コンセイユ・デタ答申：「平等に尊重するライシテ」の優位

 クレーユの公立学校で授業中にイスラム・スカーフを着用した三人の少女の事件に対応するために，1989年教育相がコンセイユ・デタに対して，「宗教的共同体への帰属に関する標章を着用することは，ライシテの原理と両立するか否か」という点に関する答申を求めた。この問題は，教育当局者の多くが，スカーフそれ自体が（「ライシテ―区分」として理解される）ライシテに反し，問題であると考えていたことを示唆している。

 コンセイユ・デタはその答申において，まずこの問題に適用可能な規範をすべて列挙した。それらは大量であったが曖昧でもあった。それらの規範は，排除の論理にも包摂の論理にも解されるもので，確定的かつ決定的な方向性を示すものではまったくなかったのである。そこにあるのは，コンセイユ・デタが下した結論だけでなく，後に2004年法がとることになる結論をも正当化することが可能な，（ルールではない）「原理」の堆積物であった[33]。同様にこれらの原理を検討する際に問題になるのは，この雑多な混合物のなかで何を優先し何を犠牲にするのかということが，解釈者の選好にほとんど委ねられているということである。まずコンセイユ・デタは良心の自由を冒頭に引用した。そしてライシテを（いかなる宗教にも準拠しないという意味での）中立性の概念と同一視し，さらにこの中立性の義務が教師に課されることを確認した上で，コンセ

イユ・デタはこのライシテが生徒の良心の自由とも同一視されることを指摘したのである。良心の自由は「教育施設内で自らの宗教的信条を表明し表現する権利を含んでいる」。したがって，「生徒が宗教に帰属していることを表現しようとして標章を着用することは，それ自体としてライシテの原理と両立しないわけではない」。

つまり，スカーフの着用の合法性を確認しながらも，コンセイユ・デタは，教育当局者が場合によってはこれを禁止することも可能であることを認めているのである。事実，児童の良心の自由に限界がないわけではない。すなわち，「立法者が教育公役務に付与した任務の遂行が阻害される場合には，その行使は制限されうる」。良心の自由への制約を場合によっては正当化する目的についての長大なリストがこの後に続く。しかしそこに列挙されているのは極めて限定的で，理屈めいた制約である。いずれにせよ，コンセイユ・デタは，領域によって思考を変えることも（公立学校の壁の内なのか，外なのか），学校の領域においては一律にあらゆる宗教的標章が禁止されると述べることも，拒絶しているのである。

２．スタジ報告書：「領域を区分するライシテ」の優位

2004年3月15日の2004-228号の法律――正式名称「ライシテ原理の適用にあたり，公立学校，中等学校，高等学校において宗教への帰属を表現する標章または服装の着用を規律する法律」――は，コンセイユ・デタの答申に反する形で（考慮事由にはいれられたであろうが），公立学校において「生徒が宗教への帰属をこれ見よがしに表現する標章または服装を着用すること」(1条)を一律に禁止している。この法律は，スタジ委員会の報告書に着想をえている。ジャック・シラク共和国大統領によって2003年に設置された「共和国におけるライシテ原理の適用に関する検討委員会」は，行政斡旋官ベルナール・スタジを委員長として，公立学校における宗教的標章の着用を一般的に禁止することを強く肯定した。

スタジ報告書のなかでは，すでに述べた二つの論理がかなり錯綜している。報告書は，共和国の領域において必要とされる市民の単一性（同質性）の要請

——対立の源である宗教的要素は取り除かなければならない——にライシテは応えなければならないと同時に，良心の自由から導かれる正当な多元主義にも考慮しなければならない，と何度も繰り返し述べている (p. 6, 7, 18, 36)。ライシテの概念の定義に関する箇所(「1.2. ライシテの意味と将来」)では，定義の第一の基準が「平等に保障するライシテ」になっている(「1.2.1. 宗教的選択及び信仰の多様性の尊重」)。報告書は極めて明確な形で，良心の自由は私的領域と公的領域の区別を超越するもの，とまで指摘しているのである[34]。スタジ委員会は，その結論において，宗教の平等な尊重を実務においてより定着させるための提案も行っている。たとえば委員会は，行政が埋葬に関するイスラム教の教義に配慮すること，アルザス・モーゼルにおいては学校で行われる宗教教育に，カトリック，プロテスタント，ユダヤと並んでイスラム教を加えること，国家はイスラム教の施設付き聖職者(軍，病院，刑務所，学校など)を採用すること，宗教放送と同様に自由思想主義者や合理的人道主義者にも公役務としての放送番組にアクセスができるようにすることなどを提案している。委員会が提案した極めて象徴的な措置のなかには，ユダヤ教の祭日である大贖罪日とイスラム教の祭日である犠牲祭を共和国の祭日とすることも含まれている。事実フランスでは，キリスト教の宗教的祭日が数多く公的な祭日となっているからである(たとえばクリスマス!)。しかしながら結局，この報告書の特徴は——そして政界が報告書のなかから唯一実行に移したこととは——ライシテの名の下に公立学校における宗教的標章の着用を禁止する法律を正当化したことである。

コンセイユ・デタの答申とスタジ報告書の間の温度差及びアプローチの違いは，報告書が(公立)学校の生徒に関して，「精神的及び宗教的信条を表明する地位を確保しているということは自明ではない」(p. 28)と述べている所にあらわれている[35]。この点に関してスタジ委員会は，コンセイユ・デタのように個人の自由を思考の出発点としているとは言い難く，外部の世界から来る脅威に対抗して公的領域(すなわち学校)を聖域化する論理，すなわち領域を区別する論理に従ったものといえる。ある面で他の社会から孤立し，区別された公的領域に関するメタファーが報告書に頻出し，含蓄のある表現がなされてい

る[36]。さまざまな出自をもちさまざまな信仰をもつ市民が国民を形成することができるようになるための方策とは——そしてジャック・シラクによって設定された第一の課題は，コミュノタリスムのせいで分断の脅威にさらされている国民の絆を再接合する方法を検討することであった[37]——共同体に頼り，共同体同士が互いを受け入れ，共同体間に連絡通路を設けるということではなく——それは正統な共和主義に反するコミュノタリスムの論理であろう！——さまざまな個人が，誰もが平等で同一の価値を共有する特別で気高い領域，すなわち共和国の領域に足を踏み入れる際に，それぞれを分け隔てている自己の特殊性を一端無視するということなのである。たとえば「自己の宗教的特殊性を公的な表現に適応させ，自己のアイデンティティの主張に節度をもたせることを受け容れることで，公的領域におけるあらゆる人の出会いが可能になる」と報告書は述べている (p. 16)。引用した部分のなかで対象とされている領域とは（公立の）学校のことである。公立学校は，第三共和制期以来，共和国及び国家への準備室とみなされてきた。つまり，自然社会的な階層を反映した生徒が自由，平等かつ自律的な市民になるために修養を積む場なのである。報告書によると，「非宗教的な社会」において「各々は伝統〔文化的，人種的，家族的そして宗教的伝統〕と距離をとることができなければならない」。児童は自己の伝統や（場合によってはスカーフによって表現される）信仰を学校に持ち込むのではなく，報告書によれば逆の態度を示さなければならないのである。すなわち，「社会の熱狂 fureurs」(p. 14, p. 56 も参照) から守られ，外部世界において生じる一定の逸脱から守られなければならない領域である学校へのアクセスには，規制がかけられなければならない。報告書が指摘する逸脱とは，女性や少女の地位がフランスのイスラム共同体や，とくに郊外においては貶められているということである[38]。この点に関して報告書は，両性の平等という近代的理念とは矛盾するイスラム教の微妙な面に触れている。スカーフは女性差別の象徴なのである。すなわち女性は男性の性的欲望をかきたてないように自己の身体の美しさを隠さなければならない。暴行された場合，過失があるのは加害者ではなく（事件を呼び起こした）被害者の方であるということがここで示唆さ

れている。スタジ委員会が公立学校という公的領域においてスカーフ（より正確には「宗教的標章」）を禁止するよう提案しているのは，この場合女性の権利と両性の平等という近代的理念と同一視されたライシテの名の下においてなのである。共和国の価値の擁護者である公立学校が，女性差別の象徴であるスカーフを外部から自らの領域に引き入れることは許されない。公的領域である共和国の学校は，両性の不平等ではなく，両性の平等を——明白に——標榜して二つの性が出会う場を設けなければならないのである。領域を区別することに根拠をおくこの論理において，良心の自由の存在感はほとんどない。なぜならば良心の自由が，公的領域における公的な価値に背く形で利用される危険があるからである。良心の自由の行使は，まったくあるいはほとんどみえない形でしかなされえないのである（児童はほとんど可視的ではないあるいはまったく可視的ではないのであれば今も標章を着用することができる）。

III 「積極的ライシテ」：一様ではないコペルニクス的転回

A. 「中立性—無関心」VS「好意的中立性」

　国家と宗教の間の財政上の関係を検討することは，ライシテの概念の複雑な性格を明らかにし，その変容を見定めるための理想的な検討材料となる。宗教への公金支出のあり方は，1905年12月9日の法律において非常に重要な要素である。1条において良心の自由と礼拝の自由に関する原則を宣言した上で，1905年法はその2条において「共和国はいかなる信仰に対しても，承認を与えず，支給せず，補助を与えない。結果として（…）礼拝に関するあらゆる支出は国家，県，コミューンの予算から削除される」とも規定している。それまでは国家「公認」の四つの宗教——カトリック，改革派教会（プロテスタント），ルター派教会，ユダヤ教——が公的支援を受けていた。宗教活動は公役務だったのであり，司祭，牧師，ラビは公務員だった。この地位とは正反対に，1905年法はいかなる宗教であれ国家が公金を支出することを禁止している。私的領域へと追い出された宗教は，自らの自由の実際の行使に必要な財源を，自分自身で確保しなければならないのである。この状況は自由主義体制におけるあり

とあらゆる私的な存在に類似するものであり，そこで国家は単なる夜警国家に留まっている。国家は固有の警察活動を遂行するにあたって良心及び信仰の自由を尊重し，必要な場合には強制的な措置によって社会の当事者たちにもこの自由の尊重を課すことがある[39]。しかし，宗教に対してなされるべき保護は――1905年法1条の文言は曖昧である：「共和国は良心の自由を<u>確保する</u> *assure*。共和国は自由な礼拝を<u>保障する</u> *garantit*…」――財政支援を義務とするほどのものではない。まさにこの財政上の態度によって，自由主義体制における二つの制度を区別することができる。国家と教会の財政上の厳格分離を強く主張する場合，ライシテは<u>無関心</u>の性格が強くあらわれる分離と同等のものになる。この場合国家は，宗教がその資金力によって衰えたり活発になったりしたとしても，その宗教の運命に対して無関心である（レッセ・フェール政策）。国家の財政上の節制は，共和暦3年の憲法[40]によって強調された思想によって具体化されている。当該憲法において，宗教は一般利益に適うものではないため，無信仰の納税者の税金が宗教に対して支払われることはないとされている。このタイプの財政上の厳格分離（平等な排除の論理）は，<u>厚遇</u>を特徴とする立場をとる国家とはまったく異なるものである。この国家は，宗教はそれ自体一般利益と呼称するにふさわしい活動であるという前提から出発するため，そこにおける宗教的中立性はいかなる宗教を差別することなく，あらゆる宗教に対しても公的支援を供与することにある（平等な包摂の論理）[41]。

　しかし今日，1905年法2条のルールは，モスクを建設しようとしているフランスのイスラム共同体に直接公的支援を供与しようと考えている一定数の政治家たちから非難を浴びせられている。この「積極的ライシテ」あるいは「開かれたライシテ」として支持される政治的主張には二重の背景がある。第一に，フランスのイスラム教徒は礼拝の場を建設するための資金を調達することが難しいということがある（イスラム教はフランスに移入してから日が浅く，すべてが建設途上なのである。都市中心部の土地代は極めて高い。イスラム教徒の大半は収入の少ない社会階層に属している）。礼拝施設の現状は――「地下室のイスラム教」の礼拝は地下室や車庫で行われることもあり，その場所はあまりに狭いため，

街路で祈りを捧げざるをえない者もいる——フランス共和国が市民に対して，とくに宗教に対して一般的に認めるべき尊重に「見合ったものではない」と思われる（第五共和制憲法1条は「フランスは…非宗教的な…単一の共和国である。共和国はあらゆる信条を尊重する」と規定する）。第二に，リヨン，マルセイユ，レンヌ，マント・ラ・ジョリなどで近代的なモスクがみられるようになったものの，それはサウジアラビアを含む外国の出資国による財政支援の結果であるということがある。すなわち，宗教的保守主義として有名な体制からの影響力が増大することに対して懸念が寄せられているのである。この反応は，国民の自尊心，ガリカニスム（「フランスの」イスラム教であるべき），そして人権に関する懸念（フランスの近代性に適合した「共和主義的」イスラム教であるべき）がない交ぜになっている。こうして右左両派の人々からさまざまな形で提案されている改革案は[42]，宗教に対して直接の公的支援を許可しようとするものになっているのである。

一見するとこれは概念上の革命であるように思える。（「積極的」という）形容詞をつけること自体，ライシテの概念に違背していることを示唆している。このような改正の憲法適合性は，とくに1条との関連で非常に疑わしい[43]。概念上の，そして憲法上の議論はまだ完全には収束していないのである。

B. 革命の不在及び違憲の不在

最近の法的状況を検討すると，以上のような変化はすでにかなり以前から始まっていることがわかる（1）。また，この変化は国家と市民（信仰をもつ市民も含まれる）の間の関係に関する別の理解に従ったものであり，第五共和制憲法の条文にその源がある（2）。

1. 過去においてすでに生じていた変化

共和国はすでに一定の宗教に対して，とくにカトリック教会に対して財政上の支援を行っている。間接的あるいは直接的な財政上の支援のあり方は，さまざまである。

a）まず，1905年法はアルザス・モーゼルには適用されないことに注意する必要がある。1871年から1919年までドイツ帝国に帰属していたこのフランスの地域は，1905年法の適用を今も受けていない。したがって共和国は公認宗教に対して公金を支出している。

　b）1905年法自体，その2条において財政の厳格分離の例外を規定している。それは学校，病院及び避難所，刑務所そして軍隊のような施設の施設付き司祭に関するものである。施設付き司祭の予算に関しては，国家及び地方公共団体による負担が「可能」である[44]。このような閉鎖的な場所において（とくに刑務所！），このような例外が存在しないとしたら受刑者や病人の礼拝の自由を奪う結果となってしまう。

　c）1907年1月2日の法律もカトリック教会を優遇する，大規模かつ隠された財政支援を規定している。宗教の私事化に関して1905年法がとる原則は，その財産，動産，不動産の私事化に関する原則と論理的には同じである。このため，1905年法は四大公認宗教から非営利目的の私的社団である「宗教社団」へと財産を委ねることを規定していた。それぞれの宗教は財産を回収するためにこの社団を結成する手続をとるものと考えられていた。プロテスタントやユダヤ教徒はこの手続をとることを受け入れたものの，カトリック教会は，教皇ピウス10世にしたがって教義上及び政治上の理由をもって1906年にこれを拒否した。このカトリック教会の強硬な態度に対して，1907年1月2日の法律は，宗教社団を介した財産の請求がなければ，カトリック教会はその財産に関する所有権を失うことを結果として規定していた。請求のなされなかった財産は国家あるいは地方公共団体の財産となる。司教館のような一部の不動産は，新たな所有者の「自由な使用」に供されることになった（反教権主義的な情勢下でいくつかの司教館は県庁舎へと生まれ変ることになる）。これに対して，礼拝の場（教会，大聖堂）は無償でカトリックの司祭や信者が使用することになる。したがって今日まで，カトリック教会の建物は財政的に極めて優遇された，特別な法制度を享受している。すなわち，1905年以降にカトリック教会によって建設されたり購入された建物は私的所有に属するが，1905年以前に建設された

あらゆる宗教施設（したがって宗教施設の大部分）は今も公共の財産なのである。したがって，維持費を負担するのは国家あるいはコミューンということになる。加えて，地方公共団体は施設を自由に利用することはできない。なぜなら無償で信者の使用に供さなければならないためである。

d）以上のものに加えて，すべての宗教もしくは一定の宗教に対して税制上及び財政上の優遇を認める法律あるいは措置がある。たとえば宗教社団は贈与及び遺贈を受領することができ（1905年法19条），無償譲渡税は免除される（一般租税法典795条）。宗教施設は宅地税が免除される（1909年7月19日の法律）。1920年，第一次世界大戦に際して命を落としたイスラム教徒を記念するために，国家は1920年8月21日の法律によって，パリ・モスクを建設するための特別な公金支出を行うことを決定し，1930年以来当局は，長期不動産賃貸契約というやり方を採っている（家賃の支払いと引き換えに宗教社団は土地の利用が可能になる）[45]。1942年12月25日の法律（1944年以後も現行法）は，地方公共団体が所有していない宗教施設に対して修理費を支出することを認めた[46]（マシュロン報告 p. 21-22）。1959年12月31日のドブレ法は，宗教系が多い私立教育施設に対する公金支出を認めた[47]。1961年以降[48]，コミューンは宗教施設の建設に対して公的支援をするために，宗教社団が借り入れた資金を保証することが可能になった。最後に，1987年7月23日のいわゆるメセナ法は，宗教社団に対する贈与の一部に関して税制上の控除を納税者に認めている。地方公共団体は，文化活動を理由として宗教系の団体に公的支援を行うことで，宗教活動に対する公金支出の禁止を潜り抜けている[49]。判例は，公益性が認められた宗教系の社団に対する公金支出の合法性も認めている（たとえば孤児院など）。

このような例外の増加に鑑みると，国家と教会の財政上の分離は次第に緩やかになってきていることが明らかであるように思われる。とくにこの分離は不平等である。なぜならカトリック教会は他の宗教がもつことのできない特権を享受しているからである。換言すれば，宗教に対する国家の中立性は，すでに以前から「好意的な」中立性（ルブルトン）だったのである。確かに公的領域から宗教は排除された。しかし，場合によっては私的活動の当事者が経済的に

支援されることまでは排除されていないのである。ライシテは，法の現状においてすでに「積極的」なのである。いずれにせよ，数々の立法上の例外が存在することから，1905年法2条は共和国の諸法律によって認められた基本原則（PFRLR）の（潜在的な）源である，とする考えは極めて疑問であるように思える[50]。

2．福祉国家の精神に適合的な展開

このような状況は人権に関する理解の一般的な変化にも対応している。夜警国家の体制においては，自由に対する国家の任務は公序の維持にかぎられていたものの，福祉国家のパラダイムと共に，国家は自由の行使の実効性を確保する使命を割り当てられていると理解されるようになった。市場の祭や，スポーツ大会，音楽会といった，自由の私的な行使に属する活動に対して，公権力が公金を支出したとしても驚く者はいないであろう。この種の活動と信仰に関連する私的な活動との間には大きな違いがあるかもしれないが，一方に対して公的支援を認め，一方には認めないということは困難になっている。宗教に対して税金によって公金を支出する義務を無宗教者に課すことはできないという議論は説得力がない。いずれにせよ予算の普遍性の原則の下では，平和主義の納税者にも軍へお金を出してもらい，エコロジストの納税者にも核エネルギーへの国家の公金支出にお金を出してもらうのである。このような宗教上の私的活動と非宗教的な私的活動を徹底的に分離する見方は，たとえ宗教が存在論的に一般利益あるいは人権の近代的な理解と対立するとみなされているとしても，根本的に反教権主義的な文脈においてしか意味をもたない。結局このような反教権主義は，共和国は「非宗教的」であるということだけではなく，共和国は「あらゆる信条を尊重する」ということも規定している憲法1条と両立しないのである。

さらに，学説のなかには直接的にせよ間接的にせよ，このような理解の変化を代弁するものがあらわれてきている。たとえばギー・カルカッソンヌによれば，「共和国はあらゆる信条を尊重する」という定式は——憲法の解釈においては一般的にほとんど利用されない定式だが——紛れも無く「国家は必要とさ

れる援助を行うが,いかなる特権を与えることはない」ということを意味する[51]。したがって,第1条は財政上の厳格な分離にもはや合憲性を保障するものではないということになる。同様にジャン・デュファールによれば[52],国家による宗教の平等な取扱いは,一定の場合に少数派の宗教や,近年フランスに移入してきた宗教を優遇するための,積極的差別是正措置を要請する場合がある。最後にジャン・モランジュによれば[53],国家は現在のところ多元主義——憲法的価値をもつ目的であり,欧州人権条約の原理である——の擁護者とならなければならず,このことは宗教的多元主義に対する国家からの積極的な支援が前提とされている,とされる。結果として,1905年法の改正が真に必要であり,効果的に行われると仮定すれば(今までのところ,正式な形での改正案は提出されていない),その改正は憲法に違反しない,とみなすことも許されるであろう。憲法の具体化にはこのような改正が必要であると議論することさえも可能であろう(立法の不作為に関しては憲法院への提訴ができないため,フランス法においては利益の少ない議論である)。

1) 「フランスは不可分の非宗教的,民主的,かつ社会的な共和国である」(第五共和制憲法1条)との定式は,第四共和制憲法1条を忠実に繰り返すものである。しかし,1958年に制憲者は「フランスは,出生,人種または宗教による差別なしにすべての市民に対して法律の前の平等を保障する。フランスはあらゆる信条を尊重する」との条文を付け加えた。第四共和制憲法前文13段落も参照:「国は,子供及び成人の教育,職業養成及び教養についての機会均等を保障する。すべての段階での無償かつ非宗教的な公教育の組織化は国の責務である。」
2) この点を確認するためには三つの問いを提起するだけで十分である。すなわち,ライシテは反宗教的なのか?ライシテは宗教を私事化するのか?ライシテは中立性の概念にすぎないのか?フランス法学の議論において,それぞれの問いに対するさまざまな応答をみることができるであろう。
3) 確かに,憲法1条2項及び3項を「非宗教的な」という文言を具体化したもの(あるいは曲解したもの?)とみなすことは可能である。しかしこの文言の意味が論じ尽くされているとはいえない。
4) 欧州憲法を創設する条約に関する2004年11月19日の憲法院判決(2004-505 DC)の18段落:ライシテの原理は,「自己の宗教的信条を利用して,地方公共団

体と特定私人との関係を規制する共通規範を逸脱することを，いかなる者に対しても禁止している」。

5) 「ライシテ」という言葉は 19 世紀に「非宗教的な」laïque という形容詞から形成された。非宗教的である（ギリシャ語の laos［人民］から来ている）ということは，「教会の者でも宗教の者でもない」（リトレ辞典）という意味である。たとえば，教会のなかで，聖職者に限定された任務と非宗教者に限定された任務が区別されていた。「ライシテ」という名詞がはじめてあらわれたのは，公教育問題に関連して 1871 年ごろとされている。たとえば初等教育組織に関する 1886 年 10 月 30 日の法律は，公立小学校の教育任務はもっぱら「非宗教的な人員」に限られるとしている。これに対して，国家と教会の分離に関する 1905 年 12 月 9 日の法律にこの言葉は登場しない。第二次世界大戦後，この言葉は第四共和制憲法のなかで 2 箇所に規定されている。まず前文の 13 段落（上記参照），次いでライシテを学校の分野だけではなく共和国全体の特徴とする 1 条である。文言だけでなくその文言に備わっている概念にも目を向けるとすれば，少なくともフランス革命にまでさかのぼることができる。

6) J. Rivero, «La notion juridique de laïcité», Recueil Dalloz, 1949, chron. XXXIII, p. 30.

7) Pour un premier aperçu synthétique voir par ex. B. Basdevant-Gaudemet, «Eglises/Etat», in D. Alland & S. Rials (dir.), *Dictionnaire de la culture juridique*, Puf, coll. Quadrige, 2003, p. 595 sq.

8) Cf. レオ 13 世の主張によると，「学校は，その社会がキリスト教的であろうとなかろうと，戦場なのである」（cité par Haarscher, p. 25）。

9) G. Vedel, *Manuel élémentaire de droit constitutionnel* (1949), rééd. Dalloz, 2002, p. 318：「ライシテは，国家が宗教上の信仰あるいは不信仰を私事とみなすという主張と一致する」。

10) Haarscher, p. 25.

11) これに対してスタジ報告書（p. 12）は，「ライシテは国家の中立性にとどまりうるものではない」としている。

12) J. Morange, «Laïcité», *Dictionnaire culture juridique, op. cit.*, p. 915；M. Troper, «Le principe de laïcité», *Annuaire international de justice constitutionnelle*, t. XVI, 2000, p. 430 sq.；Haarscher, p. 22；Rapport Machelon, p. 22.

13) Lebreton, *op. cit.*, p. 418 s.

14) ドイツ（1949 年ボン基本法の前文：「ドイツ国民は（…）神と人間とに対する責任を自覚し（…）この基本法を制定した」），スイス（1999 年連邦憲法の前文：「全能の神の名において（！），国民及びスイス諸州は…」），ギリシャ（1975 年憲法：「神聖にして不可分一体の三位の名において，第五制憲議会は…」），アイルランド（1937 年憲法：「すべての権力の源であり，我々の至上の目的としてすべての人間及

び国家の行為が帰せられる大いなる三位一体の名において，我々アイルランド国民は…」)，というような規定の仕方である。欧州の君主制国家（スウェーデン，オランダ，ベルギー，ルクセンブルグ，イギリスなど）をここに加えることもできる。これらの国においては，憲法が神に触れていないとしても，「神の恩寵の下にある国王」としての王位継承が維持されている。

15) 1997年4月2日の憲法の前文：「(…) 我々ポーランド国民は——真実・正義・善・美の源たる神を信ずるものであれ，このような信仰を共有せずこれら普遍的価値を他の源から見出そうとするものであれ (…)」。

16) 28条は明確な形で，信仰に供される建物，墓地で埋葬に供される土地［個人の墓］，墓石，美術館及び展覧会に関してこの規範の例外を設けている。1905年法の全文は2004年のコンセイユ・デタ公式報告書の付属文書 (p. 405) に採録されている。

17) 初等教育を対象とする同法は現行法である (cf. art. L 141-5 Code de l'éducation)。1912年5月10日のコンセイユ・デタ判決（ブーテイル Bouteyre 師事件）により中等教育にも拡大された。この著名な事件において，コンセイユ・デタは聖職者が哲学の教授資格試験に出願することを拒否する権限を大臣に認めた。

18) Avis contentieux du Conseil d'Etat du 3.5.2000, *Mlle Marteaux* (AJDA, 2000, p. 602, Rapport CE)。

19) 一方で，公共空間のなかにおいても，個人の良心の自由を根拠として，個人の墓を宗教的標章や象徴で飾り付けることは認められている。

20) 第Ⅱ部で検討するように，国家と教会の財政的分離の原則は，1905年法2条に規定されているが，同法の別の規定や後の法律によって有名無実化することになる。たとえば，私事化の思想がまさに1905年法2条に規定されている。しかし，1905年法は2条に留まるものではないし，ライシテの領域に関連するフランス法は1905年法に留まるものではない。

21) Cf. Rapport Stasi, p. 11.

22) これは，「何人もその意見の表明が法律によって定められた公序を乱さないかぎり，たとえ宗教上のものであっても，その意見について不安をもたされることがあってはならない」とする1789年人権宣言10条の文面から導き出されることである。

23) Cf. Haarscher, p. 20. 1907年，第三共和制期の立法者は，1905年法の枠組みを受け容れて信仰の自由を享受することを拒否するカトリック教会に対し，集会の自由によって保障される「集会」ミサを認め，一定の自由をカトリック教会に認めた。

24) 国家及び公権力は間違いなく公共空間の一部である。しかし，学校はどうか？公立学校は（宗教教育が行われない）公共空間である。これに対して，私立学校は（宗教教育が行われ，教員団に聖職者が含まれる可能性がある）私的空間である。

25) Conseil d'Etat, *Rapport public 2004. Un siècle de laïcité*, Paris, La documentation

française, 2004, p. 254.
26) たとえば，私的な資力によって私有地に宗教施設を建設するために建設許可を個人が申請する場合がある。
27) Voir à ce sujet les décisions *Dlle Beis* (CE, 25 juillet 1939) et *Dlle Pasteau* (CE, 8 décembre 1948). カトリック信仰を理由として公教育職採用試験への出願を拒否する行為は，国家の中立性の原則に反すると判断された。有名なブーテイル師事件で取られた立場とは反対に，聖職者による英語の教授資格試験への出願を拒否した公権力側が敗訴した事例もある。Voir aussi la décision du tribunal administratif de Paris (7.7.1970, *Spagnol* ; Recueil, p. 851 ; cité par Lebreton p. 429).
28) Par la suite, le Conseil d'Etat est toutefois revenu sur ce point (cf. l'avis *Dlle Marteau* cité supra). Interdiction du port du voile par agents : Rapport p. 275.
29) Cf. J. Rivero, «L'avis de l'Assemblée générale du Conseil d'Etat en date du 27 novembre 1989», *RFDA*, 1990, p. 3 : « Favoriser l'épanouissement de l'enfant, respecter sa personnalité (...), ces finalités se concilieraient mal avec l'obligation imposée à l'enfant de laisser à la porte de l'école, quitte à la reprendre à la sortie, cette part de lui-même qu'est son appartenance à un culte. La personnalité est un tout. Lui imposer dans la vie de chaque jour une césure radicale selon qu'elle s'affirme à l'école ou hors d'elle ne favoriserait pas son développement».
30) 「ライシテは，公共空間における信仰上のあるいは宗教上の自由な表現を，民主的議論にとって正当かつ不可欠とするものの，これを支配しようとする表現に関しては不当なものとして区別している」(Rapport Stasi, p. 13)。
31) 9条1項「すべての者は，思想，良心及び信教の自由に対する権利を有する。この権利には，自己の宗教または信念を変更する自由並びに，単独でまたは他の者と協同して，かつ，公にまたは私的に，礼拝，教導，行事及び儀式によってその宗教または信念を表明する自由を含む。」同2項「宗教または信念を表明する自由は，法律で定める制限であって，公共の安全のため，公の秩序，健康もしくは道徳の保護のためまたは他の者の権利及び自由の保護のため民主的社会において必要なもののみに服する。」
32) たとえば公役務において，各職員が宗教的標章を身につけるかどうかを各々選択することは想像しえることである。しかし，学校の教室にさまざまな宗教やセクト等のシンボルを設置することを想像するのは困難である（不可知論者や無神論者のために一体どんなシンボルが相応しいのであろうか？）。
33) 答申において触れられたさまざまな規範のなかで，たとえばコンセイユ・デタは1989年7月10日の教育に関する進路指導法1条をあげている。同条は「学校，コレージュ，リセ，高等教育機関……は，男女平等の促進に貢献する」と規定する。しかし，この立場はコンセイユ・デタの主張においては明らかに大きな比重を占め

ていなかった。これに対して，男女平等という問題はスタジ委員会において重要な役割を果たすことになる。
34)「非宗教的な枠組みにおいては，精神的または宗教的な選択は，個人の自由に属する問題である。だからといって，これらの問題が良心の奥底に閉じ込められ，「私事化」されるわけではないし，また，その社会的側面や公的表現能力が否定されるわけでもない。」(p. 13)。しかし，委員会はこの後の（スカーフ問題に関する）箇所で，良心の自由を排除する完全に密封された公共空間の思想を明らかにする。
35) ではなぜ私立の教育施設においては，表現の自由に関する問題が生じることがより少ないのか，この点について報告書は検討していない。
36) その空間的位置づけは何度も登場する。「共和国＝『誰もが共有できる公共空間』」(p.15)，「国民とは，空間の併存でも，『閉鎖的共同体のモザイク』でもない」(p.18)，「共同の価値に根拠をおく『共有された公共空間』」(p. 36)，「共和国の学校は，『世界の熱狂』から保護され，『現実世界から距離をおいた』『特殊な空間』である」(p. 56)，「共和国の学校＝『中立性の空間』」(p. 57)。
37) スタジ委員会設置に関するシラク大統領の書簡は，「フランスは市民によって構成されるのであり，共同体に分割しうるものではない」として，「コミュノタリスムへの逸脱の危険性」を指摘する。Voir la lettre de mission de J. Chirac p. 2.
38) Sur le thème des femmes, cf. p. 15, 31, 37 sq, 46 sq. « La situation des filles dans les cités relève d'un véritable drame ».
39) Voir les dispositions pénales de la Loi de 1905 : art 31, 32.
40) 共和国歴3年（1795年）の憲法354条は次のように規定する。「何人も，法律に適合するかぎり，自らが選択した信仰を実践することを妨げられることはできない。何人も，信仰に対する支出を強制されえない。共和国は信仰に対していかなる支出も行わない。」
41) この物質的供与に関しては，二つのやり方がありうる。第一に，公権力は一般予算をもってさまざまな宗教に対する支出の全体または一部に公金を支出するやり方がある（この場合，宗教的運動に対して敵意やためらいがある市民も宗教に対する財政支出に加わることになる）。第二に，国家の支援は各々の宗教に対する行政サービスの提供に限られ，これを個別の宗教共同体の信者が支払う特別な宗教税の徴収によって賄うやり方がある（この場合，国家の経費を誰が支払うのか，国家なのか教会なのかという点を確定しなければならない）。
42) 1905年法改正に関する政府案は今のところ提出されていない。しかし大統領府は1905年法の「修正」を検討している。
43) 二つの議論が主張されている。まず，ある論者によると，憲法1条に規定されるライシテは，1905年法が規定する財政上の分離の原則と同一である。これに対して，別の論者は，1905年法は「共和国の諸法律によって承認された基本原則」（PFRLR）

として憲法的価値を獲得したものと主張する。この二つの立場には議論の余地があり，今のところ憲法院が採用するところではない。Voir F. Messner, P.H. Prélot, J.M. Woehrling (dir.), *Traité de droit français des religions*, Paris, Litec, 2003, p. 389 sq.

44) 学校に関しては，施設付き司祭に関する資金は私的なものである（教会や保護者）。病院，刑務所，軍隊においては一部公金が支出される（Dict cult p 603）。

45) Voir art. L1311-2 Code général des collectivités publiques ; S. Papi, «L'insertion des mosquées dans le tissu religieux en France : approche juridique et politique», *RDP* 2004, p. 1345. 賃料は原則として市場価格に見合うものでなければならず，不正な支出は禁止される。

46) Rapport Machelon, p. 21-22.

47) 憲法院によると，私立教育施設に対する部分的な財政支出それ自体は違憲ではない。Cf. Carcassonne p. 418.

48) Art. 11 Loi de finances du 29 juillet 1961 ; art. L2252-4 Code général des collectivités locales.

49) Voir S. Papi, *op. cit.*, p. 1346 s.

50) Cf. F. Messner, P.H. Prélot, J.M. Woehrling (dir.), *op. cit.*, p. 391.

51) 6e éd., 2004, p. 41. ある憲法研究者によれば，憲法1条におけるライシテの規定は，宗教の平等な取扱いを意味する国家の宗教的中立性を肯定するに留まるとされる（ex. B. Mathieu & M. Verpeaux, *Contentieux constitutionnel des droits fondamentaux*, Paris, LGDJ, 2002, p. 250 ; liste à compléter）。ライシテは平等原則の派生または変形ということになろう（Lire les travaux préparatoires de la C 1946 ! Indications chez J. Morange, «Laïcité», in Dictionnaire de la culture juridique, op. cit., p. 914 ; Vedel, Manuel, p. 318. 国家と教会の財政上の厳格分離は立法上の価値しかもたないことになる。

52) Cité par B. Basdevant-Gaudement, «Eglises/Etat», *op. cit.*, p. 602.

53) J. Morange, «Laïcité», *Dictionnaire de la culture juridique, op. cit.*, p. 915.

（リュック・ホッシュリング＝中島　宏）

Liberté religieuse et globalisation

Avant-propos

La liberté religieuse est rarement examinée dans ses rapports avec la globalisation. De prime abord, cela paraît tout naturel dans la mesure où l'on se réfère à la globalisation principalement en matière économique, domaine bien éloigné du religieux. Mais en y regardant de plus près, la multitude de problèmes concernant les religions dans un monde contemporain de plus en plus globalisé fait apparaître combien il semble pertinent d'appréhender le religieux également sous ce prisme. La liberté de religion est, en effet, elle aussi touchée par le phénomène de globalisation.

Quel type de relation existe-t-il entre mondialisation et religion et quelles conséquences en découlent quant à la liberté de religion dans le monde et plus précisément au Japon?

Afin d'analyser ces questions, nous examinerons, tout d'abord, les différents phénomènes engendrés par la globalisation en matière de religions et de liberté religieuse puis nous nous attacherons aux particularités nippones, le Japon étant un pays laïc au paysage religieux singulier.

I – Des trois phénomènes engendrés par la globalisation en matière de religions et de liberté religieuse

La globalisation est à l'origine, dans le monde contemporain, de trois phénomènes, découlant les uns des autres, en matière de religions et de liberté religieuse. A coté d'une mondialisation de la liberté de religion, nous assistons par ailleurs à un phénomène de globalisation des religions elles mêmes et du nationalisme religieux.

A. La globalisation de la liberté de religion

Le premier phénomène tangible est une globalisation de la liberté de religion. En effet, la globalisation a permis de faire avancer de façon notable la protection internationale de la liberté de religion au même titre que celle des autres droits fondamentaux. Ce phénomène apparaît très clairement aussi bien en Europe dans les arrêts de la Cour Européenne des Droits de l'Homme qu'aux Etats-Unis dans le rapport annuel sur la liberté religieuse au niveau international.

1. L'Europe et la jurisprudence de la Cour Européenne des Droits de l'Homme

La Convention européenne des droits de l'homme stipule dans son article 9 alinéa 1 que « Toute personne a droit à la liberté de pensée, de conscience et de religion ; ce droit implique la liberté de changer de religion ou de conviction, ainsi que la liberté de manifester sa religion ou sa conviction individuellement ou collectivement, en public ou en privé, par le culte, l'enseignement, les pratiques et l'accomplissement des rites ».

La jurisprudence de la Cour Européenne des Droits de l'Homme relative à cet article a largement contribué au renforcement de la garantie de cette liberté fondamentale. Notons, par exemple, que la liberté de manifester sa religion est fortement assurée à l'égard des minorités religieuses comme la Cour Européenne des Droits de l'Homme l'atteste dans l'arrêt *Kokkinakis*[1]. Cet arrêt très connu, concernant le prosélytisme des adeptes des Témoins de Jéhovah, a eu des influences considérables dans le droit interne de chaque état membre en matière de liberté religieuse, y compris celui de la France[2].

En ce qui concerne les rapports Etat-Eglises, ils sont variables au sein des différents pays européens et les textes communautaires se sont attachés à toujours respecter cette diversité. Le Traité d'Amsterdam de 1999 déjà, dans la Déclaration relative au statut des Églises et des organisations non confessionnelles annexée prévoyait que :

> 1. L'Union respecte et ne préjuge pas du statut dont bénéficient, en vertu du droit national, les églises et les associations ou communautés religieuses dans les États membres.
> 2. L'Union respecte également le statut dont bénéficient, en vertu du

droit national, les organisations philosophiques et non confessionnelles.

Le traité de Rome de 2004 avait maintenu cet article en y ajoutant un alinéa supplémentaire sur le dialogue entre les églises et l'Union (article I-51) et le traité de Lisbonne de 2007 l'a conservé également (article 16 C).

La Cour Européenne des Droits de l'Homme a, par ailleurs, au gré de ses arrêts, exigé des Etats une certaine neutralité en matière religieuse tout en respectant les différents types de rapports entre l'Etat et les religions. Dans son arrêt *Leyla Şahin*[3], elle déclare : «Lorsque se trouvent en jeu des questions sur les rapports entre l'Etat et les religions, sur lesquelles de profondes divergences peuvent raisonnablement exister dans une société démocratique, il y a lieu d'accorder une importance particulière au rôle du décideur national».

La Cour précise néanmoins qu'il existe certaines limites en ce qui concerne le respect des rapports Etat-Eglise. Dans l'arrêt *Refah Partisi*[4], les juges énoncent, à cet égard, en se basant sur «les principes fondamentaux de la démocratie», que la théocratie fondée sur la charia (loi islamique) «se démarque nettement des valeurs de la Convention européenne des droits de l'homme»[5]. La Cour semble largement favorable à un Etat laïque. Tout en soulignant l'importance du principe de laïcité en Turquie, elle a affirmé qu'une attitude ne respectant pas ce principe «ne sera pas nécessairement acceptée comme faisant partie de la liberté de manifester sa religion et ne bénéficiera pas de la protection qu'assure l'article 9 de la Convention»[6].

En ce qui concerne le comportement étatique, la Cour Européenne des Droits de l'Homme précise «le devoir de neutralité et d'impartialité de l'Etat». Ce devoir exclut le «pouvoir d'appréciation de la part de celui-ci quant à la légitimité des croyances religieuses ou des modalités d'expression de celles-ci»[7] et permet de garantir le pluralisme. La Cour insiste notamment sur ce point dans l'arrêt «*Eglise Métropolitaine de Bessarabie*»[8] qui concernait un conflit interne au sein d'une Eglise orthodoxe, en rappelant que «dans sa relation avec les divers religions, cultes et croyances, l'Etat se doit d'être neutre et impartial».

Ainsi, il semble qu'en encadrant les rapports entre l'État et les églises et en imposant neutralité et impartialité à tous les états, la Cour Européenne des Droits de l'Homme veuille favoriser une certaine laïcisation de l'Etat, tout en respectant fondamentalement la diversité des rapports Etat-Eglise propres à chaque pays.

Ce phénomène pourrait être la conséquence d'une globalisation de la liberté de religion dans la mesure où l'effectivité de la garantie internationale des droits et libertés a pour effet de réclamer aux Etats des améliorations dans leurs rapports avec les Eglises et un plus grand respect de la liberté religieuse. La souveraineté de l'Etat-Nation se voit donc relativisée ou affaiblie du fait de la globalisation de la liberté de religion.

2. Les Etats-Unis et le rapport sur la liberté religieuse au niveau international

Les Etats-Unis, principal initiateur de la globalisation sur la planète, se sont aussi engagés dans la globalisation de la liberté religieuse dans le cadre de l' «*International Religious Freedom Act*» de 1998[9]. Ce texte adopté par le Congrès des États-Unis, a pour origine à la fois une raison historique, du fait que «la liberté religieuse est à la base même de l'origine et de l'existence des Etats-Unis», et du constat que la liberté religieuse «fait l'objet d'assauts renouvelés, et souvent intensifiés, dans de nombreux pays du monde» (Sec. 2 (a) (1)(4)). Le but principal de cette loi est ainsi de «condamner toute violation de la liberté religieuse et de promouvoir... le droit fondamental à la liberté religieuse» (Sec. 2 (b) (1)).

Afin d'aboutir à un tel objectif, la Loi de 1998 met en place un certains nombres de mécanismes, l'un des principaux étant celui de donner la possibilité au Président de sanctionner les pays qui violent sévèrement la liberté religieuse. La Loi lui permet, à cet effet, de prendre des mesures pour s'opposer à toute violation de cette liberté (Sec. 402).

Pour ce faire, une agence gouvernementale indépendante, la Commission sur la liberté religieuse internationale, est chargée de publier tous les ans le rapport préparatoire pour le Département d'Etat. Elle y analyse en détail la situation de la liberté religieuse dans chaque pays du monde et propose au gouvernement des recommandations sur la politique de ces pays (Sec. 203). Ce rapport établit également la liste des pays les plus préoccupants (*countries of paticular concern*), à savoir ceux qui violent sévèrement la liberté religieuse. Le rapport de 2007 a désigné huit pays comme étant des plus préoccupants parmi lesquels la

Chine, qui conteste d'ailleurs cette désignation. Le Vietnam, par contre, n'est plus considéré comme tel dans le dernier rapport alors qu'il y figurait dans celui de 2006, notamment grâce à des améliorations importantes du respect de la liberté de religion[10].

Une approche similaire a été adoptée en France concernant la lutte contre les sectes. Il est intéressant de noter à cet égard, que les rapports annuels américains de 1998 à 2004 critiquaient les mesures anti-sectes prises par la France (surtout le rapport parlementaire sur les sectes de 1995 appelé «rapport Guyard» contenant une liste de 173 mouvements sectaires[11], la Mission interministérielle de lutte contre les sectes (MILS) mise en place sous le Premier Ministre et la Loi anti-sectes appelée «Loi Aout-Picard» du 12 juin 2001 créant le délit d'«abus frauduleux de l'état d'ignorance ou de faiblesse»)! Ces critiques à l'égard de la France ont cessé dans le rapport de 2005 puisque les mesures anti-sectes ont été largement revues[12].

Par le biais de ce rapport annuel donc, les Etats-Unis mettent une pression politique considérable sur les pays qu'ils considèrent comme violant la liberté religieuse.

Que ce soit par la voie juridique ou politique, la globalisation de la liberté de religion a pour conséquence d'imposer toujours plus aux Etats le devoir de respecter toutes les religions y compris les religions minoritaires.

B. Le phénomène de globalisation des religions

Le deuxième phénomène notable est la mondialisation des religions elles-mêmes. En effet, presque toutes les religions ont tendance à se tourner vers la globalisation comme l'étude des grandes religions du monde le montre.

Grâce notamment à une technologie informatique toujours plus performante, des groupes religieux, y compris japonais comme la Soka-Gakkai internationale, se lancent dans la propagation mondiale et acquièrent ainsi de nombreux adeptes étrangers[13].

Par ailleurs, la globalisation, dans le domaine économique, encourage l'afflux de nombreux immigrés ayant des convictions différentes de celles présentes majoritairement dans les pays industrialisés. La diversité religieuse et spirituelle s'y accroît et cette situation, accompagnée d'une majeure sécularisation de la société, engendre des problèmes nouveaux quant aux rapports entre l'Etat et les religions.

En effet, il apparaît que les minorités ont souvent tendance à remettre en cause la légitimité des traditions établies depuis longtemps en matière religieuse, ce qui est source de contentieux. Notons, par exemple, qu'en Allemagne, une minorité religieuse a mis en cause la constitutionnalité de la présence d'un crucifix dans chaque salle de classe de l'école publique devant la Cour Constitutionnelle Fédérale, qui a d'ailleurs prononcé son inconstitutionnalité dans la décision du 16 mai 1995[14]. Aux Etats-Unis, la constitutionnalité des pratiques concernant le déisme cérémonial, du vœu de fidélité (*pledge of allegiance*) au drapeau national à l'école publique[15] et celle de l'exposition des Dix commandements dans les établissements publics ont tous été attaqués devant la Cour Suprême[16].

Dans un tel contexte, l'État, pour sa part, s'appuyant généralement sur l'opinion majoritaire, surveille et contrôle, parfois sévèrement, les pratiques nouvelles des religions minoritaires en conflit avec la société majoritaire. Citons la France à titre d'exemple avec les mesures de lutte contre les sectes de la Loi française de 2001 ainsi que la Loi du 15 mai 2004 sur les signes religieux interdisant aux élèves musulmans de porter le foulard islamique dans les écoles publiques.

Dans ce nouveau paysage dû à la globalisation, le respect de la liberté de religion passe par une plus ample protection juridique de la liberté des minorités religieuses et par une garantie majeure du respect de la diversité en matière de religions. Force est de constater que cette situation n'est pas sans influencer les rapports Etat-Religions dans certains pays en obligeant l'Etat à une neutralité toujours plus forte.

C. Le nationalisme religieux

La globalisation engendre, enfin, comme troisième phénomène le renforcement du nationalisme religieux. Dans les pays et les communautés où la globalisation s'est imposée de façon rapide et violente, le désir d'affirmer son identité locale et nationale est presque inévitablement présent. Une telle situation favorise le développement du nationalisme, du radicalisme ou du fondamentalisme religieux, surtout dans les pays où la tradition religieuse est importante. Ces éléments ne peuvent être considérés en soi comme des réponses contre la globalisation mais comme un aspect de la globalisation elle-même[17].

Divers éléments témoignent de ce désir de reconnaissance des religions établies : la montée des pratiques religieuses des jeunes surtout dans les pays islamiques, les activités promouvant les valeurs traditionnelles et les engagements politiques pris par les protestants conservateurs aux Etats-Unis, la croissance en Europe des opinions désireuses de souligner son origine chrétienne.

Le nationalisme religieux aggrave les différends entre les nouvelles religions et la société, pouvant même provoquer des conflits graves et passionnés comme en témoigne celui causé par la publication des caricatures de Mahomet en 2005.

Comme le précise le rapport Stasi de 2003[18], la « compréhension mutuelle des différentes cultures et des traditions de pensées religieuses est aujourd'hui essentielle » afin d'éviter ou d'amoindrir les conflits exacerbés par le nationalisme religieux. Des mesures concrètes sont nécessaires comme l'enseignement des religions et de la culture religieuse à l'école publique, tout en tenant compte du principe de laïcité et de la diversité des croyances dans la mise en pratique de cet enseignement[19].

II – Le Japon et la globalisation en matière de liberté de religion

Afin d'analyser la situation particulière au Japon au regard des trois phénomènes mentionnés plus haut, il convient de se pencher sur la place de la religion dans la constitution japonaise, sur la diversité croissante des religions et, enfin, sur les débats concernant le sanctuaire de Yasukuni-jinja.

A. La liberté de religion dans la Constitution japonaise

La protection internationale des droits de l'homme n'a pas eu une grande influence en ce qui concerne la liberté de religion au Japon jusqu'à présent dans la mesure où cette liberté est garantie par la Constitution de l'Etat japonais de 1946, cette dernière définissant clairement et de façon détaillée le principe de séparation entre Etat et religion. Ce principe de séparation est d'ailleurs considéré comme ayant pour but essentiel de renforcer la protection de la liberté de religion.

La Constitution aborde la liberté de religion comme suit :

Art. 20 La liberté de croyance religieuse est garantie pour tous. Aucune organisation religieuse ne peut recevoir quelconque privilège de l'Etat, ni exercer d'autorité politique.
Nul n'est contraint à participer à aucun acte, rite, culte, aucune cérémonie ou pratique religieuse.
L'Etat et ses organes doivent s'abstenir de l'enseignement religieux et de toute autre activité religieuse.
Art. 89 Aucun fond public ou autre bien d'Etat ne peut être dépensé ou utilisé pour l'usage, le bénéfice ou le maintien de toute institution ou association religieuse ou pour des œuvres caritatives, éducatives ou bénévoles échappant au contrôle de l'Etat.

Ces différents articles ont été appliqués convenablement. Ils n'ont pas posé pas de problèmes spécifiques concernant la liberté religieuse en soi mais bien plus quant au respect du principe de séparation entre l'État et le shintoïsme. Le rapport américain de 2007 a d'ailleurs estimé que le Japon respecte bien la liberté de religion.

La Cour Suprême du Japon a insisté sur le fait que la garantie de la liberté religieuse passe par une stricte séparation de l'état et des religions au sein de la société japonaise. Elle l'a précisé dans l'arrêt *Jichinsai*[20] en déclarant : « Considérant que l'Etat était étroitement lié au shintoïsme depuis la Restauration Meiji, différents maux (comme la persécution de certaines organisations religieuses) apparurent, la Constitution décida de garantir sans réserve la liberté religieuse et, afin d'assurer plus fortement cette garantie, la Constitution établit la séparation de l'Etat et les religions ». Et de poursuivre : « Toutes les religions progressent et coexistent de façon plurielle et stratifiée dans notre pays. Afin d'assurer pleinement la liberté religieuse dans un tel contexte, garantir sans réserve la liberté religieuse ne suffisait pas, la nécessité d'établir les disposions de la séparation de l'Etat et des religions était grande, dispositions destinées à exclure toute liaison entre celui-ci et les religions ».

B. La diversité croissante des religions
1. La situation des religions au Japon

La diversité religieuse augmente sans cesse au sein de la société japonaise contemporaine. Le shintoïsme des sanctuaires (*jinja-shintô*), les sectes (le mot «secte» n'a pas ici de sens négatif) shintoïstes (*kyôha-shintô*) et différentes sectes bouddhistes existent depuis longtemps. Des sectes chrétiennes (protestantes, catholiques et orthodoxes) se sont également installées au Japon à partir de l'ère Meiji. Des croyances confucianistes et des pratiques provenant du taoïsme, ayant autrefois influencé le shintoïsme et le bouddhisme, existent également ainsi qu'un certain nombre de cultes populaires pratiqués de façon informelle, parmi lesquels le culte des ancêtres. En outre, de nombreuses «nouvelles religions» sont nées au Japon, d'origine bouddhiste, shintoïste, chrétienne ou syncrétiste parmi lesquelles des très grandes sectes comme la Soka-Gakkai[21]. Divers groupes religieux sont venus de l'étranger à l'instar des Témoins de Jéhovah ou du Mouvement Raëlien. Enfin, l'islam conforte récemment cette tendance à la diversification des religions au Japon puisque le nombre de musulmans augmente à mesure que les travailleurs immigrés croient.

Jusqu'à présent, cette diversité n'a pas donné lieu à de réels conflits entre les religions ou à des problèmes de discrimination. La paix des religions semble relativement préservée au Japon, cela pour plusieurs raisons :

- la première raison est d'ordre juridique. Toutes les organisations religieuses, même celles qui sont minoritaires, ont un le même statut juridique. Elles bénéficient toutes de la liberté religieuse et de la liberté d'association à moins de s'adonner à des activités antisociales[22], c'est-à-dire une violation de l'ordre publique et des droits d'autrui. A cet égard, la secte Aoum (*Aoum-shinrikyô*), ayant perpétré un attentat au gaz sarin dans le métro de Tokyo en 1995, a été privée de la personnalité juridique l'année suivante[23]. Elle fait encore aujourd'hui l'objet d'une observation particulière de la part de l'Agence de la Sécurité publique et des renseignements généraux depuis la «Loi spéciale Aoum» votée en 1999.

Les différents groupements religieux peuvent obtenir la personnalité juridique, d'après une loi en la matière de 1951, et ils peuvent posséder des établissements de culte, indépendamment de leur tradition et de l'importance numérique de leurs adeptes. La propriété de tous les édifices de culte appartient à chaque association religieuse depuis la loi de 1947 « relative à la disposition des biens de l'Etat prêtés gratuitement aux sanctuaires et temples »[24].

La Cour Suprême du Japon a eu à se pencher sur un certain nombre de cas relatifs à la liberté de religion. Elle a accordé à un élève d'un établissement d'enseignement public, adepte des Témoins de Jéhovah, la liberté de manifester sa croyance dans l'arrêt du 8 mars 1996[25] en annulant la décision d'exclusion prise par l'école publique à son encontre. En effet, conformément à son règlement intérieur, l'école avait exclu l'élève au motif qu'il refusait de pratiquer le kendo, activité obligatoire pour les garçons dans cet établissement. Or, se référant aux textes bibliques appelant au pacifisme absolu, l'élève ne voulait pratiquer cet art martial. Selon la Cour Suprême, l'école publique avait le devoir de mettre en place des mesures spéciales afin de remplacer le kendo pour les adeptes des Témoins de Jéhovah, conformément au principe de neutralité de l'école.

La Haute Cour a, par ailleurs, fait droit à la demande de réparation d'un adepte des Témoins de Jéhovah[26] à l'encontre d'un médecin d'un hôpital public. Ce dernier avait pratiqué une transfusion sanguine malgré l'avis contraire exprimé par la patiente et sa famille, partageant les mêmes croyances et refusant donc la transfusion pour des raisons religieuses.

   - la seconde raison est d'ordre social. En effet, le syncrétisme religieux est très marqué dans les religions traditionnelles japonaises ainsi que dans la mentalité japonaise. De fait, le shintoïsme et le bouddhisme japonais étaient mêlés et coexistaient jusqu'à l'ère de Meiji, époque à laquelle le gouvernement s'efforça de séparer ces deux religions. Cette coexistence était renforcée par une doctrine syncrétiste selon laquelle les dieux (*kami*) du shintoïsme s'identifiaient avec les bouddhas (*hotoke*)[27].

Bien que la majorité des japonais ne soit pas totalement athée, la plupart n'accordent pas une grande importance aux choses religieuses et leurs activités religieuses, quand elles existent, sont d'ordre syncrétique. Une grande partie des japonais pratiquent de façon habituelle des rites de plusieurs religions sans pour autant ressentir un manque d'harmonie. Certains d'entre eux même n'ont pas conscience du caractère religieux de leur culte même lorsqu'ils se trouvent dans des lieux cultuels, dans les sanctuaires shintoïstes en particulier. De façon générale, l'on peut aisément en déduire que les japonais sont assez tolérants vis-à-vis des religions.

2. Les dangers de l'intolérance religieuse

Néanmoins, les dangers de l'intolérance religieuse au sein de la société japonaise ne peuvent être complètement ignorés. En effet, la majorité des japonais peut apparaître réticente et parfois même vivement intolérante vis-à-vis des minorités attachées à des croyances fortes et non syncrétiques et qui refusent de ce fait les pratiques et les coutumes traditionnelles[28]. Cet élément peut s'expliquer par le fait qu'il reste encore, dans la société, une mentalité conservatrice qui vante l'importance du groupe et qui ne tolère pas les personnes désirant quitter le cadre collectif et traditionnel. Ainsi, certaines minorités religieuses, par exemple certains chrétiens, certains bouddhistes (notamment ceux qui mettent en doute la constitutionnalité des interventions traditionnelles de la puissance publique dans les pratiques du shintoïsme), se retrouvent souvent très isolées et parfois menacées par les conservateurs et l'extrême droite[29].

A cet égard, il est intéressant de noter que la Cour Suprême du Japon elle-même exige de la minorité qu'elle tolère la pratique majoritaire. Dans l'arrêt *Jieikan-Goshi*[30], la Haute Cour a indiqué à une chrétienne qui avait perdu son mari, officier des Forces d'autodéfense dont l'enchâssement religieux de l'âme (*gôshi*) dans le *Gokoku-jinja,* un sanctuaire shintoïste, a été accompli contre sa volonté, que « la garantie de la liberté religieuse requiert de tous une tolérance à l'égard des activités fondées sur des croyances différentes des siennes, à moins que ces activités ne nuisent à sa propre liberté religieuse et qu'elles entraînent une contrainte ou des désavantages ». Dans cette affaire, la Cour Suprême a concrètement demandé à la veuve adepte d'un culte « minoritaire » d'être tolérante vis-à-vis des pratiques shintoïstes, majoritaires au sein de la société japonaise. Le danger d'une telle approche est de conduire à une répression des minorités religieuses. Cette acception particulière de la tolérance, en effet, peut avoir des conséquences problématiques dans une société contemporaine où la diversité des religions augmente, où toutes les croyances doivent être respectées. La paix sociale serait plus facilement sauvegardée si la majorité respectait les minorités plutôt que le contraire.

C. Les débats sur le sanctuaire de Yasukuni-jinja

Du point de vue du nationalisme japonais, les visites et les rites suivis par le Premier ministre au sanctuaire de *Yasukuni-jinja* doivent retenir notre attention dans la mesure où ils sont à l'origine de nombreuses polémiques et ont été la source de divers contentieux.

1. Le Sanctuaire de *Yasukuni-jinja* et le nationalisme japonais

Entre 2001 et 2006, l'ancien Premier ministre japonais Junichiro KOIZUMI avait l'habitude de se rendre une fois par an au sanctuaire de *Yasukuni-jinja* et d'assister au rituel shintoïste (*sanpai*). Cette activité a été perçue comme une affirmation d'un nationalisme plus ou moins religieux au Japon.

En effet, le *Yasukuni-jinja,* situé au centre de Tokyo, est un sanctuaire particulier où sont vénérées les âmes des soldats japonais morts au combat parmi lesquels 14 criminels de guerre condamnés par le Tribunal Militaire International de Tokyo[31]. Avant la Deuxième Guerre Mondiale, ce sanctuaire militaire, géré par les ministères de l'armée et de la marine, était l'établissement le plus important du shintoïsme d'Etat[32] et contribuait à maintenir le patriotisme, le militarisme et le nationalisme en glorifiant la mort des soldats au combat[33].

Or, les visites répétées du Premier Ministre se sont produites à un moment où le Japon tentait de glorifier son passé. Une grande majorité de la population et notamment les jeunes désireux de retrouver l'identité et la gloire de leur patrie, se sont appuyés sur ces visites du Premier Ministre pour favoriser ainsi une résurgence nationaliste. Face à cette dernière, la Chine, la Corée du Nord et la Corée du Sud ont exprimé de violentes protestations, ce qui a donné lieu à des incidents diplomatiques.

2. L'internationalisation du contentieux autour du Sanctuaire de *Yasukuni-jinja*

Du point de vue du droit japonais, le problème est celui de savoir si la visite du Premier Ministre est contraire ou non à la Constitution. A cet égard, les visites de M. KOIZUMI sont à l'origine de sept affaires portées devant la justice par les survivants des familles de soldats morts à la guerre dont les âmes sont vénérées au sanctuaire de *Yasukuni-jinja* et pratiquant d'autres religions que le shintoïsme. Ils ont, en effet, demandé des dommages et intérêts du fait de ces visites à l'Etat et à M. KOIZUMI. Tout en rejetant leurs demandes de dommages et intérêts, la Cour d'Appel d'Osaka en a profité pour indiquer, dans l'arrêt du 30 septembre 2005 portant sur l'une des sept affaires, que les visites et cultes au *Yasukuni-jinja* étaient effectivement contraires à l'article 20 alinéa 3 de la Constitution[34].

Bien que le problème posé par le sanctuaire de *Yasukuni-jinja* ait *a priori* un caractère uniquement national, il doit être mis en perspective dans un contexte globalisé. Les contentieux concernant le *Yasukuni-jinja* ont pris aujourd'hui une dimension internationale. En effet, plus de cent Coréens et plus de cent Taïwanais faisaient partie des demandeurs dans l'affaire jugée par la Cour d'Appel d'Osaka. Certains d'entre eux sont des survivants de familles de morts à la guerre qui avaient à cette époque la nationalité japonaise du fait de la colonisation de leur territoire par la Japon et qui, de ce fait, ont été enrôlés dans l'armée japonaise. A l'heure actuelle, un Taïwanais demande, avec quelques Japonais dont un bonze bouddhiste, l'effacement du registre des âmes vénérées au sanctuaire *Yasukuni-jinja,* de celles de leur famille défunte dont l'âme continue d'être glorifiée contre leur volonté. Les autorités religieuses du sanctuaire de *Yasukuni-jinja* refusent toujours de faire droit à cette demande[35]. L'attitude de ces dernières, de ne pas arrêter de vénérer les âmes des morts à la guerre y compris celles dont les survivants de la famille expriment leur désapprobation en raison de leurs propres croyances, ne semble plus justifiable à l'heure de la globalisation et de la diversification des religions qui en découle. Bien que le *Yasukuni-jinja,* après s'être séparé de l'État, doive bénéficier de la liberté religieuse en tant qu'association privée au même titre que toutes les autres associations religieuses, ses rites devraient néanmoins prendre en considération les droits individuels des minorités et des étrangers.

D'autre part, ceux qui critiquent le *Yasukuni-jinja* attaquent aussi l'intervention de l'Etat dans les enchâssements religieux des âmes des soldats morts à la guerre dans la mesure où l'Etat apportait une aide au *Yasukuni-jinja* dans ses opérations même après la séparation officielle de l'Etat et de la religion shintoïste[36]. Les débats suscités par le sanctuaire du *Yasukuni-jinja* concernent aussi bien le respect de toutes les religions que la séparation Etat-Religions.

Conclusion

De nos jours, le respect de toutes les religions notamment des religions minoritaires est d'autant plus important que la globalisation suscite à la fois une diversification des religions et parallèlement le risque de la montée du nationalisme religieux à l'échelle nationale et internationale. De plus, si l'on veut que soit respecté le cadre fondamental propre à chaque pays des rapports Etat-Religions, le devoir de neutralité de l'Etat en matière de religion doit s'imposer. La garantie internationale de la liberté de religion fait évoluer d'ailleurs les choses en ce sens.

Même si cette garantie n'a qu'un impact moindre au Japon, ce dernier n'est pas épargné par une multiplication accrue des religions et un risque grandissant de la montée du nationalisme religieux, comme le montrent clairement les débats concernant le sanctuaire de *Yasukuni-jinja*. C'est pourquoi la protection de la liberté religieuse, y compris celle des minorités religieuses et le respect de toutes les croyances, ainsi qu'une application stricte du principe de séparation de l'Etat et des religions semble s'y imposer également.

La globalisation des religions entraîne une globalisation de la laïcité de l'Etat. Reste à savoir jusqu'où cette dernière pourra se développer.

1 CEDH, 25 mai 1993, *Kokkinakis c. Grèce, Série A260-A.*
2 Voir, Jacques de Arrighi de CASANOVA, Conclusions sur C. E., Assemblée, 24 octobre 1997, avis, Association locale pour le culte des Témoins de Riom, *Revue française de droit administratif*, 1998, p. 61.
3 CEDH, grande chambre, 10 novembre 2005, *Leyla Şahin c. Turquie,* requête n° 44774/98.
4 CEDH, grande chambre, 13 février 2003, *Refah Partisi (Parti de prospérité) et autres c. Turquie, Recueil des arrêts et décisions,* 2003-II.
5 Arrêt *Refah Partisi,* § 124.
6 Arrêt *Refah Partisi,* § 93.
7 Arrêt *Leyla Şahin,* § 107.
8 CEDH, grande chambre, 13 décembre 2001, *Eglise Métropolitaine de Bessarabie et autres c. Moldova, Recueil des arrêts et décisions,* 2001-XII.
9 International Religious Freedom Act of 1998, Public Law 105-292. On dit que des américains aussi critiquent la loi de 1998. Tatal ASAD, *Formations of the secular : Christianity, Islam, modernity,* Stanford University Press, 2003, p. 147.
10 On peut consulter le rapport de la liberté religieuse internationale sur internet à la

page « http://www.state.gov/g/drl/rls/irf ».
11   *Les sectes en France*, Rapport au nom de la Commission d'enquête sur les sectes, Assemblée nationale, n° 2468, 1995.
12   Voir, Circulaire du 27 mai 2005 relative à la lutte contre les dérives sectaires, *Journal officiel de la république française*, 2005, p. 9751. Cette circulaire signée par Jean-Pierre RAFFARIN a déclaré obsolète la liste du rapport Guyard.
13   Le rapport parlementaire sur les sectes de 1995 a énuméré une dizaine de groupes religieux japonais, ayant de nombreux adeptes en France, dans la liste des mouvements sectaires, *Les sectes en France*, *supra*, pp. 21-25.
14   Entscheidungen des Bundesverfassungsgerichts, 93, 1.
15   Elk Grove Unified School District. V. Newdow, 542 U.S. 1 (2004).
16   La Cour Suprême des Etats-Unis a prononcé le 27 juin 2005 l'inconstitutionnalité de l'exposition des Dix commandements dans les établissements publics. McCreary County v. ACLU of Kentucky, 545 U.S. 844 (2005). Mais, le même jour, la Cour a prononcé un jugement contraire dans une affaire dans laquelle il s'agissait d'un monument contenant les Dix commandements et les messages séculiers. Van Orden v. Perry, 545 U.S. 677 (2005).
17   Roland ROBERTSON, *Globalization : Social theory and global culture*, Sage publications, 1992, pp. 174-178.
18   Commission présidée par Bernard STASI, *Laïcité et République*, Rapport au Président de la République, La documentation française, 2004, p. 137.
19   Régis DEBRAY, *L'enseignement du fait religieux dans l'école laïque*, Rapport au Ministre de l'Education nationale, Odile Jacob, 2002.
20   Cour Suprême, grande chambre, 13 juillet 1977, *Hanrei-jijô*, n° 855, p. 24. Voir Yoichi KOIZUMI, Problèmes juridiques relatifs à la laïcité et à la liberté religieuse au Japon, in Séminaire franco-japonais de droit public, *Le nouveau défi de la Constitution japonaise : Les théories et pratiques pour le nouveau siècle*, L.G.D.J, 2004, p. 177. L'arrêt prononcé par la Cour de Nagoya sur cette affaire mérite également d'être consulté. Cour de Nagoya, 14 mai 1971, Hanrei-jihô, n° 630, p. 7. Voir Mamiko UENO, Japon, *Annuaire international de justice constitutionnelle*, XII, 1996, p. 278.
21   Jan SWYNGEDOUW, Japon, in Paul POUPARD (sous le directeur de la publication de), *Dictionnaire des religions*, 3e éd., PUF, 1993, pp. 1003-1009.
22   Voir Cour Suprême, grande chambre, 15 mai 1963, *Hanrei-jihô*, n° 335, p. 11.
23   Cour Suprême, 30 janvier 1996, *Hanrei-jihô*, n° 1555, p. 3.
24   Voir William P. WOODARD, The Allied occupation of Japan 1945-1952, Brill, 1972, pp. 119-156.
25   Cour Suprême, 8 mars 1996, *Hanrei-jihô*, n° 1564, p. 3.
26   Cour Suprême, 29 février 2000, *Hanrei-jihô*, n° 1710, p. 97.
27   K. MATSUMOTO, Le problème de la laïcité au Japon, in *La laïcité*, Université d'Aix-Marseille, Centre de Sciences politiques de l'institut d'Etudes juridiques de Nice, PUF, 1960, p. 564.
28   David M. O'BRIEN, *To Dream of dreams : Religious freedom and constitutional politics in postwar Japan*, University Hawai'i Press, 1996, p. 21.

29   Voir Nobumasa TANAKA, *Yasukuni no sengo-shi*, Iwanami-syoten, 2002.
30   Cour Suprême, grande chambre, 1 juin 1988, Hanrei-jihô, n° 1277, p. 34. Voir KOIZUMI, *supra*, p. 178 ; O'BRIEN, *supra*, pp. 179-203.
31   C'est la politique des conservateurs sur le sanctuaire de *Yasukuni-jinja* qui a été à l'origine des controverses les plus importantes sur le plan politique et juridique quant au principe de séparation de l'Etat et des religions dans le Japon de l'après-guerre. Eric SEIZLET, *Monarchie et démocratie dans le Japon d'après-guerre*, Maisonneuve & Larose, 1990, pp. 244-247.
32   Lorsque les leaders japonais, au début de l'ère de Meiji, formèrent un Etat impérialiste moderne, ils firent du shintoïsme la religion d'Etat, visant à en faire le fondement spirituel du régime, le shintoïsme étant la religion de la famille impériale. MATSUMOTO, *supra*, pp. 573-578 ; John NELSON, Social memory as ritual practice : Spirits of military dead at Yasukuni Shinto shrine, *The journal of Asian studies*, vol. 62, no. 2, 2003, p. 447.
33   NELSON, *supra*, p. 443.
34   Il y a d'autres décisions judiciaires qui ont énoncé ou suggéré l'inconstitutionnalité des visites et des cultes du Premier Ministre au sanctuaire de *Yasukuni-jinja* avant l'arrêt de la Cour d'Appel d'Osaka d'Appel de 2004, notamment Cour d'Appel de Sendai, 10 janvier 1991, *Hanrei-jihô*, n° 1370, p. 3 ; Cour de Fukuoka, 28 février 1992, *Hanrei-jihô*, n° 1426, p. 85 ; Cour d'Appel d'Osaka, 30 juillet 1992, *Hanrei-jihô*, n° 1434, p. 38, Tribunal de Fukuoka, 7 avril 2004, *Hanrei-jihô*, n° 1859, p. 125. Quant à la Cour Suprême, elle ne s'est pas prononcée sur la constitutionnalité des visites et cultes par Premier Ministre au sanctuaire de *Yasukuni-jinja* dans un arrêt concernant des affaires de M. KOIZUMI (Cour Suprême, 23 juin 2006, *Hanrei-jihô*, n° 1940, p. 122.) mais un arrêt de la Cour Suprême de 1997 rend néanmoins très difficile la visite et culte du Premier Ministre (Tadakazu FUKASE, La liberté religieuse dans la démocratie libérale et pacifique selon la Constitution japonaise de 1946, in *Mélanges Raymond GOY, Du droit interne au droit international : Le facteur religieux et l'exigence des droits de l'homme*, Publication de l'Université de Rouen, 1998, p. 190).
35   Nobumasa TANAKA, *Dokyumento : Yasukuni-sosyô*, Iwanami-syoten, 2007. Il convient de rappeler que cette affaire est relative à un conflit entre des particuliers et le sanctuaire de *Yasukuni-jinja,* association privée, et que donc l'article 20 de la Constitution ne peut être appliqué.
36   National Diet library, *Shinpan Yasukuni-jinja mondai shiryôsyû*, 2007, «http://www.ndl.go.jp/jp/data/publication/document2007.html».

(Yoichi KOIZUMI)

Les frontières constitutionnelles et juridiques du droit au respect de la vie familiale des étrangers au Japon

Avant-propos

Soixante années se sont écoulées depuis 1946, année de l'application de la Constitution japonaise. Sur l'influence décisive du projet du Général MacArthur, notre Constitution déclare dans son 3e chapitre, la protection des droits de l'homme, inspirée par les valeurs occidentales.

Cependant, en comparaison avec les déclarations des Constitutions occidentales proclamées elles aussi après la seconde guerre mondiale, deux dispositions n'apparaissent pas dans la nôtre : une première, relative au droit d'asile et une deuxième sur la protection active de la famille. Ces deux dispositions prennent une importance capitale quand il s'agit des étrangers et de leur famille.

De plus, nous remarquons qu'en France, pays qui a ratifié en 1950 la Convention européenne de sauvegarde des droits de l'homme et des libertés fondamentales, les dérapages des dispositions de cette convention sont contrôlés sans exception non seulement au niveau européen mais aussi au niveau national. Par comparaison, le Japon n'a pas de système efficace qui permet d'introduire les engagements internationaux en raison de l'attitude intentionnellement passive du gouvernement japonais et de sa Cour suprême. Cette dernière pense que le système de protection des droits de l'homme inscrit dans la Constitution japonaise est suffisant et que le recourt aux engagements internationaux sur la protection des droits de l'homme n'est pas nécessaire.

Cette contribution a donc pour objet d'examiner la signification de la passivité qui entraîne un manque de disposition active de la protection de la vie familiale dans la Constitution japonaise de 1946, surtout pour les étrangers.

Pour cela, il est nécessaire de commencer par étudier la définition de la famille dans notre Constitution et dans la loi relative au contrôle de l'immigration et à la reconnaissance de la qualité de réfugié[1] (I), pour ensuite suivre la protection de la vie familiale des étrangers (II).

I – Qu'est-ce que la famille ?

A. La conception de la famille de l'article 24 de la Constitution de 1946

Notre Constitution ne mentionne la « Kazoku (famille) » qu'une fois, dans son 2e alinéa de l'article 24 : « En ce qui concerne le choix d'un époux ou d'une épouse, les droits de la propriété, l'héritage, le choix du domicile, le divorce et les autres choses sur le mariage et la famille, des lois doivent être établies, fondées sur le respect de l'individu et sur l'égalité fondamentale des deux sexes. »

Or la Constitution japonaise de 1946 a été établie en se basant sur les dispositions des divers projets de Constitution japonaise du grand quartier général (Le GQG) des armées alliées sous le commandement de Général MacArthur :

Le GQG voulait détruire le système d'« Ié (foyer, famille) » qu'il voyait comme « organisation de noyau » soutenant l'absolutisme impérial nippon. Avant la guerre, cet « Ié » était une « Dai Kazoku (grande famille) » dominée exclusivement par un chef de la famille « Kachô (chef de famille) », qui se composait du père, de la mère, de leurs enfants, de leurs aïeux et leurs descendants. Le second projet du GQG avait prescrit que « Le mariage et la famille sont légalement protégés » pour reconstruire de façon étatique la famille anéantie par la guerre. Mais selon l'idée que l'on devait édicter cette disposition plutôt par la loi que par la Constitution elle-même, il l'en avait exclue. Le dernier projet du GQG avait fini par inscrire dans son article 23 que « La famille est une base de la société humaine et sa tradition pénètre bon gré mal gré dans la nation ». Cette fois-ci, le gouvernement japonais n'a pas retenu cet article dans son avant-projet de révision constitutionnelle car selon lui, il n'avait pas de sens légal profond et il ne correspondait pas à la coutume japonaise[2].

De plus, deux amendements ont été proposés, le premier présenté par le sous-comité de la commission spécialement chargée de délibérer cet avant-projet à la Chambre des représentants, stipulant que « La vie familiale est protégée » et le second soumis à la délibération à la Chambre des pairs, déclarant que

« L'État respecte la vie familiale » mais ces deux amendements ont été refusés, de telle sorte que l'on a préféré éliminer le risque de restaurer l'ancienne famille « Ié » plutôt que de reconstruire la famille coûte que coûte par l'État.

Si l'on se réfère à l'histoire de la procédure de notre Constitution, nous comprenons que les Constituants de 1946 n'ont pas eu la volonté d'insérer de manière active de disposition sur la protection de la vie familiale comme dans les constitutions française, allemande et italienne.

De toute façon, nous pourrions également dire que la Constitution de 1946 avait introduit une forme de mariage judéo-chrétien, de la famille conjugale comme « ordre public »[3]. En effet, la Cour suprême avait estimé aussi dans sa décision du 4 avril de 1973[4] que la famille conjugale était principale tout en indiquant que le régime ancien d'« Ié » était abandonné avec l'introduction de la nouvelle Constitution. Il en résulte que la loi suprême ne reconnaît ni la polygamie ni le couple homosexuel[5].

Du point de vue comparatif des dispositions constitutionnelles, l'alinéa 2 de l'article 24 est remarquable par sa référence non seulement à l'égalité des deux sexes mais aussi au respect de l'individu.

Dans le cadre de cette exigence constitutionnelle, il appartient au législateur de définir de manière concrète la famille.

B. La notion étroite de la famille des étrangers dans la loi relative au contrôle de l'immigration et à la reconnaissance de la qualité de réfugié

En ce qui concerne la famille dans le cas des étrangers, la première difficulté consiste à savoir comment la loi relative au contrôle de l'immigration et à la reconnaissance de la qualité de réfugié définit la famille puisque c'est cette loi qui limite l'entrée, le séjour et l'expulsion des étrangers.

Dans la loi relative au contrôle de l'immigration et à la reconnaissance de la qualité de réfugié, il n'est fait mention du terme « famille » que dans les « Beppyô (tableaux séparés) »[6] relatifs à « Zaïryu Shikaku (l'éligibilité) » et non pas dans le texte lui-même. Cette loi n'a aucune disposition spéciale sur la protection des membres de la famille des étrangers contre l'expulsion. À aucun moment, elle ne distingue les membres de la famille, des étrangers ordinaires.

Le premier tableau spécifie comme « Doïtsu setai ni zokusuru kazoku (membres du même foyer) » des personnes titulaires des éligibilités de « Gaikô (diplomatie) » et « Kômu (affaires publiques) ». Mais cette définition, tout à fait exceptionnelle, ne s'applique qu'aux personnes spécialement privilégiées et limitées en nombre des services diplomatique et public.

C'est dans le quatrième tableau que la famille est définie de façon générale. Dans ce tableau, l'éligibilité mentionnée au « Kazoku Taïzaï (séjour familial) » est octroyée au « conjoint(e), et ses enfants qui se font entretenir » par les personnes qui sont titulaires des éligibilités autres que « diplomatie », « affaires publiques » et « Tanki Taïzaï (séjour de courte durée) »[7].

Il faudrait ici signaler trois points : tout d'abord, à propos de la condition de « subvenir aux besoins », l'éligibilité mentionnée au « séjour familial » est dépendante à l'éligibilité d'un soutien de famille. Quand le soutien perd sa propre éligibilité, son conjoint ou sa conjointe et ses enfants perdent également et automatiquement leurs éligibilités et doivent quitter le territoire japonais ; ensuite, le terme « conjoint(e) » ici n'est pas assimilé au concubinage mais doit être légal, et de plus la réalité du mariage est requise pour exclure le mariage blanc ; et finalement, dans « ses enfants », il faut comprendre, les enfants adoptés et les enfants naturels reconnus par leurs parents, mais les premiers doivent être légalement adoptés. Il est à remarquer qu'aucune disposition ne limite le titulaire de cette éligibilité aux seuls enfants mineurs.

Ensuite cette loi présuppose que les descendants du deuxième degré ou plus et les aïeux ne font pas partie des membres de la famille. Les étrangers qui habitent de façon stable et régulière au Japon ne peuvent les y faire entrer même si leurs descendants de deuxième degré ou plus et leurs aïeux étaient dépendants d'eux financièrement dans leur pays d'origine.

En comparaison avec la conception assez élargie de la famille du code civil et[8] de la jurisprudence[9] en vue de protéger le concubinage, celle de la loi relative au contrôle de l'immigration et à la reconnaissance de la qualité de réfugié est bien étroite et également, à un second degré, du point de vue de la position de la codification.

On pourrait facilement dire que la conception étroite dans la loi relative au contrôle de l'immigration et à la reconnaissance de la qualité de réfugié ne correspond plus aux mœurs actuelles.

II – La vie familiale des étrangers est- elle respectée ?

A. La nature juridique de ce droit

L'opinion courante[10] et la jurisprudence au Japon reconnaissent «la théorie dite de la nature des droits». C'est la théorie qui juge possible ou non le bénéfice des droits des étrangers en fonction de la nature des droits. Par exemple, la Cour suprême japonaise mentionne dans sa décision dite l'«affaire Maclean» du 4 octobre de 1978[11] que l'on doit comprendre que tous les droits et libertés garantis par les dispositions du chapitre 3 de la Constitution sont également applicables aux étrangers qui habitent notre pays, à l'exception des droits estimés être garantis seulement aux nationaux japonais. Bien qu'il existe quelques personnes qui critiquent cette théorie tout en soutenant qu'elle présuppose la vieille idée de l' «État – Nation» conformément au critère de la nationalité et du schéma dualiste «Nationaux contre Étrangers», cette théorie est généralement acceptée. Il en résulte qu'elle fonctionne en effet négativement et restrictivement pour la protection des droits des étrangers surtout dans le domaine des droits sociaux et du droit à la participation politique.

Ensuite, il importe d'examiner d'une manière concrète et évidente quels droits sont assurés aux étrangers et à quels degrés, tout en réfléchissant bien sûr à la différence des catégories des étrangers intéressés. Encore qu'il soit difficile de catégoriser les étrangers, on pourrait normalement en distinguer trois : les étrangers qui se sont établis au Japon ; les réfugiés politiques ; les étrangers de passage en situation normale. Les étrangers bénéficiant du droit au respect à la vie familiale devraient être ceux de la première catégorie.

En ce qui concerne la nature juridique du droit au respect de la vie familiale, certains prétendent que ce droit dérive de la liberté individuelle, d'autres qu'il se rattache au droit social. Certains y voient les deux éléments en même temps. Néanmoins, il en résulte d'un côté, un manque de disposition active à la protection de la famille et d'autre part, une mise en valeur du respect des individus que l'on vient d'examiner dans la première partie et donc ce droit devrait être regardé comme une liberté individuelle. Il est interdit à l'État d'intervenir dans les affaires familiales internes et celui-ci doit respecter l'autonomie de la famille et également lui laisser la détermination de sa formation et de son maintien dans lesquelles sont compris la liberté du mariage, du divorce, de la naissance des enfants, de l'avortement et de l'éducation des enfants. Ce droit est issu de l'article 13 concernant le droit à l'autodétermination.

Comme nous l'avons supposé ci-dessus, les étrangers qui pourraient bénéficier du droit au respect de la vie familiale sont ceux qui séjournent de façon régulière et stable au Japon. Leurs droits et libertés seraient protégés tout comme ceux des Japonais, excepté en ce qui concerne la liberté d'entrée au Japon. C'est parce que les étrangers et les membres de leur famille n'ont pas le droit de choisir le Japon en guise de nouveau lieu de vie familiale, c'est-à-dire qu'ils n'ont pas le droit d'immigrer au Japon. La liberté d'entrée est réservée à l'exercice de la souveraineté de l'État et ce dernier peut accorder de façon discrétionnaire l'entrée ou non des étrangers.

B. Les contenus et les limites de ce droit à cause de l'ordre public

Il importe ici de comparer deux facteurs : la nature et l'intensité des liens familiaux avec le risque que constitue pour l'ordre public la présence des étrangers sur le territoire national.

Pour exercer le droit au respect de la vie familiale, il faudrait remplir trois exigences à son entrée et lors de son séjour au Japon : la régularité, la continuité et la stabilité. Il en résulte que des étrangers qui sont entrés en situation irrégulière ne bénéficient pas ce droit, même si après leur entrée dans le territoire, ils ont établi au Japon leur lieu de vie principale de façon continue et stable.

Le droit au respect de la vie familiale des étrangers comporte deux éléments. L'un est le droit au regroupement familial (1), et l'autre est la protection contre l'expulsion (2) du point de vue de la formation et du soutien de la famille.

1. Le droit au regroupement familial et l'ordre public

Les étrangers qui séjournent de manière régulière et stable pourraient demander au gouvernement de faire entrer leur époux ou épouse et leurs enfants au Japon au titre d'éligibilité mentionnée par « séjour familial ». De façon purement formelle, c'est le ministre de la Justice[12] – au Japon, il appartient au ministre de la Justice de décider de faire entrer des étrangers sur le territoire – qui en donne l'autorisation de façon discrétionnaire. Mais dans un État de droit comme le Japon, il n'existe pas de pouvoir arbitraire ou discrétionnaire véritable. Concernant le droit au regroupement familial, le pouvoir discrétionnaire du ministre de la Justice est donc limité. Autrement dit, quand le ministre octroie l'éligibilité de séjourner au Japon à un étranger, il lui faut bien supposer l'acceptation des membres de sa famille.

Selon le critère étroit concernant les membres de la famille des étrangers, dans la loi relative au contrôle de l'immigration et à la reconnaissance de la qualité de réfugié, les bénéficiaires de ce droit sont limités à un conjoint(e) accompagné(e) de leur(s) enfant(s), mais il appartiendrait au législateur d'élargir l'étendue des membres de la famille, entre autres par exemple pour les grands-parents et les petits-enfants, tout en prenant en considération les deux facteurs ci-dessus. Il est important de réfléchir sur l'effectivité et la continuité du lien familial et la grande dépendance entre les membres de la famille pour le premier. Pour le deuxième, la présence des membres sur le territoire ne constituerait pas normalement de risque réel et actuel pour l'ordre public avant son entrée, sauf s'ils sont enregistrés par exemple sur une liste de gens indésirables tels les terroristes.

2. La protection contre l'expulsion et l'ordre public

Il s'agit ici d'une mesure d'expulsion[13] qui porte une atteinte incompatible à l'entretien de l'unité de la famille. Les étrangers qui font l'objet d'une mesure d'expulsion devraient insister sur la réalité, la continuité et l'intensité de leur vie familiale de longue durée au Japon (inadéquate pour le mariage blanc).

L'État peut reconduire les étrangers dont la présence sur son territoire constitue une menace pour l'ordre public car c'est une forme d'expression de l'exercice de la souveraineté étatique. Cependant pour élargir l'idée d'État de droit aux étrangers, il s'agit essentiellement de la garantie procédurale contre l'expulsion.

Or la loi relative au contrôle de l'immigration et à la reconnaissance de la qualité de réfugié au Japon ne prévoit qu'une sorte de renvoi du territoire. Elle ne distingue pas l'expulsion de la reconduite à la frontière. Et donc, entre les étrangers qui menacent gravement l'ordre public et ceux qui simplement dépassent la durée légalement autorisée de séjour, il n'y a aucune différence et ils sont obligés de quitter le territoire japonais, avec les mêmes conséquences. Il devrait être possible de dissocier la famille quand un membre de la famille commet un délit et se fait expulser. Une exécution automatique d'une expulsion sans examen de la situation concrète et personnelle des étrangers intéressés représente une menace pour la protection de la vie familiale.

Une fois expulsés, les étrangers sont frappés d'interdiction de re-entrer au Japon (l'article 5 de cette loi), et ne peuvent se présenter devant le tribunal pour demander l'annulation de cette décision d'expulsion, puisqu'il n'y a plus d'intérêt de recourir à la justice (l'article 9 de la loi de procédure des affaires administratives).

Pourtant, si l'on invoque les conséquences irrévocables évoquées ci-dessus en cas d'expulsion effective, les étrangers ont le droit avant l'exécution de leur expulsion, de demander au tribunal la suspension de la décision de l'exécution de la sanction, en raison de la probabilité de provoquer les dommages difficilement réparables selon les alinéas 2 et 3 de l'article 25 de la loi de procédure des affaires administratives.

Les tribunaux japonais affirment cette position. Par exemple, le tribunal de la Région d'Osaka dans sa décision du 25 décembre 1990[14] avait annulé un arrêté d'expulsion d'une jeune fille de nationalité philippine née entre un père japonais et une mère philippine. Il a considéré qu'elle n'arriverait pas à poursuivre des relations filiales avec son père qui avait déjà quitté sa mère et que cela représentait un préjudice difficilement réparable. Nous pouvons dire que cette décision a été perçue comme particulièrement respectueuse de vie familiale surtout pour la jeune fille.

Conclusion

Nous venons d'examiner brièvement le droit au respect de la vie familiale des étrangers et ses limites au Japon.

Nous souhaiterions conclure en ajoutant quelques mots.

D'une part, dans cette contribution, nous traitons des étrangers en situation régulière et stable comme bénéficiaires du droit au respect de la vie familiale. Mais il est tout à fait naturel que les étrangers même en situation irrégulière se marient par exemple avec des japonais, donnent naissance à des enfants et mènent une vie familiale. Il n'est du ressort de personne de les en empêcher. Ici on voit bien dans la continuité naturelle et normale du mariage à la vie familiale, la discontinuité entre la liberté de mariage des étrangers en situation irrégulière et le droit au respect de la vie familiale des étrangers en situation régulière du point de vue juridique. La conciliation des deux situations semble assez difficile.

D'autre part, le régime et le système actuels du Japon qui ne supposent pas l'immigration des étrangers sont bien sûr démodés à l'époque de la mondialisation, de la libre circulation des personnes, les membres de la famille des étrangers migrent partout dans le monde, surtout vers les pays riches. Notre époque est également celle où les immigrés qualifiés peuvent choisir les pays susceptibles de les accueillir. Nous pouvons nous demander si le Japon actuel, déterminé à mettre les étrangers sous le contrôle de l'État avec des procédés d'exclusion et dont le système juridique, de surcroît, n'assure pas correctement le droit au respect de la vie familiale des étrangers, serait choisi...

1   La loi relative au contrôle de l'immigration et à la reconnaissance de la qualité de réfugié (*Nyukan Nanmin Hô*) n'est, en réalité, pas une loi relative au contrôle de l'immigration, parce qu'elle n'a jamais introduit aucun système pour accepter l'immigration, mais elle régit simplement le système du contrôle d'entrée et de départ des étrangers. Néanmoins un changement éventuel du système actuel se dessine peut-être avec « Dai Sanji Shutsunyukoku Kihon Keikaku (le 3eme projet de base sur le contrôle de l'entrée et de départ des étrangers) » mis en place en avril 2005 pour inviter au Japon des étrangers qualifiés tels les infirmiers et les travailleurs dans les services à la personne alors que la société japonaise connaît un vieillissement de sa population très élevé, ce qui devrait l'inciter à ouvrir les portes de ses frontières et promouvoir la venue d'immigrés éventuels.
2   SATO Tatsuo (rectifié par SATO Isao), *Nihon Koku Kenpô Seiritsu Shi (Dai Sanpan)* (Histoire de la formation de la Constitution japonaise, 3ème vol.), Tokyo, Yûhikaku, 2004, p. 78.
3   Par exemple, HIGUCHI Yôichi, *Kenpô I* (Droit Constitutionnel I), Tokyo, Seirinshoin, 1998, p. 413.
4   *Keishû* (*Recueil des décisions en matière pénale de la Cour suprême*), vol. 27, n°3, p. 265.
5   Que notre Constitution adopte la famille conjugale comme ordre public est une chose, et qu'elle permette de protéger également du point de vue légal cette famille conjugale et les autres formes conjugales en est une autre. Au fur et à mesure que l'on accentue le respect de l'individu (alinéa 2 de l'article 24 et l'article 13 de la Constitution) et la protection du mariage de fait, la conception de mariage judéo-chrétien se relativise.
6   « Beppyô », placé à la fin de ladite loi, définit toutes les éligibilités (28 sortes) dans

les tableaux.

7   L'éligibilité de « séjour de courte durée » est octroyée par exemple aux personnes souhaitant faire du tourisme, recevoir des soins, suivre des compétitions sportives, effectuer une visite familiale. Les personnes ayant obtenu cette éligibilité n'ont pas le droit de travailler sur le territoire.

8   L'article 725 du code civil définit l'étendue de la famille aux membres consanguins de moins de 6 degrés de parenté, son conjoint ou sa conjointe, et les membres liés par le mariage (les membres de la belle famille) de moins de 3 degrés de parenté. Cet article est issu d'un compromis avec les conservateurs qui voulaient reconstruire l'ancienne grande famille d' « Ié ». Les ascendants et les descendants en ligne directe et les frères et les sœurs doivent s'aider mutuellement (l'article 877 dudit code).

9   La Cour suprême juge par exemple dans sa décision du 8 mars 2007 (*Minshû (Recueil des décisions en matière civile de la Cour suprême)*, vol.61, n°2, p. 518.) que dans le cas où le mariage entre un oncle et sa nièce, qui est explicitement interdit par l'article 734 dudit code, l'admission à la femme de fait (c'est à dire la nièce) de recevoir une pension de veuvage après la mort de son oncle (c'est à dire de son mari de fait) argumentant que la vie commune avait été continue et était socialement reconnue pendant environ 46 ans, et l'anti-moralité n'était pas du tout importante comparativement à la réalité de leur vie commune.

10   Par exemple, voir ASHIBE Nobuyoshi (rectifié par TAKAHASHI Kazuyuki), *Kenpô Dai 4 pan* (Droit constitutionnel, 4ème éd.), Tokyo, Iwanami, 2007, p. 90.

11   *Minshû*, vol. 32, n°7, p. 1223.

12   Ce n'est pas le ministre de l'Intérieur mais le ministre de la Justice qui a le pouvoir d'autoriser l'entrée et le séjour des étrangers au Japon. Après la seconde guerre mondiale, le ministère de l'Intérieur a été détruit par la grande réforme du GQG qui visait le régime d'avant-guerre de l'absolutisme impérial de Tenno, aujourd'hui, le domaine de la police des étrangers appartient au ministre de la Justice et le domaine de la police nationale à l'Agence centrale de la police.

13   On ne distingue pas l'expulsion et la reconduite à la frontière selon ladite loi.

14   *Hanrei-Times (Times pour la jurisprudence)*, n°753, p. 91. Cependant cette décision n'utilise pas l'expression de « respect de la vie familiale », ni ne se repose sur les articles 13 et 24. Surtout, elle a mis l'accent sur la longue durée de leur séjour au Japon, la stabilité de leur vie quotidienne et l'éducation de l'enfant mineur, ce qui se rapproche du principe du respect de la vie privée et de la protection de l'intérêt supérieur des enfants plutôt que celui du respect de la vie familiale.

(Yoshinobu MIZUTORI)

Université de Fukuoka (Fukuoka, Japon)
Université du Kyushu (Fukuoka, Japon)

VIIIème séminaire franco-japonais de droit public

Programme Chorus

Les mutations contemporaines des droits fondamentaux

Université de Fukuoka
8-19-1, Nanakuma, Jonan-ku, Fukuoka, 814-0180
Bâtiment A, Salle 101

et

Université du Kyushu
6-19-1, Hakozaki, Higashi-ku, Fukuoka, 812-8581
Campus Hakozaki, Bâtiment de la Faculté de Droit
(Hôgakubu), 1er étage, Salle de Réunion

12, 13 et 14 mars 2008
Fukuoka, Japon

Mercredi 12 mars (Université de Fukuoka)

11h00-11h30
Accueil par le Professeur Koumei HATADA (Doyen de la Faculté de Droit de l'Université de Fukuoka)

Allocution d'ouverture par le Professeur Kazumasa TAKESUE (Directeur du Centre pour les Programmes Internationaux de l'Université de Fukuoka)

Introduction
11h30 – 12h15
Présentation Introductive : Globalisation et droits fondamentaux
    Professeur Mamiko UENO (Université Chuo)

Déjeuner

Les mutations de la théorie générale des droits fondamentaux
14h00 – 17h00
Circulation et transposition des droits fondamentaux
    Professeur Constance GREWE (Université de Strasbourg III)

Le principe d'égalité et les catégories d'individus
    Professeur adjoint Noriko OFUJI (Université Dokkyo)

Pause

Des libertés publiques aux droits fondamentaux : examen d'une mutation
    Professeur Alexandre VIALA (Université de Montpellier I)

Classification et hiérarchie des droits fondamentaux en France et au Japon
    Professeur Thierry RENOUX (Université d'Aix-Marseille III)

Jeudi 13 mars (Université de Fukuoka)

La dignité de l'être humain
10h00 – 12h00
Le droit au respect de la dignité de la personne et le droit de la personnalité dans la Constitution japonaise. Qu'est-ce que le noyau dur de la personnalité ?
        Professeur Hiroko TATEISHI (Universitéé Hosei)

De la dignité humaine en droit français
        Professeur Olivier JOUANJAN (Université de Strasbourg III / Fribourg-en-Brisgau / IUF)

Déjeuner

Administration, Justice et droits fondamentaux
14h00 – 17h30
Administration et droits fondamentaux
        Professeur Takumaro KIMURA (Université de Chiba)

Justice constitutionnelle et effectivité des droits fondamentaux
        Professeur Hiroshi OTSU (Université Seijo)

Pause

Les mesures anti-terroristes et les droits fondamentaux au Japon
        Professeur Hajime YAMAMOTO (Université du Tohoku)

Démocratie, droits de l'homme et droit local
        Monsieur Christophe CHABROT (Maître de conférences à l'Université de Lyon II)

Vendredi 14 mars (Université du Kyushu)

10h00
Accueil par le Professeur Masaharu YANAGIHARA (Vice-président de l'Université du Kyushu, Professeur de droit international public)

M. Benoît de TREGLODE (Attaché de coopération universitaire, Service culturel, Ambassade de France au Japon)

M. Matthieu BARDIAUX (Directeur de l'Institut franco-japonais du Kyushu)

10h30
Allocution d'ouverture par le Professeur adjoint Shigeru MINAMINO (Université du Kyushu)

Divers aspects de la mutation des droits fondamentaux
10h40 – 12h30
Bioéthique et droits fondamentaux en France et en Europe
        Juge Christian BYK (Cour d'Appel de Paris, UNESCO)

Propos critique sur les droits fondamentaux
        Professeur Robert HERTZOG (Université de Strasbourg III)

Déjeuner

14h00 – 17h30
Évolutions récentes et futures de la protection des droits fondamentaux dans l'Union européenne
        Professeur Joël RIDEAU (Université de Nice/IUF)

Activités économiques et droits fondamentaux
        Professeur adjoint Kensuke EBIHARA (Université Meijigakuin)

Pause

Les évolutions du concept de laïcité dans le débat sur l'Islam en France
  Professeur Luc HEUSCHLING (Université de Lille II)

Liberté religieuse et globalisation
  Professeur Yoichi KOIZUMI (Université Konan)

Les frontières constitutionnelles et juridiques du droit au respect de la vie familiale des étrangers au Japon
  Professeur Yoshinobu MIZUTORI (Université préfectorale d'Osaka)

17h30 – 17h50
Synthèse
  Professeur Olivier JOUANJAN

19h00 –
Réception à l'Institut franco-japonais du Kyushu, organisée par l'Institut et l'Ambassade de France, en présence du Maire de Fukuoka, Monsieur Hiroshi YOSHIDA

Responsables scientifiques :

Olivier JOUANJAN (Professeur à l'Université de Strasbourg III)
et
Hajime YAMAMOTO (Professeur à l'Université du Tohoku)

Contact :

Kazumasa TAKESUE (Université de Fukuoka)
Shigeru MINAMINO (Université du Kyushu)

Responsable du Séminaire franco-japonais de droit public

Ken HASEGAWA (Université Kogakuin)
Hiroshi OTSU (Université Seijo)
Hajime YAMAMOTO (Université du Tohoku)

福岡大学（福岡，日本）
九州大学（福岡，日本）

第8回日仏公法セミナー

共通テーマ
基本権の現代的変容

福岡大学
〒814-0180　福岡市城南区七隈8丁目19番1号
A棟101教室

九州大学
〒812-8581　福岡市東区箱崎6丁目19番1号
箱崎キャンパス　法学部棟二階会議室

2008年3月12, 13, 14日
福岡

2008 年 3 月 12 日（水）福岡大学

11：00-11：30
　歓迎の辞　　畠田公明　教授（福岡大学法学部長）
　開会挨拶　　武居一正　教授（福岡大学国際センター長）

はじめに
11：30-12：15
　序論：グローバリゼーションと基本権
　　　　植野妙実子　（中央大学教授）

昼食

基本権の一般理論，その変容
14：00-17：00
　基本権の流通と転置
　　　　Constance GREWE　（ストラスブール第三大学教授）
　平等原則と個人のカテゴリー
　　　　大藤紀子　（獨協大学准教授）

休憩

　公の諸自由から基本権へ―変容の検討―
　　　　Alexandre VIALA　（モンペリエ第一大学教授）
　フランスと日本における基本権の類型化と階層性
　　　　Thierry RENOUX　（エクス‐マルセイユ第三大学教授）

2008 年 3 月 13 日（木）福岡大学

人間の尊厳
10：00-12：00
　日本国憲法における個人の尊重と人格権　人格の中核はなにか？
　　　　建石真公子　（法政大学教授）

　フランス法における人間の尊厳
　　　　Olivier JOUANJAN　（ストラスブール第三大学 Fribourg-en-Brisgau / IUF）

昼食

行政・裁判・基本権
14：00-17：30

行政と基本権
　　　木村琢麿　（千葉大学教授）
憲法裁判と基本権の実効性
　　　大津　浩　（成城大学教授）

休憩

テロリズム対策と基本権
　　　山元　一　（東北大学教授）
デモクラシー・人権・地方法
　　　Christophe CHABROT　（リヨン第二大学助教授）

2008年3月14日（金）九州大学

10：00　歓迎の辞　　柳原正治　教授　（九州大学副学長，国際公法）
　　　　　　　　　Benoît de TREGLODE　（在日フランス大使館文化部大学交流担当）
　　　　　　　　　Matthieu BARDIAUX　（九州日仏学館館長）

10：30　開会挨拶　　南野　森　准教授　（九州大学）

基本権の変容の諸側面
10：40-12：30
　　フランスとヨーロッパにおける生命倫理と基本権
　　　　　Christian BYK　（パリ控訴院，UNESCO）
　　基本権に関する批判的考察
　　　　　Robert HERTZOG　（ストラスブール第三大学教授）

昼食

14：00-17：30
　　EUにおける基本権保護の最近の進展と将来
　　　　　Joël RIDEAU　（ニース大学教授／IUF）
　　経済活動と基本権
　　　　　蛯原健介　（明治学院大学准教授）

休憩

フランスのイスラム教に関する議論におけるライシテ概念の変化
　　　Luc HEUSCHLING　（リール第二大学教授）
宗教的自由とグローバリゼーション
　　　小泉洋一　（甲南大学教授）

在日外国人の家族生活尊重権の憲法的ならびに法的限界
　　　水鳥能伸　（大阪府立大学教授）

17：30-17：50
　総括
　　　Olivier JOUANJAN

19：00-
　九州日仏学館にてレセプション―フランス大使館主催（吉田宏福岡市長も出席）

企画責任者：
　　Olivier JOUANJAN　（ストラスブール第三大学教授）
　　山元　一　（東北大学教授）

連絡先：
　　武居　一正　（福岡大学）

　　南野　森　（九州大学）

日仏公法セミナー責任者
　　長谷川　憲　（工学院大学）

　　大津　浩　（成城大学）

　　山元　一　（東北大学）

（プログラムの報告者の所属と報告のテーマは当時のままである）

編者・著者・訳者紹介（掲載順）

植野 妙実子（うえの まみこ）	中央大学教授
妹尾 克敏（せのお かつとし）	松山大学教授
横尾 日出雄（よこお ひでお）	中京大学教授
早田 幸政（はやた ゆきまさ）	大阪大学教授
佐藤 修一郎（さとう しゅういちろう）	東洋大学法科大学院教授
Constance GREWE（コンスタンス グレーヴ）	ストラスブール大学名誉教授，ボスニア＝ヘルツェゴビナ憲法裁判所裁判官
稲木 徹（いなき とおる）	上海海事大学外籍文教専門家
大藤 紀子（おおふじ のりこ）	獨協大学教授
Alexandre VIALA（アレクサンドル ヴィアラ）	モンペリエ第一大学教授
石川 裕一郎（いしかわ ゆういちろう）	聖学院大学准教授
建石 真公子（たていし まきこ）	法政大学教授
Olivier JOUANJAN（オリヴィエ ジュアンジャン）	ストラスブール大学教授，ドイツ・フライブルク・イム・ブライスガウ大学教授
佐々木 くみ（ささき くみ）	東北学院大学准教授
兼頭 ゆみ子（かねとう ゆみこ）	中央大学通信教育学部インストラクター
木村 琢麿（きむら たくまろ）	千葉大学大学院教授
大津 浩（おおつ ひろし）	成城大学教授
山元 一（やまもと はじめ）	慶應義塾大学教授
Christophe CHABROT（クリストフ シャブロ）	リュミエール・リヨン第二大学講師
Christian BYK（クリスチャン ビュック）	パリ控訴院判事，UNESCO委員会委員
稲葉 実香（いなば みか）	金沢大学准教授
Robert HERTZOG（ロベール エルゾク）	ストラスブール第三大学教授
Joël RIDEAU（ジョエル リドー）	ニース大学名誉教授・IUF名誉会員
菅原 真（すがわら しん）	名古屋市立大学准教授
蛯原 健介（えびはら けんすけ）	明治学院大学教授
Luc HEUSCHLING（リュック ホッシュリング）	ルクセンブルク大学教授
中島 宏（なかしま ひろし）	山形大学准教授
小泉 洋一（こいずみ よういち）	甲南大学教授
水鳥 能伸（みずとり よしのぶ）	大阪府立大学教授

法・制度・権利の今日的変容

日本比較法研究所研究叢書（87）

2013年3月25日　初版第1刷発行

編著者　植野　妙実子

発行者　遠山　曉

発行所　中央大学出版部

〒192-0393
東京都八王子市東中野742番地1
電話 042-674-2351・FAX 042-674-2354
http://www2.chuo-u.ac.jp/up/

© 2013　　ISBN978-4-8057-0586-5　　㈱千秋社

日本比較法研究所研究叢書

1	小島 武司 著	法律扶助・弁護士保険の比較法的研究	A5判 2940円
2	藤本 哲也 著	CRIME AND DELINQUENCY AMONG THE JAPANESE-AMERICANS	菊判 1680円
3	塚本 重頼 著	アメリカ刑事法研究	A5判 2940円
4	小島 武司 編 外間 寛	オムブズマン制度の比較研究	A5判 3675円
5	田村 五郎 著	非嫡出子に対する親権の研究	A5判 3360円
6	小島 武司 編	各国法律扶助制度の比較研究	A5判 4725円
7	小島 武司 著	仲裁・苦情処理の比較法的研究	A5判 3990円
8	塚本 重頼 著	英米民事法の研究	A5判 5040円
9	桑田 三郎 著	国際私法の諸相	A5判 5670円
10	山内 惟介 編	Beiträge zum japanischen und ausländischen Bank- und Finanzrecht	菊判 3780円
11	木内 宜彦 編著 M・ルッター	日独会社法の展開	A5判 (品切)
12	山内 惟介 著	海事国際私法の研究	A5判 2940円
13	渥美 東洋 編	米国刑事判例の動向 I	A5判 5145円
14	小島 武司 編著	調停と法	A5判 (品切)
15	塚本 重頼 著	裁判制度の国際比較	A5判 (品切)
16	渥美 東洋 編	米国刑事判例の動向 II	A5判 5040円
17	日本比較法研究所 編	比較法の方法と今日的課題	A5判 3150円
18	小島 武司 編	Perspectives on Civil Justice and ADR: Japan and the U.S.A	菊判 5250円
19	小島・渥美 清水・外間 編	フランスの裁判法制	A5判 (品切)
20	小杉 末吉 著	ロシア革命と良心の自由	A5判 5145円
21	小島・渥美 清水・外間 編	アメリカの大司法システム(上)	A5判 3045円
22	小島・渥美 清水・外間 編	Système juridique français	菊判 4200円

日本比較法研究所研究叢書

23	小島・渥美・清水・外間 編	アメリカの大司法システム(下)	A5判 1890円
24	小島武司・韓相範 編	韓国法の現在(上)	A5判 4620円
25	小島・渥美・川添・清水・外間 編	ヨーロッパ裁判制度の源流	A5判 2730円
26	塚本重頼 著	労使関係法制の比較法的研究	A5判 2310円
27	小島武司・韓相範 編	韓国法の現在(下)	A5判 5250円
28	渥美東洋 編	米国刑事判例の動向Ⅲ	A5判 (品切)
29	藤本哲也 著	Crime Problems in Japan	菊判 (品切)
30	小島・渥美・清水・外間 編	The Grand Design of America's Justice System	菊判 4725円
31	川村泰啓 著	個人史としての民法学	A5判 5040円
32	白羽祐三 著	民法起草者穂積陳重論	A5判 3465円
33	日本比較法研究所 編	国際社会における法の普遍性と固有性	A5判 3360円
34	丸山秀平 編著	ドイツ企業法判例の展開	A5判 2940円
35	白羽祐三 著	プロパティと現代的契約自由	A5判 13650円
36	藤本哲也 著	諸外国の刑事政策	A5判 4200円
37	小島武司他 編	Europe's Judicial Systems	菊判 (品切)
38	伊従寛 著	独占禁止政策と独占禁止法	A5判 9450円
39	白羽祐三 著	「日本法理研究会」の分析	A5判 5985円
40	伊従・山内・ヘイリー 編	競争法の国際的調整と貿易問題	A5判 2940円
41	渥美・小島 編	日韓における立法の新展開	A5判 4515円
42	渥美東洋 編	組織・企業犯罪を考える	A5判 3990円
43	丸山秀平 編著	続ドイツ企業法判例の展開	A5判 2415円
44	住吉博 著	学生はいかにして法律家となるか	A5判 4410円

日本比較法研究所研究叢書

45	藤本哲也 著	刑事政策の諸問題	A5判 4620円
46	小島武司 編著	訴訟法における法族の再検討	A5判 7455円
47	桑田三郎 著	工業所有権法における国際的消耗論	A5判 5985円
48	多喜寛 著	国際私法の基本的課題	A5判 5460円
49	多喜寛 著	国際仲裁と国際取引法	A5判 6720円
50	眞田・松村 編著	イスラーム身分関係法	A5判 7875円
51	川添・小島 編	ドイツ法・ヨーロッパ法の展開と判例	A5判 1995円
52	西海・山野目 編	今日の家族をめぐる日仏の法的諸問題	A5判 2310円
53	加美和照 著	会社取締役法制度研究	A5判 7350円
54	植野妙実子 編著	21世紀の女性政策	A5判（品切）
55	山内惟介 著	国際公序法の研究	A5判 4305円
56	山内惟介 著	国際私法・国際経済法論集	A5判 5670円
57	大内・西海 編	国連の紛争予防・解決機能	A5判 7350円
58	白羽祐三 著	日清・日露戦争と法律学	A5判 4200円
59	伊従・山内・ヘイリー・ネルソン 編	APEC諸国における競争政策と経済発展	A5判 4200円
60	工藤達朗 編	ドイツの憲法裁判	A5判（品切）
61	白羽祐三 著	刑法学者牧野英一の民法論	A5判 2205円
62	小島武司 編	ＡＤＲの実際と理論 I	A5判（品切）
63	大内・西海 編	United Nation's Contributions to the Prevention and Settlement of Conflicts	菊判 4725円
64	山内惟介	国際会社法研究 第一巻	A5判 5040円
65	小島武司 著	CIVIL PROCEDURE and ADR in JAPAN	菊判（品切）
66	小堀憲助 著	「知的(発達)障害者」福祉思想とその潮流	A5判 3045円

日本比較法研究所研究叢書

67	藤本哲也 編著	諸外国の修復的司法	A5判 6300円
68	小島武司 編	ＡＤＲの実際と理論Ⅱ	A5判 5460円
69	吉田 豊 著	手付の研究	A5判 7875円
70	渥美東洋 編著	日韓比較刑事法シンポジウム	A5判 3780円
71	藤本哲也 著	犯罪学研究	A5判 4410円
72	多喜 寛 著	国家契約の法理論	A5判 3570円
73	石川・エーラース グロスフェルト・山内 編著	共演 ドイツ法と日本法	A5判 6825円
74	小島武司 編著	日本法制の改革：立法と実務の最前線	A5判 10500円
75	藤本哲也 著	性犯罪研究	A5判 3675円
76	奥田安弘 著	国際私法と隣接法分野の研究	A5判 7980円
77	只木 誠 著	刑事法学における現代的課題	A5判 2835円
78	藤本哲也 著	刑事政策研究	A5判 4620円
79	山内惟介 著	比較法研究 第一巻	A5判 4200円
80	多喜 寛 編著	国際私法・国際取引法の諸問題	A5判 2310円
81	日本比較法研究所 編	Future of Comparative Study in Law	菊判 11760円
82	植野妙実子 編著	フランス憲法と統治構造	A5判 4200円
83	山内惟介 著	Japanisches Recht im Vergleich	菊判 7035円
84	渥美東洋 編	米国刑事判例の動向Ⅳ	A5判 9450円
85	多喜 寛 著	慣習法と法的確信	A5判 2940円
86	長尾一紘 著	基本権解釈と利益衡量の法理	A5判 2625円

＊価格は消費税5％を含みます．